普通高等教育智能建造专业精品教材

桥梁结构智能设计

姜晨光 主编

中国建材工业出版社
北京

图书在版编目（CIP）数据

桥梁结构智能设计/姜晨光主编．--北京：中国建材工业出版社，2024.8

普通高等教育智能建造专业精品教材/姜晨光主编

ISBN 978-7-5160-4009-6

Ⅰ.①桥…　Ⅱ.①姜…　Ⅲ.①桥梁结构－智能设计－高等学校－教材　Ⅳ.①U443

中国国家版本馆 CIP 数据核字（2024）第 020528 号

内 容 简 介

本书较系统、全面地介绍了桥梁的基础知识，以及桥梁结构智能设计的基本理论和相关技术，包括桥梁设计的特点及宏观要求、预应力混凝土节段预制拼装桥梁设计、节段预制拼装混凝土桥梁设计、钢-混凝土组合桥梁设计、城市轨道交通桥梁设计、城市道路与轨道交通合建桥梁设计、波形钢腹板组合梁桥设计、城市桥梁抗震设计、基于 SolidWorks 软件的智能化桥梁设计等基本教学内容。全书采用国家现行标准、规范，将“学以致用”原则贯穿教材始终，借助通俗的语言提高教材的可读性，并尽最大可能满足读者的自学需求。

本书适用于普通全日制高等教育与土木工程行业相关的各个专业，还可作为桥梁工程相关行业从业人员的参考书。

桥梁结构智能设计

QIAOLIANG JIEGOU ZHINENG SHEJI

姜晨光　主编

出版发行：中国建材工业出版社

地　　址：北京市西城区白纸坊东街 2 号院 6 号楼

邮　　编：100054

经　　销：全国各地新华书店

印　　刷：北京雁林吉兆印刷有限公司

开　　本：787mm×1092mm　1/16

印　　张：18.25

字　　数：440 千字

版　　次：2024 年 8 月第 1 版

印　　次：2024 年 8 月第 1 次

定　　价：68.00 元

本社网址：www.jccbs.com，微信公众号：zgjcgycbs

《桥梁结构智能设计》编撰委员会

主　编　姜晨光

副主编（按姓氏拼音排序）

陈　茜　胡春春　裴宝帅　石伟南　孙胡斐　王世周
严立梅　张仁勇　周煜东

参　编（按姓氏拼音排序）

蔡洋清　陈惠荣　陈　丽　陈伟清　崔　专　杜　强
方绪华　付小英　盖玉龙　巩亮生　贡　鸣　黄奇壁
贾　旭　姜学东　姜　勇　蒋旅萍　李佳浔　李锦香
李明国　李瑞青　李少红　李　霞　刘进峰　刘群英
刘兴权　卢　林　路　顺　欧元红　任　荣　宋金轲
王斐斐　王风芹　王　伟　吴　玲　夏伟民　杨洪元
杨吉民　杨　兰　叶　军　张　斌　张惠君　张靖仪
张协奎

丛书序言

智能制造是未来制造发展的必然趋势和主攻方向。制造业经历了机械化、电气化和信息化三个阶段，如今正迈向智能化发展的第四个阶段，即工业 4.0。工业 1.0 到工业 2.0 实现了从依赖工人技艺的作坊式机械化生产到产品和生产标准化以及简单的刚性自动化。工业 2.0 到工业 3.0 实现了更复杂的自动化，通过先进的数控机床、机器人技术、PLC（可编程控制器）和工业控制系统实现敏捷的自动化，从而实现变批量柔性化制造。工业 3.0 到工业 4.0 实现了从单一的制造场景到多种混合型制造场景的转变，从基于经验的决策到基于证据的决策，从解决可见的问题到避免不可见的问题，从基于控制的机器学习到基于丰富数据的深度学习。

智能制造是基于新一代信息通信技术与先进制造技术深度融合，贯穿于设计、生产、管理、服务等制造活动的各个环节，具有自感知、自学习、自决策、自执行、自适应等功能的新型生产方式。智能制造是一种可以让企业在研发、生产、管理、服务等方面变得更加“聪明”的生产方法。在合理的整体规划和顶层设计基础上，智能制造按照功能可以分为五层，层层传导：设备层执行生产任务并上传现场数据；产线层则将现场数据进行预处理并向上层汇报；工厂层接收处理后向企业层反馈生产情况；企业层运用生产管理软件进行分析处理后向下层下发工作计划，再依次传导至设备层对生产设备进行有效控制与检测，设备、控制、车间与企业层形成由点到线再到面的递进关系；协同层则是单一企业与其所处的商业生态环境中其余参与者的互动与协同，将各类参与者连接，做到信息的实时互通，形成综合的数据平台，达到“万物互联”的状态，更利于全产业链优化发展。

产业链涉及生产制造各环节，应用广泛。从产业链层级来看，智能制造可划分为感知层、网络层、执行层、应用层。就智能制造产业链的上下游而言，我国智能制造的上游包括制造业的零部件和感知层相关产品；中游则涵盖了网络层的相关信息技术和管理软件，执行层的机器人、智能机床、3D 打印以及各种自动化设备；下游则是应用层，主要是通过各种自动化生产线集成后形成的智能工厂，在汽车、3C、医药等领域得到广泛应用。

轴承是制造业的“关节”；传感器是制造业的“皮肤”；伺服系统是制造业的“神经”；数控机床是工业制造的“母机”；工业机器人是工业制造的“操盘手”；3D 打印是工业制造的“工具”；工业软件是智能制造的“大脑”。美国“NIST 智能制造生态系统”、德国“工业 4.0”、日本“社会 5.0”、中国智能制造标准体系构建等以重振制造业为核心的发展战略，均以智能制造为主要抓手，力图抢占全球制造业新一轮竞争制高点。

《中国工程图学史》记载，古人用界尺、槽尺、平行尺和毛笔进行建筑设计工作。到了近现代，工程师们开始启用绘图板、丁字尺和墨线笔等工具。现今，原本沉寂的数据通过数字技术的“加工”，成为跃然纸上的立体影像，如同积木一样，可以根据不同部门的需求及时进行调整，而调整后的结构实时可见，这便是目前行业中常说的建筑信息建模技术。以这种技术路径为代表的“智能建造”正在成为建筑行业变革的内在动力，改变着这个古老的行业。

智能建造是指在建造过程中充分利用智能技术，通过应用智能化系统提高建造过程智能化水平，来达到安全建造的目的，提高建筑性价比和可靠性。

以“建筑信息建模”为例，它可以通过三维可视化设计模型替代原有二维图纸，使建筑信息之间相互关联，并传递到施工、运维等建筑全生命周期。数字模型之下，设计师用笔在平板电脑上就可以在所选区域的轮廓上绘画、探索、尝试设计、思考和选择，当输入设计目标和相关数量，并大概画出功能分区后，计算机就会自动创建足够优化、合理和包含了足够设计细节的 BIM 模型。这是当今国际上迅速发展的一门新兴综合技术，被誉为智慧城市建设的基础。

曾被评为“全球最佳摩天大楼”的悉尼“布莱街一号”项目，正是建筑信息建模技术的巧妙应用。该技术在整个项目中，尤其在可持续发展、协调合作和设施管理三大方面发挥重要作用，成就了这座拥有庞杂系统和完备设施以及极高节能环保标准的超级大楼，成为各国建筑界反复研究借鉴的“模板”。日本东京的新摩天大楼——日本邮政大厦，也是建筑信息建模技术运用的成功典范。由于采用该技术，项目减少了隐藏于图纸内的管线冲突，确保了施工图面与数量表的一致性，各参与方提取数据、图纸、资料等变得快捷安全，为项目安全建设提供了良好的管理平台。在我国，雄安新区、北京大兴国际机场等多个大型重点工程也都应用了建筑信息建模技术。

除此之外，大数据、人工智能、工业互联网、机器人和 5G 等新技术也在“智能建造”领域占有一席之地。如像搭积木一样装配预制构件，装配式建筑能有效减少污染、节约资源和降低成本；外墙喷涂机器人开展高空作业，效率可达人工的 3～5 倍；楼宇自控系统实时调节室内温度、照明等，让建筑有了“智慧大脑”等，都是智能建造中的重要科技成果。

建筑行业属于传统的劳动密集型行业，生产方式粗放、劳动效率不高、能源资源消耗较大等问题成为该行业亟待解决的问题。面对传统建筑方式受阻的问题，英国、德国等国家都提出了建筑业的发展战略，要求通过智能化、数字化、工业化等提升产业竞争力。英国政府发布了“Construction 2025”战略，提出到 2025 年，将工程全生命周期成本降低 33％，进度加快 50％，温室气体排放减少 50％，建造出口增加 50％。围绕这一战略，英国制定了建筑业数字化创新发展路线图，提出将业务流程、结构化数据以及预测性人工智能进行集成，实现智慧化的基础设施建设和运营。德国联邦交通与数字基础设施部发布了《数字化设计与建造发展路线图》，对数字设计、施工和运营的变革路径进行了描述，目的是在德国联邦交通与数字基础设施部的所辖领域逐步采用建筑信息建模，持续提高工程设计精确度和成本确定性，不断优化工程全生命周期成本绩效。《中华人民共和国国民经济和社会发展第十四个五年规划和 2035 年远景目标纲要》同样明确提出“发展智能建造，推广绿色建材、装配式建筑和钢结构住宅”。借助5G、人工智能、物联网等新技术发展智能建造，成为促进建筑业转型升级、提升国际竞争力的迫切需求。数字技术赋能项目正在成为全球建筑行业跨越建设瓶颈的重要解决方案。

国际机器人联合会（IFR）最新发布的报告显示，全球工厂中有约300万台工业机器人在运行。2022年4月，韩国研制的机器人已经可以完成智能平板绘画、升降递送包裹等工作。2022年8月，北美发布了一款建筑画线打印机器人，可以在建筑工地地面上自主打印布局。2022年9月，英国建筑师受动物启发研制出可以在飞行中建造3D打印结构的飞行建筑机器人。而日本则是目前最大的机器人和自动化技术出口国，其研发的机器人在关节技术、高精密减速器、控制器、高性能驱动器等核心技术和关键零部件方面居世界领先地位。2022年7月17日，亚洲首个专业货运机场——鄂州花湖机场正式投运，该项目同样以三维建模的方式将建筑数据和图形转化为立体可视数字模型，解决了钢筋图元数量庞大、传统二维手绘建模方式无法满足项目设计和建造要求的难题。

除此之外，人工智能同样在建筑领域大展拳脚，例如，设计师将工位数量、会议室数量和电话间的数量都做了相应的调整，借助于人工智能技术，在新的BIM模型构架内，90秒内就可以得到设计变更后的最优设计，包括设计模型和包含足够细节的图纸。智能建造——一项复杂的系统工程，涵盖了科研、设计、生产加工、施工装配、运营等环节。数字化技术的应用带来了规划和设计方法甚至设计理念的改变，正在颠覆原有的工程建造技术体系以及项目组织管理方式，重塑建筑这个古老行业。

江南大学姜晨光教授以40年的教学积淀为基础，精心打造的这套智能建造专业教育丛书令人耳目一新。丛书紧跟时代发展的脚步，聚焦世界科技和产业前沿，布局合理、详略得当、有张有弛、通俗易懂，理论联系实际，贯穿了“产学研”一体化的思想，甚为难得、难能可贵。通读全书，甚为欣喜，以是为序。

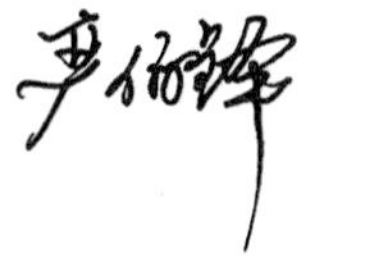

中国工程勘察大师

2023年11月12日

前　言

桥梁指的是为道路跨越天然或人工障碍物而修建的构筑物，是道路的组成部分。桥梁按照受力特点划分，有梁式桥、拱式桥、刚架桥、悬索桥、组合体系桥（斜拉桥）5种基本类型；按用途分为公路桥、公铁两用桥、人行桥、舟桥、机耕桥、过水桥；按跨径大小和多跨总长分为小桥、中桥、大桥、特大桥；按行车道位置分为上承式桥、中承式桥、下承式桥；按使用年限分为永久性桥、半永久性桥、临时桥；按材料类型分为木桥、圬工桥、钢筋混凝土桥、预应力桥、钢桥。

桥梁通常由五大部件和五小部件组成，五大部件是指桥梁承受汽车或其他车辆运输荷载的桥跨上部结构与下部结构，是桥梁结构安全的保证，包括桥跨结构（或称桥孔结构、上部结构）、桥梁支座系统、桥墩与桥台、承台、沉井或桩基；五小部件是指直接与桥梁服务功能有关的部件，过去称为桥面构造，包括桥面铺装、防排水系统、栏杆、伸缩缝、灯光照明；另外，大型桥梁附属结构还有桥头堡、引桥等设施。

以公路桥为例，公路桥是专为高速公路车辆和行人通行修建的桥梁。随着桥梁抗震工程和震害经验总结的发展，我国公路桥抗震易损性鉴定技术已做过几次修正。截至2023年年末，我国公路桥107.93万座、9528.82万延米，比2022年年末分别增加4.61万座、952.33万延米。按桥梁全长和跨径的不同，公路桥可划分为特大桥、大桥、中桥和小桥，其中特大桥10239座、1873.01万延米；大桥17.77万座、4994.37万延米。

2023年以来，全国多项桥梁工程加快施工建设，建成了牂牁江大桥、乌蒙山特大桥、伶仃洋大桥、张靖皋长江大桥、燕矶长江大桥、卡哈洛金沙江大桥、天峨龙滩特大桥等。一座座技术过硬、姿态各异的桥梁，跨越江河湖海、连通峡谷深沟，激活了经济社会的发展脉动，激荡起我国加快迈向交通强国的铿锵足音。

我国桥梁正由“跟跑、并跑”向“全面领跑”迈进。2023年以来，一个个全新纪录或开创或刷新，不断被写入世界桥梁史，让“中国桥”成为彰显中国实力的亮丽名片。交通运输部数据显示，截至2023年年底，世界排名前十的悬索桥，我国有8座，其中5座在建；世界排名前十的斜拉桥，我国有9座，其中4座在建；世界排名前十的拱桥，我国有8座，其中2座在建。经过多年学习、借鉴和创新，我国桥梁已形成能够满足“穿山、越海、进城”需求的设计、施工、制造成套技术，国产化装备、工程规模和技术水平均达到世界领先，正在不断突破桥梁建设技术难题，瞄准安全、智慧、绿色的桥梁强国目标加速奔跑。从平原到山岭、从江河到外海，大型桥梁工程硕果累累的背后，是我国桥梁建设技术的不断突破。

我国公路桥梁建设已基本实现标准化设计、工业化制造、装配化施工、信息化控制，桥梁耐久性和使用寿命提升迅猛。如今，智能化正加快向桥梁建造的多个环节延伸：在勘察设计环节，基于北斗的陆域勘察已达到厘米级精度，实现了基于三维地质 BIM 技术的可视化，勘察设计水平稳步提升；在施工建设阶段，钢结构智能化生产线、多功能智能筑塔机、焊接机器人等一批智能设备研制成功并投入使用，桥梁建造能力大大增强。作为交通基础设施的关键节点和枢纽，一大批跨越江河湖海、深山峡谷的大型公路桥工程，有力改善着出行条件，有效带动沿线群众增收致富，更好促进经济社会发展。未来桥梁建设还将在促进产业结构互补升级、引领关联产业发展方面发挥更大作用。万桥横江跨海，神州大地遍布飞虹，山乡巨变、山河锦绣的新画卷还将继续绘制。

进入 21 世纪以来，新一代通信技术、新材料技术、人工智能技术、智能制造技术等现代科技快速发展，也推动了各行各业加快转型升级的进程，桥梁建设正由传统建造方式向智能建造转变，桥梁结构智能设计就成了一个绕不开的话题。鉴于此，我们广泛查阅国内外最新的文献资料，完成了这本教材，希望能为桥梁结构智能设计抛砖引玉。

全书由江南大学姜晨光主笔，苏州科技大学天平学院孙胡斐，上海烯牛信息技术有限公司李锦香、杜强、周煜东，青岛农业大学李明国、姜学东、杨吉民、李少红、任荣、盖玉龙、崔专、陈惠荣、李霞、严立梅，莱阳市环境卫生管理中心宋金轲、张斌、王世周，烟台市城市规划编研中心杨兰，烟台市城市规划展示馆张仁勇，烟台市莱山区综合行政执法局公用事业服务中心李佳浔，龙口市规划编研中心路顺，国网山东省电力公司电力科学研究院王斐斐，山东省海河淮河小清河流域水利管理服务中心李瑞青、巩亮生，山东省水利综合事业服务中心石伟南，枣庄市工程建设监理有限公司裴宝帅，韶关学院胡春春，广州工程技术职业学院陈茜，中南大学刘兴权，广西大学陈伟清、张协奎，福州大学方绪华，广州大学张靖仪，江南大学贡鸣、杨洪元、叶军、吴玲、蒋旅萍、欧元红、陈丽、刘进峰、张惠君、蔡洋清、卢林、刘群英、夏伟民、黄奇壁、王伟、姜勇、贾旭、付小英、王风芹等同志（排名不分先后）参与了相关章节的修订和撰写工作。初稿完成后，中国工程勘察大师严伯铎老先生不顾耄耋之躯，审阅全书并提出了不少改进意见，为本书的最终定稿作出了重大贡献，谨此致谢！

限于水平、学识和时间关系，书中内容难免有不妥之处，敬请读者提出宝贵意见。

2024 年 1 月于江南大学

目　　录

第 1 章　桥梁设计的特点及宏观要求 …… 1

1.1　桥梁的类型及构造特征 …… 1
1.2　桥梁设计的基本原则 …… 9
1.3　桥梁设计中的桥位选择 …… 12
1.4　桥梁设计中的桥面净空要求 …… 13
1.5　桥梁设计中桥面的平面及纵/横断面设计 …… 14
1.6　桥梁设计中桥梁引道、引桥的基本要求 …… 15
1.7　桥梁设计中立交、高架道路桥梁和地道要求 …… 16
1.8　桥梁设计中桥梁细部构造及附属设施的要求 …… 18
1.9　桥梁上的作用 …… 21
1.10　桥梁设计中的特种荷载及结构验算 …… 24
思考题 …… 28

第 2 章　预应力混凝土节段预制拼装桥梁设计 …… 29

2.1　宏观要求 …… 29
2.2　材料要求 …… 29
2.3　设计要求 …… 30
2.4　构造要求 …… 32
2.5　施工要求 …… 33
思考题 …… 37

第 3 章　节段预制拼装混凝土桥梁设计 …… 38

3.1　宏观要求 …… 38
3.2　材料的基本要求 …… 40
3.3　持久状况承载能力极限状态计算 …… 44
3.4　持久状况使用阶段应力和正常使用极限状态计算 …… 55
3.5　短暂状况施工阶段应力和承载能力极限状态计算 …… 58
3.6　构造设计 …… 59
3.7　节段梁的预制 …… 66
3.8　预制节段验收 …… 68
3.9　节段的运输 …… 69

3.10 节段梁的拼装 …… 69
3.11 柱与盖梁的预制与拼装 …… 72
思考题 …… 75

第4章 钢-混凝土组合桥梁设计 …… 77

4.1 宏观要求 …… 77
4.2 总体原则 …… 78
4.3 钢-混凝土组合梁桥设计 …… 89
4.4 钢桁架-混凝土组合梁桥设计 …… 110
4.5 波形钢腹板-混凝土组合梁桥设计 …… 116
4.6 钢管混凝土桥墩设计 …… 124
4.7 钢-混凝土组合桥梁的耐久性设计 …… 129
思考题 …… 131

第5章 城市轨道交通桥梁设计 …… 132

5.1 宏观要求 …… 132
5.2 桥梁布置规则 …… 133
5.3 设计荷载 …… 135
5.4 桥梁设计原则 …… 139
5.5 结构设计 …… 142
5.6 桥梁景观设计 …… 151
5.7 桥梁设备系统接口设计 …… 152
5.8 耐久性设计及检测养护要求 …… 152
思考题 …… 160

第6章 城市道路与轨道交通合建桥梁设计 …… 161

6.1 宏观要求 …… 161
6.2 作用 …… 164
6.3 结构变形与动力性能要求 …… 170
6.4 结构设计与构造要求 …… 172
思考题 …… 179

第7章 波形钢腹板组合梁桥设计 …… 180

7.1 宏观要求 …… 180
7.2 材料要求 …… 181
7.3 设计原则 …… 184
7.4 承载能力极限状态计算 …… 187
7.5 正常使用极限状态计算 …… 190
7.6 构造要求 …… 192

7.7 施工 …… 196
思考题…… 202

第 8 章 城市桥梁抗震设计 …… 203

8.1 宏观要求 …… 203
8.2 抗震设计的基本原则 …… 205
8.3 场地及地基与基础 …… 209
8.4 地震作用 …… 214
8.5 抗震分析 …… 216
8.6 抗震验算 …… 222
8.7 抗震构造细节设计 …… 225
8.8 桥梁减隔震设计 …… 228
8.9 大跨度桥梁抗震设计 …… 230
8.10 抗震措施…… 231
思考题…… 235

第 9 章 基于 SolidWorks 软件的智能化桥梁设计 …… 236

9.1 结构设计 …… 236
9.2 使用梁计算器 …… 240
9.3 分析结构 …… 247
9.4 变更设计 …… 258
9.5 装配体的使用 …… 267
9.6 生成结构的工程图 …… 271
思考题…… 274

参考文献 …… 275

第 1 章　桥梁设计的特点及宏观要求

1.1　桥梁的类型及构造特征

桥梁大致可分为拱桥、梁桥、悬索桥、斜拉桥等四大类型，当然，也有由四大类型组合而成的复合式桥。拱桥、梁桥、悬索桥、斜拉桥的典型构造如图 1-1-1～图 1-1-25 所示。

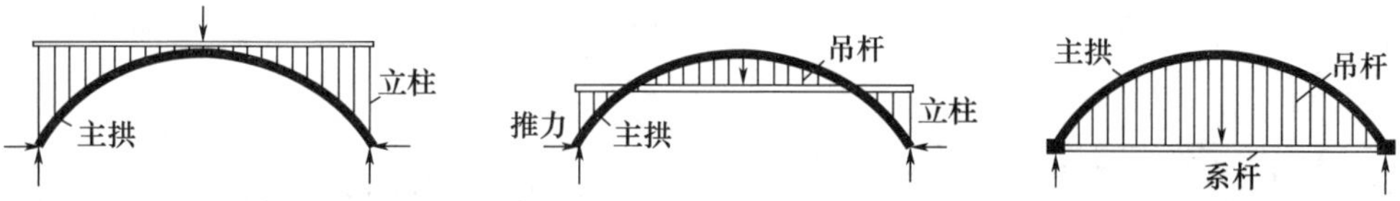

(a) 上承式拱　　(b) 中承式拱　　(c) 系杆拱（下承式拱）

图 1-1-1　拱桥构造（1）

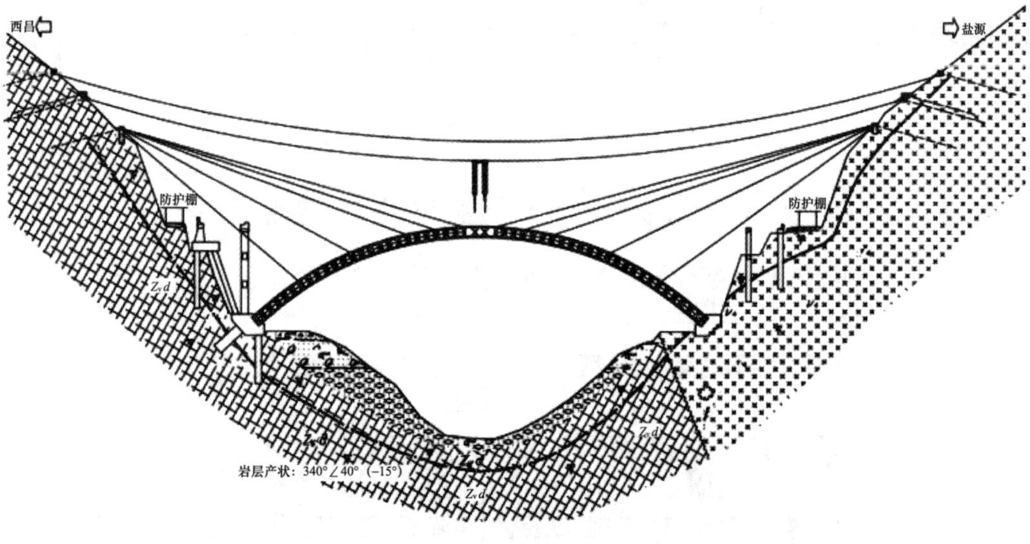

图 1-1-2　拱桥构造（2）

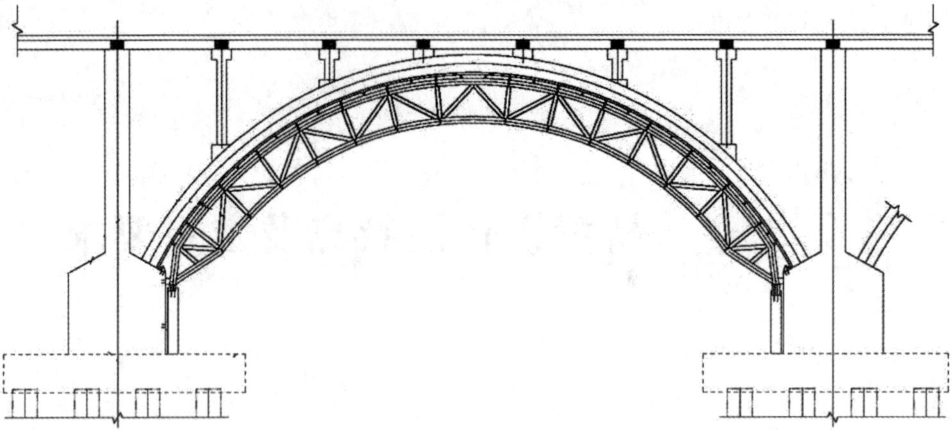

图 1-1-3　拱桥构造（3）

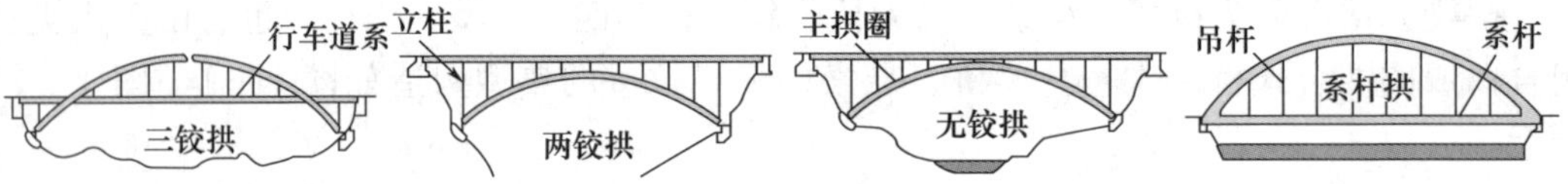

图 1-1-4　拱桥构造（4）

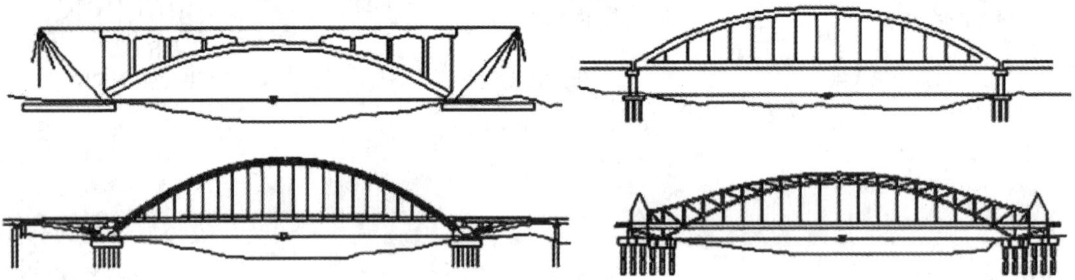

图 1-1-5　拱桥构造（5）

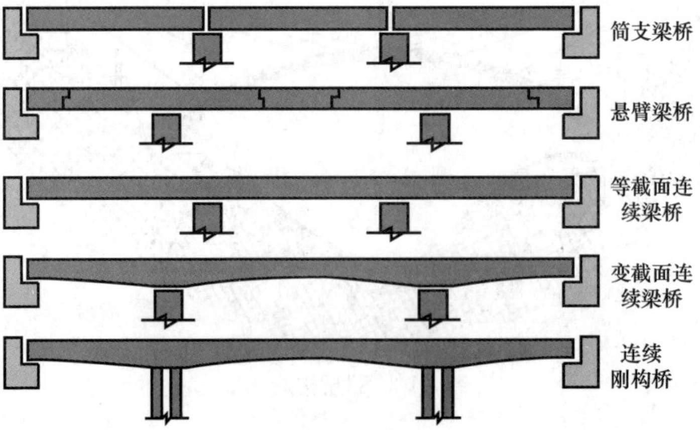

图 1-1-6　梁桥构造（1）

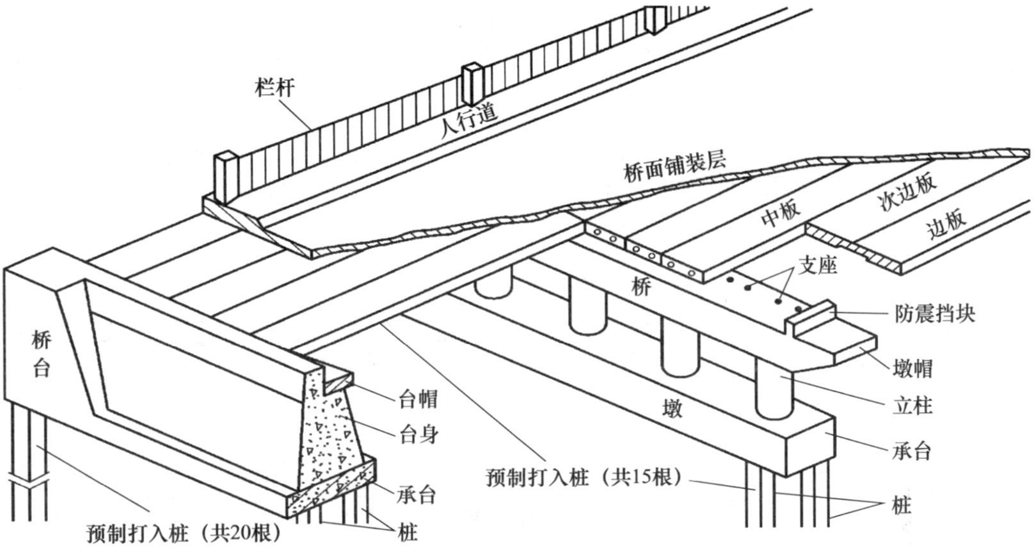

图 1-1-7　梁桥构造（2）

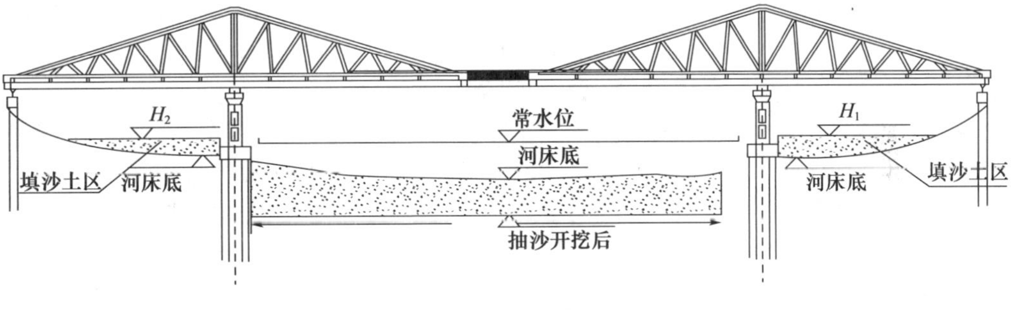

图 1-1-8　梁桥构造（3）

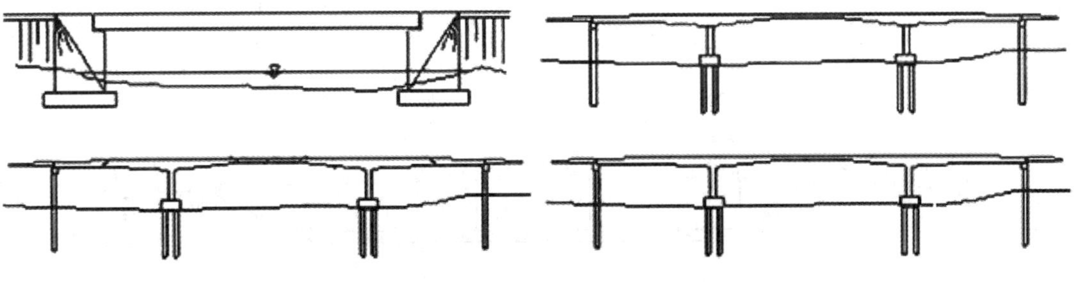

图 1-1-9　梁桥构造（4）

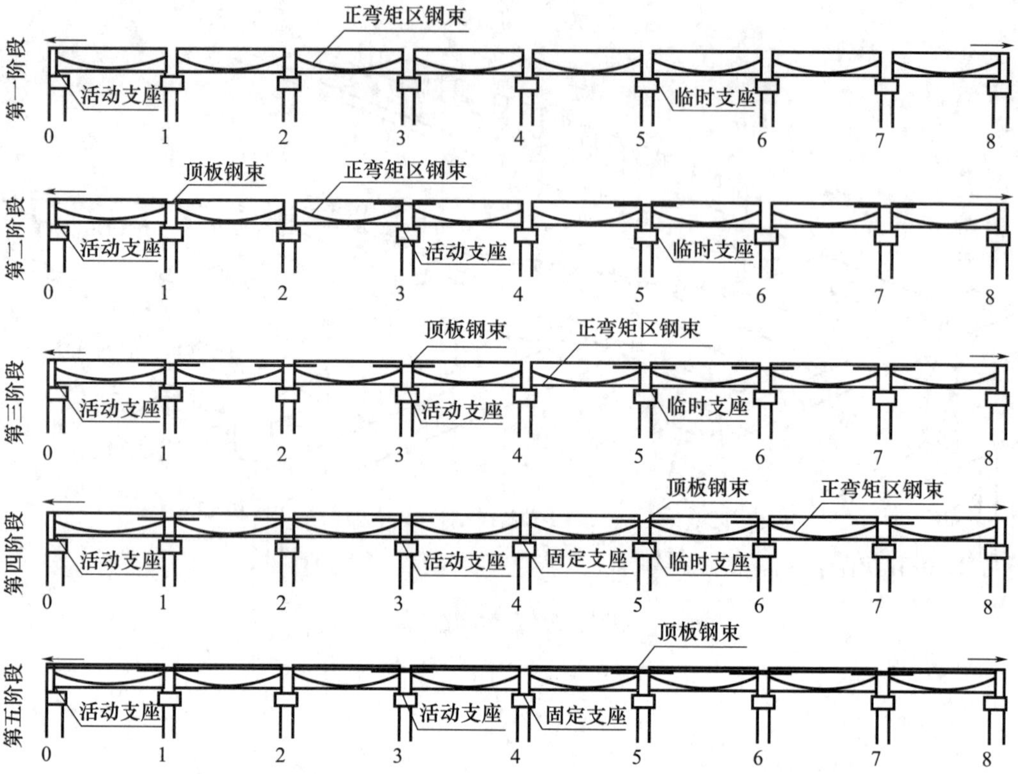

图 1-1-10　梁桥构造（5）

注：先简支后连续施工步骤。

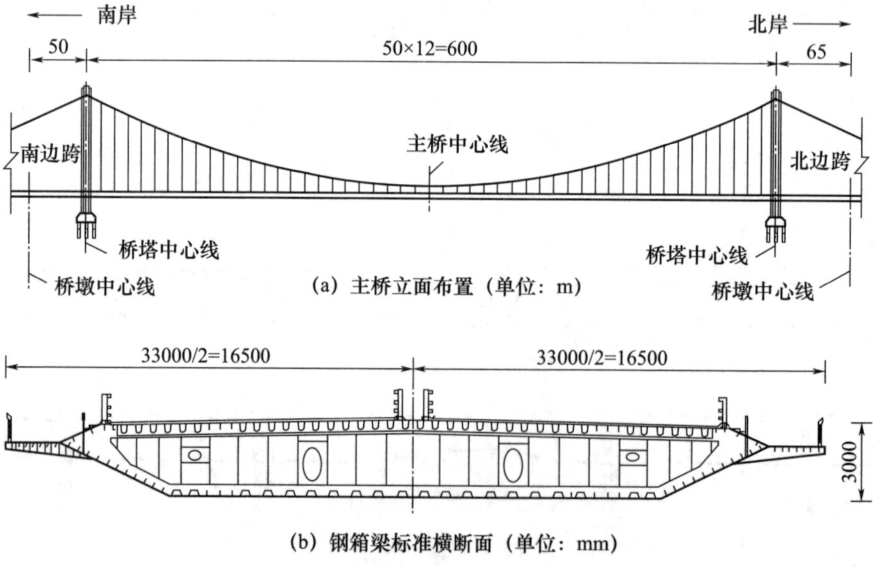

图 1-1-11　悬索桥构造（1）

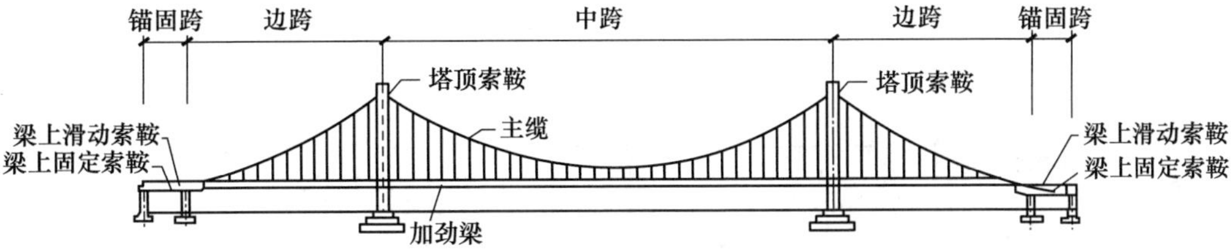

图 1-1-12　悬索桥构造（2）

图 1-1-13　悬索桥构造（3）

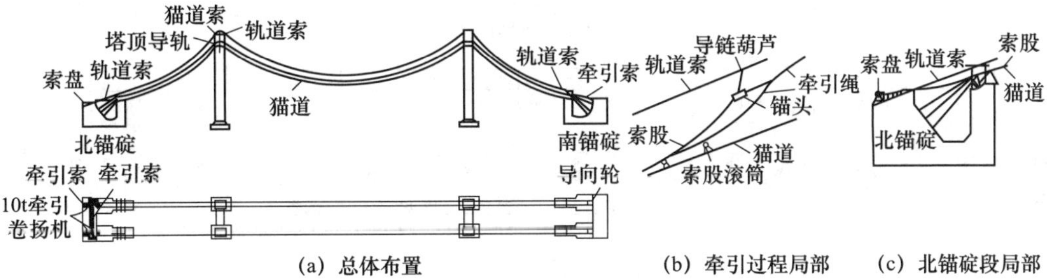

图 1-1-14　悬索桥构造（4）

注：润扬大桥悬索桥牵引系统设计与施工。

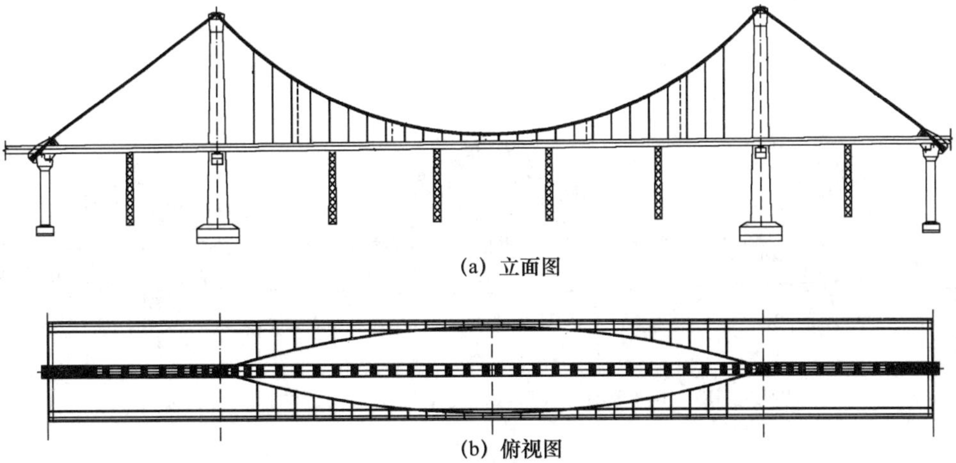

图 1-1-15　悬索桥构造（5）

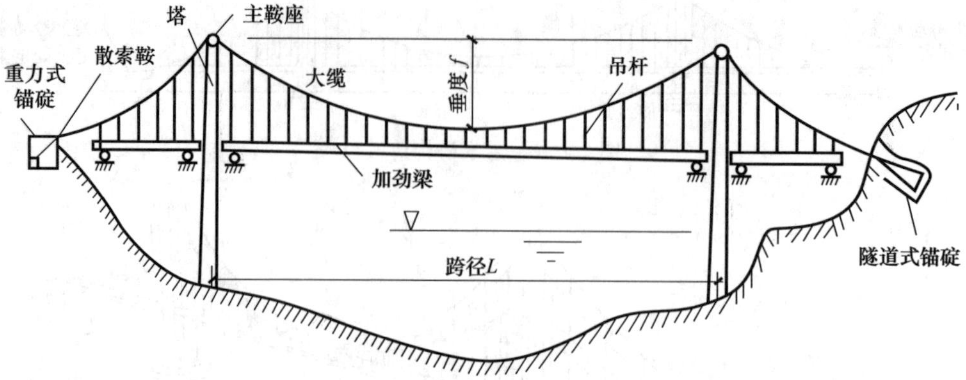

图 1-1-16　悬索桥构造（6）

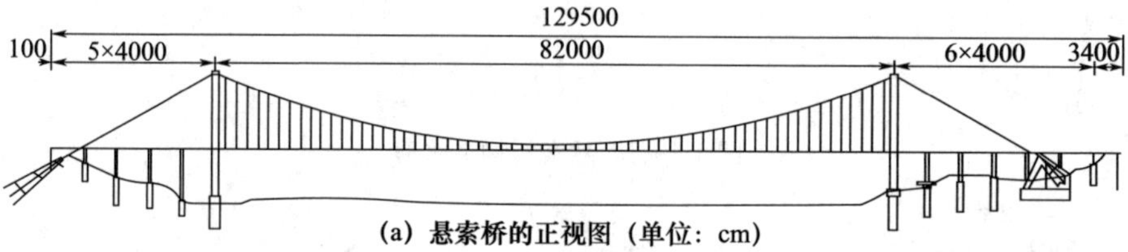

(a) 悬索桥的正视图（单位：cm）

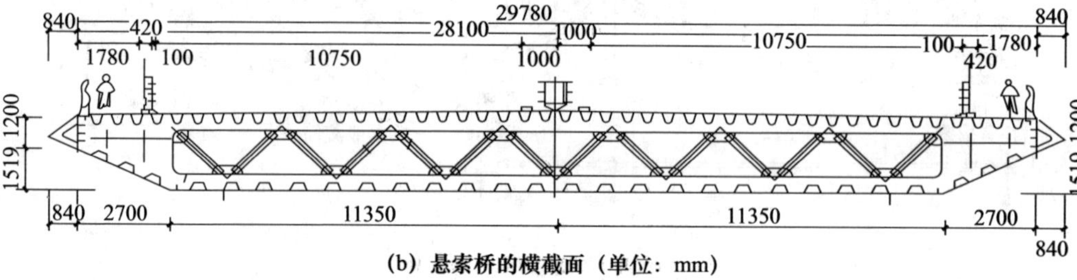

(b) 悬索桥的横截面（单位：mm）

图 1-1-17　悬索桥构造（7）

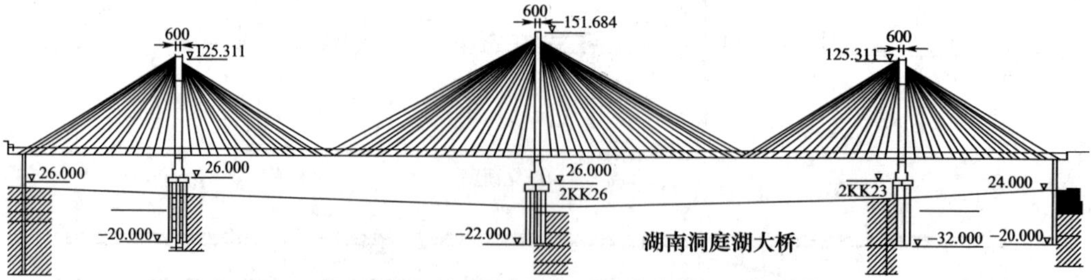

图 1-1-18　斜拉桥构造（1）（标高单位：m；尺寸单位：mm）

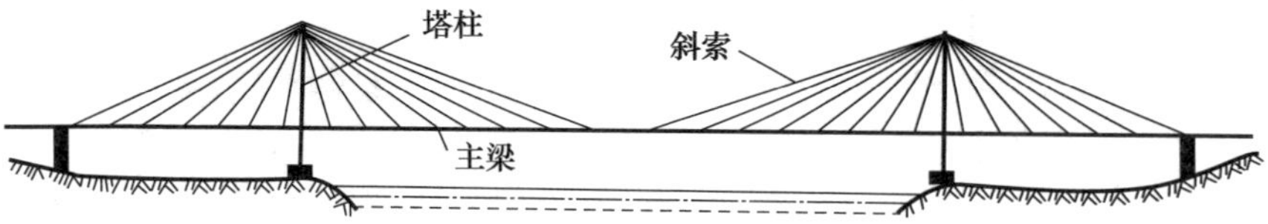

(a) 索型（1）

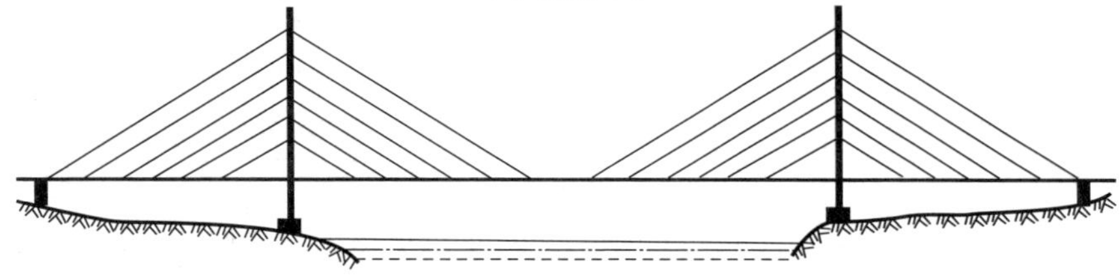

(b) 索型（2）

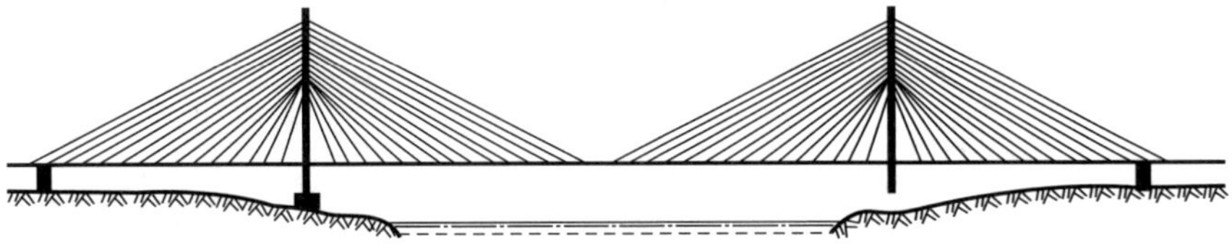

(c) 索型（3）

图 1-1-19　斜拉桥构造（2）

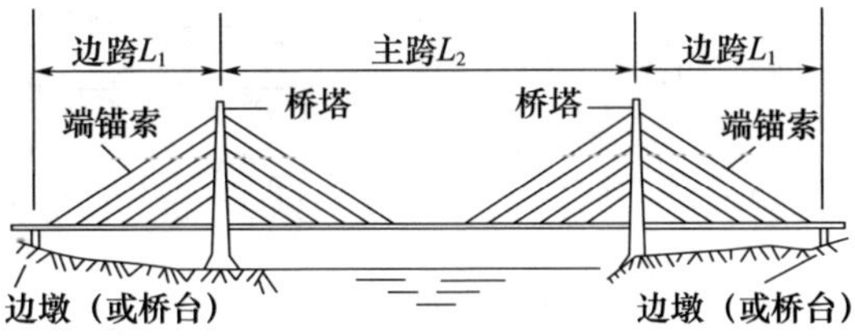

(a) 双塔（三跨式）

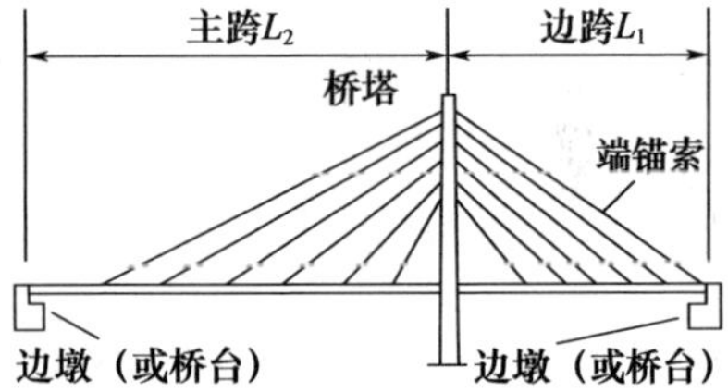

(b) 独塔（双跨式）

图 1-1-20　斜拉桥构造（3）

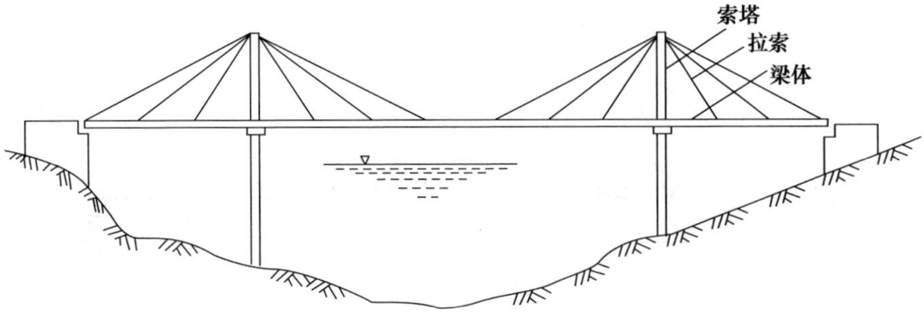

图 1-1-21　斜拉桥构造（4）

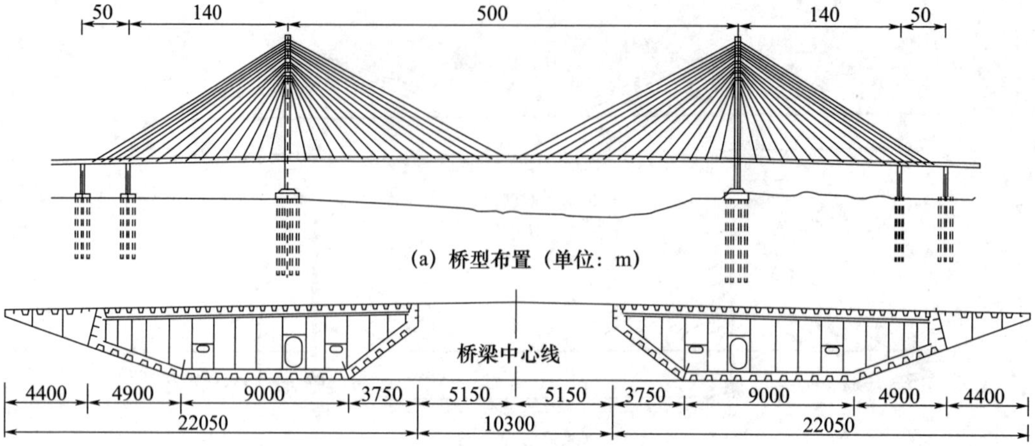

(a) 桥型布置（单位：m）

(b) 钢箱梁标准横断面布置（单位：mm）

图 1-1-22　斜拉桥构造（5）

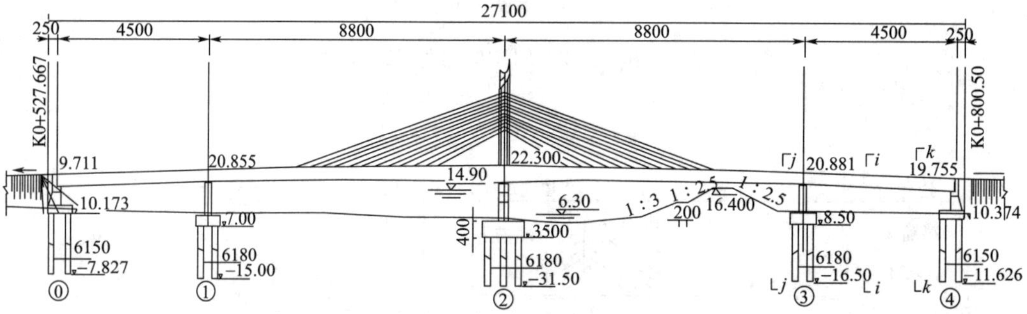

图 1-1-23　斜拉桥构造（6）（单位：mm）

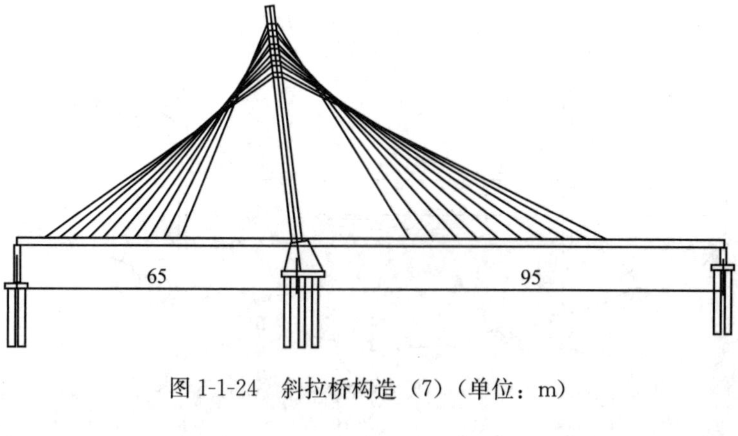

图 1-1-24　斜拉桥构造（7）（单位：m）

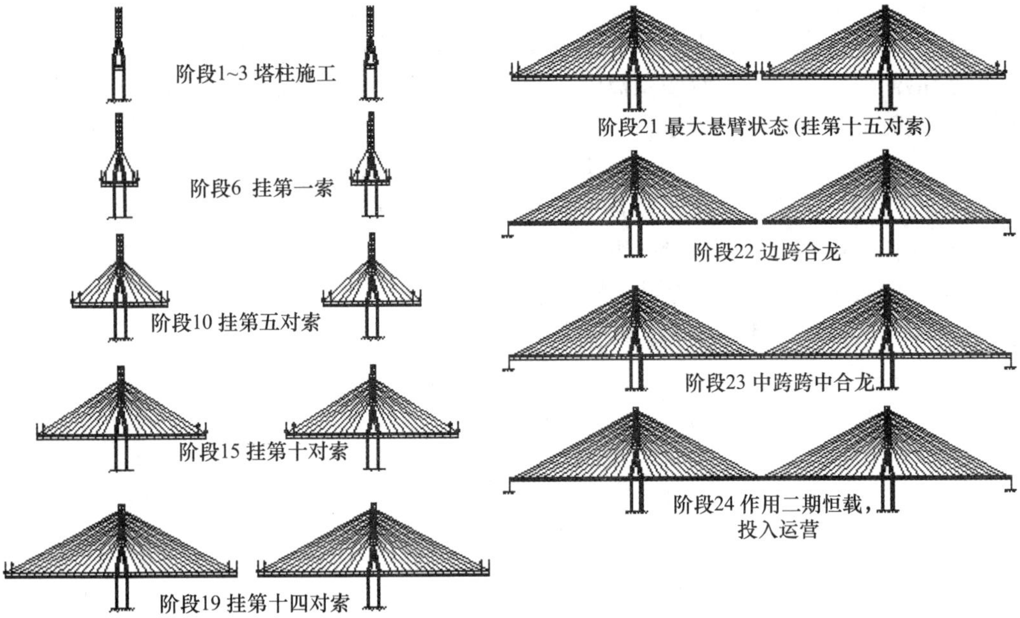

图 1-1-25　斜拉桥构造（8）

注：斜拉桥结构分析离散图（部分）。

1.2　桥梁设计的基本原则

桥梁设计应符合安全可靠、适用耐久、技术先进、经济合理、与环境协调的要求。桥梁建设应贯彻国家有关法规和政令，应根据城市总体规划确定的道路等级、城市交通发展需要，按照有利于节约资源、保护环境、防洪抢险、抗震救火的原则进行设计。桥梁结构的设计基准期为 100 年。桥梁结构必须满足下列四方面功能要求：①在正常施工和正常使用时，能承受可能出现的各种作用；②在正常使用时，具有良好的工作性能；③在正常维护下，具有足够的耐久性能；④在设计规定的偶然事件发生时和发生后，能保持必需的整体稳定性。

桥梁结构应按承载能力极限状态和正常使用极限状态进行设计。承载能力极限状态对应桥梁结构或其构件达到最大承载能力或出现不适于继续承载的变形或变位的状态。正常使用极限状态对应桥梁结构或其构件达到正常使用或耐久性能的某项规定限值的状态。在进行上述两类极限状态设计时，应同时满足构造和工艺方面的要求。

桥梁设计时，应根据桥梁结构在施工和使用中的环境条件和影响，区分三种设计状况，即持久状况、短暂状况、偶然状况。持久状况是指在桥梁使用过程中一定出现，且持续期很长（一般取与设计基准期内同一量级）的设计状况，如自重、车辆荷载等。短暂状况是指在桥梁施工和使用过程中出现概率较大而持续期较短的状况，如施工、维修等。偶然状况是指在桥梁使用过程中出现概率很小且持续期极短的状况，如地震、船舶或汽车的撞击等。对三种设计状况均应进行承载能力极限状态设计；对持久状况还应进行正常使用极限状态设计；对短暂状况，在必要时才做正常使用极限状态设计；对偶然状况，可不按正常使用极限状态设计。在进行承载能力极限状态设计时，应采用作用效应的基本组合和作用效应的偶然组合；按正常使用极限状态设计时应采用作用短期效应组合（频遇组合）和作用长期效应组合（准永久组合）。

桥梁可按其多孔跨径总长或单孔跨径的长度分为特大桥、大桥、中桥和小桥等四类，见表1-2-1。表1-2-1中，单孔跨径系指标准跨径，梁式桥、板式桥以两桥墩中线之间桥中心线长度或桥墩中心与桥台台背前缘线之间桥中心线长度为标准跨径，拱式桥以净跨径为标准跨径；梁式桥、板式桥的多孔跨径总长为多孔标准跨径的总长，拱式桥为两岸桥台起拱线间的距离，其他形式的桥梁为桥面系的行车长度。

表1-2-1　桥梁按总长或跨径分类

桥梁分类	多孔跨径总长 L/m	单孔跨径 L_0/m
特大桥	$L>1000$	$L_0>150$
大桥	$1000\geqslant L\geqslant 100$	$150\geqslant L_0\geqslant 40$
中桥	$100>L>30$	$40>L_0\geqslant 20$
小桥	$30\geqslant L\geqslant 8$	$20>L_0\geqslant 5$

桥梁设计必须严格实施质量管理和质量控制，设计文件的组成应符合有关文件编制的规定要求，对涉及工程质量的构造设计、材料性能和结构的耐久性、必须特别指明的制作或施工工艺、桥梁运行条件、养护要求等应提出相应的要求。桥梁设计应符合国家现行有关标准的规定。

桥梁设计应符合城市规划的要求，根据道路功能、等级、通行能力，结合水文、地质、通航、环境等条件进行综合设计。因技术、经济上的原因需分期实施的，则应保留远期发展余地。桥梁设计宜采用百年一遇的洪水频率，对特别重要的桥梁可提高到三百年一遇。防洪标准较低的地区，若按百年一遇或三百年一遇的洪水频率设计，导致桥面高程较高而引起施工困难时，可按实际情况考虑，但设计洪水频率标准应不低于城镇道路工程相关技术标准的规定，且仍须确保桥梁结构在百年一遇或三百年一遇洪水频率下的安全。桥梁孔径，应按批准的城市规划中的河道及（或）航道整治规划，结合现状布设。若无规划，则根据现状按设计洪水流量满足泄洪要求和通航要求布置。不宜过大改变水流的天然状态。

桥梁的桥下净空应合理。通航河流的桥下净空应按批准的城市规划的航道等级确定；通航海轮桥梁的通航水位和桥下净空应符合现行通航海轮桥梁通航相关标准的规定；通航内河轮船桥梁的通航水位和桥下净空应符合现行内河通航相关标准的规定，并应充分考虑河床演变和不同通航水位航迹线的变化；若选用的通航水位与城市现有防洪标准、道路标准、地形和车辆交通发生矛盾，要按具体情况研究确定。不通航河流的桥下净空应根据计算水位（设计水位计入壅水、浪高等）或最高流冰水位加安全高度确定；当河流有形成流冰阻塞的危险或有漂浮物通过时，应按实际调查的数据，在计算水位的基础上，结合当地具体情况酌留一定富余量，作为确定桥下净空的依据；对于淤积的河流，桥下净空应适当增加；在不通航或无流放木筏河流上及通航河流的不通航桥孔内，桥下净空不应小于表1-2-2的规定；无铰拱的拱脚允许被设计洪水淹没，但不宜超过拱券高度的2/3，且拱顶底面至计算水位的净高不得小于1.0m；在不通航和无流筏的水库区域内，梁底面或拱顶底面离开水面的高度不应小于计算浪高的3/4加上0.25m。跨越城市道路或公路的桥梁（城市跨线桥梁），桥下净空应分别符合现行城镇道路工程相关技术标准、公路工程相关技术标准的建筑限界规定，跨越铁路的桥梁，桥下净空应符合现行铁路净空限界规定；墩位布置同时应满足桥下道路或铁路的行车视距和前方交通信息识别的要求，并按城市桥梁相关规范的规定要求，避开既有的地下构筑物和不能迁移的地下管线；对于桥下净空有特殊要求的航道或路段，桥下净空尺度应做专题研究、论证。

表1-2-2　非通航河流桥下最小净空

桥梁的部位		高出计算水位/m	高出最高流冰面/m
梁底	洪水期无大漂流物	0.50	0.75
	洪水期有大漂流物	1.50	—
	有泥石流	1.00	—
支承垫石顶面		0.25	0.50
拱脚		0.25	0.25

桥梁总体设计应符合建筑原理，注意空间、比例、节奏、明暗和稳定感，分清主次，局部服从主体。桥梁建筑重点应放在总体布置和主体结构上，以清晰、明朗的建筑形式，塑造结构受力合理、总体布置舒展、造型美观、与周围环境和景观协调的桥型结构，而不在主体结构之外过多增加装饰。桥梁应根据城市规划、城市环境、市容特点，进行绿化、美化市容，保护环境的设计。对于特大型和大型桥梁，高架道路桥、大型立交桥梁，在工程建设前期应做环境影响评价，工程设计中应做相应的环境保护设计。桥梁设计要因地制宜。积极采用新技术、新工艺、新材料、新结构，采用机械化和工厂化施工；中、小桥的构件宜采用定型构件设计。位于快速路、主干路、次干路上的多孔梁（板）桥，宜采用连续桥面简支结构，或采用整体连续结构；设计应保证桥梁在使用期间运营通畅，养护维修方便。

桥梁结构应符合以下七方面规定：①构件在制造、运输、安装和使用过程中，应具有规定的强度、刚度、稳定性和耐久性；②构件应减小由附加力、局部力和偏心力引起的应力；③结构（或构件）应根据其所处的环境条件进行耐久性设计，采用的材料及其技术性能应符合相关现行标准的规定；④选用的型式应便于制造、施工和养护；⑤抗震设计一般情况下可采用现行中国地震动参数区划图、城镇道路工程相关技术标准和公路工程相关技术标准的规定进行，对已编制地震小区划的城市可按行政主管部门批准的地震动参数进行抗震设计，地震作用的计算及结构的抗震设计应符合现行桥梁工程抗震设计相关规范的规定；⑥在受到城市区域条件限制，必须建斜桥、弯桥、坡桥时，应针对具体特点，作为特殊桥梁进行设计；⑦桥梁基础沉降量应符合现行公路桥涵地基与基础设计相关规范的规定，对于外部为超静定体系的桥梁，应控制引起桥梁上部结构附加内力的基础不均匀沉降量，必要时宜在结构设计中设置调节基础不均匀沉降的构造装置。

桥梁应根据工程规模和不同的桥型结构设置照明、交通信号标志、航运信号标志、航空信号标志，设置各种养护以及桥面防水、排水、检修、安全等附属设施。不得在桥上或地道内敷设污水管、压力大于0.4MPa的煤气管和其他可燃、有毒或腐蚀性的液、气体管；一般地区如条件许可，允许在桥上敷设电信电缆、热力管、自来水管、电压不高于

10kV 配电电缆、压力小于 0.4MPa 的煤气管，但须采取有效的安全防护措施，满足有关规范的要求。

1.3 桥梁设计中的桥位选择

桥梁的桥位选择，应根据城市总体规划，近、远期交通流向和流量的需要，结合水文、航运、地形、地质、环境及对邻近建筑物和公用设施的影响大小进行全面分析、综合比较后确定。特大桥、大桥桥位应选择河道顺直、河床稳定、河滩较窄、河槽能通过大部分设计流量且地质良好的河段；桥位不宜选择在河滩、沙洲、古河道、急弯、汇合口、渡口、港口作业区及易形成流冰、流木阻塞的河段以及活动性断层、强岩溶、滑坡、崩塌、地震易液化、泥石流等不良地质的河段。中、小桥桥位宜服从城市道路的走向进行布置。桥梁纵轴线宜与洪水主流流向正交，如条件有限，中、小桥可考虑斜交或弯桥。

通航河流上桥梁的桥位选择，除应符合城市规划，选择在河道顺直、河床稳定、水深充裕、水流条件良好的航段上外，还应符合下列三方面要求：①桥梁墩台及水流方向的轴线，宜与最高通航水位的主流方向一致，当斜交不可避免时，其偏角不宜大于5°；如偏角大于5°，应加大通航孔净宽；对变迁性河流，应考虑河床变迁对通航孔的影响。②位于内河航道上的桥梁，尚应符合现行内河通航相关标准中关于“水上过河建筑物选址”的要求。③通航海轮的桥梁桥位选择应符合现行通航海轮桥梁通航相关标准的规定要求。

当桥址处有两个及以上的稳定河槽，或滩地流量占设计流量比例较大，且水流不易引入同一座桥时，可在主河槽、河汊和滩地上分别设桥，不宜用长大导流堤强行集中水流。分离式桥梁两幅桥面的轴线距离，除应符合城市桥梁相关规范规定外，还应符合设计洪水水流流畅的原则，并应便于施工。非通航河流上的相邻桥梁间距除应符合城市规划要求，还应考虑城市防洪要求，桥址工程地质条件及既有桥梁结构的状况等因素；通航河流上相邻桥梁间距应符合城市桥梁相关规范规定。

桥位应避开泥石流区。当无法避开时，宜建大跨径桥梁跨过泥石流区。在没有条件建大型跨径桥时，应避开沉积区，可在流通区跨越。桥位不宜布置在河床纵坡由陡变缓，断面突然变化及平面上急弯处，以免引起泥石流的阻塞沉积。

桥位上空不宜设有架空高压电线，当无法避开时，桥梁结构最高点与架空高压电线之间的垂直距离不应小于表 1-3-1 规定值；当桥位旁有架空高压电线时，桥边缘与架空高压电线之间的水平距离不得小于高压电线的塔（杆）架高度。桥位应与燃气输送管道、输油管道，易燃、易爆和有毒气体等危险品工厂、车间、仓库保持一定安全距离；距离较近时，应设置满足消防、防爆要求的防护设施。

表 1-3-1　桥梁结构与架空高压电线间的最小垂直距离

架空高压电线标称电压/kV	110	220	330	500
距桥梁结构* 最小垂直距离/m	7.0	8.0	9.0	14.0

* 指架空高压电线走廊内桥梁结构的最高点。

1.4　桥梁设计中的桥面净空要求

新建桥梁的桥面净空限界应符合图 1-4-1 至图 1-4-4 的要求。快速路桥可按图 1-4-2（b）或图 1-4-4（b）布置；主干路桥可按图 1-4-3 或图 1-4-4 布置；次干路桥可按图 1-4-1、图 1-4-3（a）或图 1-4-2（a）布置；支路桥可按图 1-4-1 布置；当满足城市桥梁相关规范专门规定时，车行道布置可参照图 1-4-1 或图 1-4-2 布置。

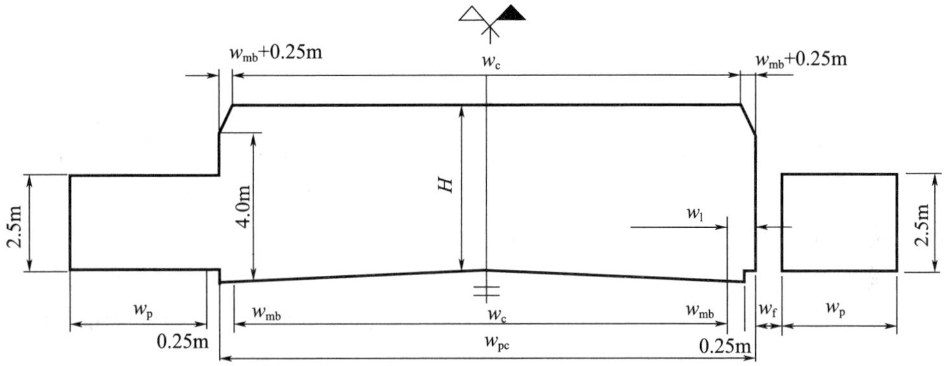

(a) 无设施带时　　(b) 有设施带时

图 1-4-1　无中间分隔带的净空限界（一幅）

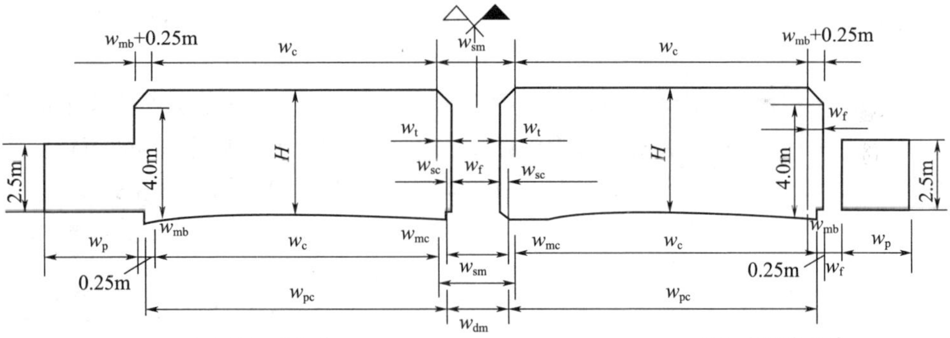

(a) 无设施带时　　(b) 有设施带时

图 1-4-2　有一个中间分隔带的净空限界（二幅）

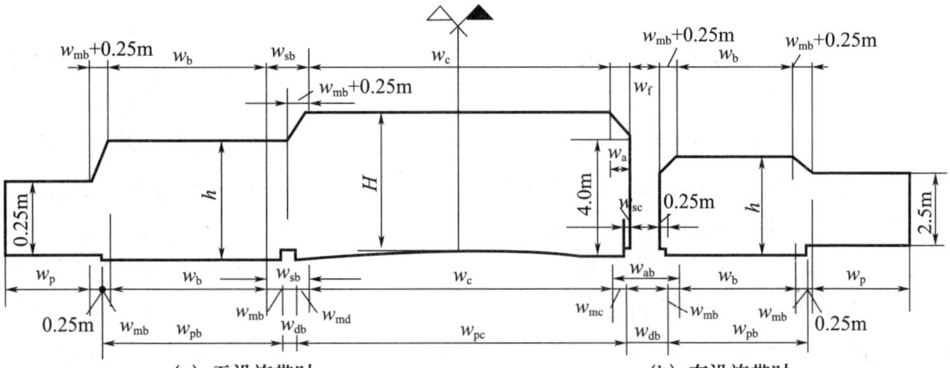

(a) 无设施带时　　(b) 有设施带时

图 1-4-3　有两个分隔带的净空限界（三幅）

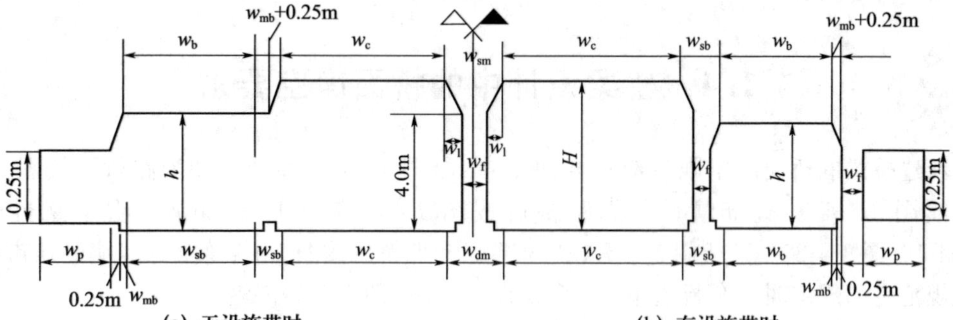

图 1-4-4　有三个或五个分隔带的净空限界（四幅）

图 1-4-1 至图 1-4-4 中，w_a 为路侧带宽度（m）；w_b 为非机动车车行道宽度（m）；w_c 为机动车车行道宽度或机动车与非机动车混合行驶的车行道宽度（m）；w_{db} 为两侧分隔带宽度（m）；w_{dm} 为中间分隔带宽度（m）；w_f 为设施带宽度（m）；w_l 为侧向净宽（m）；w_{mb} 为非机动车道路缘带宽度（m）；w_{mc} 为机动车道路缘带宽度（m）；w_p 为人行道宽度（m）；w_{pb} 为非机动车道路面宽度（m）；w_{pc} 为机动车道路面宽度或机动车与非机动车混合行驶的路面宽度（m）；w_{sb} 为两侧分车带宽度（m）；w_{sc} 为机动车车行道安全带宽度（m）；w_{sm} 为中间分隔带宽度（m）；H 为机动车道净高（m）；h 为非机动车道净高（m）。

小桥桥面布置形式及净空限界应与道路相同，特大、大、中型桥的桥面布置及净空限界中的车行道及路缘带宽度应与道路相同，分隔带宽度可适当缩窄，但应大于或等于 1.0m。设计行车速度小于或等于 40km/h 的道路两侧分隔带或中央分隔带可用交通标线代替。

桥梁桥面最小净高、机动车车行道宽度、非机动车车行道宽度、人行道宽度、设施带宽度、分车带最小宽度应符合现行城镇道路工程相关技术标准的规定。高架道路桥面的机动车车行道宽度、分隔带设置、路侧带宽度应符合现行城市快速路设计相关规程的规定。单向专用非机动车车行道的宽度不应小于 3.50m。大桥、特大桥的人行道单侧宽度宜取 2.00～3.00m。

1.5　桥梁设计中桥面的平面及纵/横断面设计

桥梁在平面上宜做成直桥，特殊情况时可做成弯桥，其线形布置应符合现行城镇道路工程相关技术标准的规定；高架道路的线形布置应符合现行城市快速路设计相关规程的规定。下承式、中承式桥的主梁、主桁或拱肋和悬索桥、斜拉桥的索面及索塔，可设置在人行道或车行道的分隔带上，但必须采取防护措施，保证在任何情况下不使车辆撞及。悬索桥、斜拉桥的索面及索塔亦可设置在人行道或安全道栏杆外侧。

桥面车行道路幅宽度宜与所衔接道路的车行道路幅宽度一致；当道路现状与规划断面相差很大，桥梁按规划车行道布置难度较大时，应按城市桥梁相关规范规定，考虑分期实施。两端道路如设有较宽的分隔带或绿化带，桥梁可考虑分幅布置（横向组成分离式桥），桥上不宜设置绿化带，特大、大、中桥的桥面宽度可适当减小，但车行道的宽度应与两端道路车行道有效宽度的总和相等并在引道上设变宽缓和段与两端道路接顺。小桥的机动车道平面线形应与道路保持一致。特大、大、中桥与两端道路如均系新建，则桥面车行道布设应根据规划道路等级、城市桥梁相关规范的规定和交通流量来确定。

当特大、大、中桥所处路段具有以下六方面条件之一时，机动车与非机动车可按混合行驶考虑：①每一车行道平均交通流量少于 300pcu/h；②同向机动车与非机动车的高峰小时流量不在同一时间；③双向的交通流量高峰不在同一时间；④机动车与非机动车在同一时间交通量相差较大；⑤机动车设计行车速度小于 30km/h；⑥桥梁两端连接道路本身是混合车道。桥梁宽度应按城市桥梁相关规范的规定确定。

桥面中心线纵断面可做成斜坡和竖曲线，最小纵坡不宜小于 0.3%。特大桥、大桥和快速路上的桥面竖曲线布设应符合现行城镇道路工程相关技术标准、城市快速路设计相关规程的规定。多跨中、小桥，若采用预制梁，则可用折线代替竖曲线；在纵坡变更的凸形交点处，其两坡之代数差：主干路桥不大于 0.5%，次干路和支路桥不大于 1%，但桥面铺装应做成圆曲线形状。桥梁纵断面设计时，应考虑到长期荷载作用下的构件挠曲和墩台沉降的影响。桥面纵坡坡度与坡段长度设计应符合现行城镇道路相关工程技术标准和城市快速路设计相关规程的规定。

桥梁横断面布置应合理。除桥面净空应符合城市桥梁相关规范规定外，还应符合以下五方面规定：①桥梁人行道或安全道外侧，必须设置人行道栏杆，栏杆高度不应低于 1.1m。②主干路、次干路桥，无论有、无非机动车道，若两侧无人行道，则两侧应设安全道，其宽度为 0.5～0.75m。③桥面上机动车道与非机动车道具有永久性分隔带的桥或专用非机动车桥，其两旁的人行道或安全道路缘石宜高出车行道路面 0.15～0.2m。④主干路、次干路、支路桥，桥面为混合行车道或专用机动车桥，人行道或安全道路缘石宜高出车行道路面 0.25～0.4m；若跨越急流、大河、深谷、重要道路、铁路、主要航道，或桥面常有积雪、结冰，其路缘石高度宜取较大值；外侧采用加强栏杆。⑤快速路桥、机动车专用桥桥面两侧应设置防撞护栏，护栏高度不应低于 1.1m；若两侧设置人行道或安全道，其路缘石高度宜为 0.4m。

桥面车行道应设置横坡以利快速排水，在快速路和主干路桥上，横坡坡度为 2%；在次干路和支路桥上横坡坡度为 1.5%～2.0%，人行道上应设置坡度 1%～2%向车行道的单向横坡。在路缘石或防撞护栏旁需设置足够数量的泄水孔。泄水孔之间的纵坡坡度应不小于 0.3%～0.5%。

1.6　桥梁设计中桥梁引道、引桥的基本要求

桥梁引道应按现行城镇道路工程相关技术标准的规定要求布设；引桥则应按城市桥梁相关规范的有关要求布设。桥梁引道的设计应与引桥的设计统一考虑，从安全、经济、美观等方面进行综合比较，不应片面强调长桥短引道或短桥长引道。桥梁引道及引桥的布设，应处理好与两侧街区交通的衔接，保证消防、救护、抢险等车辆的进出。引道为填土路堤时，应考虑由填土引起的地基沉降对附近建筑物和原有地下管道的影响，宜将城市给水、排水、燃气、热力等地下管道迁移至桥梁填土范围以外布设，条件允许亦可移至填土

影响范围以外布设。位于软土地基上的引道填土路堤高度不宜过高。引桥也应注意其地基沉降对邻近建筑物的影响，并须考虑工程施工对附近永久性建筑物的影响。在纵坡较大的桥梁引道上，不宜设置平交道口和公共交通车辆的停靠站及工厂、街坊出入口。引道纵坡起（终）点与平交道口之间应保持适当长度的平坡缓和段。

当引道采用填土路堤，且两侧采用较高挡土墙时，两侧应设栏杆，其布置可参照有关规定执行。当特大、大、中桥两端道路有较宽绿化带或分隔带，而桥面按城市桥梁相关规范布设时，在桥头应避免人行道路缘石转弯突变；路缘石在平面上应设置缓和接顺段，其变化斜率不宜小于 6∶1（长方向∶宽方向）；折角处用适当的平曲线接顺。当主孔斜交角较大、引桥较长时，宜根据桥址的地形、地物在引桥与主桥衔接处布设若干个过渡孔，使其后的引桥均按正交布置。

桥台侧墙后端和悬臂梁桥的悬臂端深入桥头锥坡顶点以内的长度均不小于 0.75m（按路基和锥坡沉实后计）；位于城市快速路、主干路和次干路上的桥梁，桥头宜设置搭板，搭板长度不宜小于 6m。桥头锥体及桥台台后 5～10m 长度的引道，可用砂性土等材料填筑；在非严寒地区当无透水性材料时，可就地取土经处理后填筑，也可用土工合成材料或其他轻质材料填筑。

1.7 桥梁设计中立交、高架道路桥梁和地道要求

1.7.1 一般规定

立交、高架道路桥梁和地道应按城市总体规划，现行城镇道路工程相关技术标准、城市快速路设计相关规程中的有关规定设置。

立交、高架道路桥梁和地道的布设应考虑以下九方面因素：①立交、高架桥和地道宜按规划一次兴建，特殊情况下可考虑分期建设，分期建设时应考虑后期的实施条件。②应减少工程占用的土地及房屋拆迁。③妥善处理街区间交通的相互关系，解决好附近街区因工程建设而带来的交通问题。④结构形式应与城市景观相协调、注意建筑造型、街景处理；利用桥下空间时要防止可能产生的对交通的干扰，墩、台的布置应考虑桥下空间的利用净空，以及转向交通视距等要求。⑤立交、高架道路和地道的布设，要密切结合地形、地物、地质、地下水情况以及地下工程设施等因素，综合考虑。⑥原有地上、地下管线应妥善处理和安排。⑦应考虑设计中所采用的施工工艺对周围建筑及现有道路交通的影响。⑧注意环境保护、减少汽车尾气和降低车辆噪声对周围环境的影响。⑨必须考虑拟建立交高架道路桥梁对规划中的新建筑的影响。

立交、高架道路和地道平面，纵、横断面设计，应符合下列五方面要求：①平面布置应与其相衔接道路的技术标准相适应，以满足工程所在区域道路行车需要。②纵断面设计应与其衔接的道路技术标准相适应，并结合当地气候条件、车辆类型及爬坡能力等因素，选用适当的纵坡值；竖曲线最低点不宜设在地道暗埋段箱体内，凸曲线应满足行车视距；对于混合交通，应满足非机动车辆的最大纵坡限制值要求。③横断面设计应与其衔接的道路技术标准相适应。④机动车道与非机动车道之间，可设置分隔带，以疏导交通，对于设

有分隔带的宽桥，桥梁结构宜设计成上、下行分离的独立桥梁，以减小宽桥对结构的影响。⑤立交区段的各种杆、柱、架空线网的布置，要注意保持该区段的整洁、开阔。当桥面灯杆置于人行道靠路缘石处时，杆座边缘距车行道路面（路缘石口）的净距不小于0.25m；地道引道的杆、柱以设置在分隔带上或路幅以外为宜。立交桥或地道的上、下层之间一般应设置人行扶梯，可根据工程所在区段交通组织的需要确定位置、数量、用途(供一般行人、残疾人用或供管理、养护人员用)，形式与造型应纳入总体设计。

当立交、高架道路桥梁的下穿道路紧靠柱式墩或薄壁墩、台、墙时，所需要的安全带宽度（道路路缘带外侧至墩、台、墙表面的宽度）如下：道路设计行车速度大于或等于80km/h，应不小于0.50m；道路设计行车速度大于或等于40km/h，应不小于0.25m，道路设计行车速度为40km/h以下时，为0.25m；若下穿道路路缘带外侧与柱、墩、台、墙之间设有安全道，当其宽度大于所需的安全带宽度时，则可不再设安全带。

高架道路桥梁的长度较长时，应考虑每隔一定距离在中央分隔带上设置可打开式护栏，用以疏散因对向车道事故等原因造成的意外交通状况。

1.7.2 立交、高架道路桥梁

当立交、高架道路桥梁与桥下道路斜交时，可采用斜交桥的型式跨越；斜交角度较大时，宜采用加大桥梁跨度，减小斜交角度或斜桥正做的方式，同时满足桥下道路平面线形、视距及前方交通信息识别的要求。对于曲线梁桥，在选择结构型式及横断面形状时，必须考虑有足够的抗扭刚度，以能够适应扭转效应的影响；结构支承体系应能够满足曲线桥梁上部结构的受力和变形要求。对于纵坡较大的桥梁，特别是独柱支承的匝道桥梁，应注意桥梁向下坡方向累计位移的潜在危险，总体设计时独柱墩连续梁分联长度不宜过大，中墩应采用适宜的结构尺寸，以保证墩柱具有较大的纵、横向抗推刚度。立交、高架道路桥梁的跨度小于30m，而且桥宽较大时，桥墩可采用柱式桥墩，柱数宜少，以利视觉通透，不产生凌乱感觉。立交、高架道路桥下设置停车场时，不得妨碍桥梁结构的安全，应设置相应的防火设施，满足有关消防的安全规定。当立交、高架道路桥梁跨越行驶蒸汽机车的铁路时，其上部结构底部应设置防烟板；防烟板位于铁路上方，其中心线应与铁路中心线相对应，长度（铁路线路宽度方向）在每股道上方不小于4.0m；防烟板两端伸出桥宽以外。

1.7.3 地道

城市立交中，下穿线的道路净空全部或大部低于附近地面，其下穿线穿越的构筑物，洞口至洞口的净长大于50m或小于10倍净高的，称为地道。采用地道方案前应与立交跨线桥方案做技术、经济、运营等方面的比较；设计时应对建设地点的地形、地质、水文，地上、地下的既有构筑物及规划要求，地下管线，地面交通或铁路运营情况进行详细的调查分析；位于铁路运营线下的地道，为保证铁路立交运营安全，地道位置应选在地质条件较好、铁路路基稳定、沉降量小的地段。

地道净空应符合城市桥梁相关规范规定；地道中设置机动车道、非机动车道和人行道时，为降低非机车道和人行道的引道坡度（或长度），在满足各自净空的条件下，可将其布置在不同的高程；非机动车道净宽小于3.50m（不具备通行消防、救护等车辆能力时），而净高达到3.50m要求有困难时，可适当降低，但不得小于2.50m；较长的地道，每一行驶机动车的车行道孔中，若无人行道，应在一侧路缘石与墙面之间，设置0.5～0.75m宽的安全道（或执勤道）；若机动车的车行道较宽，另一侧还应再设置0.5～0.75m宽的安全道（或执勤道）。

下穿城市道路或公路的地道，设计荷载应分别符合城市桥梁相关规范及现行公路桥涵设计相关规范的规定，结构内力、截面强度、挠度及允许值的取用应符合现行公路钢筋混凝土及预应力混凝土桥涵设计相关规范的规定，裂缝宽度亦可按地下结构设计规范的规定进行计算，抗震验算应符合现行桥梁工程抗震设计规范的规定；地道长度应分别符合城市桥梁相关规范及现行公路桥涵设计相关规范有关道路净空的规定。

下穿铁路的地道，设计荷载、结构内力、截面强度、挠度、裂缝宽度计算及允许值的取用、抗震验算应分别符合现行铁路桥涵设计相关规范、铁路桥涵钢筋混凝土和预应力混凝土结构设计相关规范、铁路工程抗震设计相关规范的规定；地道长度除应符合铁路线路的净空要求外，还应满足管线、沟漕、信号标志等附属设施和铁路员工检修便道的需求。

当地道轴线与置于地道上的道路或铁路轴线的斜交角$\alpha \leqslant 15°$（$\alpha=0°$为正交）时，可按正交考虑；$\alpha>15°$时按斜交结构分析。地道混凝土强度等级不宜低于C30，有地下水时防水等级不应低于S6；下穿铁路的地道混凝土强度等级、防水等级应符合现行铁路桥涵钢筋混凝土和预应力混凝土结构设计相关规范的规定。地道结构连续长度不宜过长，当地道结构长度较长时应设置沉降缝或伸缩缝。

地道采用顶进施工工艺时，宜布置成正交，必须斜交时，斜交角不应大于45°（正交为0°）；地道的结构尺寸应适当考虑顶进时的施工偏差，角隅处的构造筋及中柱（墙）、侧墙的纵向钢筋宜适当加强；位于地道上的铁路线路的加固应满足保证铁路安全运营的规定要求。当地下水位较高时，地道的引道结构应采取抗浮措施。

1.8 桥梁设计中桥梁细部构造及附属设施的要求

1.8.1 桥面铺装

桥面铺装的结构型式宜与所在位置的城市道路路面相协调，可采用沥青混凝土和水泥混凝土材料。

桥面铺装层厚度应合规。沥青混凝土铺装层厚度应符合要求，当为快速路、主干路桥梁和次干路上的特大、大桥时，桥面铺装宜采用沥青混凝土材料，铺装层厚度应不小于8cm，其中上层沥青玛琋脂碎石混合料厚度不小于4cm，下层中粒式沥青混凝土厚度不小于4cm，粒料宜与道路一致；水泥混凝土整平层强度等级不低于C30，厚度为7～10cm，并配有钢筋网；当为次干路、支路时，沥青混凝土和水泥混凝土整平层厚度均不小于6cm。水泥混凝土铺装层厚度应不小于8cm，混凝土强度等级应不低于C40，铺装层内配有钢筋网（或焊接钢筋网），钢筋直径不小于10mm，间距不宜大于100mm，有条件时可采用纤维混凝土。

钢桥面沥青混凝土铺装结构应根据铺装材料的性能、施工工艺、荷载大小、桥梁跨径与结构型式、桥面系的构造尺寸以及桥梁纵断面线形、当地的气象与环境条件等因素综合研究选用。

1.8.2　桥面防水和排水

桥面铺装应设置防水层。沥青混凝土铺装底面在水泥混凝土整平层上应设置柔性防水卷材或涂料，防水材料应具有耐热、冷柔、防渗、耐腐、黏结、抗碾压等性能。材料性能和技术要求应符合现行道桥用改性沥青防水卷材、道桥用防水涂料等相关规范的规定要求。水泥混凝土铺装可采用刚性防水材料（渗透型或外掺剂型），或底层采用不影响水泥混凝土铺装受力性能的防水涂料等。

圬工桥台台身背墙，拱桥拱券顶面、侧墙背面都应设置防水层；下穿地道箱涵等封闭式结构顶板顶面应设置坡度为0.5%～1%的排水横坡，箱体防水应以自防水为主，也可在顶板、顶面侧墙外侧设置防水层。

桥面铺装应有完善的排水设施。桥面排水设施应能适应桥梁结构的变形，细部构造布置应保证桥梁结构的任何部分不受排水设施及其泄漏水流的侵蚀。应在行车道低点设排水口，并通过排水管将雨水泄入地面排水系统中。排水管道应采用竖固、抗腐蚀性能良好的材料制成，管道直径不宜小于15cm。排水管道的间距可根据桥梁汇水面积和桥面纵坡坡度大小确定，即当纵坡坡度大于2%时，桥面设置排水管的截面面积为$60mm^2/m^2$，当纵坡坡度小于1%时，桥面设置排水管的截面面积为$100mm^2/m^2$，南方潮湿地区和西北干燥地区可根据暴雨强度适当调整。若桥面长度不长，且有坡度不小于3%的纵坡时，桥上可以不设排水口，但应在桥头引道两侧设置雨水口。排水管宜在墩台处接入地面，排水管布置应考虑桥梁外观要求，便于养护，其弯曲部分要尽量少，同时在弯曲部位应设置加盖的清除孔，排水管底部要做散水处理，在除冰盐影响地区，要在墩台受水影响区域涂混凝土保护剂。沥青混凝土铺装应在桥跨伸缩缝上坡侧现浇带与沥青混凝土相接处设置渗水管，将沥青层内的桥面渗水引出桥外。高架桥桥面应设置横坡及坡度不小于0.3%的纵坡，以利桥面排水，当纵断面为凹形竖曲线时，需在凹形竖曲线最低点及其前后3～5m处分别设置排水口，当条件受到限制，桥面需要设平坡时，应沿主梁纵向设排水管，排水管纵坡坡度不小于3%。

地道排水应符合下列五方面要求：①地道内排水应设置独立的排水系统，排水设计应符合现行室外排水设计相关规范、城镇道路工程相关技术标准的规定。②为便于地道排水，地道纵断面设计除应符合城市桥梁相关规范的规定外，为了避免地面水流入地道内，应在引道两端的起点处设置倒坡，其高程高于地面0.2～0.5m，并加强引道路面排水，在引道与地道接头处做一横截泄水沟（上置多孔盖板）。③地道内路面边沟雨水口间应有坡度不小于0.3%～0.5%的排水纵坡；若在较短地道内不设置雨水口，则地道纵坡坡度不小于0.5%；引道与地道内车行道路面，设坡度不小于2%的横坡，以利排水；地道引道段选用径流系数应考虑坡陡径流增加的因素，其雨水口的设置与选型必须适应汇水快而急的特点。④下穿地道凡不能自流排水的，均需设置泵站排水，其管渠设计、降雨重现期应大于道路标准；排水泵站应保证地道内不积水。⑤以降低地下水为目的的盲沟排水和兼排雨水的管道、泵站，必须保证排盲沟地下水的设计要求。

1.8.3　桥面伸缩装置

桥面伸缩装置，应能适应梁端自由伸缩和转角变形并使车辆平稳通过，伸缩装置应根据桥梁长度（或跨径）、结构型式采用经久耐用、性能良好且易于清洁、检修、更换的材料和构造型式。材料及其成品的技术要求应符合现行公路桥梁伸缩装置相关规范的规定。在多跨简支梁间，可以采用连续桥面，以减少伸缩缝数量，但一般为连续 3～4 跨，长度不宜超过 100m，连续桥面的构造要完善、牢固和耐用。

变形量较大的桥面伸缩装置宜采用梳板式（钢制梳齿板组合而成）、模数式（异型钢梁与单元密封带组合而成），并要求与梁端有牢固的锚固系统。城市快速路、主干路桥梁不得采用浅埋的伸缩位置（嵌缝式）。

设计伸缩装置时，应考虑安装时间，其伸缩量应根据温度变化、混凝土收缩、徐变、受荷转角、梁体纵坡等因素，并考虑更换所需的间隙量；对于斜、弯、异型桥的伸缩装置，在确定桥体实际伸缩方向的基础上，必须验算其是否满足纵、横向容许错位量。在除冰盐影响地区，栏杆底座、混凝土铺装以及桥梁伸缩装置以下的盖梁、墩台帽等处，应进行耐久性处理。地道的沉降缝、伸缩缝必须满足防水要求。

1.8.4 桥梁支座

桥梁可按其跨径、结构型式、反力大小、支承处的位置及转角变形值选取不同的支座。桥梁可选用板式橡胶支座（或四氟滑板橡胶支座）、盆式橡胶支座和球型支座。支座的材料、成品等技术要求应分别符合现行公路板式橡胶支座、公路桥梁盆式橡胶支座、球型支座技术条件等相关规范的规定。

各类支座应考虑易于检查、养护、更换。注意防尘、清洁、防止积水。设计、安装要求应符合有关规范和标准的规定；墩台构造应满足更换支座的要求；板式橡胶支座应在墩台帽顶至梁底预留不小于 15cm 的顶升更换空间；支座安装时应预留由于施工期间温度变化、预应力张拉以及混凝土收缩、徐变等因素产生的变形和位移，以使成桥后的支座能符合设计要求。

斜、弯、异型桥梁及采用四氟滑板橡胶支座的桥梁，应在梁端侧面设置“横向限位”构造。连续体系的桥梁，尤其是大、中跨径的钢桥、弯桥和坡桥，应根据需要设置固定支座（或墩梁固结），不宜全桥采用活动支座和板式橡胶支座，以防止梁体“飘移”变位；对于中、小跨径连续梁桥，梁端宜采用四氟滑板橡胶支座或小型盆式纵向活动支座。

1.8.5 桥梁栏杆

桥梁人行道或安全带外侧必须设置栏杆，其高度不应小于 1.10m；如采用设置竖条的栏杆，竖条净距不宜大于 18cm；栏杆结构设计必须安全可靠，栏杆底座应设置锚筋，其强度应满足城市桥梁相关规范的要求。防撞护栏的设计可参照现行公路交通安全设施设计相关规范的有关规定进行；防撞护栏的防撞等级可按城市桥梁相关规范规定选择。桥梁栏杆及防撞护栏的设计除满足受力要求外，尚应注意美观，栏杆造型、色调应与周围环境协调；对重要桥梁宜做景观设计。当桥梁跨越快速路、城市轨道交通、高速公路、铁路干线等重要交通通道时，桥面人行道栏杆上必须加设护网，护网高度从人行道面算起不小于 2m，护网长度为下穿道路的宽度并各向路外延长 10m。

1.8.6 照明、节能与环保

桥上照明及地道照明标准应不低于两端道路照明标准；道路照明标准应符合现行城镇

道路工程相关技术标准、城市道路照明设计相关标准的规定；大型桥梁及长度较长的地道照明应专门设计。桥梁与地道照明应考虑节能、环保、防眩等要求；灯具宜用高压钠灯，采用黄色高光通量、无光污染的节能光源。

桥上设置照明灯杆，根据人行道宽度及桥面照度要求，一般宜设置在人行道外侧栏杆处，当人行道较宽时，可设置在人行道内侧或分隔带中，但杆座边缘距车行道路面的净距应符合城市桥梁相关规范的规定；采用金属杆的照明灯杆应有可靠接地装置。照明灯杆灯座的设计选用要和环境、桥型、栏杆协调一致，既要满足功能要求，又要顾及艺术效果，起到功能性和装饰性统一的作用。高架道路桥梁沿线为住宅、医院、学校等对声源敏感地段时，为防止交通噪声扰民，应设置防噪声屏等降噪设施；对防噪声屏结构应验算风荷载强度、抗倾覆稳定性及其所依附构件的强度安全；如依附构件为防撞护栏，可考虑风荷载与车辆撞击力不同时作用。

1.8.7　其他附属设施

大型桥梁，中、长地道宜考虑在桥梁、地道两端或其他取用方便的部位设置消防、给水设施（如消防栓等）。照明、环保、消防、交通标志等附属设施不得侵入桥梁、地道的净空限界，不得影响桥梁和地道的安全使用。

符合城市桥梁相关规范规定而设置的各种管线应按下列五条要求布置：①口径较大的管道不宜在桥梁立面上外露，以免有碍观瞻；②妥善安排各类管线，要求在敷设、养护、检修、更换时不得损坏桥梁，刚性管道宜与桥梁上部结构分离；③电力电缆与燃气管道不得布置在同一侧；④各类管线不得侵入桥面和桥下净空限界；⑤敷设在地道内的各类管线，应便于维修、养护、更换，以敷设在非机动车道或人行道下为宜。对不符合城市桥梁相关规范规定的各类管线，若安排在地道外另行敷设的专用管道内，而专用管道与地道贴近，则其沉降缝、伸缩缝应与地道的沉降缝、伸缩缝错开。城市重要桥梁竣工后应进行荷载试验，并保留运行期间监测系统所需要的测点和参数。

1.9　桥梁上的作用

桥梁设计采用的作用应按永久作用、可变作用、偶然作用分类；除可变作用中的设计汽车荷载与人群荷载外，作用与作用效应组合均应按现行公路桥涵设计相关规范的有关规定执行。

桥梁设计时，汽车荷载的计算图式，荷载等级及其标准值，加载方法和纵、横向折减等应符合下列五方面规定：①汽车荷载应分为城-A级和城-B级两个等级；②汽车荷载应由车道荷载和车辆荷载组成；③车道荷载应由均布荷载和集中荷载组成；④桥梁结构的整体计算应采用车道荷载，桥梁结构的局部加载、桥台和挡土墙压力等的计算应采用车辆荷载；⑤车道荷载与车辆荷载的作用不得叠加。如图1-9-1所示，车道荷载的计算应符合下列三条要求：①城-A级车道荷载的均布荷载标准值（q_k）应为10.5kN/m，集中荷载标准值（P_k）的选取应合规，当桥梁计算跨径小于或等于5m时，P_k＝180kN，当桥梁计算跨径大于或等于50m时，P_k＝360kN，当桥梁计算跨径为5～50m时，P_k

值应采用直线内插法求得，当计算剪力效应时，P_k 应乘以系数 1.2；②城-B级车道荷载的均布荷载标准值（q_k）和集中荷载标准值（P_k）应按城-A级车道荷载的75%采用；③车道荷载的均布荷载标准值应满布于使结构产生最不利效应的同号影响线上，集中荷载标准值应只作用于相应影响线中一个最大影响线峰值处。车辆荷载的立面、平面布置及标准值应符合下列两条规定：①城-A级车辆荷载的立面、平面、横桥向布置及标准值应符合表1-9-1的规定（图1-9-2）；②城-B级车辆荷载的立面、平面布置及标准值应采用现行公路桥涵设计相关规范中车辆荷载的规定值。车道荷载横向分布系数、多车道的横向折减系数、大跨径桥梁的纵向折减系数、汽车荷载的冲击力、离心力、制动力及车辆荷载在桥台或挡土墙后填土的破坏棱体上引起的土侧压力等均应按现行公路桥涵设计相关规范的规定计算。

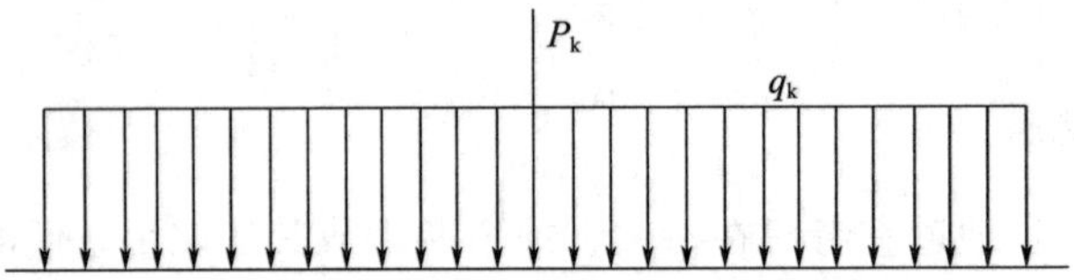

图1-9-1　车道荷载

表1-9-1　城-A级车辆荷载

车轴编号	单位	1	2	3	4	5
轴重	kN	60	140	140	200	160
轮重	kN	30	70	70	100	80
纵向轴距	m		3.6	1.2	6	7.2
每组车轮的横向中距	m	1.8	1.8	1.8	1.8	1.8
车轮着地的宽度×长度	m	0.25×0.25	0.6×0.25	0.6×0.25	0.6×0.25	0.6×0.25

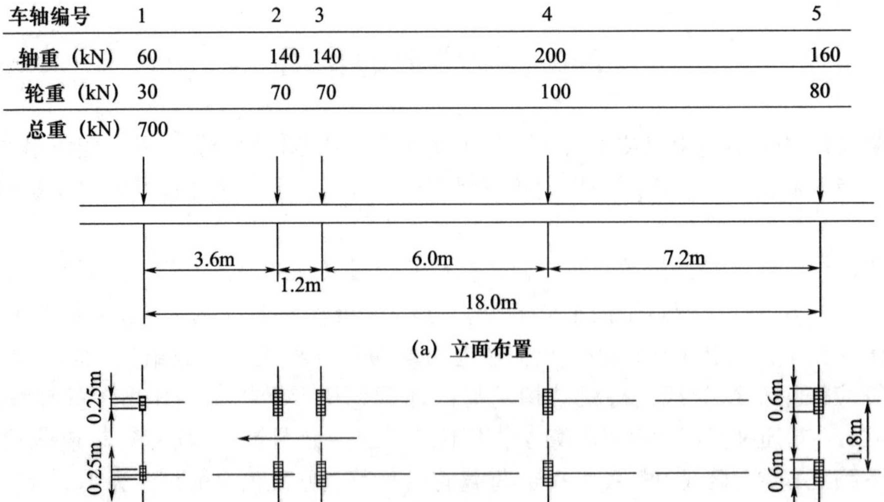

(a) 立面布置

(b) 平面布置

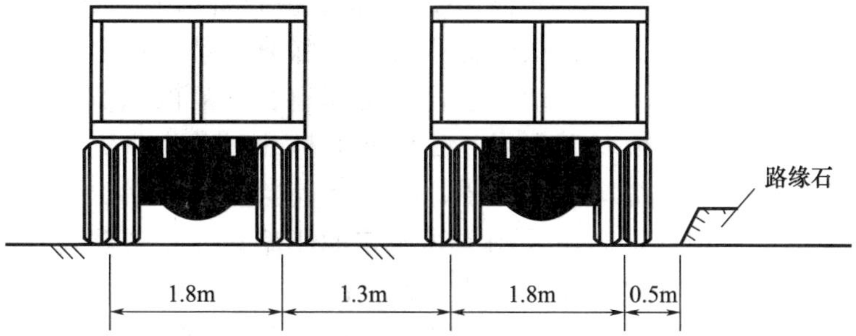

(c) 横桥向布置

图 1-9-2　城-A 级车辆荷载的立面、平面、横桥向布置

应根据道路的功能、等级和发展要求等具体情况选用设计汽车荷载；桥梁的设计汽车荷载应根据表 1-9-2 选用，并应符合以下三方面规定：①快速路、次干路上如重型车辆行驶频繁，设计汽车荷载应选用城-A 级汽车荷载；②小城市中的支路上如重型车辆较少，设计汽车荷载采用城-B 级车道荷载的效应乘以折减系数 0.8，车辆荷载的效应乘以折减系数 0.7；③小型车专用道路，设计汽车荷载可采用城-B 级车道荷载的效应乘以 0.6 的折减系数，车辆荷载的效应乘以折减系数 0.5。

表 1-9-2　桥梁设计汽车荷载等级

城市道路等级	快速路	主干路	次干路	支路
设计汽车荷载等级	城-A 级或城-B 级	城-A 级	城-A 级或城-B 级	城-B 级

在城市指定路线上行驶的特种平板挂车应根据具体情况按本书 1.10 中所列的特种荷载进行验算；对既有桥梁可根据过桥特重车辆的主要技术指标，按本书 1.10 中所列的要求进行验算；对设计汽车荷载有特殊要求的桥梁，设计汽车荷载标准应根据具体交通特征进行专题论证。

桥梁人行道的设计人群荷载应符合以下四方面规定：

①人行道板的人群荷载按 5kPa 或 1.5kN 的竖向集中力作用在一块构件上，分别计算，取其不利者。

②梁、桁架、拱及其他大跨结构的人群荷载（W）可采用下列公式计算：

当 $L<20$m 时，$W=4.5\times[(20-w_P)/20]$；

当 $L\geqslant 20$m 时，$W=[4.5-2\times(L-20)/80][(20-w_P)/20]$。

其中，W 为单位面积的人群荷载（kPa），在任何情况下不得小于 2.4kPa；L 为加载长度（m）；w_P 为单边人行道宽度（m），在专用非机动车桥上为 1/2 桥宽、大于 4m 时仍按 4m 计。

③检修道上设计人群荷载应按 2kPa 或 1.2kN 的竖向集中荷载作用在短跨小构件上，可分别计算，取其不利者；计算与检修道相连构件，当计入车辆荷载或人群荷载时，可不计检修道上的人群荷载。

④专用人行桥和人行地道的人群荷载应按现行城市人行天桥与人行地道技术相关规范的有关规定执行。

桥梁的非机动车道和专用非机动车桥的设计荷载应符合以下三方面规定：①当桥面上非机动车与机动车道间未设置永久性分隔带时，除非机动车道上将前述规定的人群荷载作为设计荷载外，尚应将非机动车道与机动车道合并后的总宽作为机动车道，采用机动车布载，分别计算，取其不利者；②桥面上机动车道与非机动车道间设置永久性分隔带的非机动车道和非机动车专用桥，当桥面宽度大于 3.50m 时，除将前述规定的人群荷载作为设计荷载外，尚应采用前述规定的小型车专用道路设计汽车荷载（不计冲击）作为设计荷载，分别计算，取其不利者；③当桥面宽度小于 3.50m 时，除以前述规定的人群荷载作为设计荷载外，再以一辆人力劳动车荷载（图 1-9-3）作为设计荷载分别计算，取其不利者。

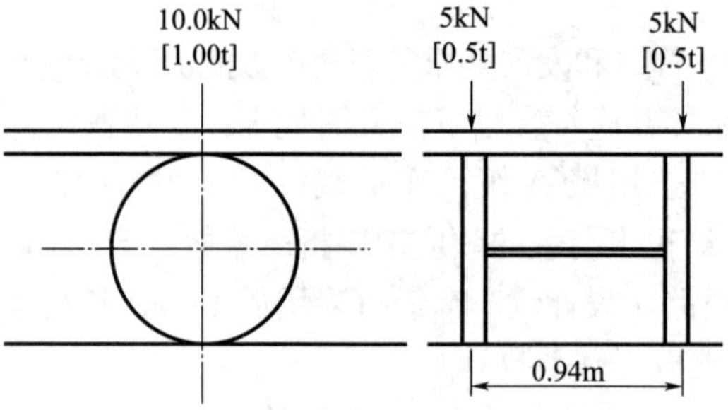

图 1-9-3　一辆人力劳动车荷载图

作用在桥上人行道栏杆扶手上的竖向荷载应为 1.2kN/m；水平向外荷载应为 2.5kN/m；两者应分别计算。防撞护栏的防撞等级可按表 1-9-3 选用；与防撞等级相应的作用于桥梁护栏上的碰撞荷载大小可按现行公路交通安全设施设计相关规范的规定确定。表 1-9-3 中 A、Am、B、SA、SB、SAm、SBm、SS 等均为防撞等级代号；因桥梁线形、运行速度、桥梁高度、交通量、车辆构成和桥下环境等因素造成更严重碰撞后果的区段，应在表 1-9-3 基础上提高护栏的防撞等级。

表 1-9-3　护栏防撞等级

<table>
<tr><th rowspan="2">道路等级</th><th rowspan="2">设计车速/（km/h）</th><th colspan="2">车辆驶出桥外有可能造成的交通事故等级</th></tr>
<tr><th>重大事故或特大事故</th><th>二次重大事故或二次特大事故</th></tr>
<tr><td>快速路</td><td>100、80、60</td><td rowspan="2">SB、SBm</td><td>SS</td></tr>
<tr><td rowspan="2">主干路</td><td>60</td><td>SA、SAm</td></tr>
<tr><td>50、40</td><td>A、Am</td><td>SB、SBm</td></tr>
<tr><td>次路</td><td>50、40、30</td><td>A</td><td>SB</td></tr>
<tr><td>支路</td><td>40、30、20</td><td>B</td><td>A</td></tr>
</table>

1.10　桥梁设计中的特种荷载及结构验算

特种平板挂车主要技术指标应符合表 1-10-1 的规定。如图 1-10-1 所示（为使计算方便，挂车各个轴重取相同数值，其总和与挂车称号略有出入），特种荷载可包括以下四方面内容：①特-160：1600kN（160t）特种平板挂车荷载；②特-220：2200kN（220t）特种平板挂车荷载；③特-300：3000kN（300t）特种平板挂车荷载；④特-420：4200kN（420t）特种平板挂车荷载。

表 1-10-1　特种平板挂车的主要技术指标

主要指标	单位	特-160	特-220	特-300	特-420
车头（牵引车）自重	kN（t）	350（35）	350（35）	420（42）	420（42）
平板（挂车）自重	kN（t）	250（25）	350（35）	580（58）	780（78）
装载质量	kN（t）	1000（100）	1500（150）	2000（200）	3000（300）
平板车车轴数	个	5 排 10 轴	7 排 14 轴	9 排 18 轴	12 排 24 轴
每个车轴压力	kN（t）	125（12.5）	132（13.2）	143.5（14.35）	157.5（15.75）
纵向轴距	m	4×1.6	1.575+4×1.5+1.575	8×1.5	11×1.5
每个车轴的车轮组数	个	2	2	2	2
每组车轴的横向中轴	m	2.17	2.17	2.20	2.20
每组车轮着地的宽度和长度	m	0.5（宽）×0.2（长）	0.5（宽）×0.2（长）	0.5（宽）×0.2（长）	0.5（宽）×0.2（长）

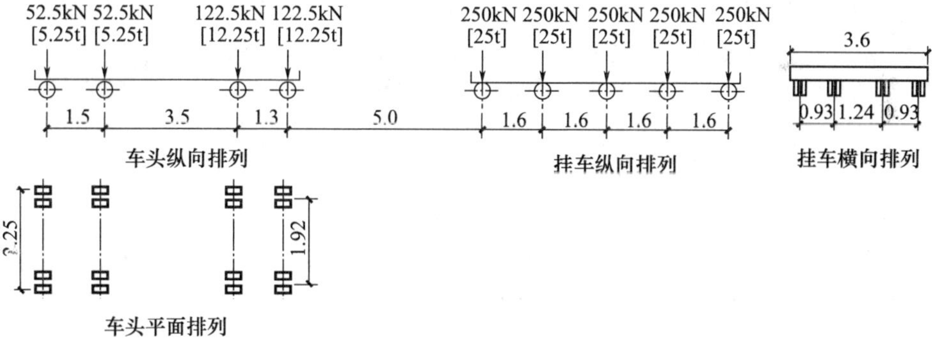

(a) 特种平板挂车特-160

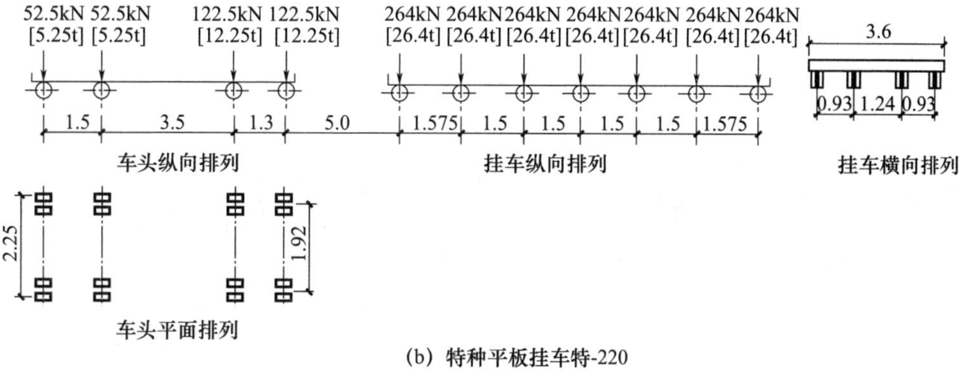

(b) 特种平板挂车特-220

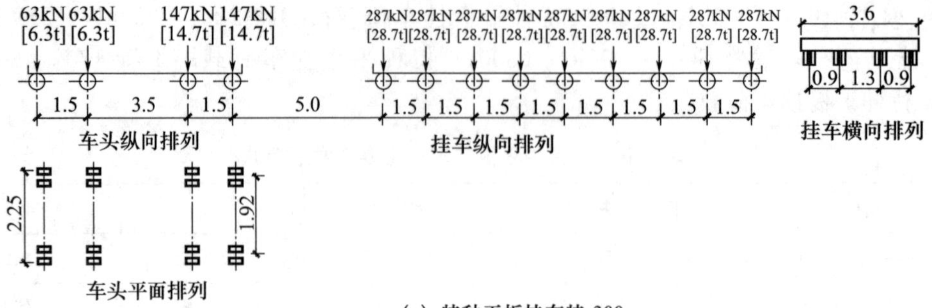

(c) 特种平板挂车特-300

(d) 特种平板挂车特-420

图 1-10-1 特种平板挂车特-160、特-220、特-200、特-420 的纵向排列和横向（或平面）布置（距离单位：m）

当采用特种平板挂车特-160、特-220、特-300 及特-420 验算时，应按以下两方面要求布载：一是当纵向排列时，在同向一个路幅的机动车道内，全桥长度内应按行驶一辆特种平板挂车布载，前后应无其他车辆荷载。二是横向布置应符合下列两条规定：①对不设置中间分隔带的机动车道或混合行驶车道的桥面应居中行驶；当机动车道不多于二车道时，车辆外侧车轮中线至路缘带外侧的距离不应小于 1m 且车辆应居中行驶，行驶范围不应大于 6m（图 1-10-2），当机动车道多于二车道时，车辆应居中行驶，行驶范围不应大于 6m（图 1-10-3）。②对设置中间分隔带的机动车道的桥面，中间分隔带两侧机动车道各为二车道时，车辆外边轮中线至路缘带边缘的距离不应小于 1m，且车辆应居中行驶，行驶范围不应大于 6m（图 1-10-4），当中间分隔带两侧机动车道各为三车道或更宽时，车辆应居中行驶，行驶范围不应大于 6m（图 1-10-5）。图 1-10-2～图 1-10-5 中，w_t 为特种平板挂车行驶范围；w_{pc}为车行道总宽度；w_{dm}为分隔带宽度。

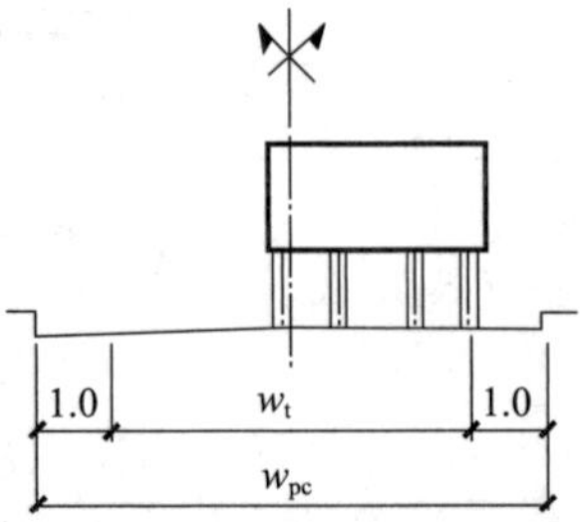

图 1-10-2 $w_{pc} \leqslant 2m$ 车道路面宽（单位：m）

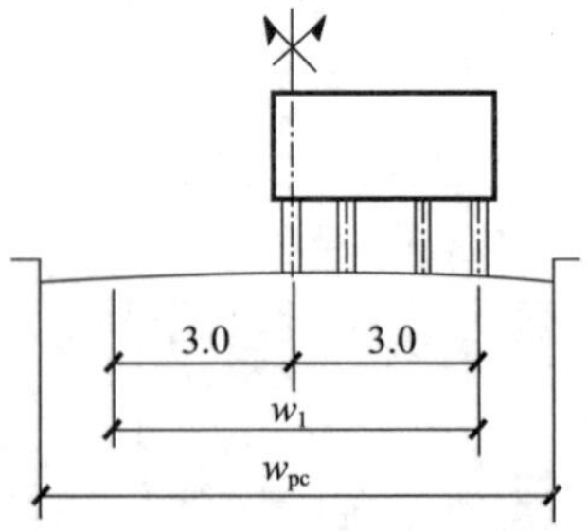

图 1-10-3 $w_{pc} > 2m$ 车道路面宽（单位：m）

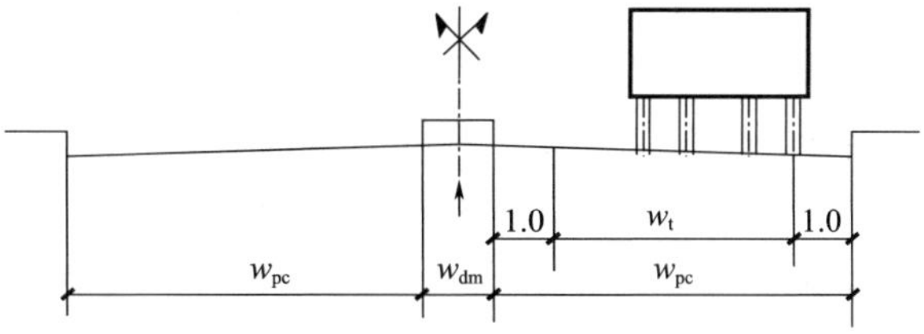

图 1-10-4　$w_{pc}=2$m 车道路面宽（单位：m）

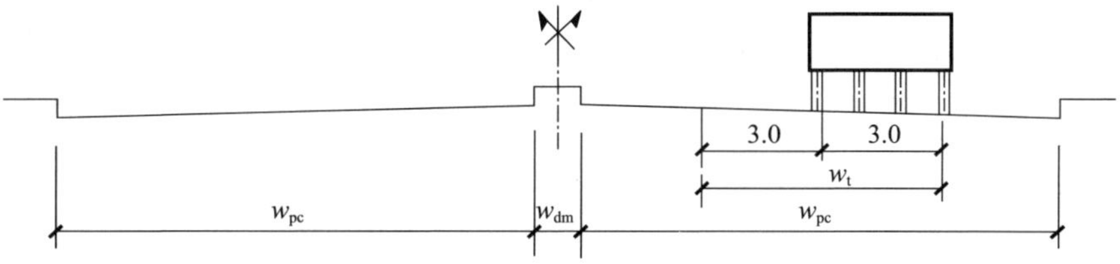

图 1-10-5　$w_{pc}\geqslant 3$m 车道路面宽（单位：m）

通行特重车辆的桥梁宜采用整体性好、桥宽较宽并有合适梁高的桥梁结构；当采用特种荷载验算时，不计冲击，不同时计入人群荷载和非机动车荷载；结构设计宜符合以下两方面规定：

一是按持久状况承载能力极限状态验算时，基本组合中结构重要性系数应为 $\gamma_0=1$，相应汽车荷载效应的分项系数 γ_{Q_1}，对特种荷载应取 $\gamma_{Q_1}=1.1$；当特种荷载效应占总荷载效应 100%及以下时 S_{Gik}、S_{Qik}应提高 3%（S_{Gik}、S_{Qik}分别为永久作用效应和特种荷载效应的标准值）；当特种荷载效应占总荷载效应 60%及以下时，S_{Gik}、S_{Qik}应提高 2%；当特种荷载效应占总荷载效应 45%及以下时，可不再提高。

二是按持久状况正常使用极限状态验算时，荷载效应组合采用标准组合，并应符合以下五条规定：

①应力验算应合规，预应力混凝土受弯构件正截面应力应合理，受压区混凝土最大压应力（扣除全部预应力损失）$\sigma_{pt}+\sigma_{kc}\leqslant 0.6f_{ck}$，受拉区混凝土最大拉应力（扣除全部预应力损失）$\sigma_{pc}+\sigma_{kt}\leqslant 0.9f_{tk}$，受拉区预应力钢筋最大拉应力，对于钢丝/钢绞线为 $\sigma_{pe}+\sigma_p\leqslant 0.7f_{pk}$，对于精轧螺纹钢筋为 $\sigma_{pe}+\sigma_p\leqslant 0.85f_{pk}$，斜截面上混凝土的主压应力为 $\sigma_{cp}\leqslant 0.65f_{ck}$，斜截面上混凝土的主拉应力为 $\sigma_{tp}\leqslant 0.9f_{tk}$。

②根据计算所得的混凝土主拉应力，箍筋设置应符合下列规定，即混凝土主拉应力$\sigma_{tp}\leqslant 0.55f_{tk}$的区段箍筋可仅按构造要求设置，混凝土主拉应力 $\sigma_{tp}>0.55f_{tk}$的区段箍筋按计算确定，其中，σ_{pc}为预加力产生的混凝土法向压应力（MPa），σ_{pt}为预加力产生的混凝土法向拉应力（MPa），σ_{kc}为作用（或荷载）标准值产生的混凝土法向压应力（MPa），σ_{kt}为作用（或荷载）标准值产生的混凝土法向拉应力（MPa），σ_{pe}为截面受拉区纵向预应力钢筋的有效预应力（MPa），σ_p 为作用（或荷载）标准值预应力的应力或应力增量（MPa），σ_{cp}为构件混凝土中的主压应力（MPa），σ_{tp}为构件混凝土中的主拉应力（MPa），f_{ck}、f_{tk}分别为混凝土抗压、抗拉强度的标准值（MPa），f_{pk}为预应力钢筋抗拉强度的标准值（MPa）。

③钢结构的强度和稳定性验算应合规，钢材和各种连接件的容许应力限值可按国家现行相关标准的规定提高。

④裂缝宽度验算应合规，钢筋混凝土构件和B类预应力混凝土构件计算的最大裂缝宽度不应超过下列限值，即钢筋混凝土构件Ⅰ类和Ⅱ类环境0.25mm、Ⅲ类和Ⅳ类环境0.5mm，采用精轧螺纹钢筋的预应力混凝土构件Ⅰ类和Ⅱ类环境0.25mm、Ⅲ类和Ⅳ类环境0.15mm，采用钢丝或钢绞线的预应力混凝土构件Ⅰ类和Ⅱ类环境0.15mm，根据现行公路钢筋混凝土及预应力混凝土桥涵设计相关规范的规定，Ⅲ类和Ⅳ类环境不得进行带裂缝的B类构件设计。

⑤挠度验算应合规，钢筋混凝土、预应力混凝土受弯构件在特种荷载作用下的挠度限值可按现行公路钢筋混凝土及预应力混凝土桥涵设计相关规范规定的限值提高20%，钢结构的挠度限值可按国家现行相关标准规定的限值提高。

延伸阅读

通过大型桥梁工程的建设和科研实践，我国桥梁企业的创新主体作用、科技研发能力和市场竞争力明显提升。如今，“中国桥”已成为国家综合实力的重要符号。从数月完成一孔梁，到两天便可架设好一孔梁；从花费数年的时间在长江上建造一座桥，到用短短两年多的时间完成港珠澳大桥九洲航道桥段的建设……一项项刷新纪录的超级工程充分展现了我国基建的雄厚实力，“基建狂魔”的称呼正是对中国基建成果的充分肯定。

在土木工程领域，大型桥梁被誉为“皇冠上的明珠”。相较于主要承受自身荷载的摩天大楼、大型机场等建筑，架在峡谷、江河、大海上的大型桥梁，不仅要承受自身重量，还要经受得起大量汽车，甚至高速列车通过带来的巨大冲击。近年来，在国内穿越山谷、横跨江河湖海后，中国桥梁建设大军凭借着合理的报价、创新的工艺、可靠的质量开始大规模走向海外。中国不断创新突破，在多跨悬索桥、多跨斜拉桥、公铁两用桥、高铁大桥、跨海长桥、钢桁拱技术、深水基础等方面处于世界领先地位。

思考题

1. 简述桥梁的类型及构造特征。
2. 桥梁设计的基本原则是什么？
3. 如何进行桥梁设计中的桥位选择？
4. 简述桥梁设计中的桥面净空要求。
5. 桥梁设计中桥面的平面及纵/横断面设计有哪些要求？
6. 简述桥梁设计中桥梁引道、引桥的基本要求。
7. 简述桥梁设计中立交、高架道路桥梁和地道的要求。
8. 简述桥梁设计中桥梁细部构造及附属设施的要求。
9. 桥梁上的作用主要有哪些？
10. 桥梁设计中的特种荷载及结构验算有哪些要求？
11. 试述近年来我国在桥梁设计领域的创新和突破。

第 2 章　预应力混凝土节段预制拼装桥梁设计

2.1　宏观要求

城市轨道交通预制节段拼装桥梁的设计施工应符合技术先进、安全可靠、耐久适用、经济合理的要求。本章介绍适用于城市轨道交通预制节段拼装桥梁的设计与施工。城市轨道交通预制节段拼装桥梁结构设计使用年限为 100 年。城市轨道交通预制节段拼装桥梁的设计与施工应符合国家现行有关标准的规定。

节段是指通过拼装及工艺形成主梁的预制梁段。

干接缝是指预制节段混凝土梁的结合面直接拼接的接缝。胶接缝是指预制节段混凝土梁的结合面涂以环氧树脂胶黏剂后再拼接的接缝。湿接缝是指预制节段混凝土梁的结合面采用现浇混凝土形成的接缝。剪力键是指预制节段混凝土梁接缝表面用于匹配拼合、承担剪力等作用的、凹凸密接匹配的多重键块和键槽。

匹配浇筑是指后一节段浇筑时，利用已预制完成的前一节段作为一侧端模的浇筑方式。匹配节段是指节段采用匹配浇筑时，作为端模的前一节段。短线法是指预制台座底模长度为一个节段长度，利用预制完的前一节段作为后一节段的一侧端模，固定的端模作为另一侧端模，逐段进行预制的方法。

长线法是指预制台座底模长度为整跨梁长，将整跨主梁分为若干段，在按线型设计的台座上匹配浇筑形成节段直至完成的方法。短线法节段三维控制是指节段尺寸、节段间几何匹配以及对成桥线型在场内节段进行的精确测量和几何控制技术。

城市轨道交通预制节段拼装桥梁荷载、结构刚度限值按现行地铁设计相关规范规定执行。应采用容许应力法设计，其材料、结构计算方法及桥梁基本构造要求应符合铁路桥涵钢筋混凝土和预应力混凝土结构设计相关规范的规定。节段拼装梁接缝宜优先采用胶接缝。

2.2　材料要求

(1) 混凝土。节段拼装桥梁桥跨结构的混凝土强度等级不得低于 C40。混凝土的骨料选择及碱含量应符合铁路混凝土工程预防碱-骨料反应技术条件等的规定；混凝土中氯离子的含量不得大于0.06%，腐蚀环境下的桥涵结构应采取耐腐蚀措施。梁体封锚混凝土应使用无补偿收缩高性能细石混凝土，其水胶比不得大于本体混凝土的水胶比，强度不低于本体混凝土，并掺入迁移型复合氨基醇类阻锈剂。

(2) 管道。预应力管道宜采用金属波纹管、高密度聚乙烯或聚丙烯塑料波纹管、橡胶抽拔管；其中金属波纹管及塑料波纹管应分别满足相关规范的要求。

(3) 锚具。锚具采用夹片式群锚体系（自锚式拉丝体系）的材质应分别符合现行优质碳素结构钢技术条件、合金结构钢等相关规范的规定，锚固性能应符合现行预应力筋用锚具、夹具和连接器等相关规范的规定；成套锚具的组合件，各套间应能互换使用。

(4) 接缝材料。预制节段间接缝材料宜采用环氧树脂胶黏剂，技术参数见表2-2-1。

表2-2-1　节段拼装桥梁胶黏剂的基本要求

项目		性能指标
物理性能	可施胶时间	不低于20min
	可黏结时间	不低于60min
	触变性	不大于30mm/10min
	吸水率	不大于0.5%
	水中溶解率	不大于0.1%
	耐热性	不低于50℃
力学性能	抗剪强度/MPa	不低于12
	抗压强度/MPa	低限温度：24h不低于60；7d不低于75
	抗拉弯强度/MPa	破坏应全部发生在混凝土内部
	抗剪弹性模量/MPa	瞬间不低于1500；1h后不低于1200；28d后不低于1000
	受压时弹性模量/MPa	瞬间不低于8000；1h后不低于6000
化学性能	化学稳定性	经50℃、98%湿度恒定作用90d后，在常温下试件的钢-钢拉伸抗剪强度的下降幅度不得超过参比试件强度的10%

(5) 管道压浆材料。体内预应力筋管道压浆应采用管道压浆料或管道压浆剂。原材料要求、浆体性能要求、试验方法、检测规则应符合铁路后张法预应力混凝土梁管道压浆技术条件等相关规范的规定。

2.3　设计要求

(1) 基本规则。预制节段拼装桥梁结构应按全预应力结构设计。预制节段拼装桥梁结构的材料容许应力、结构安全系数和结构计算方法应符合现行铁路桥涵钢筋混凝土和预应力混凝土结构设计相关规范和地铁设计相关规范的规定。预制节段拼装桥梁结构的刚度应满足现行地铁设计相关规范的规定。

(2) 强度计算。预制节段拼装桥梁结构正截面抗弯和斜截面抗弯、抗剪强度计算应按现行铁路桥涵钢筋混凝土和预应力混凝土结构设计相关规范规定执行，并应考虑强度折减；强度折减系数见表2-3-1；受弯构件正截面抗弯强度计算，不应计普通钢筋。表2-3-1

中，现浇混凝土接缝、预制节段间的湿混凝土接缝或环氧树脂接缝为A类接缝；预制节段间的干接缝为B类接缝。

表2-3-1　强度折减系数

类型	符号	折减系数	
		体内预应力体系	体外预应力体系
抗弯折减系数	ϕ_f	A类接缝0.95	A类接缝0.90；B类接缝0.85
抗剪折减系数	ϕ_v	A类接缝0.90	A类接缝0.85；B类接缝0.85

（3）运营阶段结构计算。运营阶段结构计算应按现行铁路桥涵钢筋混凝土和预应力混凝土结构设计相关规范规定执行。计算节段梁截面应力时，在管道压浆前，应采用净截面；在管道灌浆后，应采用换算截面。正截面的抗裂按式$\sigma \leqslant 0.8\sigma_c$计算，其中，$\sigma$为计算荷载在截面受拉边缘混凝土中产生的正应力（MPa）；σ_c为扣除相应阶段预应力损失后受拉边缘混凝土的预压应力（MPa）。

斜截面抗裂性按式$\sigma_{tp} \leqslant f_{ct}$和$\sigma_{cp} \leqslant 0.6f_{ct}$计算，其中，$\sigma_{tp}$，$\sigma_{cp}$分别为按抗裂性计算的主拉应力、主压应力（MPa）；对于主力加附加力组合$\sigma_{cp} \leqslant 0.66f_{ct}$。

正截面混凝土最大压应力（扣除全部应力损失后）应符合下列规定，即主力组合$\sigma_c \leqslant 0.5f_c$；主+附组合$\sigma_c \leqslant 0.55f_c$。其中，$\sigma_c$为运营荷载及预应力钢筋有效预应力产生的正截面混凝土最大压应力（MPa）；f_c为混凝土抗压极限强度（MPa）。

运营荷载作用下，正截面混凝土受拉区应力（扣除全部应力损失后）应符合式$\sigma_{ct} \leqslant 0$的规定；其中，σ_{ct}为运营荷载及预应力钢筋有效预应力在混凝土截面受拉边缘产生的应力（MPa），受拉为正。运营荷载作用下，预应力钢筋拉应力应符合式$\sigma_p \leqslant 0.6f_{pk}$的规定。挠度计算时，刚度应取用0.95EcI0。工后徐变计算应从铺轨完成钢轨锁定后算至3650d。

（4）施工阶段结构计算。按现行铁路桥涵钢筋混凝土和预应力混凝土结构设计相关规范规定进行预制节段存放、移运、提升、架设安装和施加预应力、体系转换等施工阶段的结构计算。采用桥上运输节段时，构件自重计入冲击系数1.5；平缓吊装节段时，构件自重计入冲击系数1.1。拆模或移动浇筑台座上的节段时，混凝土最小抗压强度应达到22MPa以上；搬运节段时，混凝土强度达到26MPa；张拉纵向永久预应力前，节段梁混凝土应达到28d强度，合龙段湿接缝混凝土强度应满足设计要求。环氧树脂接缝的黏合压应力应不小于0.35MPa，直至环氧树脂固化。节段梁存梁支点、吊点、临时支承点及实施方案应经规定设计。

预加应力过程中，预应力钢筋锚下控制应力$\sigma_{con} \leqslant 0.75f_{pk}$；其中，$\sigma_{con}$为预应力钢筋在锚下的控制应力（MPa），$f_{pk}$为预应力钢筋抗拉强度标准值（MPa）。

传力锚固时，预应力钢筋应力$\sigma_p = \sigma_{con} - (\sigma_{L1} + \sigma_{L2} + \sigma_{L4}) \leqslant 0.65f_{pk}$。传力锚固时，计入构件自重作用后，混凝土压应力应满足$\sigma_c \leqslant \alpha f'_c$，$\sigma_{ct} \leqslant 0$的要求，其中，$\sigma_c$，$\sigma_{ct}$分别为混凝土压应力、拉应力（MPa），$\alpha$为系数（C50～C60混凝土的$\alpha$为0.75，C40～C45混凝土的$\alpha$为0.70），$f'_c$为预加应力阶段混凝土的抗压强度（MPa）。

当采用架桥机架梁时，应对已安装就位并为架桥机所通过的梁部结构进行强度、抗裂性及混凝土应力的检算。强度安全系数及抗裂安全系数应符合铁路桥涵钢筋混凝土和预应力混凝土结构设计相关规范的规定。

（5）桥墩和桥台的设计。桥墩和桥台的设计应满足铁路桥涵钢筋混凝土和预应力混凝土结构设计相关规范规定。但按设计图示的方法施工时，设计中应考虑作用到墩和台上的安装荷载、弯矩和剪力。辅助支承应按要求在图上说明。

2.4 构造要求

（1）预制节段构造尺寸。预制节段拼装梁，宜按标准节段、过渡节段、墩顶节段分类。预制节段纵向尺寸应考虑运输、存放、吊装、架设等因素。

（2）剪力键。节段拼装梁剪力键应采用多键系统，并且均匀布置。剪力键（槽）的横向宽度不宜小于腹板宽度的75％［图2-4-1（a）］；腹板内的剪力键（槽）应在腹板全高度布置，布置范围宜为梁高的75％［图2-4-1（b）］。顶、底板应设置剪力键，可用大尺寸的剪力键，横向长度宜为腹板剪力键横向宽度的2倍；位于腹板与顶、底板结合区的剪力键（槽）的尺寸，可根据该处实际尺寸选定。剪力键宜采用倾角45°梯形或圆角梯形截面。剪力键高 h 不小于2倍最大骨料粒径且不小于32mm，一般不大于100mm。剪力键（槽）高度与其平均宽度比取为1∶2。两剪力键的间距取 $3h$ 与 $5h$ 的中间值。腹板及顶底板剪力键的布置应该避开预应力管道，其中腹板剪力键最少数量不宜少于四个。

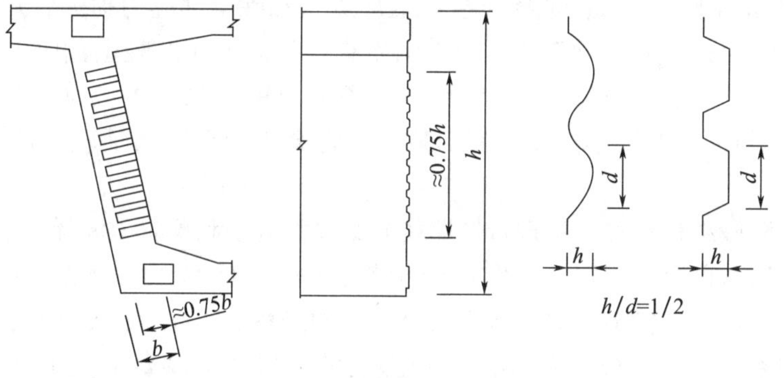

(a) 正面　　(b) 侧面　　(c) 剪力键大样

图2-4-1　剪力键构造尺寸示意图

（3）预应力管道。预应力管道内径面积应满足现行铁路桥涵钢筋混凝土和预应力混凝土结构设计相关规范的规定，应大于2倍预应力钢筋截面面积。预应力钢筋或管道间的净距、保护层应符合现行铁路桥涵钢筋混凝土和预应力混凝土结构设计相关规范的规定。预应力管道的定位与支承钢筋间距不应大于50cm。

（4）预应力管道的防崩钢筋应合规。对外形呈曲线形且布置有曲线预应力钢筋的构件，其曲线平面内、外管道的最小混凝土保护层厚度，应按下列规定计算：

①曲线平面内 $C_{in} \geqslant 5.547P_d/(r\sqrt{f'_c})-d_s/2$，其中，$C_{in}$ 为曲线平面内最小混凝土保护层厚度（m）；P_d 为预应力钢筋的张拉力设计值（MN），扣除锚圈口摩擦、钢筋回缩及计算截面处管道摩擦损失后的张拉力乘以1.2；r 为管道曲线半径（m）；f'_c 为传力

锚固或存梁阶段，混凝土的轴心抗压极限强度值（MPa）；d_s 为管道外缘直径（m）。当按前述公式计算的保护层厚度较大时，宜按直线管道设置最小保护层厚度，但应在管道曲线段弯曲平面内设置箍筋；截面内箍筋各肢的总截面面积宜按式 $A_{sv} \geqslant 1.8P_d s_v/(rf_s)$ 计算，其中，A_{sv} 为同一截面内箍筋各肢总截面面积（m^2）；s_v 为箍筋间距（m）；f_s 为箍筋抗拉计算强度（MPa）。

②曲线平面外时应满足 $C_{out} \geqslant 5.547P_d/(\pi r\sqrt{f'_c})-d_s/2$，其中，$C_{out}$ 为曲线平面外最小混凝土保护层厚度（m）。

位于预制梁变高度节段交界面处的底板预应力钢筋管道应设置局部加强钢筋；每根管道加强钢筋纵向不应少于两排，钢筋形式宜设置为 U 形或闭合形。当顶、底板中设置有较密集的横向或纵向预应力管道时，上、下两层非预应力钢筋间应设置竖向连接钢筋，其间距在各个方向不应超过 45cm 与 1.5 倍板厚的较小值。

（5）其他构造要求。进人孔、排水孔、通风孔的设置应满足现行铁路桥涵设计及铁路桥涵钢筋混凝土和预应力混凝土结构设计等相关规范的要求。

2.5　施工要求

（1）基本原则。施工单位应向设计单位提交拼装施工期间所采用的架设设备在各个工况下对已完成的桥梁永久结构的荷载条件，并会同设计单位对各施工工况下的桥梁上、下部结构的安全性进行验算及复核。下部结构施工时应设置节段拼装施工所需的预埋件与预留孔，并保证埋设精度；施工单位应对预埋件或预留孔洞采取有效的保护措施。施工中所采用的临时性工艺以及所设置的预埋件或预留孔，应取得设计单位的认可。应制定包含节段预制及架设全过程在内的完整的测量控制方案；宜采用基于计算机预告体系的软件技术，用于控制匹配浇筑节段的几何尺寸、轴线位置，以及拼装成桥的线形精度。

（2）节段制造。节段制造前必须核查轨道交通各专业的所有图纸，确认永久结构的预埋件类型及位置。应结合节段架设施工的设备类型及工艺需求，在节段上设置用于临时工程的预埋件、预留孔、临时构造等辅助设施。节段预制场地内根据测量方案的要求，建立精密的导线控制网和水准控制网，并设置测量塔、标靶和固定水准点；所有测量控制点应远离热源和振动源，并配备备用的测量控制点。预制节段的制造宜采用模块化可调节的钢模板系统；模板的设计应符合建筑工程大模板技术等规范的规定；内模宜采用整体液压折叠式。模板的各部件承载力和刚度应满足节段外形尺寸控制的要求，系统设计应拆装方便，易于清理，并确保能够多次使用。

长线法预制节段模板系统应满足以下两条规定：①长线法台座的底模应根据结构自重、收缩徐变设置预拱度；②用于曲线节段预制的长线法台座在模板拼合部位应有可靠的补槽、嵌缝、密封措施。短线法预制节段模板系统应满足以下两条规定：①底模宜安装在可移动台车上，并设置三维调节装置；②每完成一块节段，应结合实际浇筑结果，对下一跨节段的模板位置进行调整纠偏。模板在加工完成后应经过单组试拼装和整体试拼装；模板进场后，应按表 2-5-1 的规定进行单体验收和整体验收。

表 2-5-1　模板加工质量标准

序号	项目	规定值或允许偏差/mm	检查频率		检验方法
			范围	点数/个	
1	模板高度	±3	每个部件	3	用尺量
2	模板宽度	±3		3	用尺量
3	模板长度	±5		4	用尺量
4	面板平整度	2		4	用 2m 直尺及塞尺量

节段匹配面上使用的隔离剂必须对混凝土无害且易于清洗，不得因残留隔离剂影响拼装接缝黏结剂的黏结性能。模板工程与钢筋工程结束后混凝土浇筑前必须对以下项目进行检查，结果符合表 2-5-2 要求方能浇筑，其中，H 为节段高度。

表 2-5-2　质量验收标准

序号	项目		规定值或允许偏差/mm	检测频率		检验方法
				范围	点数/个	
1	相邻两板表面高低差		2	每个节段	4	用尺量
2	表面平整度		2		4	用 2m 直尺及塞尺量
3	垂直度		$H/1000$ 且不大于 3		4	用垂线检验
4	模内尺寸	长度	−3～−1		3	用尺量
		宽度	−2～+3		2	
		高度	−2～0		4	
5	轴线偏移量		2		1	用经纬仪测量
6	匹配节段定位	纵轴线	2		1	用经纬仪测量
		高程	±2		4	用经纬仪测量

节段的钢筋制作应满足以下三条规定：①节段制造所采用的钢筋宜制成钢筋骨架，整体放入模板；②钢筋笼骨架整体吊运的全过程应保证骨架水平、稳定、不变形；③钢筋骨架的验收应满足表 2-5-3 的规定。

表 2-5-3　质量验收标准

序号	项目		规定值或允许偏差/mm	检测频率		检验方法
				范围	点数/个	
1	受力钢筋间距	两排以上钢筋间距	±5	每个钢筋骨架	4	用尺量
		同排钢筋间距	±5		4	用尺量
2	箍筋、横向水平筋间距		±10		4	用尺量
3	钢筋骨架尺寸	长度	±5		3	用尺量
		宽度	0～+5		2	用尺量
		高度	±5		4	用尺量
4	弯起钢筋位置		±10		4	用尺量
5	保护层厚度		±3		6	用尺量

在节段制作过程中，所埋设的各类预置件应满足如下两条规定：①预应力孔道可采用预埋管或抽拔管的形式，孔道成型材料定位应与钢筋绑扎工序同步进行，孔道成型材料定位宜采用钢筋环箍与结构筋连接的方式；②所有预置件的验收应满足表 2-5-4 的规定。

表 2-5-4　质量验收标准

序号	项目			规定值或允许偏差/mm	检测频率		检验方法
					范围	点数/个	
1	预埋件	剪力键	位置	2	每个剪力键	1	用尺量
			平面高差	2		1	用水准仪测量
		支座板、锚垫板等预埋钢板	位置	3	每个预埋件	1	用尺量
			平面高差	2		1	用水准仪测量
		螺栓、锚筋等	位置	5		1	用尺量
			外露尺寸	0～+10		1	用尺量
2	吊孔		位置	2	每个预留孔洞	1	用尺量
3	预应力筋孔道位置		位置	节段端部 10		1	用尺量

应根据节段的形状、模板的构造选择合适的浇筑顺序以及振捣设备。预制节段的脱模时机必须符合设计文件要求；设计文件无要求时，应待混凝土强度达到设计抗压强度的 75%后方可脱模。节段施工前应根据施工现场在施工期内温度、湿度条件、混凝土配合比、施工进度要求等制定节段养护方案；节段吊运至存放场地内后仍需进行不少于 10d 的保湿养护。

节段在预制场地内的存放应满足以下五条规定：①存放场地应平整、排水畅通，地基经过加固处理；②临时支座应与存放节段的底表面吻合，且临时支座与节段底表面间应设缓冲层；③宜在节段的内表面设置易于识别的有效标识；④多层堆放节段的支点设置方案应得到设计单位的认可；⑤节段的出场验收应满足表 2-5-5 的规定。

表 2-5-5　质量验收标准

序号	项目		规定值或允许偏差/mm	检验频率		检验方法
				范围	点数/个	
1	混凝土抗压强度		在合格标准内	每个节段		按现行国家标准《混凝土强度检验评定标准》(GB/T 5017)要求进行
2	表面平整度		5		4	用 2m 直尺及塞尺量
3	长度		−2～0		3	用尺量
4	断面尺寸	宽度	0～+5		2	用尺量
		高度	±5		2	用尺量
		壁厚	0～+5		8	用尺量
5	剪力键	位置	2	每个剪力键	1	用尺量
		平面高差	2		1	用水准仪测量

续表

序号	项目		规定值或允许偏差/mm	检验频率		检验方法
				范围	点数/个	
6	支座板、预埋板等预埋钢板	位置	10	每个预埋件	1	用尺量
		高程	±5		1	用水准仪测量
		平面高差	5		1	用水准仪测量
	螺栓、锚筋等	位置	10		1	用尺量
		外露尺寸	0～+10		1	用尺量
7	吊孔	位置	5	每个预留孔	1	用尺量
8	预应力孔道	位置	节段端部 10		1	用尺量
		孔径	0～+3		1	用内卡尺量

（3）节段的运输。应根据运输道路条件、节段质量、节段尺寸等因素选择合适的场外运输设备。应对运输线路的坡道、桥梁、架空线路、交通流量、路口转弯半径、空中障碍物等内容进行全面勘察。运输节段的车辆应安装警示灯，并悬挂醒目的警示标志。运输工具的载货平台上应合理设置节段的临时支点，以保证节段的平稳安放；载货平台上应采取可靠措施限制节段纵、横向移动；横向限位装置宜设置在节段的腹板外侧。

（4）逐跨拼装。预制节段的提升及悬挂应符合下列三条规定：①节段的提升应匀速、缓慢；②节段提升设备及装置的安全系数应不小于 2；③悬挂状态下的节段之间应设置防止碰撞的垫块。节段的拼接施工应符合下列三条规定：①节段拼接过程中，应逐块控制、复核节段梁的轴线和高程，并按设计线形及时调整；②应在预应力孔道口设置密封构造；③下行式架桥机应采取有效措施抵抗支承面倾斜时节段对支承系统产生的水平分力。节段胶接缝施工应符合下列三条规定：①黏结剂应采用机械拌和，黏结剂应涂抹均匀并覆盖整个匹配面，涂抹厚度以 3mm 为宜；②黏结剂涂抹时应采取措施对预应力孔道口进行防护；③应确保在施加临时预应力后，黏结剂能够在全断面均匀挤出。

用于节段拼接的临时预应力应符合下列两条规定：①应根据节段的断面形式均匀布置临时预应力；②临时预应力的张拉力应符合设计要求并应满足反复多次张拉的作业要求，节段拼接面的混凝土压应力不得小于 0.35MPa。永久预应力的施工除了应满足国家相关标准和规范的相关规定外，还应符合下列三条规定：①后穿的预应力筋由多根钢丝或钢绞线组成时，宜预先编束并整束穿入孔道内；②应对成品体外预应力筋做好保护；③纵向预应力孔道宜采用真空压浆，抽真空时的负压不应小于 0.06MPa。施工期间所使用的临时支座的安全系数应不小于 2.0。单跨桥的拼装质量验收应满足表 2-5-6 的规定。

表 2-5-6　节段拼装质量验收标准

序号	项目	规定值或允许偏差/mm	检验频率		检验方法
			范围	点数/个	
1	轴线偏移量	5	每跨	5	用经纬仪检查
2	相邻节段间顶面接缝高差	3	每条接缝	2	用直尺量
3	节段拼装立缝宽度	不大于 3	每条接缝	2	用尺量

续表

序号	项目	规定值或允许偏差/mm	检验频率		检验方法
			范围	点数/个	
4	梁长	－20～＋10	每跨	3	用尺量
5	支座轴线偏位	5	每个支座	2	用尺量

（5）悬臂拼装。悬臂拼装法施工中涉及节段提升、拼接作业、胶接缝、临时预应力、永久预应力施工等内容，应按相关规范规定的相关条款执行。墩顶节段应按设计要求做好墩梁临时固结。悬臂拼装作业时，桥墩两侧的节段应对称提升，且应保证桥墩两侧平衡受力。最大不平衡力应符合设计规定。当采用桥面吊机或桥面提升架进行节段提升、拼接作业时，提升设备与节段的质量比不应大于0.4；且提升设备在提升、拼接、行走时的抗倾覆安全系数、自锚固系统的安全系数、斜拉水平限位系统的安全系数均不应小于2。

合龙和体系转换施工应符合下列两条规定，即合龙施工前应对两端悬臂梁段的轴线、高程和梁段的偏移值进行观测，并应根据实际观测值进行合龙施工的计算，确定合龙程序和调整参数；合龙完成后应尽快拆除墩梁临时固结装置以及合龙梁段间的临时固结装置，并按设计规定的程序完成体系转换和支座反力的调整。悬臂拼装桥的质量验收要求应按相关规范规定执行。

（6）拼装设备。应综合考虑工程规模、进度要求、节段质量、场地条件等因素，合理选择用于节段拼装的设备。采用架桥机拼装节段应符合下列两条规定，即架桥机的起吊装置必须具备过载保护装置、卷扬机的过缠绕和欠缠绕保护装置、限位及缓冲装置、风速报警装置、避雷装置等；架桥机进行节段拼装、移动就位、维护保养等作业时，必须严格按照架桥机操作手册、保养手册的有关规定进行操作。用于拼接施工的架桥机或其他起重拼装设备，在安装、调试完成后必须进行荷载试验，荷载试验应符合下列三条规定，即逐跨拼装架桥机应悬挂不小于整跨最大架设质量1.1倍的荷载；用于提升节段的起吊设备应提升不小于最大节段质量1.25倍的荷载；应检查起重设备的荷载显示装置、刹车装置、钢丝绳缠绕装置、限位装置是否正常工作。

思考题

1. 简述预应力混凝土节段预制桥梁的总体要求。
2. 预应力混凝土节段预制桥梁对材料有哪些要求？
3. 预应力混凝土节段预制桥梁设计有哪些要求？
4. 预应力混凝土节段预制桥梁有哪些构造要求？
5. 预应力混凝土节段预制桥梁有哪些施工要求？
6. 试述近年来我国在预应力混凝土节段预制桥梁设计领域的创新和突破。

第 3 章　节段预制拼装混凝土桥梁设计

3.1　宏观要求

节段预制拼装混凝土桥梁设计、施工及验收应做到安全可靠、适用耐久、技术先进、经济合理、环保节能、确保质量。本章介绍的内容适用于地震基本烈度 7 度及以下地区的城市新建混凝土梁式桥梁。节段预制拼装混凝土桥梁的设计与施工应有利于标准化和资源集约利用，同时应积极推广可靠的新技术、新工艺、新材料和新设备。节段预制拼装混凝土桥梁的建造，应自工程设计阶段起，全过程协调建设、设计、制作、施工等各方关系，并应加强交通工程、排水工程、照明工程等各专业之间的配合。节段预制拼装混凝土桥梁设计、施工及验收应符合国家现行有关标准的规定。

节段是指混凝土墩柱、盖梁或上部结构梁体等构件沿其长度方向划分成的柱段或梁段等。

节段预制拼装混凝土桥梁是指工厂或现场预先制作的混凝土节段通过可靠的连接方式拼装而成的混凝土桥梁。

多重剪力键是指混凝土构件预制节段接缝表面用于承担剪切等作用、凹凸密接匹配的多重键块和键槽。

环氧胶接缝是指混凝土构件预制节段的结合面涂抹环氧树脂胶的接缝。

砂浆填充接缝是指混凝土构件预制节段的结合面经水泥基砂浆填充后压密的接缝。

现浇混凝土接缝是指混凝土构件的预制节段之间的窄缝采用现浇混凝土连接的接缝。

短线法预制是指将混凝土构件沿纵向划分成若干节段，在台座上用固定的模板，依次将已浇筑好的节段作为匹配节段，逐段匹配、流水制作节段的预制施工方法。

钢筋灌浆套筒连接是指在金属套筒的两端分别插入钢筋并压注水泥基灌浆料的钢筋连接方式。

钢筋灌浆波纹管连接是指混凝土预制构件伸出的预埋钢筋插入另一构件的预埋金属波纹管并压注水泥基灌浆料的钢筋连接方式。

体外预应力是指在混凝土构件截面之外布置预应力钢束、施加预应力。

体外预应力钢束的极限应力是指体外预应力混凝土构件达到极限承载力（通常指抗弯承载力）时，体外预应力钢束达到的应力。

体外预应力二次效应是指体外预应力钢束的位移与梁体变形不一致而引起的附加预应力效应。

体外预应力钢束的转向器是指使体外预应力钢束集中弯转的器件。

逐跨拼装法是指将预制混凝土节段利用架桥设备逐跨进行拼装、逐跨施加预应力的施工方法。

悬臂拼装法是指自桥墩两侧平衡地逐段向跨中悬臂拼装预制混凝土节段、施加预应力的施工方法。

3.1.1　设计的基本原则

采用以概率理论为基础的极限状态设计方法，桥梁结构的设计基准期为 100 年。桥梁结构应进行承载能力极限状态和正常使用极限状态设计。根据桥梁结构在制造、运输、安装和使用过程中的作用影响，可将桥梁设计分为以下四种：①持久状况：在桥梁使用过程中一定出现，且持续期很长的设计状况；②短暂状况：在桥梁施工和使用过程中出现概率较大而持续期较短的设计状况；③偶然状况：在桥梁使用过程中出现概率很小，且持续期极短的设计状况；④地震状况：桥梁遭受地震时的设计状况。桥梁结构在以上所述四种设计状况均应进行承载能力极限状态设计；对持久状况还应进行正常使用极限状态设计；对短暂状况及地震状况，可根据需要进行正常使用极限状态设计；对偶然状况，可不进行正常使用极限状态设计。

桥梁结构的安全等级应根据结构的重要性、结构破坏可能产生后果的严重性来划分，并应符合表 3-1-1 的规定，结构重要性系数对应于设计安全等级一级、二级和三级分别取 1.1、1.0、0.9。表 3-1-1 中所列特大、大、中型桥等系按表 1-2-1 中的单孔跨径确定的，对多跨不等跨桥梁，以其中最大跨径为准；冠以“重要”的小桥系指城市快速路、主干路及交通特别繁忙的城市次干路上的桥梁；对有特殊要求的桥梁，其设计安全等级可根据具体情况研究确定。

表 3-1-1　桥梁设计安全等级

安全等级	结构类型	桥梁类型
一级	重要结构	特大桥、大桥、中桥、重要小桥
二级	一般结构	小桥
三级	次要结构	防撞护栏

桥梁主体结构的设计使用年限不应低于 100 年；体外预应力钢索应可更换，设计使用年限不应低于 35 年。桥梁结构设计采用的作用、作用分类、代表值和作用效应组合应符合现行城市桥梁设计、城市桥梁抗震设计等相关规范的规定。桥梁结构的抗震设计应符合现行城市桥梁抗震设计相关规范的规定。

节段预制拼装桥梁应根据结构特点、使用年限、环境条件、施工条件等进行耐久性设计，耐久性设计应包括下列七方面内容：①确定结构所处的环境类别；②提出对混凝土材料的耐久性基本要求；③确定构件中钢筋的混凝土保护层厚度；④不同环境条件下的耐久性技术措施；⑤接缝部位的耐久性技术措施；⑥提出施工质量验收要求；⑦提出结构使用阶段的检测与维护要求。

节段预制拼装混凝土桥梁应根据采用结构的特点设置检修通道，检修通道应有必要的检修、养护以及部件的更换所需的空间。节段预制拼装混凝土桥梁的上部结构构件应采用环氧胶接缝或现浇混凝土接缝，下部结构构件应采用环氧胶接缝、砂浆填充接缝或现浇混凝土接缝，并应根据使用环境要求和构造特点进行构件设计。

3.1.2 施工的基本原则

节段预制拼装混凝土桥梁施工前应根据技术特点和条件编制施工组织设计和专项施工技术方案，内容应包括构件制作、运输、安装的施工方案、质量管理及安全措施等。节段预制拼装施工应根据预制场地条件、设计要求、施工工艺等，确定采用短线法还是长线法预制节段。预制节段制作单位应具备相应的生产工艺设施，并应有完善的质量管理体系和必要的试验检测设施。预制节段的运输及拼装设备应满足节段质量、运输条件、架设安装工艺等要求。拼装设备、支撑等临时结构的安装、调试、使用、拆除等应编制专项施工技术方案，并应制定相应的安全生产应急预案。节段预制拼装施工应制定包含节段预制阶段及节段拼装阶段在内的全过程测量控制方案。

3.2 材料的基本要求

（1）混凝土。混凝土强度等级应按边长为 150mm 立方体试件的抗压强度标准值确定。节段预制拼装桥梁构件的混凝土强度等级应符合下列两条规定：①钢筋混凝土强度等级不应低于 C30；②预应力混凝土强度等级不应低于 C40。混凝土轴心抗压强度标准值 f_{ck} 和轴心抗拉强度标准值 f_{tk} 应按表 3-2-1 采用。混凝土轴心抗压强度设计值 f_{cd} 和轴心抗拉强度设计值 f_{td} 应按表 3-2-2 采用。混凝土受压或受拉时的弹性模量 E_c 应按表 3-2-3 采用，当采用引气剂及砂率较高的泵送混凝土且无实测数据时，表 3-2-3 中 C50～C80 的 E_c 值应乘以折减系数 0.95。混凝土的剪变模量 G_c 可按表 3-2-3 中数值的 2/5 采用，混凝土的泊松比 ν_c 可采用 0.2。

表 3-2-1 混凝土强度标准值

强度等级	C30	C35	C40	C45	C50	C55	C60	C65	C70	C75	C80
f_{ck}/MPa	20.1	23.4	26.8	29.6	32.4	35.5	38.5	41.5	44.5	47.4	50.2
f_{tk}/MPa	2.01	2.20	2.40	2.51	2.65	2.74	2.85	2.93	3.00	3.05	3.10

表 3-2-2 混凝土强度设计值

强度等级	C30	C35	C40	C45	C50	C55	C60	C65	C70	C75	C80
f_{cd}/MPa	13.8	16.1	18.4	20.5	22.4	24.4	26.5	28.5	30.5	32.4	34.6
f_{td}/MPa	1.39	1.52	1.65	1.74	1.83	1.89	1.96	2.02	2.07	2.10	2.14

表 3-2-3 混凝土的弹性模量

强度等级	C30	C35	C40	C45	C50	C55	C60	C65	C70	C75	C80
E_c/MPa	3.00×10^4	3.15×10^4	3.25×10^4	3.35×10^4	3.45×10^4	3.55×10^4	3.60×10^4	3.65×10^4	3.70×10^4	3.75×10^4	3.80×10^4

（2）钢筋。钢筋混凝土及预应力混凝土构件中的普通钢筋宜采用 HPB300，HRB400，HRB500，HRBF400，HRBF500，RRB400 和 RRB500 钢筋，并应符合现行钢筋混凝土用热轧光圆钢筋、热轧带肋钢筋、余热处理钢筋的规定。普通钢筋的抗拉强度标准值应具

有不小于 95％的保证率，普通钢筋的抗拉强度标准值 f_{sk}应按表 3-2-4 采用。普通钢筋的抗拉强度设计值 f_{sd}和抗压强度设计值 f'_{sd}应按表 3-2-5 采用。表 3-2-5 中，钢筋混凝土轴心受拉和小偏心受拉构件的钢筋抗拉强度设计值大于 330MPa 时应按 330MPa 取用；在斜截面抗剪承载力、受扭承载力和冲切承载力计算中垂直于纵向受力钢筋的箍筋或间接钢筋等横向钢筋的抗拉强度设计值大于 330MPa 时，应按 330MPa 取用；构件中配有不同种类的钢筋时，每种钢筋应采用各自的强度设计值。普通钢筋的弹性模量 E_s 应按表 3-2-6 采用，采用牌号带 E 的钢筋时，力学性能应符合现行钢筋混凝土用热轧带肋钢筋的规定。节段预制拼装混凝土桥梁采用不锈钢钢筋和环氧树脂涂层钢筋时，应符合现行钢筋混凝土用不锈钢钢筋和环氧树脂涂层钢筋的规定。

表 3-2-4　普通钢筋抗拉强度标准值

钢筋种类	符号	公称直径 d/mm	f_{sk}/MPa
HPB300	$Φ$	6～22	300
HRB400	$Φ$	6～50	400
HRBF400	$Φ^F$		
RRB400	$Φ^R$		
HRB500	$Φ$	6～50	500
HRBF500	$Φ^F$		
RRB500	$Φ^R$		

表 3-2-5　普通钢筋抗拉、抗压强度设计值

钢筋种类	公称直径 d/mm	f_{sd}/MPa	f'_{sd}/MPa
HPB300	6～22	250	250
HRB400	6～50	330	330
HRBF400			
RRB400			
HRB500	6～50	415	400
HRBF500			
RRB500			

表 3-2-6　普通钢筋的弹性模量

钢筋种类	E_s/MPa
HPB300	2.1×10^5
HRB400，HRB500，HRBF400，HRBF500，RRB400，RRB500	2.0×10^5

（3）预应力钢筋。预应力混凝土构件中的钢绞线、钢丝和精轧螺纹钢筋应符合现行预应力混凝土用钢绞线、预应力混凝土用钢丝和预应力混凝土用螺纹钢筋等相关规范的规定。预应力筋的抗拉强度标准值应具有不小于 95％的保证率；常用预应力筋的抗拉强度标准值 f_{pk}应按表 3-2-7 采用。常用预应力筋的抗拉强度设计值 f_{pd}和抗压强度设计值f'_{pd}应按表 3-2-8 采用。预应力筋的弹性模量 E_p 应按表 3-2-9 采用。预应力混凝土结构当采用环

氧涂层钢绞线、镀锌钢绞线时，应符合下列两方面要求，即环氧涂层钢绞线应符合现行环氧涂层七丝预应力钢绞线、单丝涂覆环氧涂层预应力钢绞线、环氧涂层预应力钢绞线、填充型环氧涂层钢绞线体外预应力束等相关规范的规定；镀锌钢绞线应符合现行镀锌钢绞线、高强度低松弛预应力热镀锌钢绞线等相关规范的规定。体外预应力钢束采用的无黏结钢绞线应符合现行无黏结预应力钢绞线、无黏结钢绞线体外预应力束等相关规范的规定。

表 3-2-7　常用预应力筋抗拉强度标准值

钢筋种类		符号	公称直径 d/mm	f_{pk}/MPa
钢绞线	1×7（七股）	ϕ^S	9.5，12.7，15.2	1720，1860，1960
			17.8	1720，1860
消除应力钢丝	光圆	ϕ^P	5	1470，1570，1670，1770，1860
			7	1470，1570，1670，1770，1860
			9	1470，1570，1670
	螺旋肋	ϕ^H	5	1470，1570，1670，1770，1860
			7	1470，1570，1670，1770，1860
			9	1470，1570，1670
螺纹钢筋		JL	18，25，32，40，50	785，830，930，1080

表 3-2-8　常用预应力筋抗拉、抗压强度设计值

钢筋种类	f_{pk}/MPa	f_{pd}/MPa	f'_{pd}/MPa
钢绞线 1×7（七股）	1720	1170	390
	1860	1260	
	1960	1330	
消除应力钢丝	1470	1000	410
	1570	1070	
	1670	1140	
	1770	1200	
	1860	1260	
螺纹钢筋	785	650	400
	830	690	
	930	770	
	1080	890	

表 3-2-9　预应力筋的弹性模量

钢筋种类	钢绞线	消除应力钢丝	螺纹钢筋
E_p/MPa	1.95×10^5	2.05×10^5	2.00×10^5

（4）连接材料。用于钢筋套筒灌浆连接的套筒应采用球墨铸铁铸造，材料应符合表 3-2-10和现行钢筋连接用灌浆套筒等相关规范的规定。用于钢筋波纹管灌浆连接的波纹管应采用增强型金属波纹管，并应符合现行预应力混凝土用金属波纹管等相关规范的规

定。钢筋灌浆套筒和波纹管连接接头采用的灌浆料除应符合表 3-2-11 中技术性能指标外，还应符合现行水泥基灌浆材料、钢筋连接用套筒灌浆料等相关规范的规定。当预制节段接缝采用砂浆填充层时，应采用无收缩水泥基砂浆，28d 抗压强度不应小于 60MPa 且高出被连接构件强度等级 10MPa，28d 竖向膨胀率应控制在 0.02%～0.1%。当预制节段接缝采用环氧树脂胶时，其胶体性能及黏结能力应符合表 3-2-12 中的规定。表 3-2-12 中指标均为胶体在适用温度范围内的指标；当环氧树脂胶的蠕变对结构性能的影响不可忽略时，应满足表中带“*”项目的性能要求；对寒冷地区使用的环氧树脂胶，应满足耐冻融性能要求；表中未列出试验方法标准的可参照国际预应力协会标准 FIP 等的相关规定执行。

表 3-2-10　球墨铸铁灌浆套筒的材料性能

项目	抗拉强度 σ_b/MPa	断后伸长率 δ_5/%	球化率/%	硬度（HBW）
性能指标	≥550	≥5	≥85	180～250

表 3-2-11　钢筋灌浆套筒和波纹管连接用灌浆料的技术性能

项目		性能指标
流动性/mm	初始	≥300
	30min	≥260
抗压强度/MPa	1d	≥35
	3d	≥60
	28d	≥100
竖向膨胀率/%	3h	≥0.02
	24h 与 3h 差值	0.02～0.5
氯离子含量/%		≤0.03
泌水率/%		0

表 3-2-12　环氧树脂胶主要性能要求

性能项目			性能要求
物理性能	可施胶时间/min		≥20
	可黏结时间/min		≥60，且≤240
	固化速度（低限温度条件）	12h 抗压强度/MPa	≥40
		24h 抗压强度/MPa	≥60
		7d 抗压强度/MPa	≥80
	压缩弹性模量*/MPa	瞬时	≥8000
		1h	≥6000
	剪切弹性模量*/MPa	瞬时	≥1500
		1h	≥1200
	在结构立面上无流挂现象的最大涂胶层厚度/mm		≥3
	不挥发物含量（固体含量）/%		≥99
	吸水率（高限温度条件）/%		≤0.5
	水中溶解率（高限温度条件）/%		≤0.1

续表

性能项目			性能要求
物理性能	高限温度条件固化 7d 的热变形温度/℃	0℃≤适用温度<10℃	45
		10℃≤适用温度<30℃	50
		30℃≤适用温度<60℃	60
	伸长率/%		≥1.0
力学性能	抗压强度/MPa		≥80
	钢-钢拉伸抗剪强度标准值/MPa		≥14
	与混凝土的正拉黏结强度/MPa		≥3.0，且为混凝土内聚破坏
化学性能	耐湿热老化性	50℃温度、95%相对湿度的环境条件下老化 90d 后，常温条件下钢-钢拉伸抗剪强度降低率/%	≤10
	耐盐雾性	5%氯化钠溶液，喷雾压力 0.08MPa，试验温度（35±2)℃，每 0.5h 喷雾一次，每次 0.5h，作用持续时间 90d，到期钢-钢拉伸抗剪强度降低率/%	≤5，且不得有裂纹或脱胶

3.3 持久状况承载能力极限状态计算

3.3.1 基本原则

节段预制拼装混凝土桥梁的持久状况设计应按承载能力极限状态的要求，对构件进行承载力计算。在进行承载能力极限状态计算时，作用（或荷载）的效应（汽车荷载应计入冲击系数）应采用其组合设计值。节段预制拼装混凝土构件接缝截面承载力计算以破坏形态及相应受力状态为基础，在构件截面与体内配筋应变协调、体外预应力钢筋与构件变形协调的条件下建立受力平衡方程，各种材料的极限应力达到相应规定的强度设计值。

3.3.2 受弯构件计算

受弯构件截面的纵向受拉钢筋达到抗拉强度设计值、受压区混凝土外缘同时达到极限压应变时，正截面的相对界限受压区高度应按表 3-3-1 取用。表 3-3-1 中，截面受拉区内配置不同种类钢筋时，ξ_b 值应选用其中各种钢筋的最小值；$\xi_b = x_b/h_0$，x_b 为截面纵向受拉钢筋达到抗拉强度设计值、受压区混凝土外缘同时达到极限压应变时的受压区高度。

表 3-3-1 相对界限受压区高度 ξ_b

混凝土强度等级	C50 及以下	C55，C60	C65，C70	C75，C80
HPB300	0.58	0.56	0.54	—
HRB400，HRBF400，RRB400	0.53	0.51	0.49	—
HRB500，HRBF500	0.49	0.47	0.46	—
预应力钢绞线、钢丝	0.40	0.38	0.36	0.35
预应力螺纹钢筋	0.40	0.38	0.36	—

受压区呈矩形截面的节段预制拼装受弯构件，正截面抗弯承载力计算应符合相关规范规定。基本公式为：

$$\gamma_0 M_d \leqslant \phi_b \Big[b'_f x f_{cd} \left(h_0 - \frac{x}{2}\right) + A'_s f'_{sd}(h_0 - a'_s) + A'_{p,i}(f'_{pd,i} - \sigma'_{p0,i})(h_0 - a'_{p,i}) - A_{p,e}\sigma_{pd,e}(h_0 - h_{pu,e}) \Big]$$

截面受压区高度 x 按下式计算：

$$A_{p,e}\sigma_{pd,e} + A_{p,i} f_{pd,i} + A_s f_{sd} = A'_s f'_{sd} + A'_{p,i}(f'_{pd,i} - \sigma'_{p0,i}) + f_{cd} b'_f x$$

截面受压区高度应符合 $x \leqslant \xi_b h_0$ 的要求。当截面受压区配有纵向普通钢筋和预应力钢筋，且预应力钢筋受压，即 $f'_{pd,i} - \sigma'_{p0,i}$为正值时，$x \geqslant 2a'$，若不满足，则正截面抗弯承载力应符合 $\gamma_0 M_d \leqslant \phi_b\ [A_{p,e}\sigma_{pd,e}\ (h_{pu,e} - a')\ + A_{p,i} f_{pd,i}\ (h_{p,i} - a')\ + A_s f_{sd}\ (h_s - a')]$ 的要求。

当截面受压区仅配普通钢筋或配有纵向普通钢筋和预应力钢筋，且预应力钢筋受拉，即 $f'_{pd,i} - \sigma'_{p0,i}$为负值时，$x \geqslant 2a'_s$，若不满足，则正截面抗弯承载力应符合下式要求：

$$\gamma_0 M_d \leqslant \phi_b\ [A_{p,e}\sigma_{pd,e}\ (h_{pu,e} - a'_s)\ + A_{p,i} f_{pd,i}\ (h_{p,i} - a'_s)\ + A_s f_{sd}\ (h_s - a'_s)\ - A'_{p,i}(f'_{pd,i} - \sigma'_{p0,i})\ (a'_{p,i} - a'_s)]$$

其中，γ_0 为结构重要性系数，按相关规范规定取用；M_d为截面弯矩的组合设计值；ϕ_b 为接缝对抗弯承载力的影响系数，接缝截面 $\phi_b = 0.95$，非接缝截面 $\phi_b = 1.0$；b'_f为矩形截面的宽度或带翼形截面受压翼板的有效宽度；x 为截面受压区高度；f_{cd}为混凝土的轴心抗压强度设计值；h_0 为受拉区普通钢筋和体内预应力钢筋的合力点至受压边缘的距离；A'_s为受压区普通钢筋的截面面积（接缝处普通钢筋不连续时，A'_s取零）；f'_{sd}为普通钢筋的抗压强度设计值；a'_s为受压区普通钢筋合力点至截面受压边缘的距离；$A'_{p,i}$为受压区体内预应力钢筋的截面面积；$f'_{pd,i}$为体内预应力钢筋的抗压强度设计值；$\sigma'_{p0,i}$为受压区体内预应力钢筋合力点处混凝土正应力等于零时的预应力钢筋的应力；$a'_{p,i}$为受压区体内预应力钢筋合力点至受压边缘的距离；$A_{p,e}$为体外预应力钢筋的截面面积；$\sigma_{pd,e}$为体外预应力钢筋的极限应力设计值，按相关规范的规定采用；$h_{pu,e}$为体外预应力钢筋合力点至截面受压边缘的距离，按相关规范的规定采用；$A_{p,i}$为受拉区体内预应力钢筋的截面面积；$f_{pd,i}$为体内预应力钢筋的抗拉强度设计值；A_s为受拉区普通钢筋的截面面积（接缝处普通钢筋不连续时，A_s取零）；f_{sd}为普通钢筋的抗拉强度设计值；a'为受压区普通钢筋和体内预应力钢筋的合力点至受压边缘的距离；$h_{p,i}$为受拉区体内预应力钢筋合力点至受压区边缘的距离；h_s 为受拉区体内纵向受拉普通钢筋合力点至截面受压区边缘的距离。以上各个符号的含义如图 3-3-1 所示。

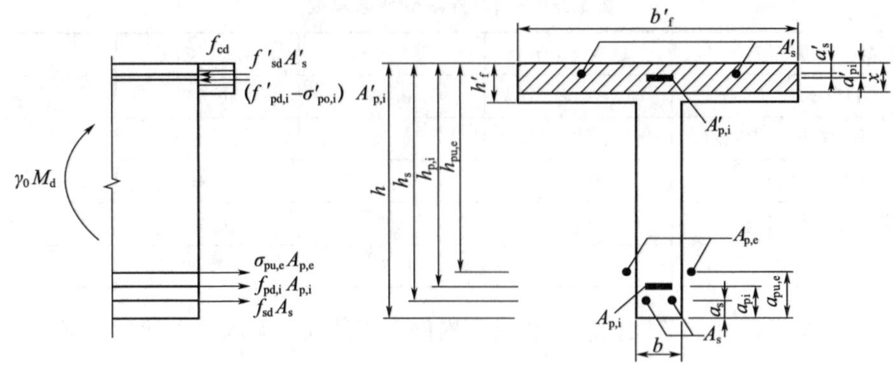

图 3-3-1 受压区呈矩形截面受弯构件的正截面抗弯承载力计算图式

体外预应力钢筋的极限应力设计值应按相关规范规定采用，即简支受弯构件应满足以下要求：

$$\sigma_{pd,e}=\frac{1}{1.25}(\sigma_{pe,e}+\Delta\sigma_{pu,e})$$

$$\Delta\sigma_{pu,e}=\alpha\left(2.25-\frac{22}{L/h_{p,e}}\right)(407-1480\rho_p-531\omega^2+492\omega)-92$$

$$0\leqslant\Delta\sigma_{pu,e}\leqslant f_{py,e}-\sigma_{pe,e}$$

$$\rho_p=\frac{A_{p,e}\sigma_{pe,e}+A_{p,i}\sigma_{pe,i}}{A_c f_{ck}}$$

$$\omega=\frac{A_{p,i}f_{pk,i}+A_s f_{sk}}{A_{p,i}f_{pk,i}+A_{p,e}f_{pk,e}+A_s f_{sk}}$$

其中，$\sigma_{pe,e}$为体外预应力钢筋的永存预应力；$\Delta\sigma_{pu,e}$为体外预应力钢筋的极限应力增量；α为接缝对钢筋极限应力的影响系数，无接缝构件$\alpha=1.0$，环氧胶接缝和现浇混凝土接缝构件$\alpha=0.82$；L为构件的计算跨径；$h_{p,e}$为体外预应力钢筋合力点至截面受压边缘的初始距离，按相关规范规定修正；ρ_p为预应力配筋指标；ω为体内有黏结受拉钢筋与体内外受拉钢筋之比（接缝处普通钢筋不连续时，A_s取零）；$f_{py,e}$为体外预应力钢筋材料的抗拉条件屈服强度，取$f_{py,e}=0.85f_{pk,e}$；$\sigma_{pe,i}$为体内预应力钢筋的永存预应力；A_c为构件的混凝土截面面积；f_{ck}为混凝土的轴心抗压强度标准值；$f_{pk,i}$为体内预应力钢筋的抗拉强度标准值；f_{sk}为普通钢筋的抗拉强度标准值；$f_{pk,e}$为体外预应力钢筋的抗拉强度标准值；其余符号意义同前。

连续受弯构件应满足$\sigma_{pd,e}=\frac{1}{1.25}\left(\sigma_{pe,e}+0.92\Delta\sigma_{pu,e}\frac{L_1}{L_2}\right)$，$0\leqslant\Delta\sigma_{pu,e}\leqslant f_{py,e}-\sigma_{pe,e}$的要求。其中，$L_1$为计算跨径体外预应力钢筋的长度（$L_1\leqslant L_2$），$L_2$为锚具间体外预应力钢筋的总长度，其余符号意义同前。

体外预应力钢筋合力点至截面受压区边缘的极限距离应满足以下要求：

$$h_{pu,e}=\eta\gamma\left(1.29-0.006\frac{L}{h_{p,e}}-0.746\frac{S_d}{L}+0.483\omega^2-0.469\omega\right)h_{p,e}$$

$$h_{pu,e}\leqslant h_{p,e}$$

其中，η为体外预应力二次效应的修正系数，简支受弯构件$\eta=1.0$，连续受弯构件$\eta=1.07$；γ为接缝对二次效应的影响系数，无接缝构件$\gamma=1.0$、环氧胶接缝和现浇混凝土接

缝构件 $\gamma=1.02$；L 为构件的计算跨径；$h_{p,e}$ 为体外预应力钢筋合力点至截面受压边缘的初始距离，按相关规范规定修正；S_d 为计算截面处相邻转向（或定位）构造之间或转向（或定位）构造与相邻锚固构造之间的距离；ω 为体内有黏结受拉钢筋与体内外受拉钢筋之比，按相关规范规定计算。若计算截面在转向（或定位）或锚固构造位置并有钢筋穿过该构造，则相应钢筋至截面受压区边缘的极限距离应取 $h_{pu,e}=h_{p,e}$，符号意义同前。

受压区高度大于翼板厚度的 T 形（受压区呈 T 形）截面的节段预制拼装受弯构件，正截面抗弯承载力计算应符合相关规范规定，即 $\gamma_0 M_d\leqslant\phi_b\left\{\left[bx\left(h_0-\dfrac{x}{2}\right)+(b'_f-b)h'_f\left(h_0-\dfrac{h'_f}{2}\right)\right]f_{cd}+A'_s f'_{sd}(h_0-a'_s)+A'_{p,i}(f'_{pd,i}-\sigma'_{p0,i})(h_0-a'_{p,i})-A_{p,e}\sigma_{pd,e}(h_0-h_{pu,e})\right\}$。

截面混凝土受压区高度 x 应按式 $A_{p,e}\sigma_{pd,e}+A_{p,i}f_{pd,i}+A_s f_{sd}=A'_s f'_{sd}+A'_{p,i}(f'_{pd,i}-\sigma'_{p0,i})+f_{cd}[bx+(b'_f-b)h'_f]$ 计算。其中，b 为腹板的宽度；h'_f 为受压翼板的厚度；其余符号意义和规定同前（图 3-3-2）。

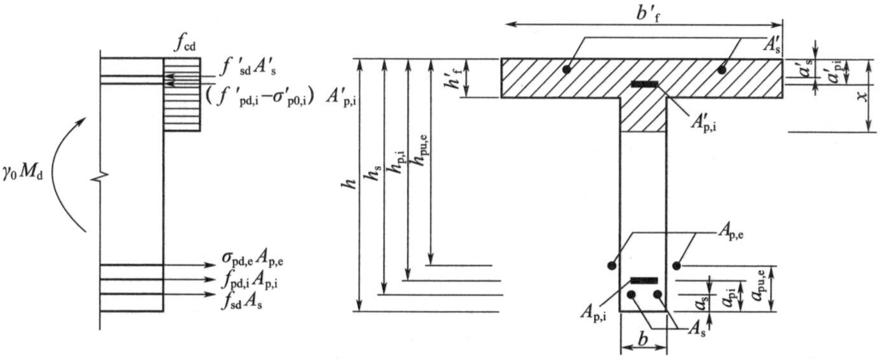

图 3-3-2 受压区呈 T 形截面受弯构件的正截面抗弯承载力计算图式

体外预应力钢筋合力点至截面受压边缘的初始距离，应按表 3-3-2 中对钢筋转向引起的合力偏移进行修正。

表 3-3-2 钢筋转向合力偏移修正值

转向器和钢筋种类	合力偏移修正值
集束式转向器穿光面钢绞线束	$0.45R_d$
集束式转向器穿无黏结钢绞线束	$0.4R_d$
集束式转向器穿钢绞线成品索	R_d-r_c
散束式转向器穿无黏结钢绞线束	0

注：R_d 为转向管的内半径；r_c 为成品索的外半径。

节段预制拼装受弯构件的斜截面抗剪承载力计算应符合相关规范规定，即：

$$\gamma_0 V_d\leqslant 0.65\times10^{-3}C_1\alpha_1\lambda\phi\frac{\sqrt{f_{cu,k}}(C_2+P)bh_0}{m}+0.75\times10^{-3}\frac{C}{s_v}f_{sv}A_{sv}+0.75\times10^{-3}f_{pd,i}\sum A_{pb,i}\sin\theta_i+0.95\times10^{-3}\sigma_{pd,e}\sum A_{pb,e}\sin\theta_e$$

其中，γ_0 为结构重要性系数；V_d为斜截面剪压端剪力的组合设计值（kN）；C_1 为接缝影响系数，无接缝构件 $C_1=0.06$，环氧胶接缝和现浇混凝土接缝构件 $C_1=0.72$；α_1 为异号弯矩影响系数，简支受弯构件取 1.0，连续和悬臂受弯构件的中支点截面取 0.9，其他截面取 1.0；λ 为体内外预应力配筋的影响系数，全体外配筋取 1.0，体内外混合配筋取 1.1；ϕ 为截面形状影响系数，$\phi=(bh_0+2h'^2_f)/bh_0$，其中 h'_f 为受压翼板的平均厚度；$f_{cu,k}$ 为边长为 150mm 的混凝土立方体抗压强度标准值（MPa），即混凝土的强度等级；C_2 为接缝影响系数，无接缝构件 $C_2=12.8$、环氧胶接缝和现浇混凝土接缝构件 $C_2=0.11$；P 为纵向配筋率，$P=100\rho$，$\rho=(A_s+A_{p,i}+A_{pb,i}+A_{p,e}+A_{pb,e})/bh_0$，其中，$A_s$ 为纵向受拉普通钢筋的面积（接缝截面普通钢筋不连续时，A_s 取零）；$A_{p,i}$ 为体内直线预应力钢筋的截面面积；$A_{p,e}$ 为体外直线预应力钢筋的截面面积；当 $P>2.5$ 时，取 $P=2.5$；b，h_0 分别为腹板宽度与截面有效高度（按受拉侧普通钢筋和体内有黏结预应力筋计算）（mm）；m 为剪跨比，$m=M_d/(V_d h_0)$，M_d 为与 V_d 对应的弯矩的组合设计值；C 为斜裂缝的水平投影长度（mm），取一个节段长度和 $C=0.6mh_0$ 的较小者；s_v 为斜裂缝范围内的箍筋间距（mm）；f_{sv} 为箍筋的抗拉强度设计值（MPa）；A_{sv} 为斜裂缝范围内一个间距内箍筋各肢的总截面面积（mm^2）；$f_{pd,i}$ 为体内预应力钢筋的抗拉强度设计值（MPa）；$A_{pb,i}$ 为斜裂缝范围内体内弯起预应力钢筋的截面面积（mm^2）；θ_i，θ_e 分别为体内和体外弯起预应力钢筋与构件轴线的夹角；$\sigma_{pd,e}$ 为体外预应力钢筋的极限应力设计值（MPa），$\sigma_{pd,e}=0.8\sigma_{pe,e}$，其中 $\sigma_{pe,e}$ 为体外预应力钢筋的永存预应力；$A_{pb,e}$ 为斜裂缝范围内体外弯起预应力钢筋的截面面积（mm^2）。以上符号含义如图 3-3-3 所示。

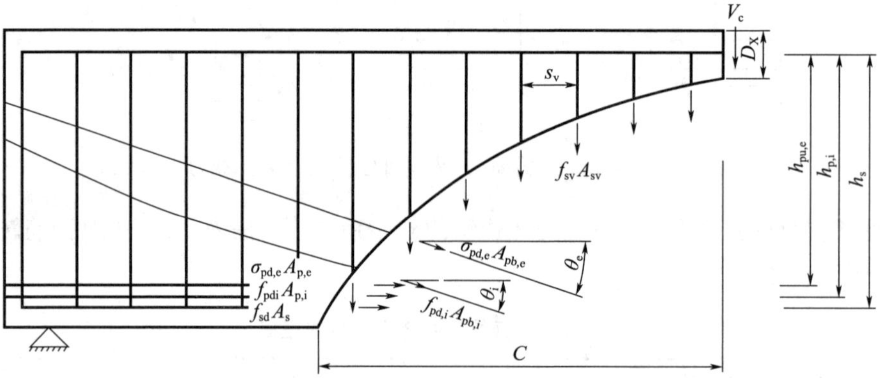

图 3-3-3　受弯构件斜截面抗剪承载力计算图式

节段预制拼装受弯构件的抗剪截面应符合 $\gamma_0 V_d \leqslant 0.51\times10^{-3}\sqrt{f_{cu,k}}bh_0$ 的要求，其中，各个符号含义同前文。

剪压区呈矩形截面的节段预制拼装受弯构件，接缝截面的抗剪承载力计算应符合相关规范规定，即：

$$\gamma_0 V_d \leqslant 0.95\tau_c b'_{f,s}x+0.75V_{pd,i}+0.95V_{pd,e}$$

τ_c，x 应按下式计算：

$$\sigma_c b'_f x=0.8N_{pd,i}+N_{pd,e},\quad \frac{\tau_c}{f_{cd,j}}=\sqrt{0.009+0.095\frac{\sigma_c}{f_{cd,j}}-0.104\left(\frac{\sigma_c}{f_{cd,j}}\right)^2}$$

$$\frac{M_d}{V_d}=\frac{b'_f x\sigma_c\left(h_{p,i}-\dfrac{x}{2}\right)-A_{p,e}\sigma_{p,e}(h_{p,i}-h_{p,e})}{\tau_c b'_{f,s}x+0.8V_{pd,i}+V_{pd,e}}$$

其中，γ_0 为结构重要性系数；V_d 为接缝截面剪力的组合设计值；τ_c 为接缝截面剪压区混凝土的剪应力；$b'_{f,s}$为受压翼板的抗剪有效宽度，$b'_{f,s}=b+2b'_h$，其中，b 为腹板的宽度，b'_h 为腹板承托或加腋的宽度；x 为接缝截面剪压区的高度；$V_{pd,i}$为接缝截面体内预应力钢筋合力设计值的竖向分力，$V_{pd,i}=f_{pd,i}\sum A_{p,i}\sin\theta_i$，其中，$f_{pd,i}$为体内预应力钢筋的抗拉强度设计值，$A_{p,i}$为体内预应力钢筋的截面面积，$\theta_i$ 为体内预应力钢筋与构件轴线的夹角；$V_{pd,e}$为接缝截面体外预应力钢筋合力设计值的竖向分力，$V_{pd,e}=\sigma_{pd,e}\sum A_{p,e}\sin\theta_e$，其中，$\sigma_{pd,e}=0.8\sigma_{pe,e}$，$\sigma_{pe,e}$为体外预应力钢筋的永存预应力；$A_{p,e}$为体外预应力钢筋的截面面积；$\theta_e$ 为体外预应力钢筋与构件轴线的夹角；σ_c 为接缝截面剪压区混凝土的压应力；b'_f 为受压翼板的有效宽度；$N_{pd,i}$为接缝截面体内预应力钢筋合力设计值的轴向分力，$N_{pd,i}=f_{pd,i}\sum A_{p,i}\cos\theta_i$；$N_{pd,e}$为接缝截面体外预应力钢筋合力设计值的竖向分力，$N_{pd,e}=\sigma_{pd,e}\sum A_{p,e}\cos\theta_e$；$f_{cd,j}$为接缝部位混凝土的轴心抗压强度设计值，$f_{cd,j}=\phi_j f_{cd}$，其中，$\phi_j$ 为接缝对混凝土强度的影响系数，采用环氧胶接缝时，$\phi_j=0.95$，采用砂浆填充接缝和现浇混凝土接缝时，$\phi_j=0.90$；f_{cd}为混凝土的轴心抗压强度设计值；M_d 为与 V_d 对应的弯矩组合设计值；$h_{p,i}$为体内预应力钢筋合力点至截面受压边缘的距离，接缝截面无体内预应力钢筋时，取 $h_{p,i}=h_{p,e}$；$h_{p,e}$为体外预应力钢筋合力点至截面受压边缘的初始距离，按相关规范的规定修正；其余符号含义同前文（图 3-3-4）。

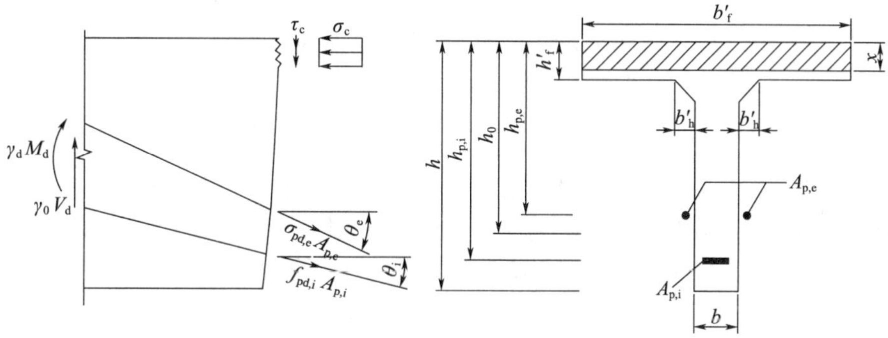

图 3-3-4　剪压区呈矩形截面受弯构件的接缝截面抗剪承载力计算图式

剪压区呈 T 形截面的节段预制拼装受弯构件，接缝截面的抗剪承载力计算应符合相关规范规定，即：

$$\gamma_0 V_d \leqslant 0.95\tau_c\left[bx+h'_h(b'_{f,s}-b)\right]+0.75V_{pd,i}+0.95V_{pd,e}$$

其中，τ_c，x 满足下式要求：

$$\sigma_c\left[bx+h'_f(b'_f-b)\right]=0.8N_{pd,i}+N_{pd,e}$$

$$\frac{\tau_c}{f_{cd,j}}=\sqrt{0.009+0.095\frac{\sigma_c}{f_{cd,j}}-0.104\left(\frac{\sigma_c}{f_{cd,j}}\right)^2}$$

$$\frac{M_d}{V_d}=\frac{\sigma_c\left[bx\left(h_{p,i}-\frac{x}{2}\right)+h'_f(b'_f-b)\left(h_{p,i}-\frac{h'_f}{2}\right)\right]-A_{p,e}\sigma_{p,e}(h_{p,i}-h_{p,e})}{\tau_c\left[bx+h'_h(b'_{f,s}-b)\right]+0.8V_{pd,i}+V_{pd,e}}$$

其中，h'_h 为承托或加腋范围内翼板的平均厚度；h'_f 为有效宽度内翼板的平均厚度；其余符号含义同前文（图 3-3-5）。

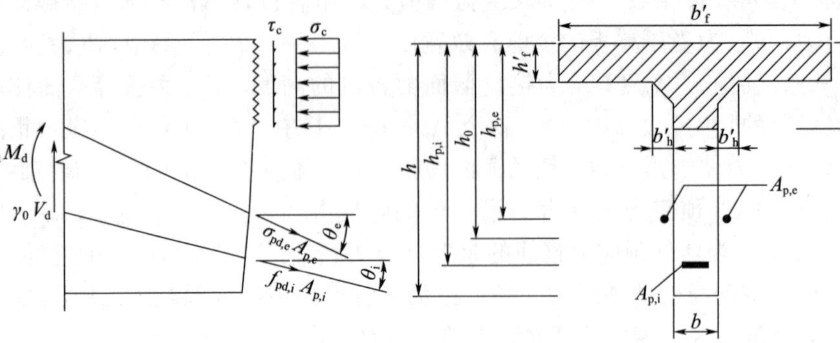

图 3-3-5　剪压区呈 T 形截面受弯构件的接缝截面抗剪承载力计算图式

3.3.3　受压构件计算

偏心受压构件应以相对界限受压区高度 ξ_b 作为判断其大小偏压的条件，ξ_b 应以下列两方面规定确定。即钢筋混凝土偏心受压构件的 ξ_b 值按表 3-3-1 取用。预应力混凝土偏心受压构件的值 ξ_b 按相关规范规定计算，即预应力螺纹钢筋 $\xi_b=\dfrac{\beta}{1+\dfrac{f_{pd,i}-\sigma_{p0,i}}{E_p\varepsilon_{cu}}}$；预应力钢绞线、钢丝 $\xi_b=\dfrac{\beta}{1+\dfrac{0.002}{\varepsilon_{cu}}+\dfrac{f_{pd,i}-\sigma_{p0,i}}{E_p\varepsilon_{cu}}}$。其中，$\beta$ 为矩形应力图截面受压区高度与实际受压区高度的比值，按表 3-3-3 取用；$\sigma_{p0,i}$ 为受拉区体内预应力钢筋合力点处混凝土正应力等于零时的预应力钢筋的应力；ε_{cu} 为非均匀受压时混凝土的极限压应变，混凝土强度等级为 C50 及以下时 $\varepsilon_{cu}=0.0033$，混凝土强度等级为 C80 时 $\varepsilon_{cu}=0.003$，中间强度等级的混凝土按直线内插法计算；$f_{pd,i}$ 为体内预应力钢筋的抗拉强度设计值；E_p 为预应力钢筋的弹性模量。

表 3-3-3　系数 β 值

混凝土强度等级	C50 及以下	C55	C60	C65	C70	C75	C80
β	0.80	0.79	0.78	0.77	0.76	0.75	0.74

小偏心受压构件位于截面受拉边或受压较小边的钢筋，其应力可按相关规范规定计算。

普通钢筋：$\sigma_s=\varepsilon_{cu}E_s\left(\dfrac{\beta h_s}{x}-1\right)$，$-f'_{sd}\leqslant\sigma_s\leqslant f_{sd}$，当 σ_s 为拉应力且其值大于 f_{sd} 时，取 $\sigma_s=f_{sd}$；当 σ_s 为压应力且其绝对值大于 f'_{sd} 时，取 $\sigma_s=-f'_{sd}$。

体内预应力钢筋：$\sigma_{p,i}=\varepsilon_{cu}E_p\left(\dfrac{\beta h_{p,i}}{x}-1\right)+\sigma_{p0,i}$，$-(f'_{pd,i}-\sigma_{p0,i})\leqslant\sigma_{p,i}\leqslant f_{pd,i}$，当 $\sigma_{p,i}$ 为拉应力且其值大于 $f_{pd,i}$ 时，取 $\sigma_{p,i}=f_{pd,i}$；当 $\sigma_{p,i}$ 为压应力且其绝对值大于 $(f'_{pd,i}-\sigma_{p0,i})$ 时，取 $\sigma_{p,i}=-(f'_{pd,i}-\sigma_{p0,i})$。

其中，σ_s 为截面受拉边或受压较小边普通钢筋的应力；ε_{cu} 为非均匀受压时混凝土的极限压应变，按相关规范规定取用；E_s 为普通钢筋的弹性模量；β 为矩形应力图截面受压区高度与实际受压区高度的比值，见表 3-3-3；h_s 为普通钢筋的截面形心至截面受压较大边缘的距离；x 为截面受压区高度；f'_{sd} 为普通钢筋的抗压强度设计值；f_{sd} 为普通钢筋的抗拉强度设计值；$\sigma_{p,i}$为截面受拉边或受压较小边体内预应力钢筋的应力；E_p 为预应力钢筋的弹性模量；$h_{p,i}$为体内预应力钢筋的截面形心至截面受压较大边缘的距离；$\sigma_{p0,i}$为体内预应力钢筋截面形心处混凝土正应力等于零时的预应力钢筋的应力；$f'_{pd,i}$为体内预应力钢筋的抗压强度设计值；$f_{pd,i}$为体内预应力钢筋的抗拉强度设计值。

受压区呈矩形截面的节段预制拼装偏心受压构件，正截面抗压承载力计算应符合相关规范规定，即：

$$\gamma_0 N_d \leqslant \phi_c \left[b'_f x f_{cd} + A'_s f'_{sd} + A'_{p,i}(f'_{pd,i} - \sigma'_{p0,i}) - A_{p,i}\sigma_{p,i} - A_s\sigma_s - A_{p,e}\sigma_{pd,e}\right]$$

$$\gamma_0 N_d e \leqslant \phi_c \Big[b'_f x f_{cd}\left(h_0 - \frac{x}{2}\right) + A'_s f'_{sd}(h_0 - a'_s) + A'_{p,i}(f'_{pd,i} - \sigma'_{p0,i})(h_0 - a'_{p,i}) - A_{p,e}\sigma_{pd,e}(h_0 - h_{pu,e})\Big]$$

$$e = \eta e_0 + y - a$$

其中，γ_0 为结构重要性系数；N_d 为计算截面轴向压力的组合设计值；ϕ_c 为接缝对抗压承载力的影响系数，大偏心受压的接缝截面 $\phi_c = 0.95$，其他情况 $\phi_c = 1.0$；b'_f 为矩形截面的宽度或带翼形截面受压翼板的有效宽度；x 为截面受压区的高度；f_{cd}为混凝土的轴心抗压强度设计值；A'_s 为截面受压较大边普通钢筋的截面面积（接缝处普通钢筋不连续时，A'_s 取零）；f'_{sd}为普通钢筋的抗压强度设计值；$A'_{p,i}$为截面受压较大边体内预应力钢筋的截面面积；$f'_{pd,i}$为体内预应力钢筋的抗压强度设计值；$\sigma'_{p0,i}$为截面受压较大边体内预应力钢筋合力点处混凝土正应力等于零时预应力钢筋的应力；$A_{p,i}$为截面受拉边或受压较小边体内预应力钢筋的截面面积；$\sigma_{p,i}$为截面受拉边或受压较小边体内预应力钢筋的应力；A_s 为截面受拉边或受压较小边普通钢筋的截面面积（接缝截面普通钢筋不连续时，A_s 取零）；σ_s 为截面受拉边或受压较小边普通钢筋的应力；$A_{p,e}$为体外预应力钢筋的截面面积；$\sigma_{pd,e}$为体外预应力钢筋的极限应力设计值，$\sigma_{pd,e} = 0.8\sigma_{pe,e}$，$\sigma_{pe,e}$为体外预应力钢筋的永存预应力；$e$ 为轴向压力作用点至截面受拉边或受压较小边的普通钢筋和体内预应力钢筋合力点的距离；h_0 为截面受压较大边缘至受拉边或受压较小边的普通钢筋和体内预应力钢筋合力点的距离；a'_s 为截面受压较大边普通钢筋合力点至截面受压较大边缘的距离；$a'_{p,i}$为截面受压较大边体内预应力钢筋合力点至受压较大边缘的距离；$h_{pu,e}$为体外预应力钢筋合力点至截面受压较大边缘的极限距离，按相关规范的规定采用；η 为偏心受压构件轴向压力的偏心距增大系数；e_0 为轴向压力对截面形心轴的初始偏心距，$e_0 = M_d/N_d$，其中 M_d 为对应 N_d 的弯矩组合设计值；y 为截面形心轴至受拉边或受压较小边缘的距离；a 为截面受拉边或受压较小边的普通钢筋和体内预应力钢筋合力点至受拉边缘或受压较小边缘的距离，$a = h - h_0$，其中 h 为截面高度；其余符号含义同前（图 3-3-6）。

截面受拉边和受压较小边钢筋的应力 σ_s 和 $\sigma_{p,i}$应按下列情况采用：当 $\xi = x/h_0 \leqslant \xi_b$ 时为大偏心受压构件，$\sigma_s = f_{sd}$，$\sigma_{p,i} = f_{pd,i}$；当 $\xi > \xi_b$ 时为小偏心受压构件，σ_s 和 $\sigma_{p,i}$的应力按相关规范的规定计算。对于小偏心受压构件，当轴向压力作用在受压较大边的钢筋合力点与受压较小边的钢筋合力点之间时，抗压承载力计算尚应符合 $\gamma_0 N_d e' \leqslant \phi_c \Big[b'_f h f_{cd}\left(h'_0 - \frac{h}{2}\right) + A'_s f'_{sd}(h'_0 - a_s) + A'_{p,i}(f'_{pd,i} - \sigma'_{p0,i})(h'_0 - a_{p,i}) - A_{p,e}\sigma_{pd,e}(h'_0 - a_{pu,e})\Big]$，$e' = y' - e_0 - a'$的要求。

其中，e'为轴向压力作用点至截面受压较大边钢筋合力点的距离；h'_0 为截面受压较小

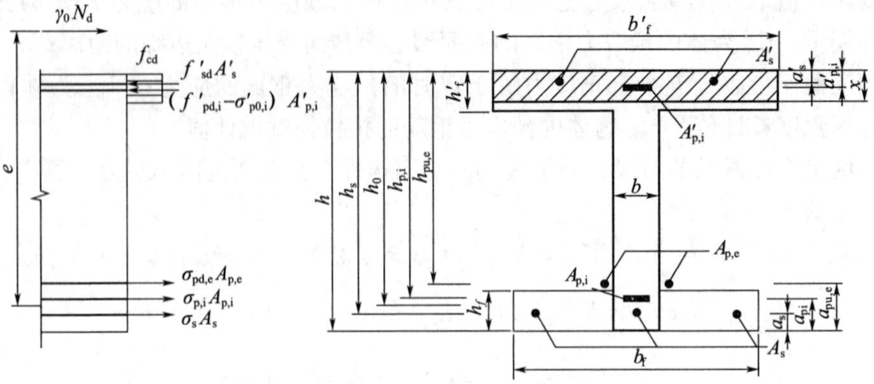

图 3-3-6 受压区呈矩形截面偏心受压构件的正截面抗压承载力计算图式

边缘至受压较大边钢筋合力点的距离；a_s 为截面受压较小边普通钢筋合力点至截面受压较小边缘的距离；$a_{p,i}$为截面受压较小边体内预应力钢筋合力点至截面受压较小边缘的距离；$a_{pu,e}$为体外预应力钢筋合力点至截面受压较小边缘的距离；y'为截面形心轴至受压较大边缘的距离；a'为截面受压较大边钢筋合力点至受拉边或受压较大边缘的距离；其余符号含义同前。

受压区呈 T 形截面的节段预制拼装偏心受压构件，正截面抗压承载力计算应符合相关规范规定，即 $\gamma_0 N_d \leqslant \phi_c\{[bx+h'_f(b'_f-b)]f_{cd}+A'_s f'_{sd}+A'_{p,i}(f'_{pd,i}-\sigma'_{p0,i})-A_{p,i}\sigma_{p,i}-A_s\sigma_s-\sigma_{pd,e}\sigma_{p,e}\}$，$\gamma_0 N_d e \leqslant \phi_c\left\{\left[bx\left(h_0-\frac{x}{2}\right)+h'_f(b'_f-b)\left(h_0-\frac{h'_f}{2}\right)\right]f_{cd}+A'_s f'_{sd}(h_0-a'_s)+A'_{p,i}(f'_{pd,i}-\sigma'_{p0,i})(h_0-a'_{p,i})-A_{p,e}\sigma_{pd,e}(h_0-h_{pu,e})\right\}$。其中，$b$ 为腹板的宽度；h'_f 为受压较大边翼板有效宽度内的平均厚度；其余符号含义同前（图 3-3-7）。截面受拉边和受压较小边钢筋的应力 σ_s 和 $\sigma_{p,i}$计算等规定同前。

对翼板位于截面受压较大边的小偏心受压构件，当轴向压力作用在受压较大边的钢筋合力点与受压较小边的钢筋合力点之间时，尚应按如下规定进行计算：$\gamma_0 N_d e' \leqslant \phi_c\left\{\left[bh\left(h'_0-\frac{h}{2}\right)+h'_f(b'_f-b)\left(\frac{h'_f}{2}-a'\right)\right]f_{cd}+A'_s f'_{sd}(h'_0-a_s)+A'_{p,i}(f'_{pd,i}-\sigma'_{p0,i})(h'_0-a_{p,i})-A_{p,e}\sigma_{pd,e}(h'_0-a_{pu,e})\right\}$，式中符号含义同前（图 3-3-7）。

对翼板位于截面受压较小边的小偏心受压构件，尚应按如下规定进行计算：$\gamma_0 N_d e' \leqslant \phi_c\left\{\left[bh\left(h'_0-\frac{h}{2}\right)+h_f(b_f-b)\left(h'_0-\frac{h_f}{2}\right)\right]f_{cd}+A'_s f'_{sd}(h'_0-a_s)+A'_{p,i}(f'_{pd,i}-\sigma'_{p0,i})(h'_0-a_{p,i})-A_{p,e}\sigma_{pd,e}(h'_0-a_{pu,e})\right\}$，其中，$b_f$ 为截面受压较小边翼板的宽度；h_f 为截面受压较小边翼板的厚度；其余符号含义同前（图 3-3-7）。

剪压区呈矩形截面的节段预制拼装大偏心受压构件，接缝截面的抗剪承载力计算应符合相关规范规定，即 $\gamma_0 V_d \leqslant 0.95\tau_c b'_{f,s}x$。其中，$\tau_c$，$x$ 应满足：

$$\gamma_0 N_d = b'_f x\sigma_c - A_{p,i}f_{pd,i} - A_s f_{sd} - A_{p,e}\sigma_{pd,e}$$

$$\frac{\tau_c}{f_{cd,j}} = \sqrt{0.009+0.095\frac{\sigma_c}{f_{cd,j}}-0.104\left(\frac{\sigma_c}{f_{cd,j}}\right)^2}$$

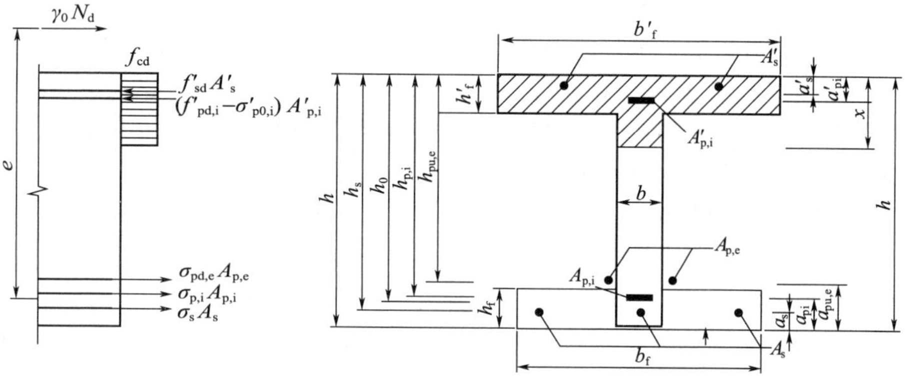

图 3-3-7　受压区呈 T 形截面偏心受压构件的正截面抗压承载力计算图式

$$\frac{M_d}{V_d}=\frac{b'_f x\sigma_c\left(h_0-\dfrac{x}{2}\right)-A_{p,e}\sigma_{pd,e}\ (h_0-h_{pu,e})\ -\gamma_0 N_d e}{\tau_c b'_{f,s}x}$$

其中，γ_0 为结构重要性系数；V_d 为接缝截面剪力的组合设计值；τ_c 为接缝截面剪压区混凝土的剪应力；$b'_{f,s}$为受压翼板的抗剪有效宽度，$b'_{f,s}=b+2b'_h$，其中，b 为腹板的宽度；b'_h 为腹板承托或加腋的宽度；x 为接缝截面剪压区的高度；N_d 为与 V_d 对应的轴向压力组合设计值；b'_f 为矩形截面的宽度或带翼形截面受压翼板的有效宽度；σ_c 为接缝截面剪压区混凝土的压应力；$A_{p,i}$为截面受拉区体内预应力钢筋的截面面积；$f_{pd,i}$为体内预应力钢筋的抗拉强度设计值；A_s 为截面受拉区普通钢筋的截面面积（接缝截面普通钢筋不连续时，A_s 取零）；f_{sd}为普通钢筋的抗拉强度设计值；$A_{p,e}$为体外预应力钢筋的截面面积；$\sigma_{pd,e}$为体外预应力钢筋的极限应力设计值，$\sigma_{pd,e}=0.8\sigma_{pe,e}$，$\sigma_{pe,e}$为体外预应力钢筋的永存预应力；$M_d$ 为与 V_d 对应不含 N_d 偏心弯曲效应的弯矩组合设计值；h_0 为截面受压边缘至受拉区的普通钢筋和体内预应力钢筋合力点的距离，若接缝截面无普通钢筋和体内预应力钢筋，则 $h_0=h_{pu,e}$；$h_{pu,e}$为体外预应力钢筋合力点至截面受压边缘的极限距离，按相关规范的规定采用；e 为轴向压力作用点至截面受拉边的普通钢筋和体内预应力钢筋合力点的距离，$e=\eta e_0+y-a$，其中，η 为轴向压力的偏心距增大系数；e_0 为轴向压力 N_d 对截面形心轴的初始偏心距；y 为截面形心轴至受拉边缘的距离；a 为截面受拉边的普通钢筋和体内预应力钢筋合力点至受拉边缘的距离，$a=h-h_0$，其中 h 为截面高度；其余符号含义同前（图 3-3-8）。

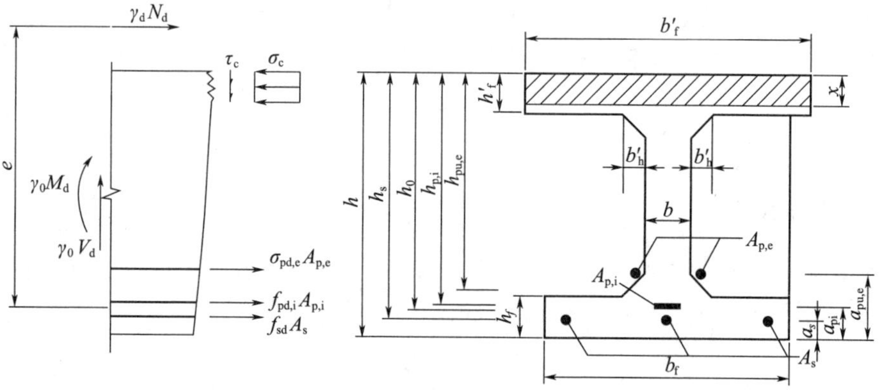

图 3-3-8　剪压区呈矩形截面大偏心受压构件的接缝截面抗剪承载力计算图式

剪压区呈矩形截面、不设剪力键或仅设少量定位键的节段预制拼装大偏心受压构件，接缝截面的抗剪承载力除应满足相关规范的规定，接缝结合界面的抗剪承载力还应符合 $\gamma_0 V_d \leqslant 0.65\ [cb'_{f,s}x+\mu\ (N_d+A_{p,i}f_{pk,i}+A_s f_{sk}+A_{p,e}\sigma_{pe,e})]$ 的要求。其中，c 为黏结强度，环氧胶接缝取 1.0MPa，节段端面粗糙处理的砂浆填充或现浇混凝土接缝取 0.7MPa，节段端面未粗糙处理的砂浆填充或现浇混凝土接缝取 0.5MPa；μ 为界面摩擦系数，环氧胶接缝取 1.4，节段端面粗糙处理的砂浆填充或现浇混凝土接缝取 1.0，节段端面未粗糙处理的砂浆填充或现浇混凝土接缝取 0.6；$f_{pk,i}$ 为体内预应力钢筋的抗拉强度标准值；f_{sk} 为普通钢筋的抗拉强度标准值；其余符号的含义及 x 的取值同前。

剪压区呈 T 形截面的节段预制拼装大偏心受压构件，接缝截面的抗剪承载力计算应符合相关规范规定，即 $\gamma_0 V_d \leqslant 0.95\tau_c\ [bx+h'_h\ (b'_{f,s}-b)]$。其中，$\tau_c$，$x$ 满足：

$$\gamma_0 N_d = [bx+h'_f\ (b'_f-b)]\ \sigma_c - A_{p,i}f_{pd,i} - A_s f_{sd} - A_{p,e}\sigma_{pd,e}$$

$$\frac{\tau_c}{f_{cd,j}} = \sqrt{0.009+0.095\frac{\sigma_c}{f_{cd,j}}-0.104\left(\frac{\sigma_c}{f_{cd,j}}\right)^2}$$

$$\frac{M_d}{V_d} = \frac{\sigma_c\left[bx\left(h_0-\dfrac{x}{2}\right)+h'_f\ (b'_f-b)\ \left(h_0-\dfrac{h'_f}{2}\right)\right]-A_{p,e}\sigma_{pd,e}\ (h_0-h_{pu,e})\ -\gamma_0 N_d e}{\tau_c\ [bx+h'_h\ (b'_{f,s}-b)]}$$

其中，h'_h 为承托或加腋范围内翼板的平均厚度；h'_f 为受压翼板有效宽度内的平均厚度；其余符号含义同前（图 3-3-9）。

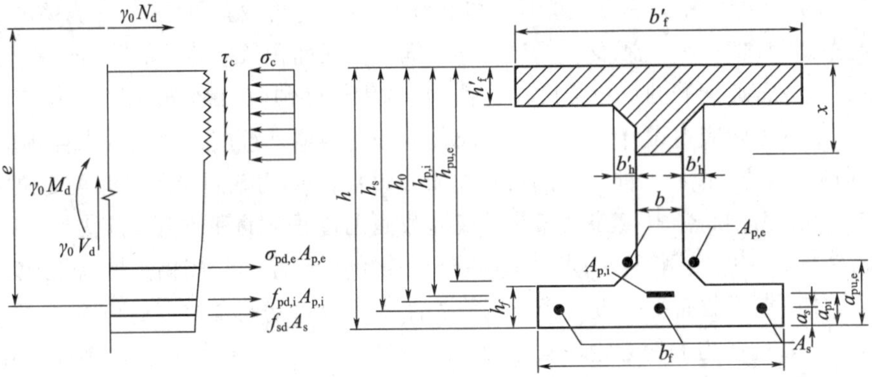

图 3-3-9　剪压区呈 T 形截面大偏心受压构件的接缝截面抗剪承载力计算图式

剪压区呈 T 形截面、不设剪力键或仅设少量定位键的节段预制拼装大偏心受压构件，接缝截面的抗剪承载力除应满足相关规范的规定，接缝结合界面的抗剪承载力还应符合：

$$\gamma_0 V_d \leqslant 0.65\ \{c\ [bx+h'_f\ (b'_f-b)]\ +\mu\ (N_d+A_{p,i}f_{pk,i}+A_s f_{sk}+A_{p,e}\sigma_{pe,e})\}$$

式中符号的含义以及 x 的取值同前。

3.3.4 其他计算

体外预应力钢筋的转向块采用拉杆-压杆模型计算时，内环筋（拉杆）的抗拉承载力计算应符合相关规范规定，如图 3-3-10 所示，即

$$\gamma_0 N_d \leqslant f_s A_s$$

其中，γ_0 为结构重要性系数，取 1.1；N_d 为竖向拉力的组合设计值；f_s 为内环筋的抗拉

强度，取抗拉强度设计值 f_{sd} 的 3/5；A_s 为内环筋的截面面积。体外预应力钢筋转向块的可能开裂面应作为剪切面进行抗剪承载力计算，并符合相关规范规定，即

$$\gamma_0 V_d \leqslant 0.65\ (cA_{cv}+\mu f_{sk}A_{sv})$$

其中，γ_0 为结构重要性系数，取 1.1；V_d 为可能开裂面剪力的组合设计值；c 为黏结力系数，与梁体一起浇筑的转向块取 1.0MPa，界面粗糙处理后二次浇筑的转向块取 0.7MPa；A_{cv} 为可能开裂面的截面面积；μ 为界面摩擦系数，与梁体整体浇筑的转向块取 1.4，界面粗糙处理后二次浇筑的转向块取 1.0；f_{sk} 为穿过可能开裂面钢筋的抗拉强度标准值；A_{sv} 为穿过可能开裂面钢筋的截面面积。

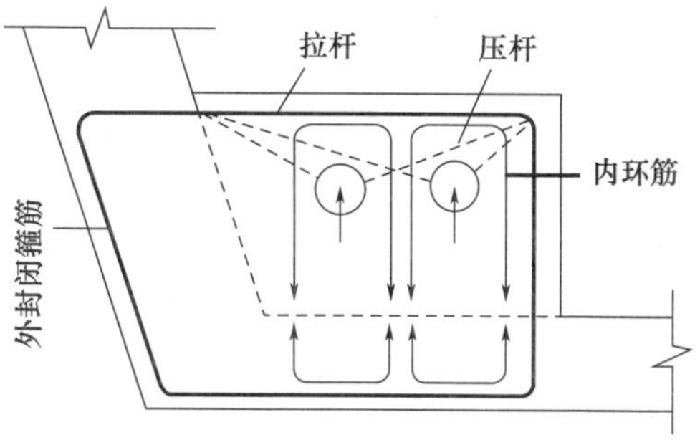

图 3-3-10 转向块的拉杆-压杆计算模型

非块状转向构造也应根据可能出现的开裂面，进行钢筋（拉杆）承载力计算和开裂面抗剪承载力计算。

体外预应力钢筋的锚固凸块和锚固横梁采用拉杆-压杆模型计算时，钢筋（拉杆）的抗拉承载力计算应符合相关规范规定，即

$$\gamma_0 T_d \leqslant f_s A_s$$

其中，γ_0 为结构重要性系数，取 1.1；T_d 为钢筋拉力的组合设计值；f_s 为钢筋的抗拉强度，取抗剪强度设计值 f_{sd} 的 3/5；A_s 为钢筋的截面面积。

3.4 持久状况使用阶段应力和正常使用极限状态计算

3.4.1 基本原则

节段预制拼装混凝土桥梁的持久状况应按正常使用极限状态要求，采用作用（或荷载）效应频遇组合、准永久组合或作用效应频遇组合并考虑长期效应的影响，对构件的抗裂性能、裂缝宽度和变形进行验算；在上述各种组合中，汽车荷载效应可不计冲击影响。节段预制拼装预应力混凝土构件进行使用阶段设计时，应将作用（或荷载）按标准组合，计算构件正截面混凝土的法向压应力、受拉区预应力钢筋的拉应力和斜截面混凝土的主压应力；在上述计算中，汽车荷载效应计入冲击影响。在正常使用极限状态和使用节段应力计算中，预应力钢筋对结构施力作用对应的荷载分项系数为 1.0；超静定结构应计入由预应力、温度作用等引起的次效应。节段预制拼装预应力混凝土上部结构构件应按全预应力混凝土设计；节段预制拼装预应力混凝土下部结构构件可根据桥梁使用和所处环境的要求，按全预应力混凝土设计或按控制的正截面边缘拉应力受限的 A 类部分预应力混凝土设计。

预应力钢筋的锚下张拉控制应力应符合相关规范规定，即体内预应力钢绞线、钢丝应满足 $\sigma_{con,i} \leqslant 0.75 f_{pk,i}$ 的要求；体内预应力螺纹钢筋应满足 $\sigma_{con,i} \leqslant 0.85 f_{pk,i}$ 的要求；体外预

应力钢绞线、钢丝应满足$\sigma_{con,e}\leqslant 0.70f_{pk,e}$的要求。其中，$\sigma_{con,i}$为体内预应力钢筋的锚下张拉控制应力；$\sigma_{con,e}$为体外预应力钢筋的锚下张拉控制应力；$f_{pk,i}$为体内预应力钢筋的抗拉强度标准值；$f_{pk,e}$为体外预应力钢筋的抗拉强度标准值。当为消除锚圈口摩擦损失等而提高张拉控制应力时，体内钢丝、钢绞线的最大控制应力（千斤顶油泵显示值）不应超过$0.8f_{pk,i}$，体外钢丝、钢绞线不应超过$0.75f_{pk,e}$；螺纹钢筋不应超过$0.9f_{pk,i}$。

当计算构件由作用引起的应力或进行弹性阶段其他计算时，预应力钢筋对截面几何特征的影响应符合下列两方面规定，即对于全体内和体内外混合的预应力构件，体内预应力钢筋孔道压浆前宜采用净截面，预应力钢筋与混凝土黏结后宜采用换算截面；全体外预应力混凝土构件宜采用毛截面。

3.4.2 预应力损失计算

节段预制拼装混凝土构件在正常使用极限状态计算中，应考虑如下5个因素引起的预应力损失，即预应力钢筋与管道之间的摩擦引起的预应力损失σ_{l1}；锚具变形、钢筋回缩和接缝压密引起的预应力损失σ_{l2}；混凝土的弹性压缩引起的预应力损失σ_{l4}；预应力钢筋的应力松弛引起的预应力损失σ_{l5}；混凝土的收缩和徐变引起的预应力损失σ_{l6}。此外，尚应考虑钢筋与锚圈口之间摩擦引起的预应力损失。预应力损失值宜根据试验确定，当无可靠试验数据时，可按相关规范规定计算。

预应力钢筋与管道之间的摩擦引起的预应力损失可按式$\sigma_{l1}=\sigma_{con}\left(1-e^{-(kx+\mu\theta)}\right)$计算。其中，$k$为单位长度管道轴线局部偏差的摩擦系数（$m^{-1}$），按表3-4-1采用；$x$为从张拉端至计算截面的体内预应力管道或体外预应力转向和锚固构造处管道的累计计算长度（m）；μ为钢筋与曲线管道的摩擦系数，按表3-4-1采用；θ为自张拉端的管道累计偏转角（rad）。

表3-4-1　系数k与μ值

管道种类	k	μ		
		钢绞线、钢丝束	螺纹钢筋	无黏结钢绞线
金属波纹管	0.0015	0.20～0.25	0.50	—
塑料波纹管	0.0015	0.14～0.17	—	—
铁皮管	0.0030	0.35	0.40	—
钢管	0.0010	0.25	—	0.25
抽心成型	0.0015	0.55	0.60	—
HDPE管	0.0040	—	—	0.09
HDPE管	0.0020	0.13	—	—

直线预应力钢筋由锚具变形、钢筋回缩和接缝压密引起的预应力损失，可按下式计算：

$$\sigma_{l2}=E_p\Delta l/l$$

其中，E_p为预应力钢筋的弹性模量；Δl为锚具变形、钢筋回缩和接缝压密值，按表3-4-2采用；l为预应力钢筋的计算长度。

曲线预应力钢筋应考虑锚固后反向摩阻的影响。表3-4-2中数值以每个锚具或每个接缝计。

表 3-4-2　锚具变形、钢筋回缩和接缝压密值

锚具类型		Δl/mm	接缝类型	Δl/mm
夹片锚具	有顶压	4	环氧胶接缝	0.05
	无顶压	6	砂浆填充接缝	0.1
带螺帽的锚具、镦头的锚具		1	现浇混凝土接缝	0.1

混凝土弹性压缩引起的预应力损失，应采用有限元分析软件按预应力钢筋张拉步骤计算。静定结构近似计算：

$$\sigma_{l4}=\sum_{j=1}^{n}\sum_{i=1}^{m}(m-i)n_{\mathrm{p}}\Delta\sigma_{\mathrm{c}j}\Big/m$$

其中，n 为预应力钢筋的种类数；m 为同一种预应力钢筋的张拉分批数；n_{p} 为预应力钢筋与混凝土的弹性模量比；$\Delta\sigma_{\mathrm{c}j}$ 为第 j 种预应力钢筋张拉一批后，在已张预应力钢筋段的中点合力作用位置产生的混凝土正应力。

预应力钢筋松弛引起预应力损失的终值可按相关规范规定计算，即对钢丝、钢绞线：

$$\sigma_{l5}=\psi\zeta\left(0.52\frac{\sigma_{\mathrm{pi}}}{f_{\mathrm{pk}}}-0.26\right)\sigma_{\mathrm{pi}}$$

其中，ψ 为张拉系数，一次张拉时 $\psi=1.0$，超张拉时 $\psi=0.9$；ζ 为钢筋松弛系数，Ⅰ级松弛（普通松弛）时 $\zeta=1.0$，Ⅱ级松弛时 $\zeta=0.3$；σ_{pi} 为传力锚固后预应力钢筋的初始应力；f_{pk} 为预应力钢筋的抗拉强度标准值。

对螺纹钢筋，一次张拉时 $\sigma_{l5}=0.05\sigma_{\mathrm{con}}$；超张拉时 $\sigma_{l5}=0.035\sigma_{\mathrm{con}}$，其中，$\sigma_{\mathrm{con}}$ 为体内或体外预应力钢筋的锚下张拉控制应力。

混凝土徐变和收缩引起的预应力损失，应采用有限元分析软件按施工和受力过程计算。静定结构近似计算：

$$\sigma_{l6}=\varepsilon_{\mathrm{s}}(\infty,\tau)E_{\mathrm{p}}+n_{\mathrm{p}}\sigma_{\mathrm{c}}\varphi(\infty,\tau)$$

其中，$\varepsilon_{\mathrm{s}}(\infty,\tau)$ 为混凝土收缩应变值；τ 为预应力施加时的混凝土龄期；E_{p} 为预应力钢筋的弹性模量；n_{p} 为预应力钢筋与混凝土的弹性模量比；σ_{c} 为预应力施加后预应力钢筋段中点合力作用位置的混凝土正应力；$\varphi(\infty,\tau)$ 为混凝土徐变系数。

当进行预应力钢筋数量估算时，体内和体外预应力损失总和可分别近似按 $0.30\sigma_{\mathrm{con}}$ 和 $0.15\sigma_{\mathrm{con}}$ 取用。静定结构在进行施工及使用阶段应力初步计算时，有效预应力可近似按相关规范规定取用，即预加应力阶段 $\sigma_{\mathrm{pe}}=\sigma_{\mathrm{con}}-(\sigma_{l1}+\sigma_{l2}+\sigma_{l4})$；使用荷载阶段 $\sigma_{\mathrm{pe}}=\sigma_{\mathrm{con}}-(\sigma_{l1}+\sigma_{l2}+\sigma_{l4}+\sigma_{l5}+\sigma_{l6})$。其中，超静定结构各阶段的预应力损失，应采用有限元分析软件按考虑施工全过程的方法计算。

3.4.3　应力计算

使用阶段节段预制拼装预应力混凝土构件截面混凝土的最大压应力，应符合相关规范规定，即正截面最大压应力应符合 $\sigma_{\mathrm{cc}}\leqslant 0.50f_{\mathrm{ck}}$ 的规定；最大主压应力应符合 $\sigma_{\mathrm{cp}}\leqslant 0.60f_{\mathrm{ck}}$ 的规定。其中，f_{ck} 为混凝土的抗压强度标准值。

使用阶段节段预制拼装预应力混凝土构件预应力钢筋的拉应力，应符合相关规范规定，即体内预应力钢筋的最大拉应力应符合 $\sigma_{\mathrm{p,i}}\leqslant 0.65f_{\mathrm{pk,i}}$ 的规定；体外预应力钢筋直线段的最大拉应力应符合 $\sigma_{\mathrm{p,e}}\leqslant 0.60f_{\mathrm{pk,e}}$ 的规定。其中，$f_{\mathrm{pk,i}}$ 为体内预应力钢筋的抗拉强度

标准值；$f_{pk,e}$为体外预应力钢筋的抗拉强度标准值。

3.4.4 抗裂验算与裂缝宽度验算

节段预制拼装预应力混凝土构件应按下列规定进行正截面和斜截面抗裂验算。构件正截面混凝土的拉应力应满足以下五方面抗裂要求：①全预应力混凝土构件的接缝截面，在作用效应频遇组合下 $\sigma_{st}-0.80\sigma_{pc}\leqslant 0$；②全预应力混凝土构件的非接缝截面，在作用效应频遇组合下 $\sigma_{st}-0.85\sigma_{pc}\leqslant 0$；③A 类部分预应力混凝土构件的接缝截面，在作用效应频遇组合下 $\sigma_{st}-\sigma_{pc}\leqslant 0.5f_{tk}$；④A 类部分预应力混凝土构件的非接缝截面，在作用效应频遇组合下 $\sigma_{st}-\sigma_{pc}\leqslant 0.7f_{tk}$；⑤A 类部分预应力混凝土构件的接缝与非接缝截面，在荷载效应准永久组合下 $\sigma_{lt}-\sigma_{pc}\leqslant 0$。

构件斜截面混凝土的主拉应力应满足以下四方面抗裂要求：①全预应力混凝土构件的接缝位置，在作用效应频遇组合下 $\sigma_{tp}\leqslant 0.4f_{tk}$；②全预应力混凝土构件的非接缝位置，在作用效应频遇组合下 $\sigma_{tp}\leqslant 0.6f_{tk}$；③A 类部分预应力混凝土构件的接缝位置，在作用效应频遇组合下 $\sigma_{tp}\leqslant 0.5f_{tk}$；④A 类部分预应力混凝土构件的非接缝位置，在作用效应频遇组合下 $\sigma_{tp}\leqslant 0.7f_{tk}$。

其中，σ_{st}为作用（或荷载）短期效应组合下截面边缘的混凝土拉应力；σ_{pc}为永存预应力在截面边缘产生的混凝土压应力；f_{tk}为混凝土抗拉强度标准值；σ_{lt}为由结构自重和活载直接作用效应组合引起的截面边缘拉应力；σ_{tp}为作用（或荷载）短期效应组合下的混凝土主拉应力。

节段预制拼装钢筋混凝土构件在正常使用极限状态下的裂缝宽度，应按考虑长期效应影响的作用（或荷载）短期效应组合进行验算。节段预制拼装钢筋混凝土构件接缝截面计算的最大裂缝宽度不应超出下列规定的限值，即Ⅰ类和Ⅱ类环境 0.20mm，Ⅱ类和Ⅳ类环境 0.15mm。

3.4.5 变形验算

节段预制拼装混凝土构件的截面刚度按现行城市桥梁设计相关规范的规定计算。节段预制拼装混凝土受弯构件和大偏心受压构件应考虑接缝对其挠度增大的影响，扩大系数可取 1.1。

3.5 短暂状况施工阶段应力和承载能力极限状态计算

3.5.1 基本原则

节段预制拼装混凝土构件按短暂状况施工阶段设计时，应根据实施的制作、运输、安装、维护等工况的结构自重和可能出现的荷载按标准值（除有特别规定外）组合（荷载分项系数取 1.0），计算构件正截面和斜截面混凝土应力或承载力，使其不超过规定的限值。预应力钢筋对混凝土构件施力作用对应的荷载分项系数为 1.0，当为超静定结构时，尚应计入由预应力等引起的次效应。当进行构件或节段运输和安装计算时，构件或节段的自重应乘以动力系数 1.2 或 0.85。预制节段由桥面输送安装时，应对已建结构部分进行极限承载力验算，机车的动力影响系数取 1.15。

3.5.2　应力计算

节段预制拼装混凝土构件，在自重和施工荷载作用下，截面边缘混凝土的最大压应力应符合下列四方面规定：①预应力混凝土构件的接缝截面 $\sigma_{cc}^{t} \leqslant 0.65 f'_{ck}$；②预应力混凝土构件的非接缝截面 $\sigma_{cc}^{t} \leqslant 0.70 f'_{ck}$；③钢筋混凝土构件的接缝截面 $\sigma_{cc}^{t} \leqslant 0.70 f'_{ck}$；④钢筋混凝土构件的非接缝截面 $\sigma_{cc}^{t} \leqslant 0.80 f'_{ck}$。其中，$f'_{ck}$为施工阶段混凝土的轴心抗压强度标准值。

节段预制拼装预应力混凝土构件，在自重和施工荷载作用下截面边缘混凝土的最大拉应力应符合相关规范规定：受拉区体内纵向连续钢筋的配筋率不少于 0.2%时，对接缝截面 $\sigma_{ct}^{t} \leqslant 0.50 f'_{tk}$；非接缝截面 $\sigma_{ct}^{t} \leqslant 0.70 f'_{tk}$。受拉区体内纵向连续钢筋的配筋率大于 0.4%时，对接缝截面 $\sigma_{ct}^{t} \leqslant 0.80 f'_{tk}$；非接缝截面 $\sigma_{ct}^{t} \leqslant 1.15 f'_{tk}$。受拉区体内纵向连续钢筋的配筋率大于 0.2%且不大于 0.4%时容许的 σ_{ct}^{t}按以上规定的线性插值取用；受拉区体内纵向连续钢筋的配筋率少于 0.2%时不得出现拉应力；其中，f'_{tk}为施工阶段的混凝土轴心抗拉强度标准值。全体外预应力混凝土构件的接缝截面不允许出现拉应力。

节段预制拼装钢筋混凝土构件，在自重和施工荷载作用下中心轴处的主拉应力应满足以下要求：在接缝部位 $\sigma_{tp}^{t} \leqslant 0.70 f'_{tk}$；在非接缝部位 $\sigma_{tp}^{t} \leqslant f'_{tk}$。其中，各个符号含义同前。

3.5.3　承载力计算

采用多重剪力键的箱梁或墩柱，在接缝胶固化前应对剪力键较薄弱侧剪块进行（直接剪切）抗剪承载力验算，并满足 $V_k^t \leqslant 0.65 \tau_k^t \sum_i A_{ks,i}$ 和 $\tau_k^t / f'_{ck,j} = [0.009 + 0.095 \sigma_{pc,a}^{t} / f'_{ck,j} - 0.104 (\sigma_{pc,a}^{t} / f'_{ck,j})^2]^{1/2}$ 的要求。其中，V_k^t 为施工荷载标准值（考虑动力系数）产生的剪力；$\sigma_{pc,a}^{t}$为承受施工荷载时接缝截面的平均有效预压应力（按全截面计算）；τ_k^t 为施工阶段剪切破坏面上键块混凝土的剪应力；i 为剪力键较薄弱侧键块的序号；$A_{ks,i}$为第 i 个键块的剪切面积，位于顶板和底板中的键块考虑范围限于抗剪有效宽度之内；$f'_{ck,j}$为施工阶段接缝截面混凝土的轴心抗压强度设计值，$f'_{ck,j} = 0.95 f'_{ck}$，其中 f'_{ck}为混凝土的轴心抗压强度设计值。

在上部结构架设完成前，不设剪力键或仅设少量定位键的节段预制拼装墩柱达到受力条件的接缝，应按下列规定验算抗剪承载力，即 $V_k^t \leqslant 0.65 c A_{cv}$。其中，$V_k^t$ 为施工荷载标准值（考虑动力系数）产生的剪力；c 为黏结强度，环氧胶接缝取 1.0MPa，节段端面粗糙处理的砂浆填充或现浇混凝土接缝取 0.7MPa，节段端面未粗糙处理的砂浆填充或现浇混凝土接缝取 0.5MPa；A_{cv}为接缝的截面面积。

3.6　构造设计

3.6.1　基本原则

节段预制拼装混凝土桥梁构造设计应符合现行公路钢筋混凝土及预应力混凝土桥涵设

计等相关规范的规定。按抗震延性要求设计的构件，其纵向受力钢筋应采用现行钢筋混凝土用热轧带肋钢筋等相关规范中牌号带“E”的热轧带肋钢筋。预制构件中钢筋及其金属连接构件的保护层应符合现行公路钢筋混凝土及预应力混凝土桥涵设计等相关规范的要求。节段预制拼装钢筋混凝土偏心受压构件的接缝截面，纵向连续钢筋的配筋率不应小于0.5%；当混凝土强度等级大于或等于C50时，纵向连续钢筋的配筋率不应小于0.6%，一侧受拉钢筋的配筋率不应小于0.2%。

节段预制拼装预应力混凝土受弯构件的接缝截面，最小配筋率应满足 $M_{ud}/M_{cr}\geqslant1.0$ 和 $M_{cr}=(\sigma_{pc}+0.7\gamma f_{tk})W_0$ 的要求。其中，M_{ud}为受弯构件的正截面抗弯承载力设计值，按相关规范规定计算；M_{cr}为受弯构件的正截面开裂弯矩值；σ_{pc}为扣除全部预应力损失的预应力钢筋和普通钢筋的合力在接缝截面抗裂边缘产生的预压应力；f_{tk}为混凝土的抗拉强度标准值；γ为截面受拉区混凝土的塑性影响系数，$\gamma=2S_0/W_0$，其中，S_0为换算截面重心轴以上（或以下）部分的截面对重心轴的静矩；W_0为换算截面抗裂边缘的截面模量。

节段预制拼装预应力混凝土大偏心受压构件的接缝截面，纵向连续钢筋的最小配筋率应符合相关规范规定，即接缝截面一侧受拉纵向连续钢筋的配筋率应满足 $M_{ud}/M_{cr}\geqslant1.0$，$N_{cr}=(\sigma_{pc}+0.7\gamma f_{tk})\beta_N A_0$、$\beta_N=W_0/(W_0-e_0A_0)$ 的要求。其中，N_{ud}为大偏心受压构件正截面抗压承载力设计值，按相关规范规定计算；N_{cr}为大偏心受压构件正截面开裂的轴向压力值；σ_{pc}为扣除全部预应力损失的预应力钢筋和普通钢筋的合力在接缝截面抗裂边缘产生的预压应力；f_{tk}为混凝土的抗拉强度标准值；β_N为偏心轴向力对截面抗裂边缘应力的影响系数；e_0为接缝截面的轴向压力对换算截面重心轴的偏心距；A_0为换算截面的面积；其余符号含义同前。

部分预应力构件应采用预应力钢筋和普通钢筋混合的配筋方式，接缝截面一侧受拉纵向连续普通钢筋的配筋率不应小于0.3%。采用全体外预应力钢筋的构件，接缝截面一侧受拉纵向连续普通钢筋的配筋率不应小于0.3%并满足 $A_s f_{sk}/(A_s f_{sk}+A_{p,e}\sigma_{pu,e})\geqslant0.25$ 的要求。其中，A_s为接缝截面普通钢筋的截面面积；f_{sk}为普通钢筋的抗拉强度标准值；$A_{p,e}$为体外预应力钢筋的截面面积；$\sigma_{pu,e}$为体外预应力钢筋的极限应力，取钢筋的永存预应力$\sigma_{pe,e}$。

3.6.2 主梁构造

预制节段的划分尺寸和重量应根据吊装、运输等限制条件确定；当节段采用短线法预制时，构造设计应利于施工标准化。节段预制拼装混凝土箱梁顶板、底板厚度及构造应满足纵向受力、横向受力及预应力钢筋布置要求，且厚度不应小于200mm。节段预制拼装混凝土箱梁腹板厚度应符合下列三方面要求：①腹板内不布置体内纵向和竖向预应力钢筋时，腹板厚度不宜小于200mm；②腹板内只布置体内纵向或竖向预应力钢筋时，腹板厚度不宜小于300mm；③腹板内布置体内纵向和竖向预应力钢筋时，腹板厚度不宜小于380mm。

预制节段接缝处应均匀设置密接匹配的剪力键（图3-6-1），剪力键的构造应满足以下六条规定：①腹板内的剪力键应在腹板全高度范围布置（图3-6-2），剪力键的横向宽度宜为腹板宽度的75%；②键块（槽）应采用梯形或圆角梯形截面，倾角约45°，高度应大于混凝土最大骨料粒径的 2 倍且不小于 40mm；③顶、底板及腹板内 3 个键块（槽）的高度与其平均宽度比可取为 1∶2［图 3-6-2（c）］；④腹板与顶、底板结合区如无体内预应力钢筋通过，应设置剪力键［图 3-6-1 和图 3-6-2（a）］；⑤顶板和底板内的剪力键应设在板中间（图 3-6-1）；⑥采用环氧胶接缝时键槽应设置出胶槽（图 3-6-1）。

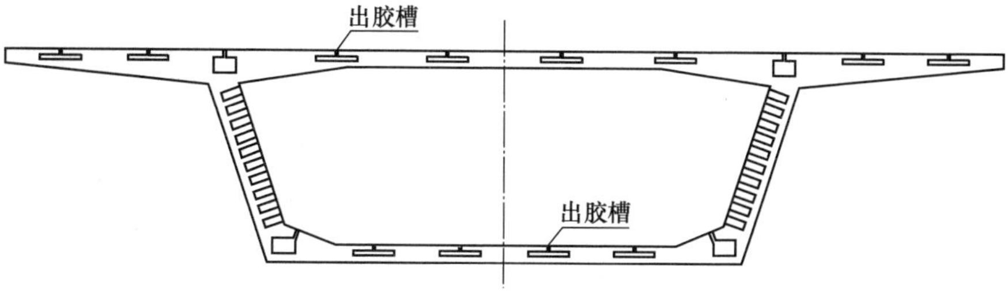

图 3-6-1　节段剪力键（键槽）布置示意图

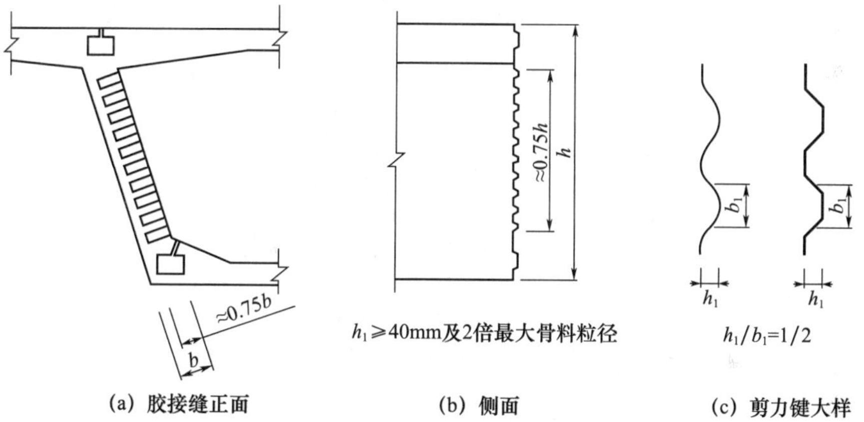

图 3-6-2　剪力键构造尺寸示意图

承受正弯矩的预制节段接缝两侧顶板与腹板结合区内应设置固定于腹板箍筋的封闭箍筋，承受负弯矩的预制节段接缝两侧底板与腹板结合区内应设置固定于腹板箍筋的封闭箍筋。封闭箍筋不应少于 3 层，直径不应小于 12mm。具体如图 3-6-3 和图 3-6-4 所示。

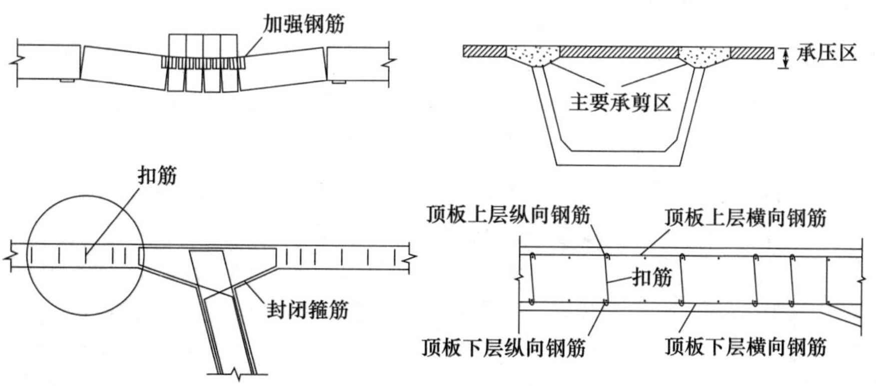

图 3-6-3　跨中区段接缝两侧箱梁顶板、顶板与腹板结合区的加强钢筋示意图

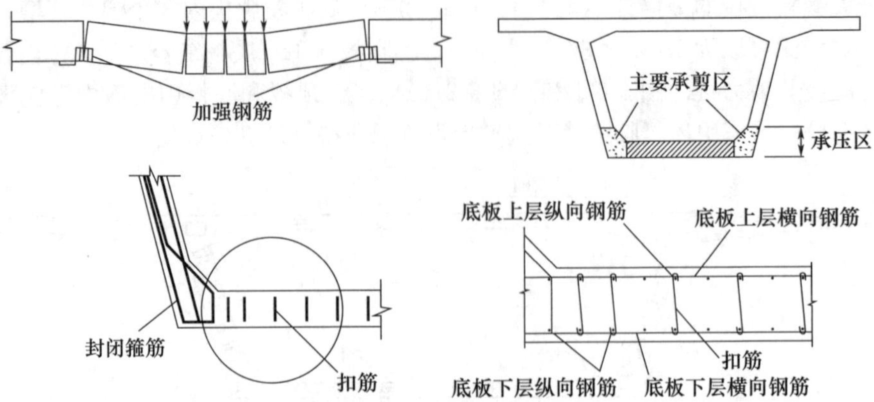

图 3-6-4　墩旁接缝两侧箱梁底板、底板与腹板结合区的加强钢筋示意图

距离支座中心线 3 倍梁高范围内节段接缝旁腹板的竖向钢筋（箍筋）应加密布置，加密箍筋不少于 3 层，间距 100mm，并应保证其两端锚固可靠（图 3-6-5）。

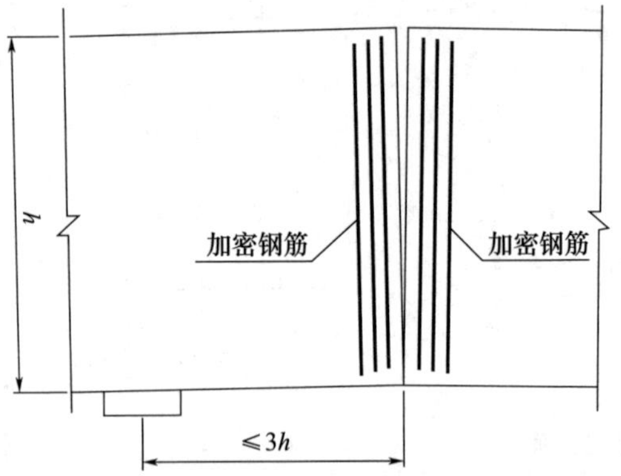

图 3-6-5　中墩顶节段接缝旁箱梁腹板的加密钢筋示意图

预制节段接缝应采用环氧胶接缝或现浇混凝土接缝，预制节段端面应配置直径不小于 10mm 的钢筋网。现浇混凝土接缝如不设纵向普通钢筋，其宽度不应大于 200mm。

3.6.3　主梁体外预应力体系

体外预应力体系应包括体外预应力钢束、锚固系统、转向装置及减振装置四个部分（图 3-6-6）。体外预应力钢束在转向处应设置转向和定位构造。体外预应力钢束宜锚固在横梁上［图 3-6-7（a）］或顶、底板与腹板内角处凸块［图 3-6-7（b）］上，锚固横梁的厚度、锚固凸块的长度均不宜小于 1000mm。体外预应力钢束的转向器可采用集束式转向器［图 3-6-8（c）、图 3-6-8（d）］或散束式转向器［图 3-6-8（e）］。

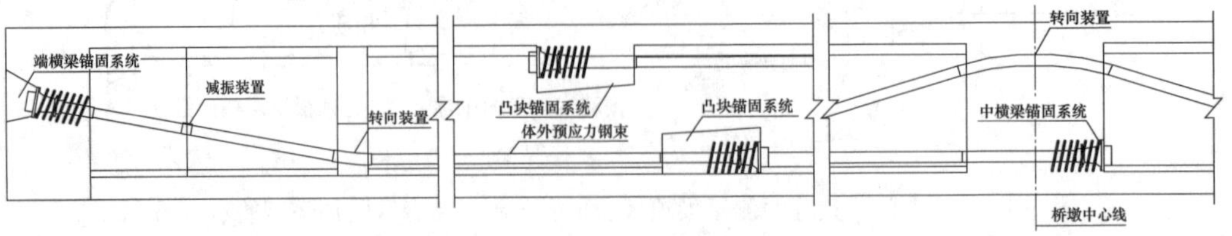

图 3-6-6　体外预应力体系的基本组成

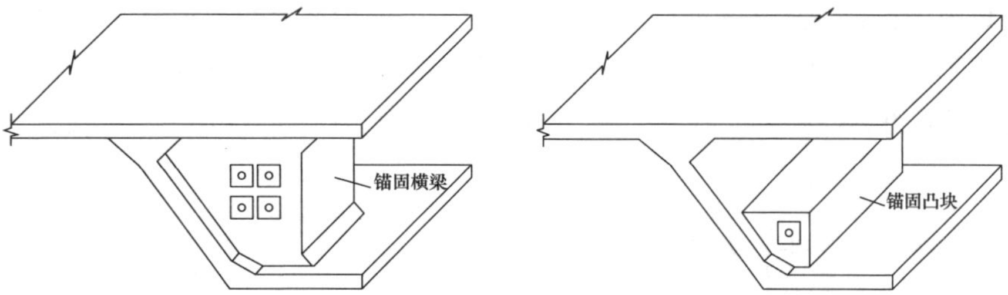

(a) 构造 (1)　　(b) 构造 (2)

图 3-6-7　锚固构造示意图

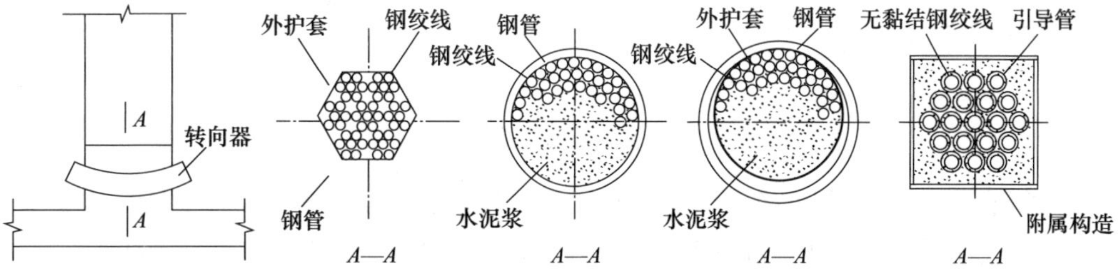

(a) 转向器　(b) 截面 (1)　(c) 截面 (2)　(d) 截面 (3)　(e) 截面 (4)

图 3-6-8　转向器截面示意图

体外预应力钢束穿过转向器时的最小弯曲半径应符合相关规范规定，即灌注水泥浆的集束式转向器，应同时满足式 $R \geqslant F_{p,e}/(\sigma_{cc,d} b_d)$ 和表 3-6-1 的要求。其中，R 为体外预应力钢束的弯曲半径；$F_{p,e}$ 为体外预应力钢束的计算拉力，取 $F_{p,e}=0.65A_{p,e} f_{pk,e}$，$A_{p,e}$，$f_{pk,e}$分别为体外预应力钢束的截面面积和钢绞线抗拉强度标准值；$\sigma_{cc,d}$为转向器与混凝土之间承压面混凝土的容许压应力，$\sigma_{cc,d}=0.35f_{ck}$，f_{ck}为混凝土的抗压强度标准值；b_d 为转向器与混凝土之间承压面的计算宽度，取承压面投影宽度的 0.75 倍。

散束式转向器应满足式 $R \geqslant E_p(d/2)/(\Delta f^{f}_{p,e}-\Delta\sigma^{f}_{p,e})$ 的要求，其中，R 为体外预应力钢束的弯曲半径；d 为预应力钢绞线中钢丝的最大直径；E_p 为预应力钢绞线中钢丝的弹性模量；$\Delta f^{f}_{p,e}$为预应力钢绞线的疲劳应力幅限值，无试验资料时可取 195MPa；$\Delta\sigma^{f}_{p,e}$为体外预应力钢束的应力幅，详细结构计算前可取 25MPa。对锚固构造处的转向器，钢束的弯曲半径应在上述计算值的基础上增大 1000mm。

成品体外索的集束式转向器，应同时满足式 $R \geqslant F_{p,e}/(\sigma_{cc,d} b_d)$，$R \geqslant E_p(d/2)/(\Delta f^{f}_{p,e}-\Delta\sigma^{f}_{p,e})$ 及表 3-6-1 的要求。

表 3-6-1　钢绞线束的最小弯曲半径

钢束规格	钢绞线束的最小弯曲半径/mm	
	中间转向器	锚固构造处转向器
7 Φ^s15.2	2000	3000
12 Φ^s15.2	2500	3500
19 Φ^s15.2	3000	4000
7 Φ^s15.2	3500	4500
37 Φ^s15.2	4000	5000

转向块内应设置内环筋和外封闭箍筋（图 3-6-9），内环筋和外封闭箍筋沿转向器长度方向的间距不宜小于 100mm，内环筋与转向器上缘之间的净距离宜不小于 25mm，直径不大于 20mm；外封闭箍筋在竖向与内环筋的净距宜不小于 50mm。

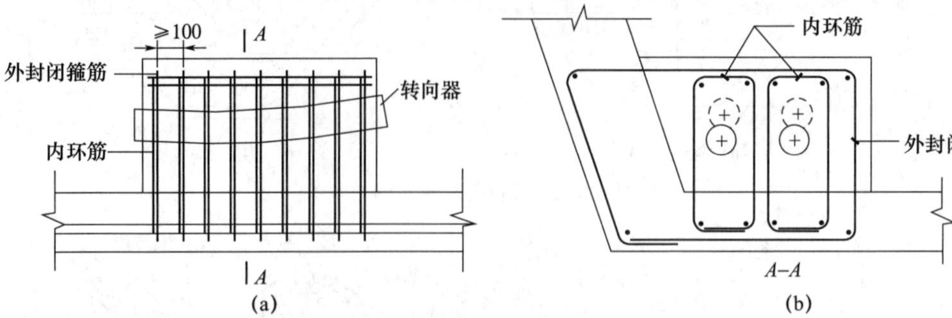

图 3-6-9　块式转向构造配筋示意图

体外预应力结构应预留换索施工的空间。体外索自由段索体与梁体的竖向自振频率（基频）之比小于 5 时，应设置减振装置。体内预应力钢束管道在接缝处应采取密封措施。

3.6.4　墩柱与盖梁

节段预制拼装桥墩可采用多柱式［图 3-6-10（a）］或独柱式［图 3-6-10（b）］；多柱式桥墩宜采用实心截面立柱，独柱式桥墩可采用实心或空心截面立柱。

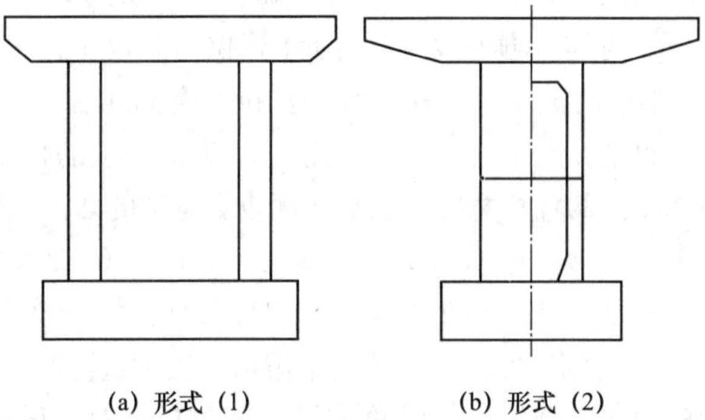

图 3-6-10　预制墩柱

节段预制拼装墩柱可采用下列三种接缝形式，即现浇混凝土接缝，如图 3-6-11（a）所示；环氧胶接缝，如图 3-6-11（b）所示；砂浆填充接缝，如图 3-6-11（c）所示。当采用后两种方式连接，且地震作用下接缝位置出现塑性铰时，接缝设计应符合抗震设计规范的规定，或进行专门研究。

现浇混凝土接缝处纵向钢筋应采用机械连接接头或焊接接头，钢筋机械连接接头应符合现行钢筋机械连接技术等相关规范的规定。墩柱钢筋与盖梁或承台采用灌浆金属波纹管灌浆连接时应符合下列 4 条要求，即当钢筋伸入波纹管的锚固长度不小于 35 倍钢筋直径 d_s 时，波纹管内径宜取为 d_s+20mm；当钢筋伸入波纹管的锚固长度小于 $35d_s$ 且大于 $24d_s$ 时，波纹管内径宜取为 d_s+40mm；波纹管不得拼接，且全长不应小于 $24d_s$；波纹管下端应设置压浆口连接压浆管，上端应设置出浆口连接出浆管或直接由端部出浆，压浆口下缘与端部净距应大于 20mm。

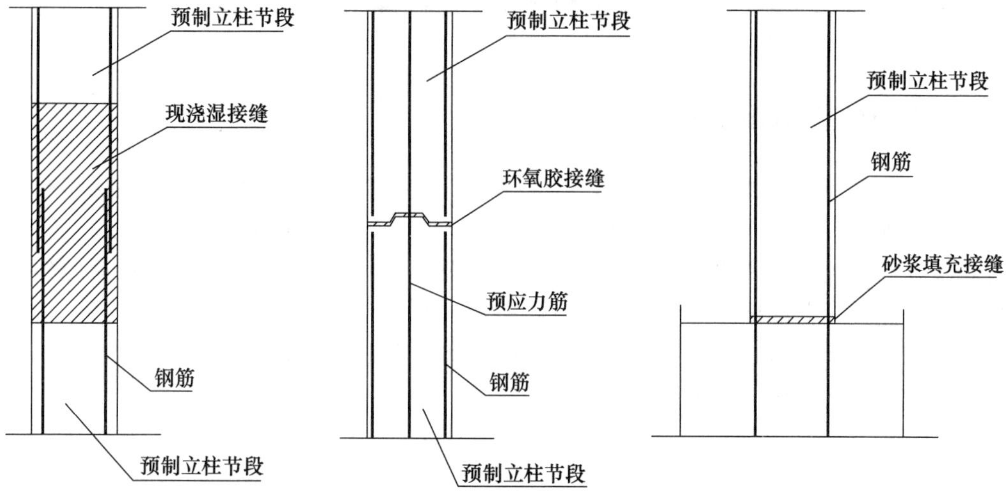

(a) 构造（1）　(b) 构造（2）　(c) 构造（3）

图 3-6-11　墩柱连接构造

墩柱钢筋采用灌浆套筒连接时应满足下列七方面要求：①套筒与高强无收缩灌浆料组合体系性能应符合现行钢筋机械连接技术等相关规范中Ⅰ级连接接头要求。②套筒之间的净距不宜小于下列三者中的最大值，即 50mm、骨料最大粒径的 1.3 倍、被连接纵向钢筋的直径。③套筒压浆口下缘处应设一道箍筋。④套筒外侧箍筋保护层厚度应符合现行公路钢筋混凝土及预应力混凝土桥涵设计等相关规范的要求，并不应小于 25mm；当受拉区主筋保护层厚度大于 50mm 时，宜对保护层采取有效的抗裂构造措施。⑤钢筋伸入套筒长度不应小于 10d（d 为被连接纵向钢筋直径）。⑥套筒下端应设置压浆口，套筒上端应设置出浆口，压浆口下缘与端部净距应大于 20mm。⑦柱顶或柱底处在抗震塑性铰区时，箍筋加密区长度应取抗震设计要求长度与连接套筒长度之和（图 3-6-12），且套筒外第一道箍距离套筒端部不应大于 50mm。

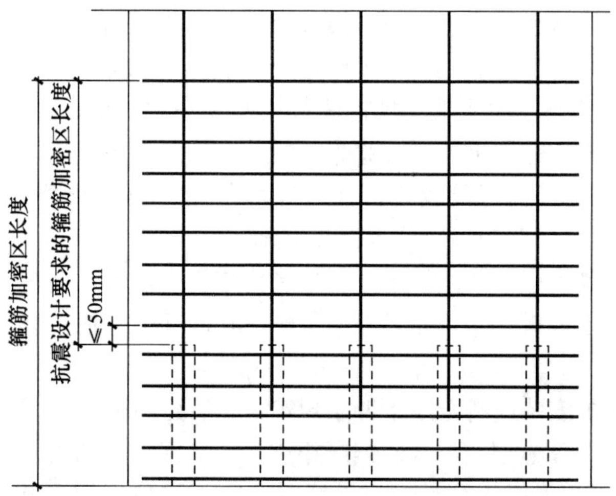

图 3-6-12　套筒连接处箍筋加密区构造示意图

砂浆填充接缝的厚度宜为20mm，相邻节段端面应粗糙化处理，粗糙凹面深度不应小于6mm。

3.6.5 其他构造及附属设施

箱梁每个箱室的最低处应设置排水孔。箱梁各腹板应沿桥长方向均匀布置通气孔。上部结构外边檐应设置滴水构造。桥面铺装应设置防水层，并满足现行城市桥梁桥面防水工程等相关规范的要求。桥梁应对接缝部位进行表面涂装，并符合现行混凝土桥梁结构表面涂层防腐等相关规范的要求，涂装颜色宜与混凝土外表面颜色保持一致。节段预制拼装桥梁应根据采用结构的特点设置检修通道，检修通道应有必要的检修、养护以及部件的更换所需的空间，以及通风、排水设施。

3.7 节段梁的预制

（1）基本原则。应在预制施工前制定预制施工工艺，确认质量验收标准。因施工需要而在节段上设置的预埋件、预留孔及局部加固构件、临时预应力锚固块，均应取得设计单位的认可。应在预制场地内建立精密的水平控制网和高程控制网。

（2）预制场地规划与布置。应根据拼装设备的施工能力、预制节段的生产效率合理布置预制场地，并清晰划分各功能区。预制场地布置应便于节段移运、存放、养护及出运，还应符合以下三条规定：①场地应平整、坚实，配有排水和养护系统；②预制台座、修整区台座、存梁台座及场内移运道路应具有足够的承载力；③预制节段台座区域应采取遮阳挡雨的措施。

预制测量控制系统应符合以下四条规定：①测量控制点应远离热源、振动源，并有保护装置；②测量控制点应具有良好的通视条件；③应定期复核测量控制点；④应配备备用的测量控制点。

（3）模板系统。模板系统设计应考虑模板反复使用的通用性和耐久性。模板系统及其支撑除强度、刚度和稳定性应满足外，还应符合以下三条规定：①端模及侧模应采用钢模板；②模板应根据节段外形的要求，具备调节空间姿态的功能；③模板应与节段连接紧密、无漏浆。模板在出厂前应进行拼装验收，质量合格后方可使用。节段浇筑前，应对模板系统及预埋件空间位置进行验收，合格后方可使用。模板及预埋件安装质量应符合表3-7-1的要求，其中，H为节段梁的高度（mm）。

（4）钢筋及预埋件工程。节段梁钢筋骨架制作应符合以下三条规定：①节段梁钢筋应加工成钢筋骨架后放入模板；②钢筋骨架的制作应在胎架上完成；③钢筋骨架应采用多点起吊。

预应力钢筋管道的安装应符合以下四条规定：①管道可采用抽拔管成孔或预埋管的形式；②定位钢筋宜采用环箍钢筋与普通钢筋相连接的形式；③抽拔管或预埋管的定位钢筋间距应不大于50cm；④预埋的管道口应设置临时密封装置。用于起吊节段的预埋构造、体外预应力钢束转向器构造等预埋件应有定位及固定措施。

表 3-7-1　浇筑前模板及预埋件安装质量验收标准

<table>
<tr><th rowspan="2">序号</th><th colspan="3" rowspan="2">项目</th><th rowspan="2">允许偏差/mm</th><th colspan="2">检验频率</th></tr>
<tr><th>范围</th><th>点数/个</th></tr>
<tr><td>1</td><td colspan="3">相邻两板表面高低差</td><td>2</td><td rowspan="9">每个节段</td><td>4</td></tr>
<tr><td>2</td><td colspan="3">表面平整度</td><td>2</td><td>4</td></tr>
<tr><td>3</td><td colspan="3">垂直度</td><td>H/1000，且不大于 3</td><td>4</td></tr>
<tr><td rowspan="3">4</td><td colspan="2" rowspan="3">内模尺寸</td><td>长度</td><td>−1，−3</td><td>3</td></tr>
<tr><td>宽度</td><td>+3，−2</td><td>2</td></tr>
<tr><td>高度</td><td>0，−2</td><td>4</td></tr>
<tr><td>5</td><td colspan="3">轴线偏移量</td><td>2</td><td>2</td></tr>
<tr><td rowspan="2">6</td><td colspan="2" rowspan="2">匹配节段定位</td><td>纵轴线</td><td>2</td><td>1</td></tr>
<tr><td>高程</td><td>±2</td><td>3</td></tr>
<tr><td rowspan="6">7</td><td rowspan="6">预埋件</td><td rowspan="2">剪力键</td><td>位置</td><td>2</td><td rowspan="2">每个剪力键</td><td>1</td></tr>
<tr><td>平面高差</td><td>2</td><td>1</td></tr>
<tr><td rowspan="2">支座板、锚垫板等预埋钢板</td><td>位置</td><td>3</td><td rowspan="4">每个预埋件</td><td>1</td></tr>
<tr><td>平面高差</td><td>2</td><td>1</td></tr>
<tr><td rowspan="2">螺栓、锚筋等</td><td>位置</td><td>10</td><td>1</td></tr>
<tr><td>外露尺寸</td><td>+10，0</td><td>1</td></tr>
<tr><td rowspan="2">8</td><td colspan="2">吊孔</td><td>位置</td><td>2</td><td rowspan="2">每个预留孔洞</td><td>1</td></tr>
<tr><td colspan="2">预应力钢筋孔道位置</td><td>位置</td><td>节段端部 5</td><td>1</td></tr>
</table>

（5）混凝土施工。宜在匹配面以及端模板表面均匀涂刷对混凝土无害并便于清洗的脱模剂。节段混凝土浇筑应符合以下五条规定：①混凝土下料应均匀，并应按一定厚度、顺序和方向分层浇筑，分层厚度不宜大于 300mm；②混凝土入模温度不宜高于 32℃；③混凝土应振捣密实，混凝土振捣应采用插入式振捣器，侧模及底模可按需设置附着式振捣器；④插入式振捣器应避免碰及管道、剪力键等各类预埋件；⑤浇筑过程中应严格控制混凝土坍落度，混凝土的浇筑时间不应超过混凝土的初凝时间。

应根据环境温度、水泥品种、外加剂、施工进度要求以及对混凝土性能的要求，制定养护方案。节段采用蒸汽养护时应符合以下七条要求：①静停时间不应小于 2h，且不宜多于 6h（从节段混凝土全部浇筑完毕后开始计时）；②加热应均匀；③升温、降温速率控制值应符合表 3-7-2 的要求；④恒温节段蒸汽养护温度宜控制在 50～65℃；⑤恒温状态相对湿度应控制在 90%～100%；⑥预制节段在养护过程中应进行温度测量，拆除养护设施时外界与节段表面温差不得大于 15℃；⑦混凝土配合比试验应与蒸汽养护温度控制的试验同步进行。

节段脱模应符合以下三条规定：①脱模时间应符合设计要求，当设计无要求时，宜在混凝土抗压强度达到设计强度标准值的 75%后拆除内外模板；②脱模或移动节段时，均应防止伤及梁体棱角和剪力键等部位；③节段脱模后应及时进行检查验收。节段预制过程中取样制成的试块数量除应满足标准养护需求外，还应满足同条件养护、测定混凝土阶段性强度的要求。

表 3-7-2　升温、降温速率控制值

表面系数/m^{-1}	升温速度/（℃/h）	升温速度/（℃/h）
≥6	15	10
<6	10	5

（6）节段的堆放及养护。预制节段吊离预制台座、移运、堆存时，混凝土的强度不应低于设计要求。预制节段在预制场内移运、装车时，宜采用跨式搬运机、龙门起重机等移动起吊装置。节段存放应符合以下四条规定：①节段吊离预制台座移至存梁场后应及时进行养护；②节段存放宜采用枕木、橡胶板等弹性支撑物支承，支点位置应得到设计单位认可；③节段叠放层数应符合设计要求，设计无要求时堆叠层数不宜超过 3 层并应对节段受力及地基承载力进行验算；④节段应满足设计规定的存放时间，当设计文件无规定时不得少于 28d。宜在节段内表面设置易于识别的有效标识。

（7）预制测量控制。混凝土浇筑前应对模板的空间位置、模内尺寸进行复核验收。采用匹配浇筑节段的施工方法时，应根据已浇筑完节段的实测分析成果调节后续节段的空间姿态与尺寸。应有效防护用于节段测量控制的预埋件。

3.8　预制节段验收

节段的出场验收应满足表 3-8-1 的规定。

表 3-8-1　节段预制质量验收标准

<table>
<tr><th rowspan="2">序号</th><th rowspan="2" colspan="3">项目</th><th rowspan="2">规定值或允许偏差/mm</th><th colspan="2">检验频率</th></tr>
<tr><th>范围</th><th>点数/个</th></tr>
<tr><td>1</td><td colspan="3">混凝土抗压强度</td><td>在合格标准内</td><td rowspan="8">每个节段</td><td></td></tr>
<tr><td>2</td><td colspan="3">顶部表面平整度</td><td>5</td><td>4</td></tr>
<tr><td>3</td><td colspan="3">长度</td><td>0，−2</td><td>3</td></tr>
<tr><td rowspan="3">4</td><td rowspan="3" colspan="2">断面尺寸</td><td>宽度</td><td>+5，0</td><td>2</td></tr>
<tr><td>高度</td><td>±5</td><td>2</td></tr>
<tr><td>厚度</td><td>+5，0</td><td>8</td></tr>
<tr><td rowspan="2">5</td><td rowspan="2" colspan="2">轴线偏移量</td><td>纵轴线</td><td>5</td><td>1</td></tr>
<tr><td>横隔梁轴线</td><td>5</td><td>1</td></tr>
<tr><td rowspan="2">6</td><td rowspan="2" colspan="2">剪力键</td><td>位置</td><td>2</td><td rowspan="2">每个剪力键</td><td>1</td></tr>
<tr><td>平面高差</td><td>2</td><td>1</td></tr>
<tr><td rowspan="5">7</td><td rowspan="5">预埋件</td><td rowspan="3">支座板、锚垫板等预埋件</td><td>位置</td><td>10</td><td rowspan="5">每个预埋件</td><td>1</td></tr>
<tr><td>高程</td><td>±5</td><td>1</td></tr>
<tr><td>平面高差</td><td>5</td><td>1</td></tr>
<tr><td rowspan="2">螺栓、钢筋等</td><td>位置</td><td>10</td><td>1</td></tr>
<tr><td>外露尺寸</td><td>+10，0</td><td>1</td></tr>
</table>

续表

<table>
<tr><th rowspan="2">序号</th><th rowspan="2" colspan="3">项目</th><th rowspan="2">规定值或允许偏差/mm</th><th colspan="2">检验频率</th></tr>
<tr><th>范围</th><th>点数/个</th></tr>
<tr><td rowspan="3">8</td><td rowspan="3">预留孔</td><td>吊孔</td><td>位置</td><td>5</td><td rowspan="3">每个
预留孔洞</td><td>1</td></tr>
<tr><td rowspan="2">预应力钢筋管道位置</td><td>位置</td><td>节段端部 5</td><td>1</td></tr>
<tr><td>孔径</td><td>+3，0</td><td>1</td></tr>
</table>

3.9　节段的运输

应根据预制场地理位置、结合实际运输通道条件、节段重量、节段尺寸等因素选择合适的节段出运设备。节段在运输过程中，应采取保护、固定措施，并应符合以下两条规定：①节段支撑点的设置应避免运输设备振动对节段造成不利影响；②应根据运输线路上的最大纵、横坡，设置纵、横向限位装置。

预制节段陆路运输时，应符合以下三条规定：①应根据道路限高、限宽、限载条件及道路的最大纵坡合理选择运输路线；②应对沿线桥梁的承载力进行复核；③运输车辆行驶应设置警示标识和警示灯光。

预制节段水路运输时，应符合以下两条规定：①应结合水位条件勘查运输线路上的桥孔通航限高条件；②运输出航前，应根据气象、水文条件确认是否满足船舶出航运输的要求。

3.10　节段梁的拼装

（1）基本原则。预制节段拼装作业前，应在专项施工方案中，明确各项工序的技术要求、措施及应急预案，并应做好技术、质量、安全与文明施工交底。架桥机的拼装、移动等施工顺序，应在下部结构和节段预制施工前确定。

（2）拼装设备。采用架桥机拼装节段应符合以下两条规定：①架桥机的起吊装置必须具备过载保护装置、卷扬机的过缠绕和欠缠绕保护装置、限位及缓冲装置、风速报警装置、避雷装置等；②架桥机进行节段拼装、移动就位、维护保养等作业时，必须按照架桥机操作手册、保养手册的有关规定进行操作。

拼装施工的架桥机或其他起重拼装设备，在安装、调试完成后，必须进行荷载试验，并应符合以下三条规定：①逐跨拼装架桥机应悬挂不小于整跨最大架设质量 1.1 倍的荷载；②提升节段的起吊设备应提升不小于最大节段质量 1.25 倍的荷载；③应检查起重设备的荷载显示装置、刹车装置、钢丝绳缠绕装置、限位装置是否正常工作。

当采用膺架法拼装施工时，应满足以下四条规定：①膺架搭设施工前，应检查支撑体系结构设计与施工荷载、计算方法、节点构造和安全措施，设计审批手续应齐全；②搭设的膺架宜进行预压；③膺架支撑体系计算时，应进行地基承载力的验算，支撑系统范围内的地基承载力应满足桥梁拼装施工时总荷载的要求；④膺架的构造应满足节段安置后的防滑移要求以及完成张拉作业后落架拆除的要求。

（3）逐跨节段拼装施工。预制节段的提升及悬挂应符合以下四条规定：①节段的提升应匀速、缓慢；②节段和提升附属装置的总质量必须在起重设备的安全范围内；③节段悬吊体系及装置的安全系数应不小于2；④悬挂状态下的节段之间应设置防止碰撞的垫块。

节段的拼接施工应符合以下五条规定：①节段拼接过程中，应逐块控制、复核节段梁的轴线和高程；②拼接施工时架桥机的主梁应处在有约束的状态；③应在接缝处孔道口设置密封构造，密封构造的设置不应影响接缝的密贴；④采用下行式架桥机施工时，应采取有效措施抵抗支承面倾斜时节段质量对装载小车产生的水平分力；⑤采用上行式架桥机施工时，应考虑节段梁预应力钢筋张拉后悬吊体系内力重分布的效应，并根据工况验算结果复核悬吊体系的安全系数。

节段的环氧胶接缝施工应符合以下五条规定：①应根据不同的使用环境，通过试验选定结构胶；②结构胶应采用机械拌和，涂抹方式应根据黏结剂的产品特性确定，黏结剂应涂抹均匀并覆盖整个匹配面，涂抹厚度以3mm为宜；③结构胶涂抹时应采取措施对预应力钢筋管道口进行防护，防止施加临时预应力时黏结剂进入孔道内；④应确保在施加临时预应力后，结构胶能够在全断面均匀挤出；⑤待结合面上不得有自由水。

用于节段拼接的临时预应力应符合以下三条规定：①应根据节段的断面形式均匀布置临时预应力；②临时预应力钢筋的张拉力应符合设计要求，并应满足反复多次张拉的作业要求，节段拼接面的混凝土受压应力不得小于0.35MPa；③临时预应力应在桥跨永久预应力张拉完成且支承在下部结构上之后，才能拆除。

永久预应力钢筋的施工应符合以下三条规定：①体外预应力钢束、PE护套及其他材料的各项技术性能应符合设计要求和国家现行的有关标准的规定；②在运输及施工过程中，应对成品体外预应力钢束护套进行保护；③纵向预应力钢筋孔道采用真空压浆时，孔道内的负压不应小于0.06MPa。

根据桥梁结构设计体系形式，支承结构可采用永久支座、临时支座或临时千斤顶，并应符合以下两条规定：①支承转换前应使梁底与支座间接触，但不应使支座受压；②连续梁的中支点宜采用临时支座。临时支座的安全系数应不小于1.5。

（4）悬臂拼装施工。悬臂拼装法施工中涉及节段提升、拼接作业、环氧胶接缝、临时预应力等内容应按相关规范规定执行。墩顶节段可采用现场浇筑的方法施工，也可采用工厂预制、现场安装的方法施工。悬臂拼装作业应符合以下三条规定：①应采取有效的墩梁临时固结措施，确保悬臂结构整体稳定；②桥墩两侧的节段应对称提升；③施工中悬臂两侧最大不平衡力应满足设计规定。拼装作业时，宜在待拼节段的端面外侧安置张拉作业平台。节段提升、拼装作业采用桥面吊机或桥面提升架时，提升设备与节段的质量比不应大于0.4；且提升设备在提升、拼接、行走时的抗倾覆安全系数、自锚固系统的安全系数、斜拉水平限位系统的安全系数均不应小于2。

合龙和体系转换施工应符合下列四条规定：①合龙施工前应对两端悬臂节段的轴线和节段的偏移值进行观测，并应根据实际观测值进行合龙施工的计算，确定合龙程序和调整参数；②预应力钢筋管道连接应在合龙施工前进行，并应封堵波纹管与节段间缝隙；③合龙完成应按设计文件规定的程序完成体系转换；④合龙混凝土接缝处永久预应力张拉施工时机应符合设计规定。

(5) 结构体系转换。预制节段拼装施工的桥梁，其支承转换应符合下列三条规定：①支承转换的顺序应通过计算确定；②当架桥机不具备支承转换的功能时，可在下部结构顶部的临时千斤顶顶升节段完成支承转换；③当采用上行式架桥机时，应在支承转换过程全部完成后，拆除节段悬吊体系。

(6) 拼装测量控制。逐跨拼装施工时，应根据设计图纸准确确定每跨内首节段的平面位置及高程，首节段安装误差应满足表 3-10-1 的规定。逐跨拼装施工时，每个节段拼装完成后，应及时检测节段的高程与轴线，其误差标准应满足表 3-10-2 的规定，如误差超过规定，应及时调整。悬臂拼装施工时，应根据设计图纸准确确定每跨墩顶块的平面位置及高程，墩顶块安装误差应满足表 3-10-3 的规定。悬臂拼装施工时，每对节段拼装完成后，应及时检测节段的高程与轴线，高程与轴线误差应满足表 3-10-4 的规定；当误差超过表 3-10-4 的规定，预测合龙口高差满足表 3-10-5 的规定时，下一节段安装不需要调整，如不满足，则应及时调整。

表 3-10-1　每跨首节段吊装验收标准

项目	立面高程/mm	中心线偏位/mm	横向坡度/rad	纵向坡度/rad
验收标准	±3	±5	±0.001	±0.003

表 3-10-2　节段吊装验收标准

项目	验收标准	项目	验收标准
立面高程/mm	±10	横向坡度/rad	±0.001
中心线偏位/mm	±10	纵向坡度/rad	±0.003
纵向长度/mm	±10	拼缝错台/mm	3

表 3-10-3　墩顶块安装验收标准

项目	立面高程/mm	中心线偏位/mm	横向坡度/rad	纵向坡度/rad
验收标准	±5	±5	±0.001	±0.003

表 3-10-4　节段吊装验收标准

项目	验收标准	项目	验收标准
立面高程/mm	±10	横向坡度/rad	±0.001
中心线偏位/mm	10	纵向坡度/rad	±0.003
纵向长度/mm	±10	拼缝错台/mm	3

表 3-10-5　合龙段两侧允许误差

项目	立面高程	中心线偏位
允许误差/mm	±20	±10

(7) 拼装验收。逐跨节段拼装施工每联连续箱梁或每跨简支箱梁完成后，应及时进行检查验收，其质量标准应符合表 3-10-6 的规定，表中 L 表示跨径。悬臂拼装施工每联连

续箱梁或每跨简支箱梁完成后，应及时进行检查验收，其质量标准应符合表 3-10-7 的规定，表中 L 表示跨径。

表 3-10-6　逐跨拼装施工节段质量标准

项目		规定值或允许偏差/mm
湿接头、合龙段混凝土强度		在合格标准内
轴线偏位	$L \leqslant 50$m	10
	$L>50$m	$L/5000$
顶面高程	$L \leqslant 50$m	±20
	$L>50$m	$\pm L/2500$
	相邻节段高差	10
同跨对称点高差	$L \leqslant 50$m	20
	$L>50$m	$L/2500$

表 3-10-7　悬臂拼装施工节段质量标准

项目		规定值或允许偏差/mm
湿接头、合龙段混凝土强度		在合格标准内
轴线偏位	$L \leqslant 100$m	10
	$L>100$m	$L/10000$
顶面高程	$L \leqslant 100$m	±20
	$L>100$m	$\pm L/5000$
	相邻节段高差	10
同跨对称点高差	$L \leqslant 100$m	20
	$L>100$m	$L/5000$

3.11　柱与盖梁的预制与拼装

（1）基本原则。施工前应根据设计文件规定及相关规范的要求编制针对性施工组织设计。拼装施工前应在复测原控制网的基础上，根据施工需要适当加密、优化，建立满足拼装精度要求的施工测量控制网。承台施工时应严格控制立柱与承台拼接面的坐标、标高和平整度；立柱安装前应对拼接面的坐标、标高和平整度进行复核；立柱与承台拼接面应满足以下三条规定，即坐标及标高允许误差为±2mm，当采用环氧结构胶处理接缝时平整度允许误差为±1mm/m，当采用砂浆处理接缝时平整度允许误差为±2mm/m。

（2）节段的预制。墩柱与盖梁节段预制前，应进行台座专项设计，台座应具备足够的地基承载能力确保混凝土浇筑后构件不下沉或不产生不均匀沉降。混凝土浇筑前，应对灌浆连接套筒或灌浆金属波纹管定位进行检查，同时应对台座、模板、预埋件及预留孔等进行复测，允许偏差应满足表 3-11-1 的要求。当预制节段采用剪力键连接时，应匹配浇筑。当采用灌浆连接套筒或灌浆金属波纹管时，与箍筋的连接应采用绑扎形式，不得采用焊接连接。构件拆模后，应及时检测灌浆连接套筒或金属波纹管内腔是否通畅，确保无水、泥浆等杂物，如有漏浆或杂物，应及时采取措施清理管道。预制构件经验收合格后方可出厂，且应在明显位置设置编码标识，便于施工现场管控。预制构件需满足表 3-11-2 的验收标准要求。

表 3-11-1　浇筑前模板及预埋件安装质量验收标准

序号	项目			允许偏差/mm	检验频率	
					范围	点数/个
1	灌浆连接套筒定位或灌浆金属波纹管定位			2	每个节段	4
2	台座尺寸		标高	±1		4
			水平度	1mm/m		4
3	模板表面平整度			2		4
4	模板垂直度			H/1000，且≤3		4
5	模板尺寸		长度	−1，−3		3
			宽度	+3，−2		2
			高度	0，−2		4
6	轴线偏移量			2		2
7	匹配节段定位		纵轴线	2		1
			高程	±2		3
8	预埋件	剪力键	位置	2	每个剪力键	1
			平面高差	2		1
		支座板等预埋钢板	位置	3	每个预埋件	1
			平面高差	2		1
		螺栓、锚筋等	位置	10		1
			外露尺寸	+10，0		1
9	吊孔		位置	2	每个预留孔洞	1

表 3-11-2　节段预制质量验收标准

序号	项目			规定值或允许偏差/mm	检验频率	
					范围	点数/个
1	混凝土抗压强度			在合格标准内	每个节段	2
2	构件尺寸（长、宽、高）			2		4
3	灌浆连接套筒或灌浆金属波纹管定位		位置	2		4
			尺寸	2		4
4	预埋件	支座板等预埋件	位置	10	每个预埋件	1
			平面高差	5		1
		螺栓、钢筋等	位置	10		1
			外露尺寸	+10，0		1
5	吊孔		位置	5	每个预留孔洞	1

(3) 节段运输。在构件运输前，施工单位应编制详细的运输方案；运输方案宜包括运输过程中对构件的支承保护方案。应根据预制构件的尺寸、质量选择合理的运输车辆，应确保构件在运输和装卸过程中不产生任何损伤和变形。

(4) 墩柱与盖梁拼装。立柱与承台拼装施工前宜进行预拼装。不同类型构件拼接缝间的砂浆垫层，应采用高强低收缩砂浆，且宜选用质地坚硬、级配良好的中砂，砂浆垫层性能指标应满足表 3-11-3 的规定。

表 3-11-3　砂浆垫层技术指标

检测项目		性能指标
抗压强度	28d	不小于 60MPa 且高出被连接构件强度等级 10MPa
弹性模量	28d	不小于 30GPa
竖向自由膨胀率	28d	0.02%～0.1%
初凝时间		不小于 2h
原材料砂子	细度模数	不小于 2.6
	含泥量	不大于 1%，且不应有泥块

当采用钢筋灌浆套筒或灌浆金属波纹管连接形式时，应符合以下八条规定：①吊装立柱之前，应将拼缝表面充分湿润，并应在承台拼缝位置铺设砂浆垫层，砂浆垫层性能应满足相关规范规定；②在承台与立柱拼缝位置，宜设置调节垫块，调节垫块总高度不宜大于 3cm；③在拌制砂浆垫层时，对应每个拼接部位应取不少于 3 组的试件；④在拼装过程中，砂浆垫层连接处宜一次座浆完成拼装，不宜多次调整；⑤灌浆连接套筒与高强收缩水泥灌浆材料组合体系性能应符合现行钢筋机械连接技术等相关规范中Ⅰ级连接接头要求，且抗拉强度要求应满足接头试件实测抗拉强度大于等于钢筋抗拉强度；⑥灌浆连接套筒与高强收缩水泥灌浆材料组合体系性能应经过国家专门质检部门试验检测，并出具相应的型式试验合格报告；⑦预制构件采用钢筋灌浆套筒连接或钢筋灌浆波纹管连接时，应在构件生产前进行连接接头的抗拉强度试验，每种规格的连接接头试件数量不应少于 3 个；⑧灌浆连接套筒或金属波纹管在储存和运输过程中，应采取防护措施，防止雨淋、生锈、沾污和损伤。

当采用预应力法拼装施工时，应满足以下两条要求：①拼装构件时，应在预应力钢筋孔道处设置孔道密封及保护措施；结构胶拼装施工应符合相关规范的相关规定；②预制立柱拼装就位后，应设置临时支承措施防止倾覆，并在立柱预制时做好预埋件的设置。

钢筋灌浆套筒或灌浆金属波纹管连接施工时，灌浆料拌制及灌注应满足以下四条要求：①高强无收缩水泥灌浆料宜在拼装前一天进行 1d 龄期抗压强度测试，且应满足表 3-2-11 要求后方可用于施工；②拌浆设备采用的搅拌机转速应不小于 1000r/min，搅拌桶容量不宜大于 50L，一次拌浆量不宜大于 30L，且应能使浆料在规定时间内充分搅拌均匀；③灌浆设备宜采用高压灌浆泵，压力应不小于 3MPa，排量应不小于 4L/min；④高强无收缩水泥灌浆料在拌制过程中，每个拼接面应制取不少于 3 组的试件。

(5) 拼装验收。墩柱及盖梁拼装完成后，应满足表 3-11-4 中的验收标准。

表 3-11-4　墩柱及盖梁拼装验收标准

序号	项目	规定值或允许偏差/mm	检查频率	
			范围	点数/个
1	灌浆材料、砂浆垫层、环氧黏结剂抗压强度/MPa	在合格标准内	—	—
2	倾斜度/mm	不大于 2	拼装完成后的结构	4
3	节段间错台/mm	2		3
4	轴线偏位/mm	2		2
5	顶面高程/mm	±2		4
6	相邻墩、柱间距/mm	±2		3

延伸阅读

近年来，我国在桥梁建造技术方面取得巨大进步，建设了一大批结构新颖、技术复杂、设计和施工难度大、科技含量高的桥梁，积累了丰富的设计和施工经验。我国许多桥梁建筑都突破了天险，实现了奇迹，甚至创造了多项世界纪录。云南和贵州共同建造的北盘江大桥，是世界上第一高的桥。京沪高速铁路丹阳至昆山段的特大铁路桥丹昆特大桥是世界上最长高铁桥。重庆朝天门长江大桥是世界第一跨径钢拱桥。这些都足以证明，中国的桥梁技术已经处于世界前列。

除了一座座特大型的桥梁跨江越海，还有许多造型迥异的小型桥梁如雨后春笋般涌现在城市角落。它们线条优美、极具特色，便利了交通，装点了市容，更点亮了城市烟火。其中，杭州、北京、无锡、重庆、南京、深圳、南通、苏州、成都、上海成为中国桥梁最多的前 10 位城市。一座座桥梁见证着交通强国建设的铿锵步伐，勾勒出中国式现代化道路上的坚实足迹。

思考题

1. 简述节段预制拼装混凝土桥梁的宏观要求。
2. 节段预制拼装混凝土桥梁对材料有哪些基本要求？
3. 如何进行节段预制拼装混凝土桥梁持久状况承载能力极限状态计算？
4. 如何进行节段预制拼装混凝土桥梁持久状况使用阶段应力和正常使用极限状态计算？
5. 如何进行节段预制拼装混凝土桥梁短暂状况施工阶段应力和承载能力极限状态计算？
6. 如何进行节段预制拼装混凝土桥梁构造设计？
7. 节段预制拼装混凝土桥梁节段梁的预制有哪些要求？
8. 节段预制拼装混凝土桥梁预制节段验收有哪些要求？

9. 节段预制拼装混凝土桥梁节段的运输有哪些要求?
10. 节段预制拼装混凝土桥梁节段梁的拼装有哪些要求?
11. 节段预制拼装混凝土桥梁柱与盖梁的预制与拼装有哪些要求?
12. 试述近年来我国在节段预制拼装混凝土桥梁设计领域的创新和突破。

第 4 章　钢-混凝土组合桥梁设计

4.1　宏观要求

钢-混凝土组合桥梁的设计和施工应保障工程质量，贯彻“安全、适用、经济、美观、耐久、环保”原则。本章介绍的内容适用于钢-混凝土组合桥梁的上部结构和钢管混凝土桥墩的设计与施工。本章介绍的内容适用的桥梁类型包括由工字形和箱形钢-混凝土组合梁、波形钢腹板-混凝土组合梁或钢桁架-混凝土组合梁与钢管混凝土墩组成的简支、连续和刚构桥梁。本章介绍的内容可为采用钢-混凝土组合桥面系的拱桥、斜拉桥和悬索桥提供参考。本章介绍的内容采用以概率理论为基础的极限状态设计方法（疲劳计算除外），按分项系数的表达式进行设计。

钢-混凝土组合桥梁应进行以下两类极限状态设计：①承载能力极限状态对应桥梁及其构件达到最大承载能力或出现不适于继续承载的变形或变位的状态，包括构件和连接的强度破坏、疲劳破坏，结构、构件丧失稳定及结构倾覆；②正常使用极限状态对应桥梁及其构件达到正常使用或耐久性的某项限值的状态，包括影响结构、构件正常使用的变形、开裂及影响结构耐久性的局部损坏。

钢-混凝土组合桥梁设计应考虑以下四种设计状况及其相应的极限状态：①持久状况应做承载能力极限状态和正常使用极限状态设计；②短暂状况应做承载能力极限状态设计，必要时做正常使用极限状态设计；③偶然状况应进行承载能力极限状态设计；④地震状况应考虑抗震设防地区的地震状况。

钢-混凝土组合桥梁应根据其所处环境条件和设计使用年限要求进行耐久性设计。钢-混凝土组合桥梁的设计应考虑施工、运营管理与养护的要求。钢-混凝土组合桥梁的设计应符合现行有关国家和行业标准的规定。

钢-混凝土组合桥梁的设计与施工应遵循以下七条原则：①在持久状况下，应通过合理的设计充分利用钢材受拉以及混凝土受压的能力；②钢与混凝土之间的界面需保证可靠有效地传力；③主梁应尽可能采用钢梁与混凝土桥面板组合的截面形式；④钢管混凝土桥墩的外钢管应对内部混凝土形成有效的约束；⑤钢梁的施工应尽可能在工厂分段制造，在现场采用高强螺栓拼接；⑥混凝土桥面板的施工应在满足结构整体工作性能的前提下，提高施工的装配化程度；⑦钢-混凝土组合桥梁的施工过程应尽量减少对周围交通和环境的影响。

所谓钢-混凝土组合梁是指由混凝土桥面板与钢梁通过抗剪连接件组合而成能整体受力的梁。抗剪连接件是指用于连接钢梁与混凝土桥面板并承受二者之间的水平剪力，能抵抗二者相对滑移、竖向分离，保证二者共同工作的部件。完全抗剪连接是指抗剪连接件的纵向水平抗剪承载力能够保证最大弯矩截面上抗弯承载力得以充分发挥的连接。剪力滞后效应是指钢梁腹板内的剪力流在向混凝土桥面板传递的过程中，由于混凝土桥面板的剪切变形而使得压应力分布不均匀的现象。有效宽度是指在进行截面强度和稳定计算时，假定板件有效的那一部分宽度。有效弹性模量是指将混凝土徐变随时间变化引起的应力-应变非线性关系等效为线性关系的等效弹性模量。桥面系是指直接承受车辆、人群等荷载并将其传递至桥梁下部结构或缆索体系等的桥面构造系统。叠合板是指由预制部分和现浇部分组合而成能共同受力的板。钢桁架-混凝土组合梁是指由混凝土桥面板与钢桁架通过剪力连接件或其他构造形式组合而成能整体受力的梁。波形钢腹板-混凝土组合梁是指采用波形钢板代替传统混凝土箱梁和组合钢箱梁中腹板，并通过连接构造使顶底板共同受力的梁。钢管混凝土桥墩是指采用钢管混凝土柱结构形式的桥墩。

4.2 总体原则

4.2.1 基本规定

钢-混凝土组合桥梁应对其构件及连接件进行下列验算，即按承载能力极限状态的要求进行持久状况及偶然状况的承载力、整体稳定性计算。按正常使用极限状态的要求进行持久状况的抗裂性、应力、挠度、局部稳定验算，以及耐久性设计。按短暂状况结构受力状态的要求进行施工等工况的验算。

钢-混凝土组合桥梁的承载能力极限状态计算应采用式 $\gamma_0 S_{ud} \leqslant R$ 进行。其中，γ_0 为结构的重要性系数，对应于设计安全等级一级、二级的钢-混凝土组合梁应分别取不小于 1.1、1.0；S_{ud}为作用效应的组合设计值，对于汽车荷载应计入冲击系数；R 为构件承载力设计值。

当钢-混凝土组合桥梁进行截面承载力、整体稳定、抗剪连接件承载力计算时，作用（或荷载）的效应组合应采用现行行业标准《公路桥涵设计通用规范》（JTG D60）的基本组合；当进行支座脱空验算及疲劳计算时，作用的效应组合应采用标准组合。钢-混凝土组合梁中混凝土桥面板的计算除应符合现行行业标准《公路钢筋混凝土及预应力混凝土桥涵设计规范》（JTG 3362）中的相关规定。

钢-混凝土组合桥梁的正常使用极限状态验算应采用式 $S_{sd} \leqslant C$ 进行。其中，S_{sd}为正常使用极限状态作用（或荷载）组合的效应设计值；C 为结构构件达到正常使用要求所规定的变形、应力裂缝宽度和振动特征等的限值。

钢-混凝土组合桥梁的正常使用极限状态应符合下列三方面规定，即对短期挠度验算及混凝土结构抗裂验算，作用（或荷载）应采用现行行业标准《公路桥涵设计通用规范》（JTG D60）中短期效应组合；对长期挠度验算，作用（或荷载）应采用现行行业标准《公路桥涵设计通用规范》（JTG D60）中长期效应组合；计算值不得超过相关规范规定的各相应限值。应力验算的作用（或荷载）应采用标准组合，其中，汽车荷载应计入冲击系数。对连续梁等超静定结构，尚应计入由预加力、混凝土收缩徐变、基础不均匀沉降以及温度变化等引起的次效应。

钢-混凝土组合桥梁的挠度应符合以下四方面规定：①由汽车荷载（不计冲击力）所引起简支或连续梁的竖向挠度，不应超过计算跨径的1/600；梁悬臂端部的竖向挠度不应超过悬臂长度的1/300。②当结构自重和静活载产生的挠度超过计算跨径的1/1600时，桥跨结构应设置预拱度，其值等于结构重力和1/2静活载所产生的竖向挠度和，预拱度线形应采用平顺曲线。③对于临时或特殊结构，其竖向挠度容许值可与有关部门协商确定。④钢-混凝土组合桥梁的局部稳定性应符合相关规范的要求。

钢-混凝土组合桥梁中的混凝土结构裂缝宽度应根据环境类别按现行行业标准《公路钢筋混凝土及预应力混凝土桥涵设计规范》(JTG 3362—2018）的限值要求进行验算。

对短暂状况的设计，应计算构件在制作、运输及安装等施工阶段由自重、施工荷载等引起的应力，并不应超过相关规范规定的限值，同时钢梁应考虑施工荷载作用进行稳定性验算。施工荷载除有特别规定外，均应采用标准组合；温度作用效应可按施工时的实际温度场取值；动力安装设备产生的效应应乘以相应的动力放大系数。

持久状况下，钢-混凝土组合梁的应力验算应符合以下四条规定：①混凝土构件正截面的最大压应力不宜大于$0.50f_{ck}$；②钢结构应力不应大于75%的强度设计值，且应满足稳定性要求；③体内钢束（钢绞线、钢丝）最大拉应力不应大于$0.65f_{pk}$；④体外钢束（钢绞线、钢丝）直线段最大拉应力不应大于$0.60f_{pk}$。

短暂状况下，钢-混凝土组合梁的应力验算应符合以下四条规定：①混凝土构件正截面的最大压应力不宜大于$0.70f_{ck}$；②钢结构应力不应大于80%的强度设计值，且应满足稳定性要求；③体内钢束（钢绞线、钢丝）张拉控制应力不应大于$0.75f_{pk}$；④体外钢束（钢绞线、钢丝）张拉控制应力不应大于$0.65f_{pk}$。

钢-混凝土组合梁刚体倾覆稳定性计算应采用式$\gamma_{qf}S_{sk}\leqslant S_{bk}$进行。其中，$\gamma_{qf}$为抗倾覆稳定系数，不应小于2.5；$S_{sk}$为不平衡作用效应的标准组合；$S_{bk}$为平衡作用效应的标准组合。

计算倾覆稳定的汽车荷载及其组合应符合以下四条规定：①验算倾覆稳定的汽车荷载应采用现行行业标准《公路桥涵设计通用规范》（JTG D60）或《城市桥梁设计规范》(CJJ 11)（2019年版）中的车道荷载，集中荷载标准值应乘以系数1.2。②汽车荷载横向应按最不利位置布置，多车道桥梁汽车荷载产生的效应不得折减。③汽车荷载应计入冲击作用。④应计入风荷载与汽车荷载的共同作用。

钢-混凝土组合梁的疲劳计算应采用式$\Delta\sigma\leqslant[\Delta\sigma]$进行。其中，$\Delta\sigma$为应力幅，对于常幅疲劳$\Delta\sigma=\sigma_{max}-\sigma_{min}$，对于变幅疲劳可取为等效常幅应力幅；$[\Delta\sigma]$为容许应力幅。

钢-混凝土组合梁的疲劳计算应采用容许应力幅法，应力应按弹性状态计算。容许应力幅应按构件与连接件类别以及应力循环次数根据《公路钢结构桥梁设计规范》（JTG D64—2015）确定。钢-混凝土组合桥梁的结构构件与连接应进行疲劳验算。连接件的疲劳验算应符合相关规范的规定。

4.2.2　材料要求

钢-混凝土组合桥梁所采用的材料，应符合相关规范标准的要求。除了采用普通混凝土和普通钢材外，对于有特殊需求的构件和结构，可以考虑采用高性能混凝土或高性能钢材，包括超强混凝土、高韧性混凝土和耐候钢材等。

钢-混凝土组合桥梁的主要受力构件中混凝土强度等级应符合以下三条规定：①钢筋混凝土构件中混凝土强度等级不应低于C30，且不宜大于C80；②预应力混凝土构件中混凝土强度等级不应低于C40；③钢管混凝土桥墩钢管内灌注的混凝土强度等级宜为C30～C80；当采用C80以上高强混凝土时，应有可靠的依据。

钢-混凝土组合梁的钢结构应根据结构形式、受力特点、连接方式及所处环境条件合理选用钢材的牌号和质量等级。钢-混凝土组合桥梁的钢材可采用Q235钢、Q345钢、Q390钢和Q420钢，其质量应分别符合现行国家标准《碳素结构钢》（GB/T 700）和《低合金高强度结构钢》（GB/T 1591）的规定。钢管宜采用卷制焊接直缝管；当钢管径厚比不满足卷制要求时，钢管可采用符合国家和行业现行相关标准的螺旋焊接管或无缝钢管。当钢管有防止层状撕裂的需要时，其材质应符合现行《厚度方向性能钢板》（GB/T 5313）的规定。

钢梁及连接件的焊接应符合下列两条规定，即手工焊接采用的焊接材料应符合现行国家标准《非合金钢及细晶粒钢焊条》（GB/T 5117）或《强热钢焊条》（GB/T 5118）的规定；选用的焊条型号应与主体金属性能相适应。自动焊接或半自动焊接采用的焊丝和焊剂，应与主体金属性能相适应，并应符合国家现行相关标准的规定。

钢梁及连接件使用的高强螺栓应符合下列以下规定：①高强度螺栓、螺母、垫圈应符合现行国家标准《钢结构用高强度大六角头螺栓、大六角螺母、垫圈技术条件》（GB/T 1231）或《钢结构用扭剪型高强度螺栓连接副》（GB/T 3632）的规定；②构件中设置的栓钉应符合现行国家标准《电弧螺柱焊用圆柱头焊钉》（GB/T 10433）的规定。

钢筋混凝土及预应力混凝土中的普通钢筋宜选用HPB300，HRB400，HRB500，HRBF400，HRBF500和RRB400钢筋，并应符合现行国家标准《钢筋混凝土用钢　第1部分：热轧光圆钢筋》（GB/T 1499.1）或《钢筋混凝土用钢　第2部分：热轧带肋钢筋》（GB/T 1499.2）的规定。

预应力钢-混凝土组合梁中的预应力筋应选用钢绞线、钢丝。钢绞线应满足现行国家标准《预应力混凝土用钢绞线》（GB/T 5224）的要求，钢丝应满足现行国家标准《预应力混凝土用钢丝》（GB/T 5223）的要求。无黏结钢绞线应满足现行行业标准《无粘结预应力钢绞线》（JG/T 161）的要求，成品与非成品体外索的保护应满足相关规范的要求。

4.2.3 组合桥梁的作用

组合桥梁设计采用的作用分为永久作用、可变作用、偶然作用和地震作用四类，相关规定见表4-2-1。

地震作用效应的计算应符合现行《公路工程抗震规范》（JTGB02）和《公路桥梁抗震设计规范》（JTG/T 2231-01）的规定。风荷载效应计算应按现行《公路桥涵设计通用规范》（JTG D60）和《公路桥梁抗风设计规范》（JTG/T 3360-01）执行。钢-混凝土组合桥梁的温度效应计算应符合相关规范的要求；收缩和徐变效应计算应符合相关规范的要求；动力性能和疲劳性能分析应分别应符合相关规范的要求。其他作用的效应计算应符合现行

《公路桥涵设计通用规范》（JTG D60）的规定。

表 4-2-1 作用分类

序号	分类	名称
1	永久作用	结构重力（包括结构附加重力）
2		预加力
3		土的重力
4		土侧压力
5		混凝土收缩、徐变作用
6		水浮力
7		基础变位作用
8	可变作用	汽车荷载
9		汽车冲击力
10		汽车离心力
11		汽车引起的土侧压力
12		汽车制动力
13		人群荷载
14		疲劳荷载
15		风荷载
16		流水压力
17		冰压力
18		波浪力
19		温度（均匀温度和梯度温度）作用
20		支座摩阻力
21	偶然作用	船舶的撞击作用
22		漂流物的撞击作用
23		汽车撞击作用
24	地震作用	地震作用

4.2.4 结构分析方法

钢-混凝土组合桥梁结构分析应根据结构类型、材料性能和受力特点等因素，采用线性、非线性数值分析方法或试验分析方法；当结构始终处于弹性工作状态时，可采用弹性理论进行结构分析，否则宜采用弹塑性理论进行结构分析。

当按照基于平截面假定的初定梁理论进行组合结构桥梁梁体的受力分析时，为考虑组合桥梁的剪力滞效应的影响并简化计算，通常用一个折减的宽度来代替混凝土翼板的实际宽度，该宽度称为混凝土桥面板有效宽度，计算方法可参考相关规范。

跨中及中间支座处的有效宽度按式 $b_e=b_0+\sum b_{ei}$计算。其中，b_0 为外侧剪力连接件中心间的距离（mm）；b_{ei}为腹板一侧的混凝土桥面板计算宽度（mm），其中 $b_{ei}=L_e/8\leqslant b_i$ 为外侧剪力连接件中心至相邻两钢梁腹板的中线或混凝土桥面板自由边的距离，L_e 为组合梁零弯矩点间的距离，即等效跨径，可近似按图 4-2-1 所示取用。

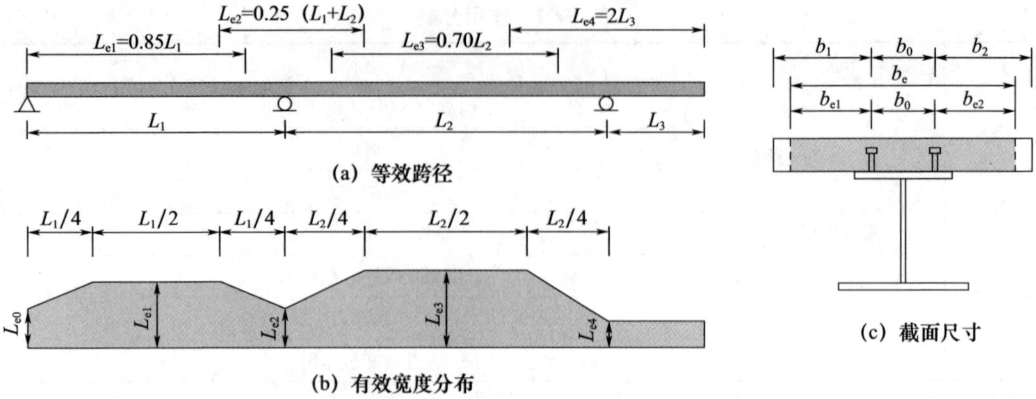

图 4-2-1　混凝土桥面板等效跨径与有效宽度

边支座处的有效宽度按式 $b_e=b_0+\sum\beta_i b_{ei}$ 和 $\beta_i=0.55+0.025L_e/b_i\leqslant1.0$ 计算。其中，L_e 为边跨的等效跨径（mm），按图 4-2-1 所示取用；其余符号含义同前。

钢-混凝土组合桥梁在达到极限状态前能够产生足够的塑性变形，且所承受的不是高周重复作用时，可采用塑性理论进行结构分析；当结构的承载力由脆性破坏或稳定控制时，不应采用塑性理论进行分析。当动力作用使结构产生较大加速度时，应对结构进行动力响应分析。

4.2.5　连接件

组合结构桥梁的钢梁与混凝土板通过连接件组合在一起共同工作，其中连接件是保证钢、混凝土两种材料充分发挥组合效应的关键部件。组合桥梁结构中常用的连接件包括栓钉、开孔板连接件、抗拔不抗剪连接件。其中，抗拔不抗剪连接件用于组合桥梁结构桥负弯矩区。连接件形式如图 4-2-2 所示。

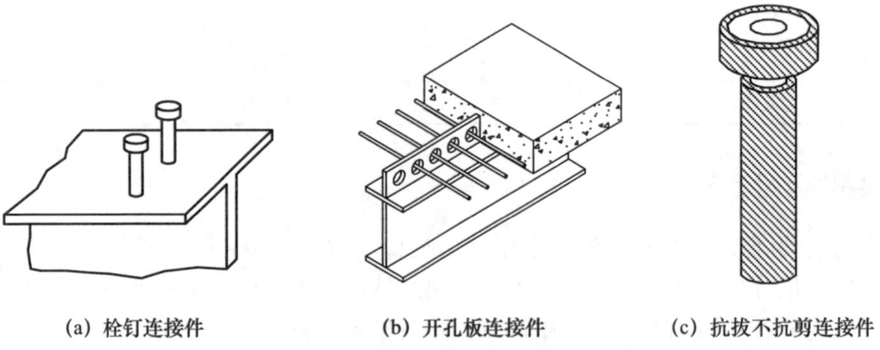

图 4-2-2　连接件形式

栓钉的抗剪承载力 N_v^c 按式 $N_v^c=0.43A_s\sqrt{E_c f_c}\leqslant0.7A_s f_u$ 计算。其中，N_v^c 为单个连接件的抗剪承载力设计值（N）；E_c 为混凝土弹性模量（MPa）；A_s 为栓钉钉杆截面面积（mm^2）；f_u 为栓钉极限强度设计值（MPa），需满足《电弧螺柱焊用圆柱头焊钉》（GB/T 10433—2002）的要求。当栓钉位于负弯矩区段时，混凝土翼板处于受拉状态，栓钉周围混凝土对其约束程度不如正弯矩区高，其承载力设计值 N_v^c 应乘以折减系数 0.9（对于中间支座两侧）或 0.8（悬臂部分）。

开孔板连接件单孔的抗剪承载力按式 $N_v^c=1.4\ (d_p^2-d_s^2)\ f_c+1.2d_s^2 f_{sd}$ 计算。其中，d_p 为开孔板的圆孔直径（mm）；d_s 为贯通钢筋直径（mm）；f_c 为混凝土轴心抗压强度设计值（MPa）；f_{sd} 为贯通钢筋抗拉强度设计值（MPa）。

按完全抗剪连接设计时，各剪跨区段内所需的抗剪连接件数量 n_f 按式 $n_f=V_s/N_v^c$ 计算。其中，V_s 为每个剪跨区段内钢梁与混凝土桥面板交界面的纵向剪力（N）。

剪跨区段的划分应以弯矩绝对值最大点及零弯矩点为界限逐段进行，如图 4-2-3 所示。

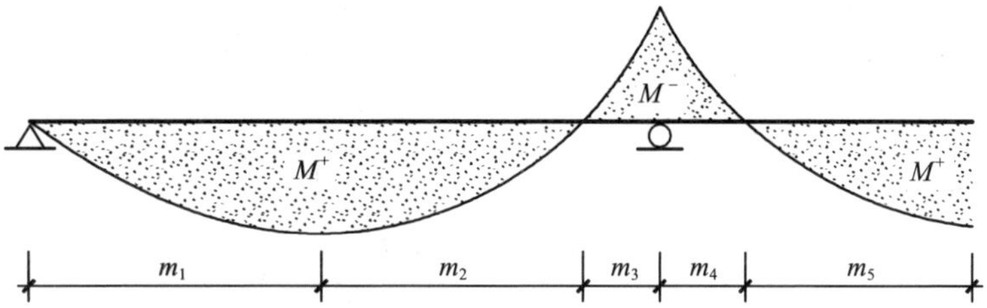

图 4-2-3　剪跨区段分区情况

各剪跨区段内钢梁-混凝土界面的纵向剪力按相关规范规定计算，即正弯矩区 $V_s=\min\{Af,\ b_e h_{c1} f_c\}$，负弯矩区 $V_s=A_{st} f_{st}$。其中，A 为钢梁截面面积（mm^2）；f 为钢梁抗拉强度设计值（MPa）；A_{st} 为负弯矩区混凝土翼板有效宽度内纵向受拉钢筋的截面面积（mm^2）；f_{st} 为负弯矩区受拉钢筋的抗拉强度设计值（MPa）；b_e 为正弯矩区混凝土翼板有效宽度（mm）；h_{c1} 为正弯矩区混凝土翼板受压区高度（mm）。

单位长度上的界面纵向剪力按式 $V_{ld}=V_l/L_{AB}$ 计算。其中，V_{ld} 为单位长度上的界面纵向剪力（N/mm）；L_{AB} 为梁段 AB 的长度（mm）；V_l 为 AB 梁段间界面纵向剪力之和（N），应考虑竖向剪力以及预应力束集中锚固力、混凝土收缩变形或温差引起的纵向剪力。

栓钉连接件应符合以下两方面构造要求：

①栓钉连接件的长度不应小于 4 倍栓钉直径，当有直接拉拔力作用时不宜小于栓钉直径的 10 倍。为满足钢板局部稳定的要求，栓钉连接件最大中心间距应符合以下三条规定：栓钉连接件剪力作用方向中心间距不应大于 $18t_f\sqrt{345/f_y}$，t_f 为栓钉焊接处的钢板厚度；受压钢板边缘与相邻最近的栓钉连接件边缘距离不应大于 $7t_f\sqrt{345/f_y}$；栓钉连接件的最大中心间距不宜大于 3 倍混凝土板厚度且不宜大于 300mm。

②栓钉连接件剪力作用方向中心间距不应小于直径的 5 倍且不应小于 100mm；剪力作用直角方向中心间距不宜小于直径的 4 倍。栓钉连接件的外侧边缘至钢板自由边缘的距离不应小于 25mm；焊钉连接件直径不宜大于焊接处钢板厚度的 1.5 倍。

开孔板连接件应符合以下三条构造要求：①多列布置的开孔板连接件，其横向间距不宜小于开孔钢板高度的三倍。②开孔板连接件的钢板厚度不宜小于 12mm；开孔板孔径不宜小于贯通钢筋与最大骨料粒径之和；开孔板连接件的贯通钢筋直径不宜小于 12mm，应采用螺纹钢筋。③圆孔最小中心间距应符合式 $f_{vd}t\ (l-d_p)\ \geqslant N_v^c$ 的规定，其中，t 为开孔板连接件的钢板厚度（mm）；l 为相邻圆孔的中心间距（mm）；d_p 为圆孔直径（mm）；

f_{vd}为开孔钢板抗剪强度设计值（MPa）；N_v^c 为开孔板连接件的单孔抗剪承载力（N）。

抗拔不抗剪连接件应符合以下四条构造要求：①连接件螺杆的直径不应小于相邻栓钉钉杆直径，螺帽帽檐长度不应小于钉杆直径的两倍，且不应小于 20mm；②连接件螺帽厚度不应小于钉杆直径；③连接件外围低弹模材料的厚度应根据负弯矩混凝土顶板与钢梁上缘在活载下的最大滑移量确定，且不应小于 5mm；④连接件的布置间距不应大于 300mm，从而为桥面板提供一定的抗拔力，防止混凝土板在局部轮载的作用下，与钢梁上缘表面分离甚至被掀起。

4.2.6 组合桥梁的温度效应

组合桥梁的温度效应可分解为均匀温度作用和梯度温度作用两部分。均匀温度作用是由季节性气温变化造成的桥梁整体升温和降温；梯度温度效应是由太阳辐射、昼夜温差和寒潮等环境因素引起的桥梁截面不均匀温度变化，除特殊说明外，一般可只考虑竖向的梯度温度效应。计算组合桥梁的温度效应时，材料的线膨胀系数可按照表 4-2-2 取值。

表 4-2-2 线膨胀系数

材料	结构钢	普通混凝土
线膨胀系数/℃	1.2×10^{-5}	1.0×10^{-5}

桥梁的均匀温度作用主要由季节性的温度变化造成。如无更有效方法，计算均匀温度作用时采用的最高和最低有效温度可参考桥梁所在地的年平均最高气温和最低气温确定，即 $\Delta T_{e,max}=T_{e,max}-T_0$，$\Delta T_{e,min}=T_{e,min}-T_0$。其中，$\Delta T_{e,max}$，$\Delta T_{e,min}$分别为计算均匀温度作用时采用的最高和最低有效温度；$T_{e,max}$，$T_{e,min}$分别为桥梁所在地气象台站长期记录的年最高温度平均值和年最低温度平均值，可根据桥梁实际情况和极端温度情况进行修正；T_0 为成桥时的桥梁温度。

桥梁的梯度温度作用的计算可采用图 4-2-4 所示的竖向温度梯度曲线，其中正温度梯度下温差分布为［$\Delta T_{pos}(y)=\Delta T_1(1-y/400)^3$，$0\leqslant y\leqslant400$mm］和［$\Delta T_{pos}(y)=0$，$y>400$mm］，负温度梯度下温升分布为［$\Delta T_{neg}(y)=\Delta T_2+y(\Delta T_3-\Delta T_2)/(0.4h_c)$，$0\leqslant y\leqslant0.4h_c$］，［$\Delta T_{neg}(y)=\Delta T_3(200+h_c-y)/(0.6h_c+200)$，$0.4h_c\leqslant y\leqslant200+h_c$］和［$\Delta T_{neg}(y)=0$，$y>200+h_c$］，其中 h_c 为混凝土桥面板厚度，式中温度曲线关键参数取值见表 4-2-3。

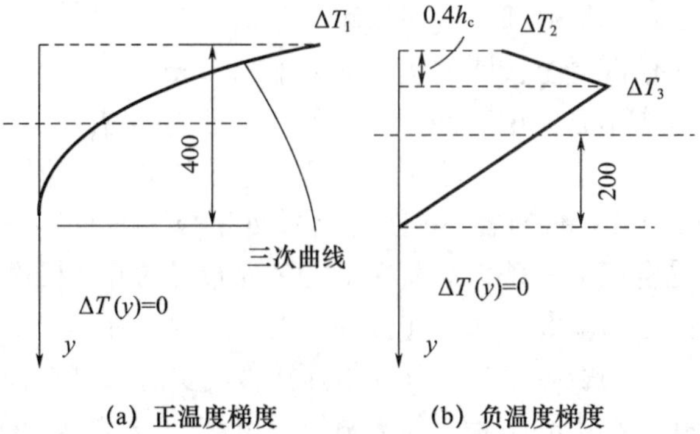

图 4-2-4 竖向梯度温度

表 4-2-3 竖向梯度温度中的参数取值

沥青层厚度/mm	混凝土板厚/mm	T_1	T_2	T_3
0	200	24.9	−2.4	−8.4
0	250	24.7	−3.4	−10.4
0	300	24.7	−4.3	−11.7
0	400	24.8	−5.2	−12.8
50	200	20.9	−0.9	−11.0
50	250	20.6	−1.4	−12.3
50	300	20.4	−1.9	−12.7
50	400	20.3	−3.3	−15.4
100	200	17.2	−0.1	−10.2
100	250	16.9	−0.2	−12.2
100	300	16.7	−0.7	−13.7
100	400	16.8	−1.7	−16.1
均值		20.7	−2.1	−12.2

温度效应组合遵守相关规范规定。均匀温度作用和梯度温度作用同时作用时，按式$S_{T,C}=0.35S_{T,U}+S_{T,D}$和$S_{T,C}=S_{T,U}+0.75S_{T,D}$考虑两者的组合作用。其中，$S_{T,C}$为均匀温度效应和梯度温度效应的组合作用，取二者中的最不利者；$S_{T,U}$为均匀温度作用引起的内力和变形；$S_{T,D}$为梯度温度作用引起的内力和变形。

4.2.7 钢-混凝土组合梁的收缩和徐变效应分析

钢-混凝土组合梁应考虑混凝土收缩及徐变的影响。混凝土桥面板收缩作用应按钢与混凝土桥面板结合后开始计入，混凝土的收缩应变可按照现行《公路钢筋混凝土及预应力混凝土桥涵设计规范》(JTG 3362) 规定计算；对混凝土预制板等预制构件可根据钢与混凝土桥面板结合前发生的龄期和理论厚度对收缩应变系数进行相应折减。混凝土徐变的计算，可假定与混凝土应力呈线性关系；当缺乏符合当地实际条件的数据和计算方法时，混凝土徐变系数的取值可按照现行《公路钢筋混凝土及预应力混凝土桥涵设计规范》(JTG 3362) 规定计算。在桥梁设计中需考虑收缩和徐变对预应力损失的影响时，混凝土收缩应变值和徐变系数值以及预应力筋应力松弛损失可按照现行《公路钢筋混凝土及预应力混凝土桥涵设计规范》(JTG 3362) 规定计算。持久荷载作用下，验算组合梁截面时应考虑钢与混凝土结合后混凝土徐变的影响；计算可采用混凝土有效弹性模量。

混凝土有效弹性模量为$E_{c\phi}=E_c/[1+\psi_L\phi(t,t_0)]$。钢与混凝土的有效弹性模量比为$n_L=n_0[1+\psi_L\varphi(t,t_0)]$。其中，$n_0$为短期荷载作用下钢与混凝土弹性模量比，$n_s=E_s/E_c$；$E_s$为钢材弹性模量；$E_c$为混凝土弹性模量；$\psi_L$为根据荷载类型确定的徐变因子，永久作用取0.82，用于调整内力的强迫位移作用取1.5；$\varphi(t,t_0)$为加载龄期为t_0，计算考虑龄期为t的混凝土徐变系数。徐变系数最终值，可根据混凝土桥面板的加载龄期和理论厚度进行计算。

对于非预应力钢-混凝土组合桥梁，混凝土徐变、收缩等作用引起的截面应力增量，可采用基于有效弹性模量的虚拟荷载法近似计算，或采用精细的有限元模型计算；对于预应力钢-混凝土组合桥梁，混凝土徐变、收缩等作用引起的截面应力增量，需综合考虑体外预应力筋、体内预应力筋松弛影响。

预应力钢-混凝土组合梁当需要计算施工阶段变形时，可按构件自重和预加力产生的初始弹性变形乘以 $[1+\phi(t, t_0)]$ 求得。此处 $\phi(t, t_0)$ 为混凝土徐变系数，可根据加载龄期和计算的所需龄期计算。

钢管内混凝土在工作期间处于相当稳定的湿度环境，管内混凝土的徐变特性可采用基于基本徐变概念的公式进行计算。钢管混凝土桥墩徐变内力及变形计算时，可根据徐变系数计算，或按照桥墩降温 15℃计算徐变影响；钢管内混凝土在工作期间处于相当稳定的湿度环境，不计算钢管混凝土收缩对桥墩内力的影响。

4.2.8 钢-混凝土组合桥梁的动力性能

城市桥梁在动力效应和风荷载作用下，需满足正常使用极限状态准则，并且考虑桥梁使用者的舒适性。在承载能力和正常使用极限状态下，标准车辆荷载对一般类型的钢-混凝土组合桥梁的动力效应，应采用车辆荷载乘以冲击系数的方法来等效实际的动力效应，冲击系数的计算应遵守相关规范规定。大型重要钢-混凝土组合桥梁需要采用动力有限元方法复核车桥耦合振动响应，并采取合适的减振措施减轻桥梁振动。

为防止人行桥和非机动车道桥在动力荷载作用下发生共振，需核算并控制桥梁的基本频率。有人行荷载等作用的钢-混凝土组合桥梁，其竖向弯曲振动基频 f_0 宜避免在 1.6～2.4Hz 的范围内，如无法避免，需要合理评估其振动带来的影响，或采取有效的减振措施；当 f_0 在 2.5～4.5Hz 范围内时，需验算结构的人致振动响应；当 f_0 超过 5Hz 时，可认为振动响应自动满足。考虑使用者的舒适性，桥面任一部分的最大垂直加速度不应超过 $0.5\sqrt{f_0}$ (m/s^2)，其中 f_0 为桥梁在恒载作用下的自振频率。

钢-混凝土组合桥梁需要充分考虑冲击作用的影响。冲击影响一般都用静力学的方法，即将车辆荷载作用的动力影响用车辆荷载乘以冲击系数来表达。冲击系数 μ 可按相关规范规定计算，即当 $f_0<1.5$Hz 时，$\mu=0.05$；当 1.5Hz$\leqslant f_0\leqslant$14Hz，时 $\mu=0.1767\ln f-0.0157$；当 $f_0>14$Hz 时，$\mu=0.45$。其中，f_0 为结构基频（Hz）。

桥梁的自振频率（基频）宜采用有限元方法计算。对于简支钢-混凝土组合梁，可采用静力折减刚度 B 计算基频，即 $\omega_1=\pi^2\sqrt{B/(ml^4)}$。其中，$B$ 为组合梁考虑滑移效应的折减刚度（N·mm^2）；m 为组合梁单位长度的质量（kg/mm）；l 为组合梁的等效跨径（mm）。当需要计算结构高阶频率时可采用滑移系数法；基于 Euler 梁模型，考虑界面滑移效应，简支组合梁第 n 阶竖弯模态自振频率 ω_n 为 $\omega_n^2=\lambda_n^2\omega_{n,\infty}^2$；其中，$\lambda_n^2$ 为第 n 阶模态考虑截面滑移效应的刚度折减系数，其表达式为 $\lambda_n^2=1-(\beta^2-1)/[(\alpha L)^2/(n^2\pi^2)+\beta^2]$。$\omega_{n,\infty}$ 为无界面滑移时组合梁的第 n 阶自振频率，可由换算截面刚度 EI_∞ 按式 $\omega_{n,\infty}=n^2\pi^2\sqrt{EI_\infty/(mL^4)}$ 计算。

在进行组合梁受迫振动分析时，须计入阻尼对梁动力响应的影响。当分析模型采用混凝土和钢两种材料进行组合梁动力性能分析时，混凝土材料的阻尼比 ξ_c 取 0.05，钢材的阻尼比 ξ_s 取 0.02；当分析模型采用等效截面分析时，截面材料需采用等效阻尼比，当剪力连接程度为 1.0 以上时，推荐等效阻尼比 ξ 为 0.05。

4.2.9　钢-混凝土组合桥梁的疲劳性能

疲劳荷载计算模型主要包括 3 种，即采用等效的车道荷载的计算模型Ⅰ、采用双车模型的计算模型Ⅱ、采用单车模型的计算模型Ⅲ，具体根据《公路桥涵设计通用规范》（JTG D60—2015）和《公路钢结构桥梁设计规范》（JTG D64—2015）的相关规定采用。

疲劳荷载计算模型Ⅰ采用等效的车道荷载，集中荷载为 $0.7P_k$，均布荷载为 $0.3q_k$；P_k 和 q_k 按公路-Ⅰ级车道荷载标准取值，即 P_k 按表 4-2-4 的相关规定取值，q_k＝10.5kN/m；应考虑多车道的影响，横向车道布载系数应按表 4-2-5 的相关规定选用。疲劳荷载计算模型Ⅱ采用双车模型，两模型车轴距与轴重相同，其单车的轴重与轴距布置如图 4-2-5 所示；加载时，两模型车的中心距不得小于 40m。疲劳荷载计算模型Ⅲ采用单车模型，模型车轴载及分布规定如图 4-2-6 所示。当构件和连接不满足疲劳荷载模型Ⅰ验算要求时，应按模型Ⅱ验算。桥面系构件应采用疲劳荷载计算模型Ⅲ验算。表 4-2-4 中，计算跨径 L_0，设支座的为相邻支座中心间的水平距离；不设支座的为上、下部结构相交面中心间的水平距离。

表 4-2-4　集中荷载 P_k 取值

计算跨径 L_0（m）	$L_0 \leqslant 5$	$5 < L_0 < 50$	$L_0 \geqslant 50$
P_k（kN）	270	$2(L_0+130)$	360

表 4-2-5　横向车道布载系数

横向布载车道数（条）	1	2	3	4	5	6	7	8
横向车道布载系数	1.20	1.00	0.78	0.67	0.60	0.55	0.52	0.50

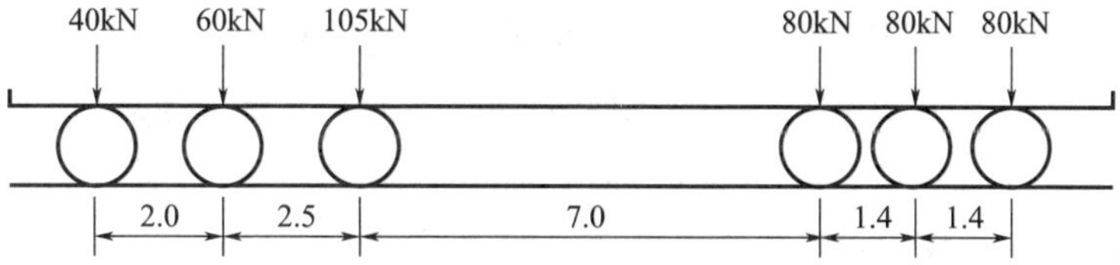

图 4-2-5　疲劳荷载计算模型Ⅱ（尺寸单位：m）

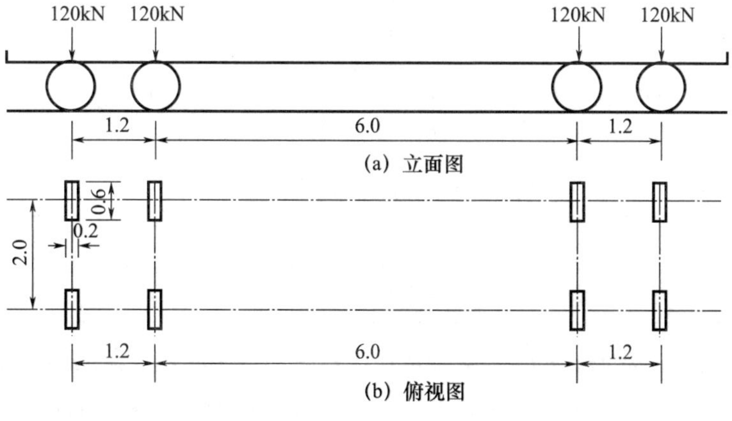

图 4-2-6　疲劳荷载计算模型Ⅲ（尺寸单位：m）

与普通的钢筋混凝土桥梁相比，钢-混凝土组合桥梁的抗剪连接件的疲劳问题更为突出，为此，《钢-混凝土组合桥梁设计规范》（GB 50917—2013）针对抗剪连接件的疲劳荷载计算模型进行了专门的规定，即连接件疲劳荷载计算模型为单车模型，模型车轴载及分布规定如图 4-2-7 所示；将此疲劳荷载计算模型与图 4-2-6 所示的疲劳荷载计算模型Ⅲ进行比较，可以发现两种单车模型仅在车轮的着地尺寸上有所不同，疲劳荷载计算模型Ⅲ的车轮着地尺寸为 0.2m×0.6m，而连接件对应的单车模型车轮的着地尺寸为 0.4m×0.4m。

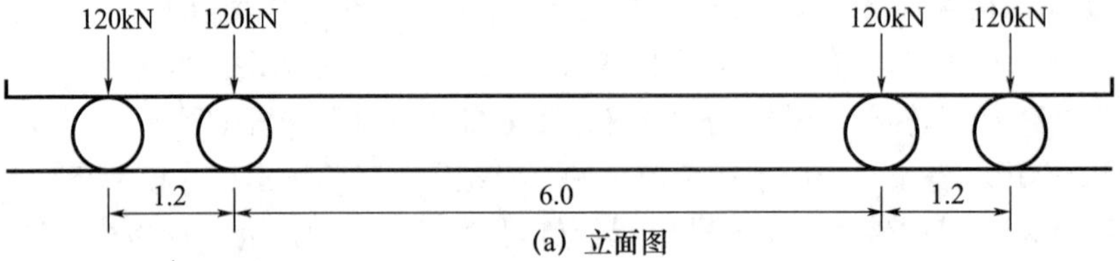

(a) 立面图

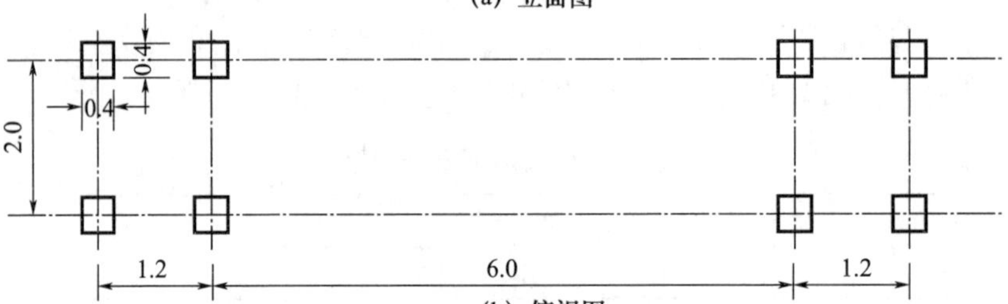

(b) 俯视图

图 4-2-7　抗剪连接件疲劳验算的荷载模型（单位：m）

《铁路桥梁钢结构设计规范》（TB 10009—2017）规定凡承受动荷载的结构构件或连接，应进行疲劳验算。疲劳荷载组合包括设计荷载中的恒载加活载（包括冲击力、离心力）。列车竖向活载包括竖向动力作用时，应将列车竖向静活载乘以运营动力系数（$1+\mu_f$），其值按式 $1+\mu_f=1+18/(40+L)$ 进行计算。其中，L 为桥梁跨度（m），承受局部活载杆件为影响线加载长度；μ_f 为活载冲击力的动力系数。双线铁路桥主桁（或主梁）构件验算疲劳时，按一线偏心加载并以杠杆原理分配于主桁（主梁），并以双线系数 r_d 修正，双线系数 r_d 应符合表 4-2-6 的规定。表 4-2-6 中，δ_1/δ_2 为一线作用下，按杠杆原理计算，两片桁架（或主梁）各自承受的荷载比。双线铁路桥的横梁及连接横梁的主桁挂杆，按一线最大活载，另一线为 80kN/m 活载加载，计算疲劳内力。铁路纵梁与横梁布置在同一平面，当纵梁与横梁用鱼骨形板连接，纵梁可以承受支点弯矩时，纵梁跨中弯矩取 $0.85M_0$，支点弯矩取 $0.6M_0$（M_0 为按简支梁计算的跨中弯矩）。

表 4-2-6　钢梁双线系数 r_d

δ_1/δ_2	3/7	4/8	5/9
r_d	1.13	1.16	1.19

组合梁中钢梁等钢结构部分的疲劳采用《公路钢结构桥梁设计规范》（JTG D64—2015）的疲劳模型进行计算。一般设计情况下，组合梁中混凝土桥面板可不进行疲劳验算。抗剪连接件的疲劳验算采用《公路钢结构桥梁设计规范》（JTG D64—2015）中规定

的钢结构疲劳验算方法进行计算。当剪力连接件焊于受压钢翼缘处时，疲劳验算公式为 $\gamma_{Ff}\Delta\tau_E \leqslant \Delta\tau_C/\gamma_{Mf}$。其中，$\Delta\tau_E$ 为栓钉或其他剪力连接件的焊缝 200 万次循环等效常幅剪应力幅；γ_{Ff}为疲劳荷载分项系数，无特殊说明可取 1.0；γ_{Mf}为疲劳抗力分项系数，多余的结构单元取 1.0，主要结构单元取 1.15；$\Delta\tau_C$ 为对应于 2.0×10^6 次常幅疲劳循环的疲劳抗力。当剪力连接件焊于受拉钢翼缘处时，栓钉剪力连接件焊缝中的剪应力幅和钢梁翼缘中的正应力幅 $\Delta\sigma_E$ 之间存在相互作用，应依据式 $\gamma_{Ff}\Delta\sigma_E/(\Delta\sigma_C/\gamma_{Mf})+\gamma_{Ff}\Delta\tau_E/(\Delta\tau_C/\gamma_{Mf})\leqslant 1.3$，$\gamma_{Ff}\Delta\sigma_E \leqslant \Delta\sigma_C/\gamma_{Mf}$，$\gamma_{Ff}\Delta\tau_E \leqslant \Delta\tau_C/\gamma_{Mf}$进行疲劳验算。其中，$\Delta\sigma_E$，$\Delta\sigma_C$ 分别为疲劳荷载作用下钢梁翼缘等效正应力幅、钢材疲劳抗力，按现行《公路钢结构桥梁设计规范》（JTG D64—2015）的相关规定计算；γ_{Mf}为疲劳抗力分项系数，按现行《公路钢结构桥梁设计规范》（JTG D64—2015）的相关规定取值；其余符号含义同前。

4.3 钢-混凝土组合梁桥设计

4.3.1 钢-混凝土组合梁桥概念设计

（1）基本设计原则。设计钢-混凝土组合梁桥时应综合考虑建设条件、受力性能、耐久性、施工性能、经济性、景观效果、养护与维修成本等因素，合理确定结构形式、跨径布置、截面构造和施工方法；随着劳动力成本的增加以及环保、安全、耐久等要求的提高，需要对桥梁结构的综合性能做出更为全面的分析，例如：桥跨布置是影响组合梁综合性能的重要因素，采用刚构-连续组合梁桥可显著降低跨径数量，减少支座和伸缩缝数量，但作为超静定结构的刚构-连续组合梁桥在温度、收缩徐变和强迫位移下会产生更大的约束内力。下部结构的造价对上部结构的布置、选型和施工方法都具有重要影响；当下部结构建造费用较低时，采用较短的梁跨有可能使整体结构更为经济；反之，当下部结构的建造费用较高时，采用较大的梁跨则可能更为合理。截面形式也是影响组合梁综合性能的重要因素；如工字形钢板梁的加工简单，适合中、小跨径组合梁桥，但施工过程中易发生弯扭失稳，需要设置足够的横向支撑；箱形钢梁的加工较复杂，但抗扭性能更好，施工中几乎不会发生弯扭失稳，适合较大跨径的组合梁桥和抗扭要求较高的斜弯桥。多主梁组合桥中，增加钢梁间距可减少钢梁数量，从而降低钢结构加工费用；但较大的钢梁间距会增大混凝土桥面板的内力，需要用较厚的混凝土板、布置横向次梁或施加横向预应力，对中、小跨组合梁桥会显著增大结构的复杂性。施工方法也会影响组合梁的综合性能；如采用临时支撑施工时可以降低钢结构应力，从而降低用钢量；但有临时支撑的施工方法，有可能增加施工费用和难度。

（2）简支组合梁桥。简支钢-混凝土组合梁桥具有自重轻、承载能力强、构造简单、施工便捷等优点，在中、小跨径桥梁中有广泛应用。在恒载及活载作用下，简支组合梁桥的各截面主要承受正弯矩，钢梁受拉、混凝土桥面板受压，可充分利用钢和混凝土两种材料的受力性能。根据经验数据，跨径在 20～50m 时，简支组合梁桥可取得较好的综合效益。跨径超过 60m 时，宜采用刚度更大的连续梁或刚构组合桥。由于钢和混凝土的组合作用，简支组合梁桥的主梁高度一般可低于预应力混凝土梁桥，为跨径的 1/25～1/18。

简支组合梁桥的钢梁上翼缘在成桥后与混凝土可形成牢固连接，因此成桥后不会发生失稳；但简支组合桥施工时通常需先架设钢梁，然后在其上浇筑混凝土。钢梁在湿混凝土荷载作用下存在失稳的可能，需要校核钢梁的失稳承载力。为了保证钢梁在施工过程中的稳定性，需要在主梁间设置横向联结系，以提供足够的侧向支撑。

（3）连续组合梁桥。当多跨梁桥的跨度超过 50m 时，可采用连续组合梁。连续组合梁的自重较轻、刚度较大，可有效降低活载作用下的挠度。各跨桥梁连为整体，可提升桥梁在偏载作用下的抗倾覆能力。作为超静定结构的连续组合梁具有更强的超载能力，当荷载导致结构某一个截面达到其极限抗弯承载力时，结构仍能够通过内力重分配将弯矩转移到其他部位而不致倒塌。此外，连续组合梁桥可以减少支座和伸缩缝的数量，简化支座的构造。连续组合梁桥的刚度较大，梁高可以相对较低。一般而言，等截面连续组合梁桥的主梁高度可取跨径的 1/30～1/16。对于变截面的连续组合梁桥，支点处的主梁高度可取跨径的 1/22～1/15，跨中则可取跨径的 1/48～1/30。变高度的连续梁立面更加美观，同时可以调整结构弯矩的分布，降低跨中挠度，从而节省材料费用。但变高度也增大了支座处的负弯矩（图 4-3-1），增加了钢结构加工难度，需要综合考虑方案的合理性。

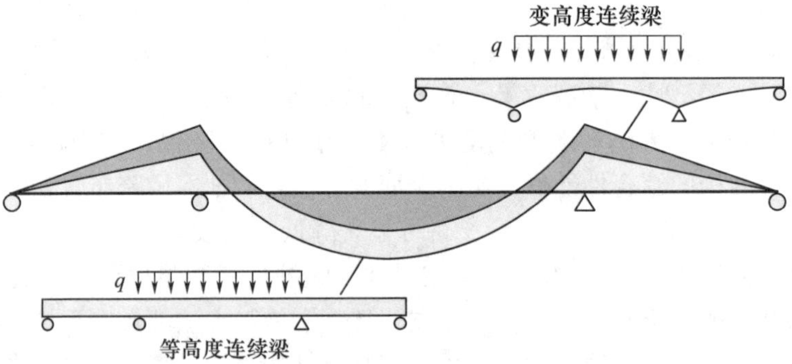

图 4-3-1　等高度和变高度连续梁的弯矩图

施工方式对成桥后结构的应力水平和变形有明显影响，需要根据实际施工方案来确定合理的结构高度。如施工过程中有临时支撑时，恒载主要由混凝土桥面板和钢梁所形成的组合梁所承担，主梁高度可适当取较低值；反之，采用无临时支撑的施工方案时，主梁高度需相应提高。连续组合梁桥的孔跨布置应结合实际情况确定，特别要考虑施工方式和下部构造的影响；一般可设计为一联 3 跨或更多跨，为减少边跨支座截面的负弯矩，边跨和相邻中跨的比例可取 0.5～0.8。连续组合梁正弯矩区的设计与简支组合梁基本相同，负弯矩区的设计是连续组合梁桥的难点。负弯矩区的混凝土桥面板受拉、钢底板受压，因此存在混凝土桥面板受拉开裂和钢底板局部屈曲的风险。为防止负弯矩区钢梁底板的局部屈曲，一般需要设置较厚的钢底板或较多的受压加劲肋，从而增大了用钢量。可以在负弯矩区钢梁底板上浇筑混凝土，并用连接件可靠连接钢梁底板和混凝土，形成双重组合作用，如图 4-3-2 所示。负弯矩区的底板混凝土承担压力，可改善受压钢底板的受力性能，有效防止受压钢底板屈曲，避免使用厚钢板从而带来的现场厚板焊接作业条件差等问题。

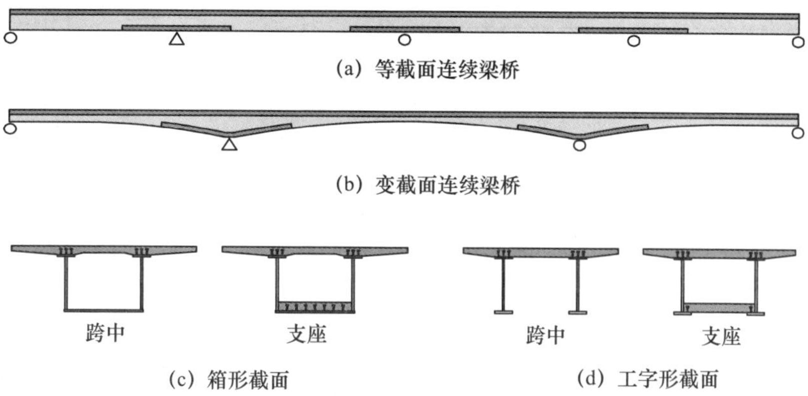

图 4-3-2　连续梁桥的双重组合作用

对于跨度较大，且钢梁截面窄而高的连续组合梁，负弯矩的钢梁若没有足够的侧向支撑，还可能发生钢梁受压翼缘和腹板扭曲而产生侧扭屈曲，如图 4-3-3 所示。侧扭屈曲承载力需要根据相关规范的相关规定进行校核。考虑负弯矩区混凝土开裂时，存在两种设计思路：一是允许混凝土开裂，根据环境等级控制负弯矩区混凝土板的裂缝宽度；但由于混凝土的开裂受荷载、收缩、温度等多种因素影响，裂缝宽度和开裂范围的精确计算尚有一定困难。二是采取有效措施防止负弯矩区混凝土开裂，一般需保证负弯矩区混凝土在短期荷载组合下不超过混凝土拉应力标准值，长期荷载组合下处于受压状态。无论负弯矩区按允许开裂设计还是按不允许开裂设计，都需要采用一定措施尽量降低负弯矩区混凝土的拉应力。常用的方法包括张拉预应力筋、采用合适的施工工序、采用可释放纵向滑移的连接件等。连续组合梁的受力性能较好，但设计、制作和安装相对复杂，结构的内力对温度、收缩徐变和支座沉降较为敏感，使用时需综合考虑这些因素。

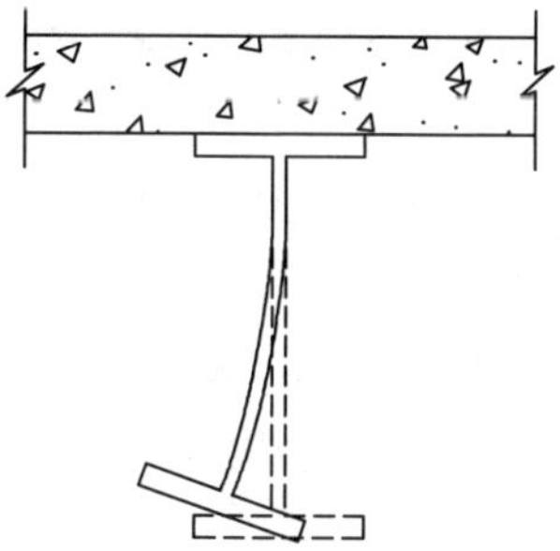

图 4-3-3　连续组合梁负弯矩区的侧扭屈曲失稳模式

（4）组合刚构梁桥。当梁桥的跨径进一步增大或需要跨越深阔河谷时，可考虑使用组合刚构桥。刚构桥的桥下净空大、造型美观，可节省支座，具有较好的抗震性能，可有效避免强震下发生落梁破坏。刚构桥的墩-梁固结后，墩对梁的约束可降低主梁内力，主梁跨中截面相比其他梁式桥型可相应减小。但是，刚构桥的超静定次数高，对温度、收缩、支座沉降等更为敏感。组合刚构桥可采用门式刚构、斜腿刚构、V 形墩刚构等形式，适用于跨越深阔河谷、跨线桥、城市高架桥和跨海大桥等；对于曲线桥或匝道桥，为提升结构的整体性和抗倾覆能力，也可以采用墩-梁固结的组合刚构桥；对于总长度很长的多跨桥，可在中间桥墩采用墩-梁固结，边跨采用连续梁体系；组合刚构桥的各种形式如图 4-3-4所示。

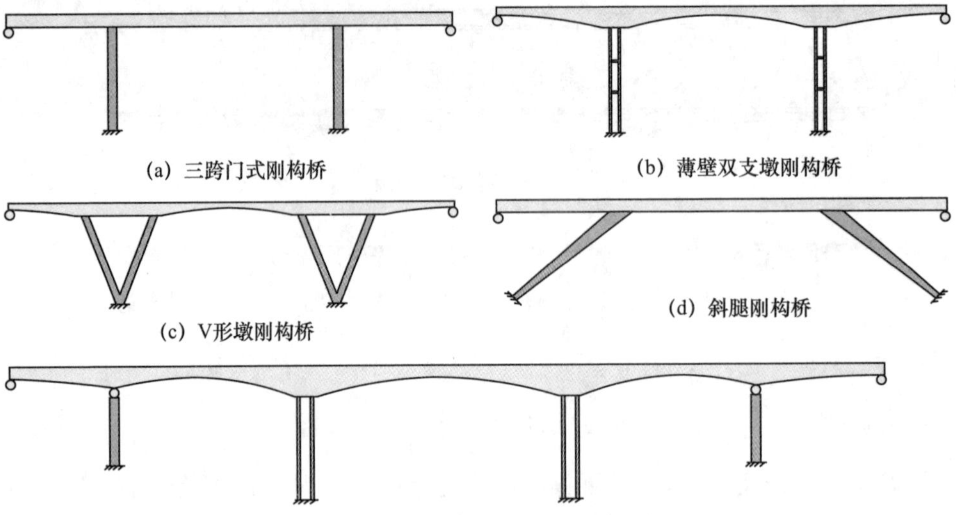

(a) 三跨门式刚构桥　(b) 薄壁双支墩刚构桥

(c) V形墩刚构桥　(d) 斜腿刚构桥

(e) 多跨刚构桥，边跨采用连续梁体系

图 4-3-4　组合刚构桥的各种形式

大跨组合刚构桥的结构内力沿跨度方向的变化幅度较大，往往采用变高度梁的结构形式；对于悬臂施工法的刚构桥，靠近墩柱处可采用较大的截面，以提供足够的施工阶段承载力和刚度，而跨中区域可采用较小的截面，以减轻自重。一般而言，墩柱附近的主梁高度由承载力控制，可取为与连续组合梁桥一致为 1/22～1/15；跨中截面高度主要由活载挠度控制，截面高度可低至跨径的 1/80～1/50。边-中跨的跨径比是组合刚构桥的重要参数。边跨跨度过大时，悬臂施工中边跨所需支撑的范围也较大；边跨跨度过小时，边跨对主跨的卸载能力降低，活载作用于跨中时，边支座可能出现上拔力；对中、小跨径的连续刚构桥，边-中跨跨径比取 0.5～0.8 可使中跨跨中不会产生负弯矩，边墩支点也不会出现上拔。

墩梁刚度比是组合刚构桥的另一个重要参数。较大的墩梁刚度比能有效降低活载挠度，但也会因温差、基础变位等原因产生很大的约束内力，设计时应根据实际需要，合理选择桥型并确定结构布置，避免顺桥向产生过大的约束内力。组合刚构桥的桥墩可采用钢筋混凝土桥墩或钢管混凝土桥墩，两者的对比见表 4-3-1。墩柱一般应与基础固结，以提升结构的抗震能力。为了降低温差作用下桥墩的约束应力，也可采用刚度较小的薄壁双肢墩或多支墩。

表 4-3-1　钢筋混凝土桥墩与钢管混凝土桥墩对比

墩型	优点	缺点	适用范围
钢筋混凝土桥墩	材料成本低，便于就近取材；设计理论成熟，设计人员经验丰富；防腐蚀性能好；施工技术成熟	易开裂，开裂后钢筋容锈蚀；施工较费时；结合部构造较复杂，传力不明确	跨河、跨海大桥；耐腐蚀性要求较高的地区；抗震性能要求较低的地区；高墩刚构桥
钢管混凝土桥墩	施工成本低，施工快速方便；与钢主梁的连接方便、传力明确；抗震性能好；无混凝土开裂问题	需表面防腐；材料成本较高；设计较为复杂	耐腐蚀性要求较低的地区；抗震性能要求高的地区；桥墩相对较低的情况

组合刚构桥的主梁与桥墩固结，具有可不设置支座的优点，如何将桥面系承担的荷载有效地传给桥墩是设计施工的关键问题；通常要求结合部的破坏应滞后于主梁或桥墩的破坏，并具有足够的延性和耐久性；墩-梁结合部的轴力和剪力的传递较容易实现，弯矩的传递则需要一定的构造措施；常用的结合部构造形式包括钢筋锚固式、锚杆式、钢柱结合式、局部承压式、钢板锚固式、钢套筒式、外置式、横梁-墩柱结合式等，详细构造见相关规范。

（5）组合桥面系组成。组合梁桥的桥面系由钢主梁、横向联结系、混凝土桥面板、抗剪连接件、桥面构造等部分组成，如图 4-3-5 所示。钢梁通过抗剪连接件与混凝土桥面板形成组合梁，是桥梁的主要承重结构。横向联结系保证各根主梁连接成整体，以提高施工阶段的稳定性和成桥后的整体性。混凝土桥面板一方面与钢主梁形成组合截面共同承担外部荷载，另一方面也为钢梁提供了有效的侧向支撑，能够大幅提高结构的稳定性。

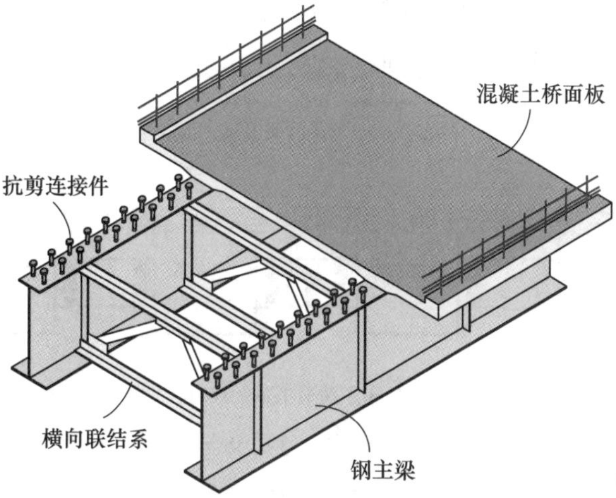

图 4-3-5　组合桥面系构造示意图

（6）钢主梁。钢主梁主要有工字形钢板梁和钢箱梁两种形式，设计时应根据受力性能的需要选择合适的截面形式和板件尺寸，且宜使截面中性轴处于钢梁高度范围内。工字形钢板梁的制作、安装都较为方便，适用于中、小跨度的组合梁桥，如图 4-3-6（a）所示。钢板梁一般由三块钢板焊接而成，为充分发挥钢材的抗拉作用，可用下翼缘加宽加厚的非对称工字形截面的钢板梁；为提高施工阶段钢梁的稳定性，并更有效地在横桥向分布荷载，各片钢梁之间需设置横向联结系。跨径较大的组合梁桥可采用钢箱梁，如图 4-3-6（b）所示；从节省钢材用量的角度，钢箱梁宜做成上端开口钢箱梁截面形式。各钢箱的腹板既可以竖直布置，也可以做成向外倾斜的形式，后者可减少底板的宽度，并且外形较为美观。为提高开口钢箱梁在施工阶段的稳定性，并增强结构的抗扭刚度，钢箱梁内通常需要设置横隔。由于箱形截面组合梁的抗扭刚度较大，因此非常适用于匝道桥等曲线梁桥。

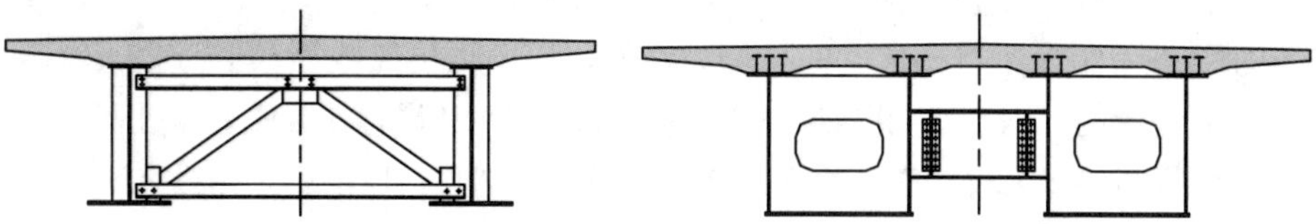

（a）工字形截面组合桥　　（b）箱形截面组合桥

图 4-3-6　组合梁桥的主梁形式

对于桥面较宽的城市主干道或高速公路主线，可采用多主梁式的组合梁桥，如图 4-3-7 所示；各主梁之间用横向联结系相互连接，以保证施工阶段的钢梁稳定性和成桥后的整体性。当吊装能力可满足要求时，也可采用整体性更好的单箱多室型组合梁桥，如图 4-3-8 所示；单箱多室型组合梁桥的底面较为整洁，用于城市立交桥中可取得较好的外观效果；但单箱多室型组合梁桥的底板全部连通，桥面特别宽时用钢量明显大于多主梁式组合梁桥。多主梁桥中，钢梁的个数是影响整桥用钢量的重要参数，较少的钢梁个数一般可降低用钢量，但钢梁个数较少时一般需要增大钢梁的梁高和翼缘板厚，梁高较大时需要更多的腹板加劲肋，厚翼缘板的焊接加工较为困难。同时，钢梁个数减少会增大混凝土桥面板的横向跨度，从而增大混凝土板厚和配筋率。设计时需要权衡考虑这些因素，确定合适的钢梁个数。

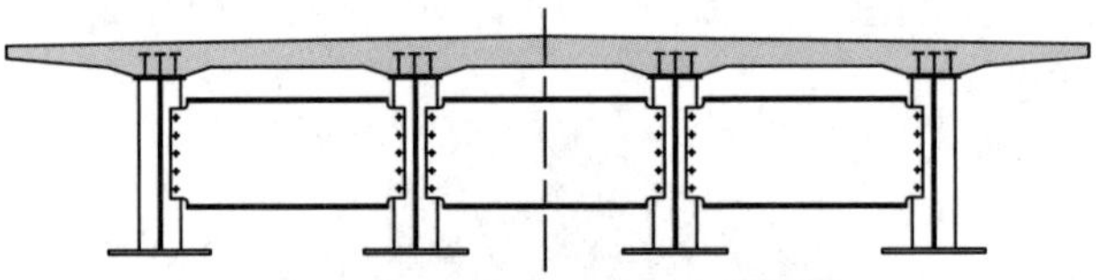

(a) 工字形截面多主梁式组合梁桥

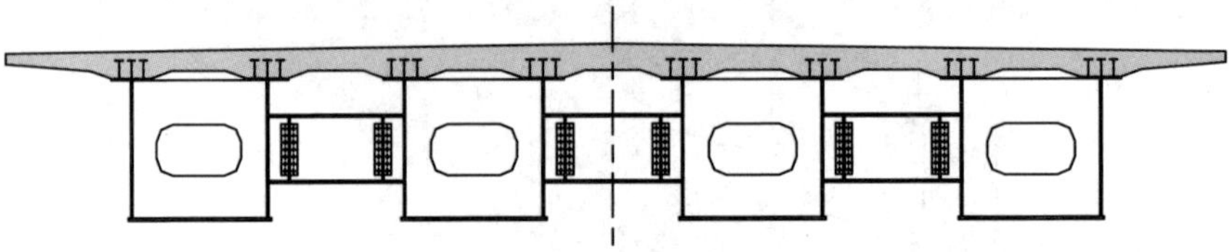

(b) 箱形截面多主梁式组合梁桥

图 4-3-7　多主梁式组合梁桥

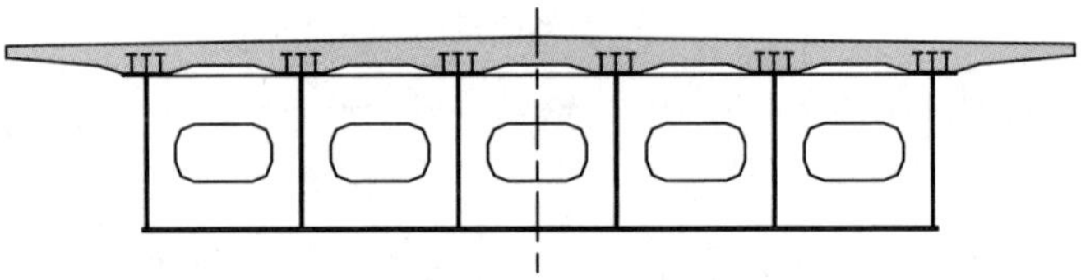

图 4-3-8　单箱多室型组合梁桥

(7) 横向联结系。钢-混凝土组合梁桥在施工过程中，钢梁的侧向刚度及抗扭刚度均较小，在各种竖向及水平荷载作用下易发生整体弯扭失稳，因此需要设置一定数量的临时或永久横向联结系来提高结构的稳定性。在成桥状态下，由多根组合梁并列所形成的桥面系，设置横向联结系可有效地分配活荷载，从而将各根主梁连接成整体来共同受力。此外，横向联结系还有助于桥梁安装架设时主梁及桥面板的定位。设置在梁端部的横向联结系，还可以作为临时支点在更换桥梁支座时用于顶升桥梁。当桥梁跨度较大时，横向联结系与纵向联结系及组合梁可构成空间抗侧力框架，用于抵抗风载等水平荷载的作用。

根据设置位置的不同，横向联结系可分为设置在跨间和设置在梁端支座处两类。出于更换支座和检修等需要，梁端支座处的横向联结系应进行加强，以便用于作为临时受力点来顶升桥面结构。同时，梁端支座处的横向联结系对抵抗桥梁的整体扭转、传递扭矩和水平力有显著作用，需要保证有足够的刚度。根据构造形式的不同，横向联结系则可分为实腹式和桁架式两种。桁架式横向联结系节省材料，通透性好，但连接构造相对复杂，一般可以分为 K 型桁架和 X 型桁架［图 4-3-9（a）、图 4-3-9（b）］。实腹式横向联结系的构造简单、刚度较大，但钢梁间距较大时用钢量较高，可分为直接支撑桥面板和不支撑桥面板两类［图 4-3-9（c）、图 4-3-9（d）］。在箱形截面的组合梁桥中，除横向联结系之外，钢箱梁内通常也需要设置横隔构造，以提高结构在施工阶段的稳定性，如图 4-3-9（e）所示。横隔板还可以限制钢箱梁在施工时及成桥后的畸变和横向弯曲变形，防止过大的局部应力，提高结构的整体抗扭性能。

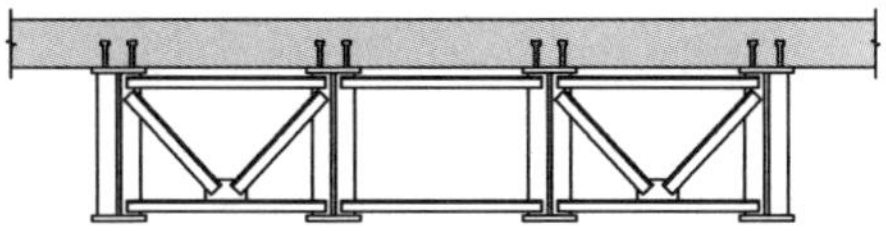

(a) K形桁架式横向联结系

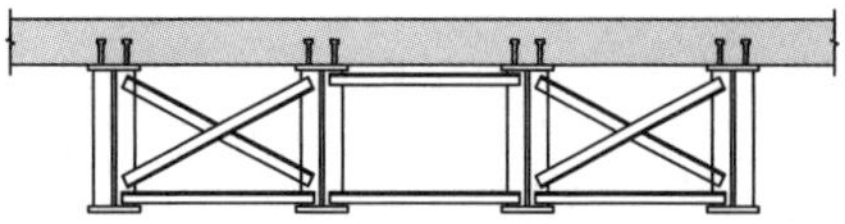

(b) X形桁架式横向联结系

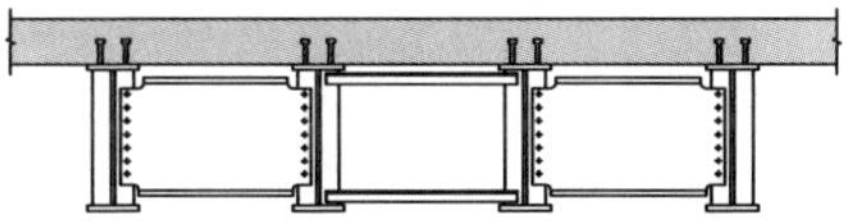

(c) 不支撑桥面板的实腹式横向联结系

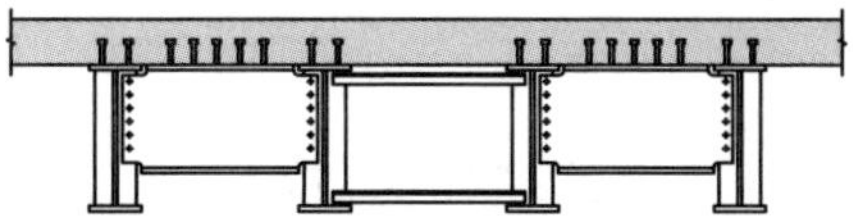

(d) 直接支撑桥面板的实腹式横向联结系

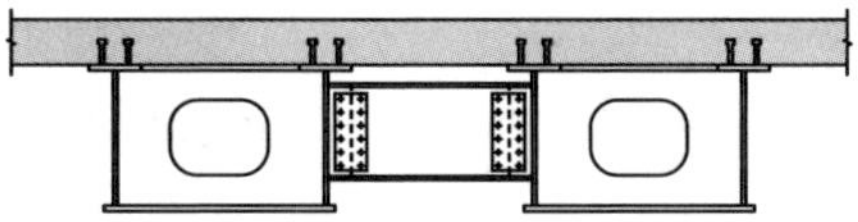

(e) 钢箱梁的横隔板和实腹式横向联结系

图 4-3-9　横向联结系构造示意图

横向联结系一般与主梁腹板相连，为了使横向联结系的传力可靠，横向联结系的高度不宜过小，不应小于主梁高度的 1/2；横向联结系的间距主要由主梁的稳定性要求所决定，可通过验算钢梁承受混凝土湿重时的侧扭失稳承载力来确定；典型的横向联结系间距可取钢梁受压翼缘宽度的 12～15 倍，并不得超过受压翼缘宽度的 30 倍。对于斜交桥，当斜交角较小时（不大于 20°），横向联结系可布置成斜交方向，以便于各钢梁节段构造一致，如图 4-3-10（a）所示；当斜交角较大（大于 20°）时，应将横向联结系布置在主梁正交方向，以提高横向联结系的约束能力，如图 4-3-10（b）所示。

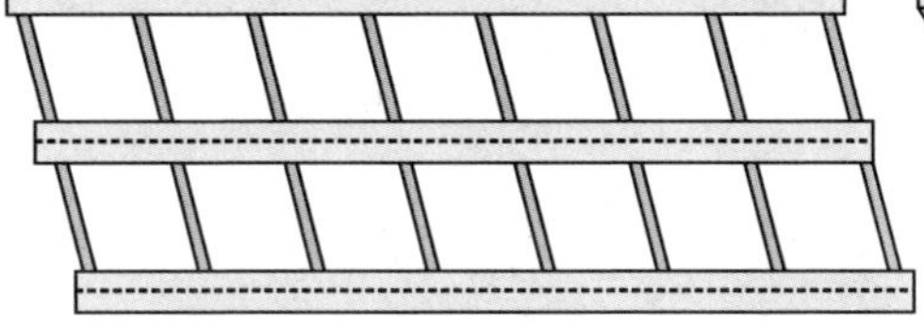

(a) 斜交角较小时，横向联结系斜交布置

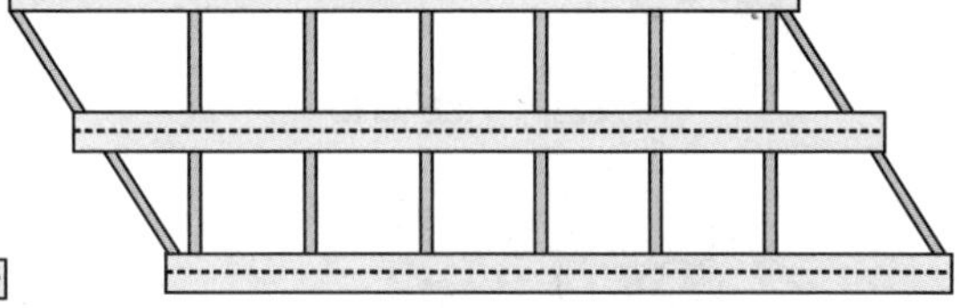

(b) 斜交角较大时，横向联结系正交布置

图 4-3-10　斜桥梁的横向联结系布置示意图

（8）混凝土桥面板。在钢-混凝土组合结构桥梁中，混凝土桥面板既作为组合截面的一部分参与整体受力，即整体受力作用，也起到直接承受车辆轮压的作用，即局部受力作用。设计时需分别校核混凝土板在整体和局部受力下的承载力，其中整体受力的校核包括

组合梁纵向弯曲下的应力校核和抗剪连接件引起的纵向剪力校核；局部受力的校核包括轮压作用下的横向局部弯曲校核和冲切力校核。

混凝土桥面板的厚度一般为 200～400mm，板厚小于 200mm 时抗冲切承载力较低，大于 400mm 时，会显著增大组合桥的自重。桥面板的横桥向跨度一般可做到 2.5～4.0m，桥面悬臂板为 1.0～1.5m。主梁之间的桥面板的跨高比一般可以做到 10～25，悬臂板跨高比为 5～10。采用横向预应力桥面板时，桥面板横向跨度可以更大，板厚也可有所减小。桥面板混凝土一般采用 C30～C60 混凝土。材料选择时，除强度外，对其抗渗性、抗裂性、收缩徐变等影响桥面结构耐久性和长期性能的指标也需要慎重考虑。为进一步减小板厚和降低自重，也可采用超高性能混凝土（UHPC）桥面板。

混凝土桥面板存在等厚、带板托、弧线底面和 Π 形等多种截面形状，如图 4-3-11 所示；从方便施工的角度出发，通常采用等厚或带板托的桥面板。从桥面板构造和施工方式来看，混凝土桥面板分为现浇混凝土桥面板、预制混凝土桥面板、叠合板混凝土桥面板、压型钢板-混凝土组合桥面板、钢板-混凝土组合桥面板等，如图 4-3-12 所示。

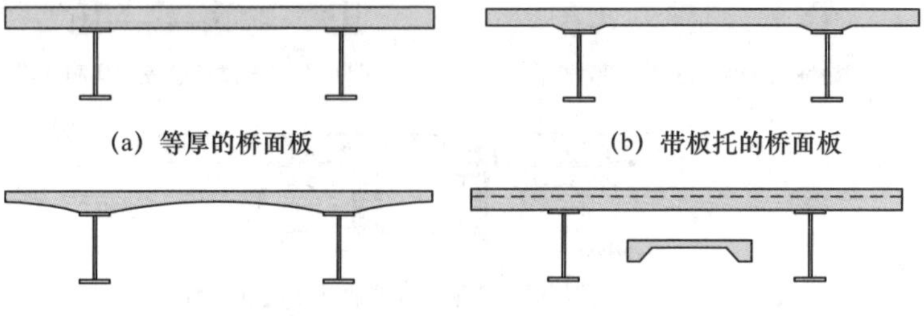

(a) 等厚的桥面板　(b) 带板托的桥面板

(c) 弧线底面的桥面板　(d) Π形桥面板

图 4-3-11　混凝土桥面板的典型截面形状

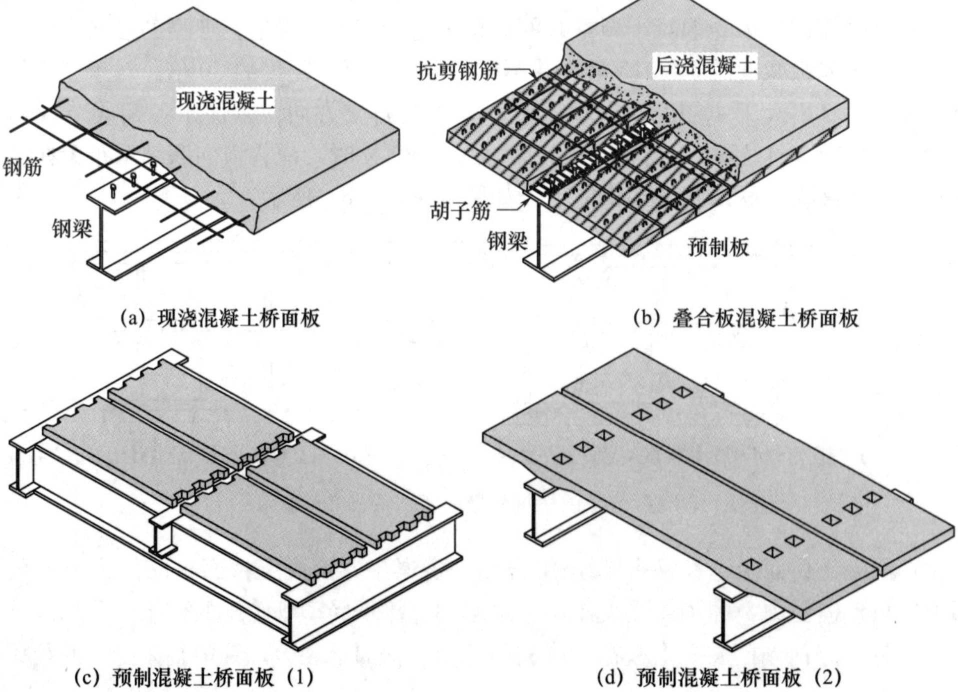

(a) 现浇混凝土桥面板　(b) 叠合板混凝土桥面板

(c) 预制混凝土桥面板 (1)　(d) 预制混凝土桥面板 (2)

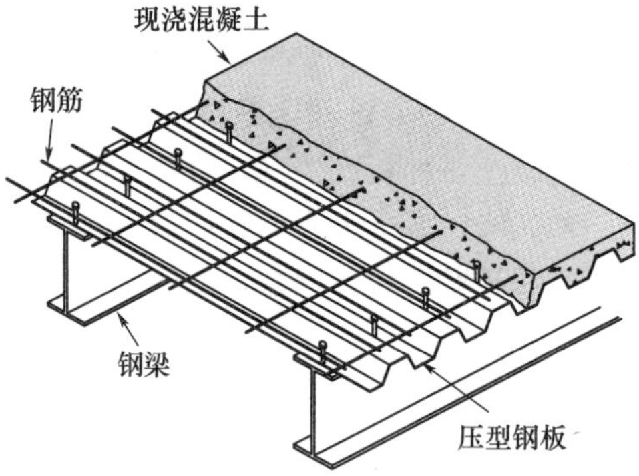

(e) 压型钢板-混凝土组合桥面板

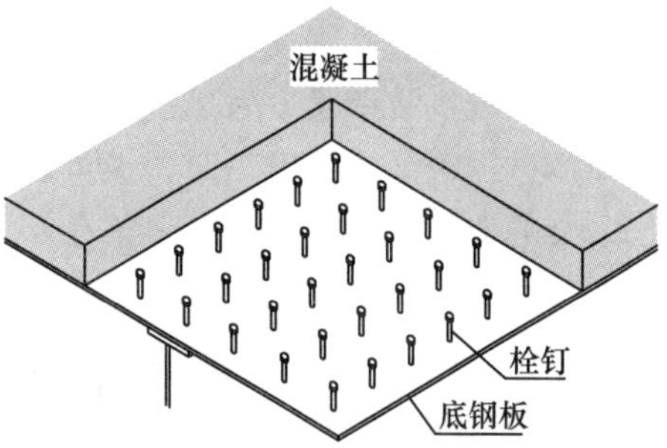

(f) 钢板-混凝土组合桥面板

图 4-3-12　组合梁桥的各种桥面板形式

现浇混凝土桥面板［图 4-3-12（a）］施工时需要设置模板，在模板上现场浇筑混凝土，施工费用较高；现浇混凝土硬化后即与钢梁组合成整体，混凝土的收缩会受到钢梁的限制，从而在混凝土内引起拉应力。采用预制混凝土桥面板［图 4-3-12（c）、图 4-3-12（d）］可减小现场的湿作业量，施工速度快。钢梁架设完成后安装预制桥面板，然后在预制桥面板预留的槽口处浇筑混凝土，使钢梁与预制混凝土桥面板连成整体。预制的桥面板一般在工厂养护到一定期限，从而有效释放收缩引起的拉应力。预制桥面板之间的湿接缝混凝土应选择收缩性较小或具有收缩补偿性能的微膨胀混凝土。当桥面板的跨厚比较大时，也可采用先张预应力的预制桥面板。

由于预制桥面板的加工和安装误差，预制混凝土桥面板架设后往往无法保证较好的桥面平整度，需要另设找平层，同时预制桥面板之间的湿接缝也容易发生纵向剪切破坏，采用叠合板混凝土桥面板［图 4-3-12（b）］则可以弥补这一缺点。叠合板混凝土桥面板施工中将预制桥面板作为底模承受施工荷载和湿混凝土的质量，当后浇混凝土硬化后，预制桥面板和后浇混凝土可作为桥面板整体受力，因而具有构造简单、施工方便、受力性能好等优点。预制桥面板的受力钢筋需要伸出板端一段长度，称为“胡子筋”，板顶需要设置抗剪钢筋以保证预制和现浇部分共同工作。压型钢板可作为桥面板施工时的模板，从而形成压型钢板-混凝土组合桥面板，如图 4-3-12（e）所示，但桥面板受动力荷载作用较大，不宜考虑压型钢板的受力作用，混凝土板内仍需配置下部受力钢筋。相对于叠合板混凝土桥面板，压型钢板-混凝土组合桥面板的材料造价一般偏高。传统的正交异形钢桥面板疲劳问题突出，可在钢桥面板上浇筑混凝土板，并用连接件连接钢板和混凝土，形成钢板-混凝土组合桥面板，如图 4-3-12（f）所示。为保证钢板和混凝土形成组合作用，避免钢板的剥离和屈曲，并降低腐蚀的风险，组合桥面板的全部面积内均需布置抗剪连接件。钢板-混凝土组合桥面板的刚度和承载力较大，因而组合桥面板的厚度一般低于普通混凝土桥面板，从而减轻桥面板自重，但用钢量高于其他形式的桥面板。

（9）组合梁桥的施工。施工方式是影响组合梁桥受力状态的重要因素。选择施工方式时应综合考虑结构的受力、施工场地限制、吊装能力限制、桥下通行要求、施工工期等。不同的组合桥施工方法对应着不同的施工速度和建造成本。若要使施工简单、速度快，则应尽量整体安装、不用或少用临时支撑结构，但这样往往需要更强的吊装能力，或使结构中的应力增大，若要优化结构的成桥状态，则需要精心设计更复杂的施工步骤，从而使得施工速度减慢。设计者需要综合利用各种施工方法的优点，在优化桥梁成桥状态和降低施工成本之间寻找合适的平衡点。组合梁桥的施工包括钢梁架设和浇筑混凝土桥面板两部分，一般先架设拼装钢梁，后以钢梁为支撑浇筑混凝土桥面板。当现场浇筑混凝土较困难时，例如，进行跨海桥梁施工时，也可以在工厂预先浇筑混凝土桥面板，然后整体吊装组合梁。钢梁的架设包括分段安装、整孔安装、顶推和悬臂拼装等方法，如图 4-3-13 所示。

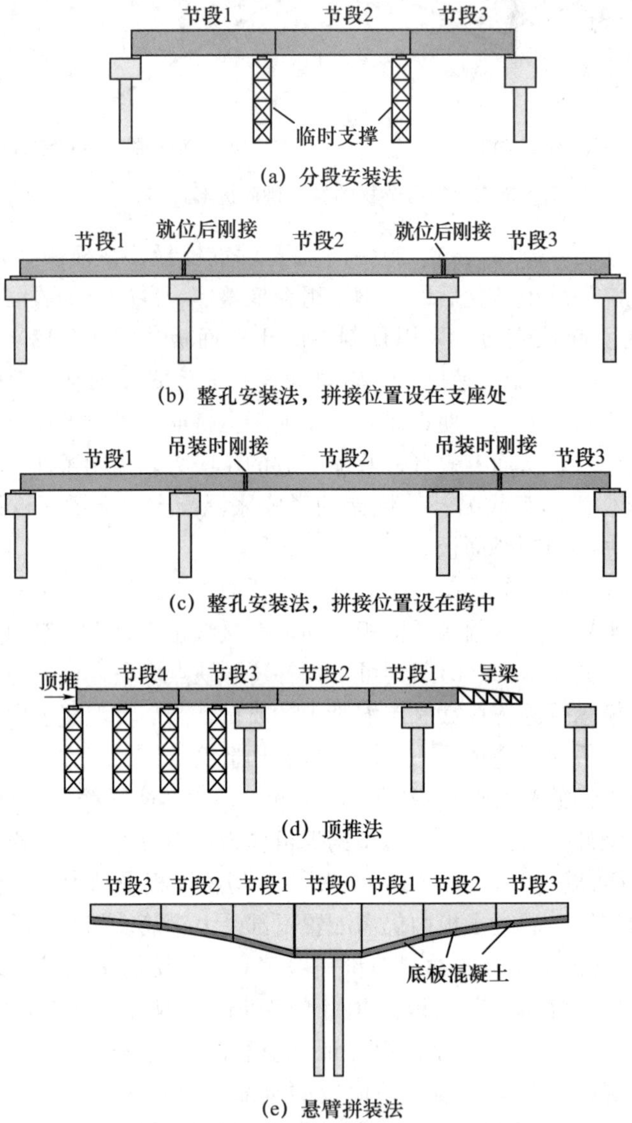

图 4-3-13　钢梁架设安装方法

对于中、小跨径的组合梁，分段安装钢梁是较为经济的施工方式，如图 4-3-13（a）所示。分段安装时，先将钢梁节段搭设在临时支撑上，进行平面和高程纠偏后连接钢梁；钢梁节段不宜过多，以免累积安装误差；临时支撑宜保留至浇筑混凝土桥面板时，从而降低混凝土湿重作用下的钢梁应力。当吊装能力较强且桥下不具备设置临时支撑的条件时，也可以采用整孔安装法，即在桥址附近场地预先拼装好钢主梁，然后整孔安装到位，如图 4-3-13（b）、图 4-3-13（c）所示。对于连续组合梁桥，钢梁的拼接位置既可以设在支座处，也可设置在跨中弯矩较小处；钢梁的吊装状态和成桥状态相差较大，需要进行吊装工况下的钢梁应力验算；吊点宜设置在加劲肋或横隔板处，避免产生过大的局部应力。

对于不具备吊装条件的组合梁桥，也可采用顶推法进行安装，如图 4-3-13（d）所示。顶推时应设置质量轻，且具有足够刚度和强度的导梁，导梁和钢梁之间宜采用螺栓连接；顶推位置处存在较大的局部应力，一般需要设置较厚的加劲板。跨越深阔河谷的刚构-连续组合桥，也可采用悬臂拼装法进行施工，如图 4-3-13（e）所示。对于考虑双重组合作用（图 4-3-2）的组合桥，可先浇筑钢梁节段的底板混凝土，然后悬臂拼装带底板混凝土的组合梁节段，从而降低悬臂状态下的钢梁底板应力。悬臂拼装时，应严格控制节段的拼装精度，包括高程和平面位置。

混凝土桥面板施工时应考虑新浇筑混凝土、支座的顶升和降落、临时支撑的撤除等工序对已硬化混凝土的影响，合理的施工方法和施工工序对降低钢梁应力和负弯矩区桥面板的抗裂具有重要作用。当施工工期较宽裕时，可通过控制混凝土的浇筑顺序降低负弯矩区混凝土拉应力，即先浇筑跨中正弯矩区的混凝土，待正弯矩区混凝土硬化后撤除跨中临时支撑，再浇筑支座负弯矩区的混凝土；对于考虑双重组合作用的连续梁，则应先浇筑负弯矩区底板的混凝土，再浇筑桥面板混凝土。典型的混凝土浇筑顺序如图 4-3-14 所示。除了控制混凝土的浇筑顺序以外，还可以采用预压荷载法和支座位移法对支座负弯矩区的混凝土施加预压力，如图 4-3-15 和图 4-3-16 所示。采用预压荷载法和支座位移法时，需要对预压荷载的大小和支座顶升量进行精细计算，避免预压荷载和顶升支座时结构的应力过大。

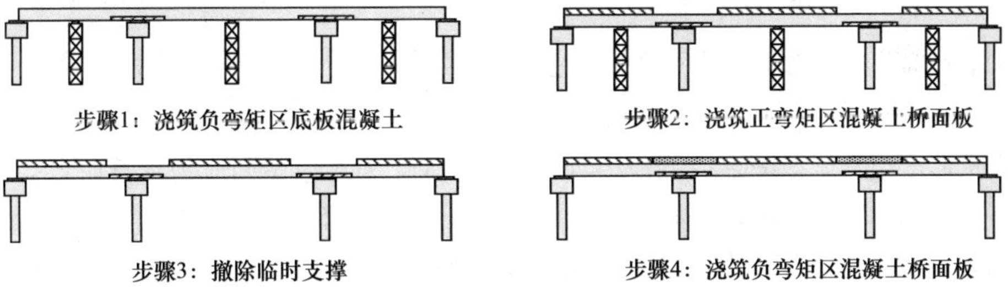

图 4-3-14　典型的混凝土浇筑施工顺序

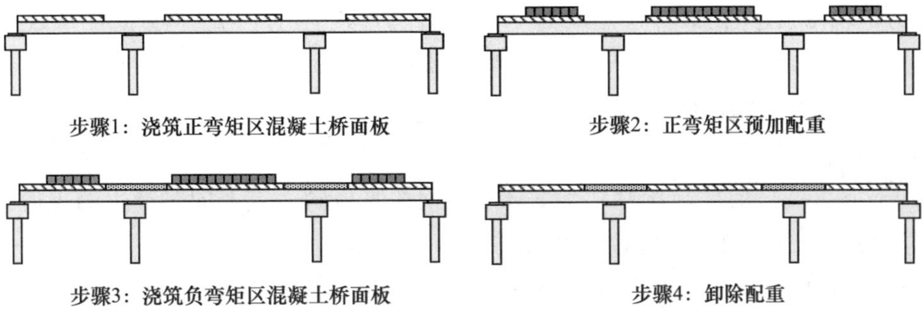

图 4-3-15　用预压荷载法对负弯矩区混凝土施加预压力

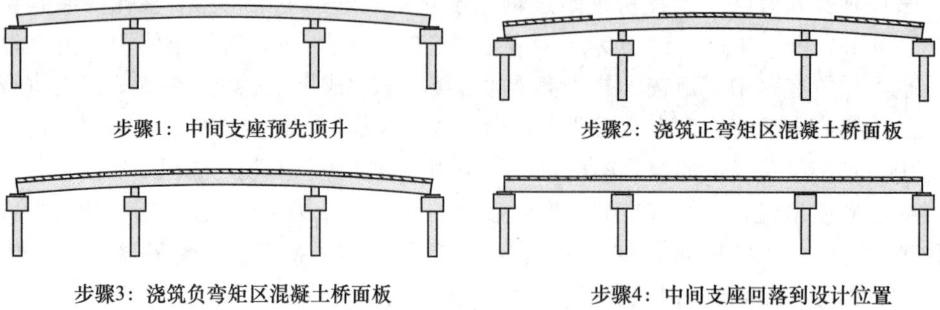

图 4-3-16　用支座位移法对负弯矩区混凝土施加预压力

4.3.2　钢-混凝土组合梁桥承载力极限状态验算

组合梁的作用效应计算应符合以下四方面规定：①按弹性方法进行计算，必要时考虑结构的二阶效应；②应考虑施工方法及顺序的影响，并对施工过程进行强度和稳定性验算；③施工阶段的作用组合效应应符合现行《公路桥涵设计通用规范》（JTG D60—2015）的规定；④应考虑预应力张拉、混凝土收缩徐变等因素的影响。当剪力连接件按相关规范的相关规定进行设计时，组合梁内力计算可不考虑钢梁和混凝土桥面板之间的滑移效应，按换算截面法计算截面惯性矩。

计算组合梁截面特性时，应考虑混凝土开裂和混凝土板剪力滞后的影响，按相关规范的规定计算等效惯性矩。组合梁的温度效应可按相关规范的相关规定计算。混凝土板收缩徐变产生的效应可按相关规范的相关规定计算。

组合梁截面抗弯承载力采用线弹性方法进行计算，以截面上任意一点达到材料强度设计值为抗弯承载力的标志，并符合 $\sigma=\sum_{i=1}^{\mathrm{II}}(M_{\mathrm{d},i}/W_{\mathrm{eff},i})$ 和 $\gamma_0\sigma\leqslant f$ 的要求。其中，i 为变量，表示不同的应力计算阶段，$i=\mathrm{I}$ 表示未形成组合梁截面（钢梁）的应力计算阶段，$i=\mathrm{II}$ 表示形成组合梁截面之后的应力计算阶段；$M_{\mathrm{d},i}$ 为对应不同应力计算阶段，作用于钢梁或组合梁截面的弯矩设计值（N・mm）；$W_{\mathrm{eff},i}$ 为对应不同应力计算阶段钢梁或组合梁的抗弯模量（mm^3），应考虑混凝土开裂和混凝土板剪力滞后效应的影响；f 为钢筋、钢梁或混凝土的设计强度（MPa）。

组合梁的竖向剪力由钢梁腹板承担，竖向抗剪承载力按下列相关原则计算，即组合梁竖向抗剪承载力验算应按式 $\gamma_0 V_{\mathrm{vd}}\leqslant V_{\mathrm{vu}}=A_{\mathrm{w}}f_{\mathrm{vd}}$ 计算，其中，γ_0 为结构重要性系数；V_{vd} 为组合梁竖向剪力设计值（N）；V_{vu} 为组合梁竖向抗剪承载力（N）；A_{w} 为钢梁腹板的截面面积（mm^2）；f_{vd} 为钢材抗剪强度设计值（MPa）。

组合梁承受弯矩和剪力共同作用时，应考虑两者耦合的影响，腹板最大折算应力应按式 $\sqrt{\sigma^2+3\tau^2}\leqslant 1.1f_{\mathrm{y}}$ 验算，其中，σ、τ 分别为钢梁腹板同一点上同时产生的正应力、剪应力（MPa）；f_{y} 为钢材抗拉强度设计值。

组合梁的稳定性验算应满足以下六方面要求：①钢梁稳定性验算应符合现行《公路钢结构桥梁设计规范》（JTG D64—2015）的有关规定；②组合梁在混凝土板硬化前，钢梁独自承担外部作用，因此施工期间组合梁应具有足够的侧向刚度和侧向约束（支撑），以保证钢梁不发生整体失稳；③组合梁桥由多根钢梁构成时，支承处应设置横向联结系，其他位置宜根据实际需要布置横向联结系；支撑处的横向联结系对抵抗桥梁的整体扭转，传递扭矩和水平力有显著作用，因此需要保证有足够的刚度；④混凝土板与钢梁有效连接成整体后，桥面板对钢梁的受压翼缘形成有效侧向约束，组合梁正弯矩区段可不进行整体稳定性验算；⑤组合梁腹板加劲肋的设置宜考虑形成组合截面后钢梁腹板受压区高度变化的影响，进行合理设计；⑥连续组合梁负弯矩区钢梁为箱形截面或者下翼缘有可靠的横向约束，且腹板有加劲措施时，可不必进行负弯矩区侧扭稳定性验算，否则应按相关规范规定对钢梁侧扭稳定性进行验算。

组合梁负弯矩区侧扭稳定性应按《公路钢混组合桥梁设计与施工规范》（JTG/T D64-01—2015）中的规定进行验算。考虑钢梁初始缺陷的影响，分为四类侧扭失稳曲线。组合梁负弯矩侧向扭转屈曲的弹性临界弯矩由“倒U形框架”模型推导得出。

4.3.3　钢-混凝土组合梁桥正常使用极限状态验算

组合梁应根据正常使用极限状态要求进行短暂状况和持久状况的设计。短暂状况是指构件制作、运输及安装等的施工阶段。持久状况是指桥涵建成后承受自重、车辆荷载等持续时间很长的状况。挠度验算及混凝土结构抗裂验算时，作用（或荷载）采用短期效应组合，计算值不得超过本章规定的各相应限值。预应力作用应作为荷载考虑，荷载分项系数取1.0。应力验算时，作用（或荷载）采用标准值组合，其中，汽车荷载应计入冲击系数。短暂状况设计时，除特别规定外，作用与效应采用标准值组合；温度作用效应可按施工时实际温度场取值；动力安装设备产生的效应应乘以相应的动力系数。计算组合梁截面特性时，可采用换算截面法，混凝土板应按相关规范的规定取有效宽度。连续梁使用阶段计算时，支点负弯矩区可以考虑混凝土桥面板截面开裂影响，换算截面可按0.85折减后计算有效翼缘。连续梁刚度分布如图4-3-17所示。

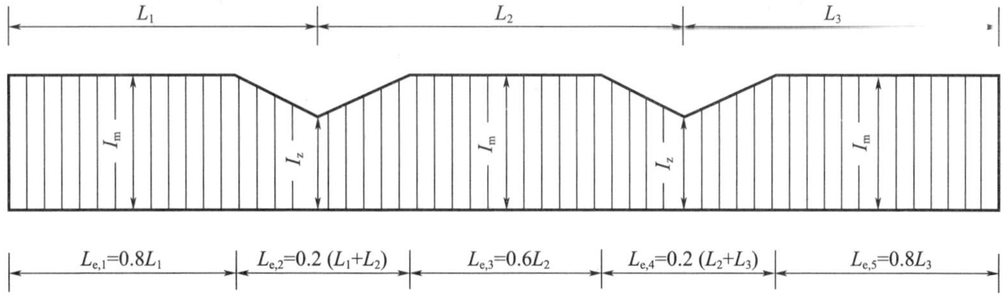

图4-3-17　连续梁刚度分布

对连续梁等超静定结构，尚应计入由预加力、混凝土收缩徐变、基础不均匀沉降以及温度变化等引起的次效应。在计算组合梁的位移和应力时应考虑施工顺序的影响。组合梁的荷载应分为两个阶段，钢梁与混凝土桥面板结合前为第一阶段，结合后为第二阶段。第一阶段的荷载由钢梁单独承受，第二阶段的荷载由组合梁承受，即钢梁与混凝土桥面板共同承受。

裂缝验算应遵守相关规范规定，组合梁中的混凝土结构裂缝宽度可根据环境类别按有关规范进行验算，其中由作用（或荷载）短期效应组合引起的开裂截面纵向受拉钢筋的应

力 σ_{ss} 可按下列要求计算：

钢筋混凝土板应按下式计算：

$$\sigma_{ss}=M_s y_s/I_{cr}$$

其中，M_s 为形成组合作用之后，按作用（荷载）短期效应组合计算的组合梁截面弯矩值；I_{cr} 为由纵向普通钢筋与钢梁形成的组合截面的惯性矩，即开裂截面惯性矩；y_s 为钢筋截面形心至钢筋和钢梁形成的组合截面中性轴的距离。

部分预应力混凝土板应按下式计算：

$$\sigma_{ss}=y_{ps}\ (M_s \pm M_{p2}-N_p y_p)\ /I'_{cr} \pm N_p/A'_{cr}$$

其中，M_{p2} 为由预加力在后张法预应力连续组合梁等超静定结构中产生的次弯矩；N_p 为考虑预应力损失后的预应力钢筋的预加力合力；y_p 为预应力钢筋合力点至普通钢筋、预应力钢筋和钢梁形成的组合截面中性轴的距离；y_{ps} 为预应力钢筋和普通钢筋的合力点至普通钢筋、预应力钢筋和钢梁形成的组合截面中性轴的距离；A'_{cr} 为由纵向普通钢筋、预应力钢筋与钢梁形成的组合截面的面积；I'_{cr} 为由纵向普通钢筋、预应力钢筋与钢梁形成的组合截面的惯性矩。

计算钢筋应力时可以考虑受拉刚化效应的影响。组合梁的变形计算应符合以下四项规定：①组合梁在正常使用极限状态下的挠度可根据给定的构件刚度按结构力学方法计算；②挠度的计算中，使用考虑了混凝土桥面板有效宽度的弯曲刚度；③计算组合梁在正常使用极限状态下的挠度时，应采用弹性分析方法考虑混凝土板开裂、收缩徐变及预应力的影响；④计算变形时，可考虑受拉刚化效应。

组合梁的刚度计算应满足下列两方面规定：①计算组合梁正常使用极限状态下的挠度时，简支组合梁截面刚度可取考虑滑移效应的折减刚度。②连续组合梁采用开裂分析方法时，中支座两侧 0.15l 范围以外区段组合梁截面刚度可取考虑滑移效应的折减刚度，中支座两侧 0.15l 范围以内区段组合梁截面刚度取开裂截面刚度；连续组合梁采用未开裂分析方法时，全桥均应采用考虑滑移效应的折减刚度。组合梁考虑滑移效应的折减刚度 B 可按下式计算：

$$B=EI_{un}/\ (1+\zeta)$$

$$\zeta=\eta\ [0.4-3/(\alpha l)^2]$$

$$\eta=36Ed_{sc}pA_0/\ (n_s khl^2)$$

$$\alpha=0.81\sqrt{n_s kA_1}/\ (EI_0 p)$$

$$A_0=A_c A/\ (n_0 A+A_c)$$

$$A_1=\ (I_0+A_0 d_{cs}^2)\ /A_0$$

$$I_0=I_s+I_c/n_0$$

其中，E 为钢材弹性模量；ζ 为刚度折减系数，当 $\zeta \leqslant 0$ 时取 $\zeta=0$；A_c 为混凝土板截面面积（mm^2）；A 为钢梁截面面积（mm^2）；I_s 为钢梁截面惯性矩（mm^4）；I_c 为混凝土板的截面惯性矩（mm^4）；d_{sc} 为钢梁截面形心到混凝土板截面形心的距离（mm）；h 为组合梁截面高度（mm）；l 为组合梁的跨度（mm），当为连续组合梁时取等效跨度 $L_{e,i}$；k 为连接件刚度系数，$k=N_v^c$（N/mm），N_v^c 为圆柱头焊钉抗剪承载力；p 为连接件的平均间距（mm）；n_s 为连接件在一根梁上的列数；n_0 为钢材与混凝土弹性模量的比值，当采用作用（或荷载）长期效应组合时，式中的 n_0 应采用考虑长期效应的换算模量比 n_L。

挠度限值应合规，由汽车荷载（不计冲击力）所引起简支或连续梁的竖向挠度，不应超过计算跨径的 1/600。梁悬臂端部的竖向挠度不应超过悬臂长度的 1/300。当结构自重和静活载产生的挠度超过计算跨径的 1/1600 时，桥跨结构应设置预拱度，其值等于结构重力和 1/2 静活载所产生的竖向挠度和，预拱度线形应采用平顺曲线。对于临时或特殊结构，其竖向挠度容许值可根据实际情况确定。对于有人行功能的桥梁，应验算振动特性是否给步行者带来不适感。

4.3.4　混凝土桥面板

在钢-混凝土组合桥梁结构中，混凝土桥面板作为组合截面的一部分参与整体受力，主要包括纵向受力与横向受力。纵向受力分为整体弯曲与纵向剪切作用，分别对应混凝土桥面板的有效宽度取值与纵向抗剪承载力计算问题。在参与纵向整体弯曲时，应考虑桥面板剪力滞后效应带来的影响；计算纵向抗剪承载力时，要根据实际情况考虑多个剪切面的破坏。横向受力应考虑横梁和混凝土桥面板的第二体系以及支撑在横梁上的第三体系受力，在设计中应考虑铺装荷载与活载的最不利布置，并应根据钢梁刚度确认桥面板的边界条件，进行横向抗弯和抗掀起验算。桥面板在承载时会产生掀起作用，可由栓钉提供相应的抗拔承载力进行抵御，从而保证桥面板和钢梁的整体牢固性。混凝土桥面板使用的主要材料为普通混凝土，另外也可以使用超高性能混凝土（UHPC）、工程纤维增强水泥基复合材料（ECC）等。混凝土材料形式如图 4-3-18 所示。

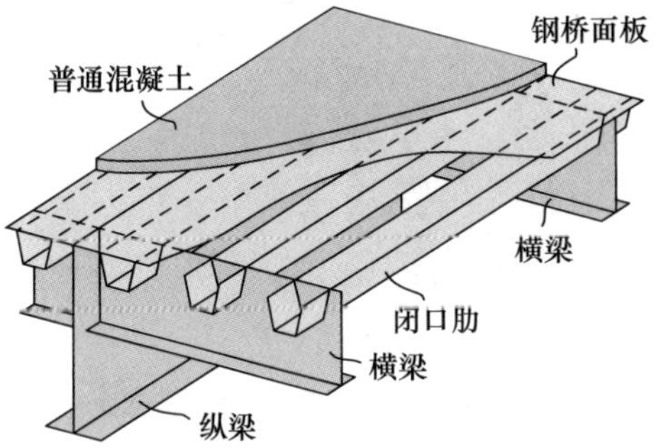

(a) 普通混凝土桥面板

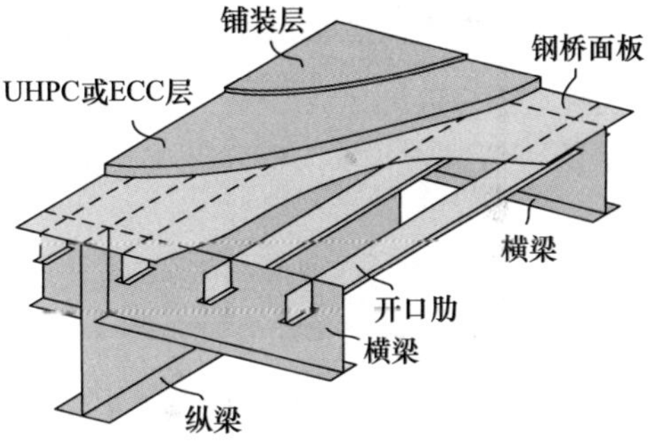

(b) UHPC或ECC混凝土桥面板

图 4-3-18　混凝土材料形式

混凝土桥面板可能发生纵向剪切破坏的潜在剪切面如图 4-3-19 所示，其中，A_t 为混凝土面板顶部单位长度内的钢筋面积（mm^2/mm）；A_b 为混凝土面板底部单位长度内的钢筋面积（mm^2/mm）；A_{bh}为混凝土板托底部单位长度内的钢筋面积（mm^2/mm）。

组合梁承托和翼缘板截面纵向受剪承载力应满足 $V_{ld} \leqslant V_{lRd}$ 的要求，其中，V_{ld} 为单位梁长上的界面纵向剪力设计值（N/mm）；V_{lRd} 为单位梁长上的界面纵向抗剪承载力（N/mm），按《钢-混凝土组合桥梁设计规范》（GB 50917—2013）计算。混凝土桥面板的横向抗弯承载力按如下规则进行验算：①对于采用开口截面的组合梁，可假设混凝土桥面板为理想铰支撑，按多跨连续梁计算其设计内力；②对于采用闭口截面的组合梁，宜将钢箱梁对混凝土桥面板的支撑简化为弹性约束，考虑钢箱梁对桥面板的支承约束作用。在进行混凝土桥面板的横向抗掀起验算时，可按图 4-3-20 所示模型计算桥面板产生的局部掀起作用，并以此作为连接件抗拔力设计值；对于闭口截面组合梁，在采用闭合框架模型计算其桥面板抗掀起承载力时，还应考虑板端弯矩下多排栓钉受力的不利情况。

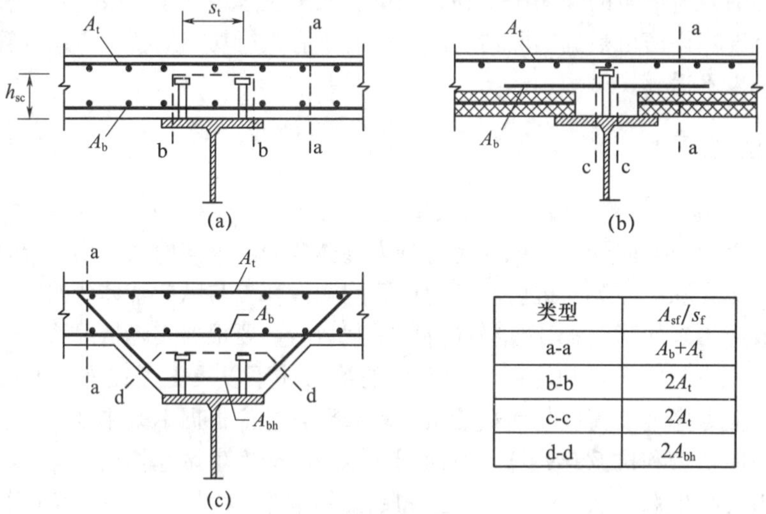

类型	A_{sf}/s_f
a-a	A_b+A_t
b-b	$2A_t$
c-c	$2A_t$
d-d	$2A_{bh}$

图 4-3-19　剪切面

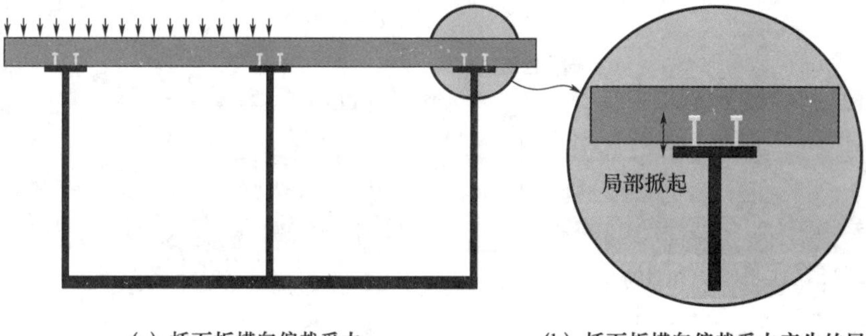

(a) 桥面板横向偏载受力　　(b) 桥面板横向偏载受力产生的局部掀起

图 4-3-20　混凝土桥面板的横向抗掀起示意图

当可能受到较大集中荷载作用时，需要对桥面板的局部抗冲切承载力进行验算，以确认其安全性。对于承受车轮荷载等局部集中荷载的桥面，采用普通混凝土的桥面板最小厚度不宜小于 220mm。叠合板混凝土桥面板应符合以下构造要求，即在现浇层中应布置构造钢筋网；预制板在钢梁翼缘上的支承长度不应小于 40mm；如预制板有临时支撑，则在现浇混凝土达到其设计强度的 70%之前，不得拆除临时支撑。

4.3.5　构造要求

（1）横向联结系的作用及类型应合理。钢梁与钢梁之间应布置横向联结系，以提升桥梁的整体性与稳定性。适当的横向联结系能防止主梁的侧倾失稳，同时能让全桥荷载分配更均匀。根据受力情况的不同，横向联结系的构造有较大差别，应分别设计。支座处的横向联结系需抵抗较强的横向荷载，起到避免主梁受压下翼缘弯扭失稳的作用，因此尺寸较跨内的大。常用的横向联结系有三种类型：框架式、桁架式和实腹式横向联结系。

（2）框架式横向联结系应合规。采用工字形主梁和非支承桥面板的桥型中，可由一根横梁与两个斜撑组成框架式横向联结系。横梁通常偏下布置，斜撑与横梁刚接形成刚架，如图 4-3-21 所示。横梁通常每跨等间距布置，间距不大于 8m，对于连续组合梁桥，墩顶附近应加密布置。横梁一般水平布置，在桥面坡度较大时亦可平行于桥面布置。横梁与主梁的连接处应通过加劲板适当加强以保证传力的可靠性。采用工字形主梁和支撑桥面板的桥型中，横梁还需承受桥面板自重和车辆荷载作用；横梁上翼缘应与主梁上翼缘平齐，可以伸出主梁形成悬臂，如图 4-3-22所示；横梁通常等间距布置，间距通常比非支承桥面板横梁稍小，建议取 3.5～4.5m；跨内的横梁高跨比通常取 1/11 左右，支座处可适当加高；悬臂横梁高逐渐变化，最外端梁高一般在 300mm 左右。箱梁的框架式横向联结系通常在跨内采用，可提高主梁的抗扭刚度；如图 4-3-23 所示为几种箱梁框架式横向联结系的形式；横隔的间距一般在4～7.5m 的范围内；主梁为多箱梁时，箱梁间的横向联结系可参考工字梁之间的横向联结系的构造形式。

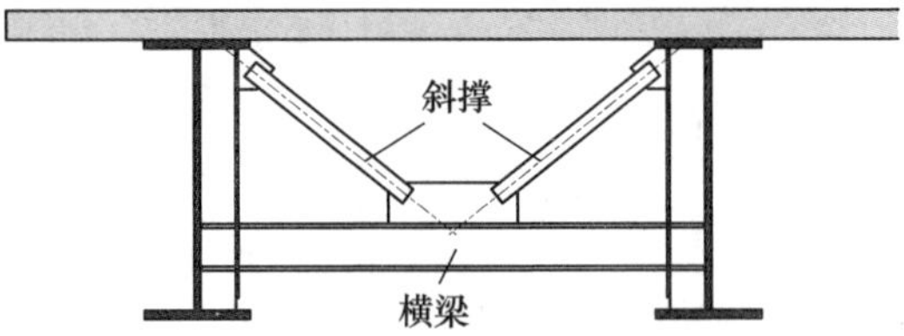

图 4-3-21　非直接支撑型框架式横向联结系示意图

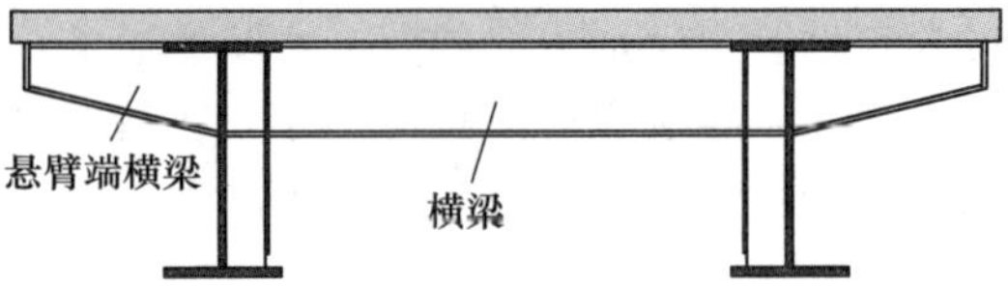

图 4-3-22　桥面板直接支撑型框架式横向联结系示意图

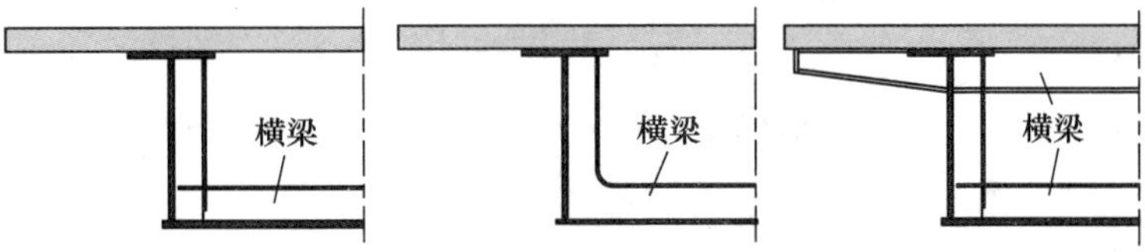

图 4-3-23　箱梁的几种常见框架式横向联结系示意图

（3）桁架式横向联结系应合规。桁架式横向联结系由弦杆和斜杆组成，有角钢、双角钢、槽钢和空心钢管形式，形式选择取决于其受力的大小。桁架式横向联结系通常使用螺栓在现场与主梁连接。通常等间距布置，间距不大于 8m 为宜。工字形钢主梁的组合梁的跨内和支座位置采用的桁架形式不同。工字形主梁的桁架式横向联结系通常焊接于横向加劲肋上，如图 4-3-24 所示。

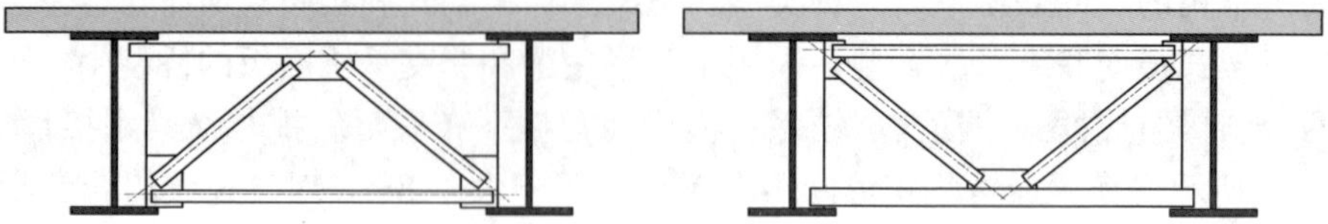

图 4-3-24　工字形主梁的桁架式横向联结系

(4) 实腹式横向联结系应合规。实腹式横向联结系刚度较大，适用于大跨桥梁和支座位置，也经常使用在较浅或较窄的箱梁中。实腹式横向联结系竖直等间距布置，间隔一般小于 8m，厚度一般为 14～20mm。上部可设上翼缘和栓钉，与混凝土板结合。开孔和桥梁局部承压处，横向联结系必须设置加劲肋，确保横隔板的抗剪承载力，避免局部应力集中破坏；实腹式横隔板用钢量较大，不宜用于截面较大的箱形组合梁。标准隔板样例如图 4-3-25所示。

图 4-3-25　标准隔板样例

(5) 纵向加劲肋应合规。组合梁的上翼缘在使用阶段有混凝土板的约束，因此仅需验算施工阶段受压上翼缘的稳定性。工字形主梁的翼缘宽厚比通常较小，一般不设置纵向加劲肋。但箱梁的翼缘板比较薄弱，为满足施工阶段的要求，需要时可布置纵向加劲肋。腹板的纵向加劲肋仅在腹板高厚比过大时使用，不作为提高截面抗弯承载力的途径；腹板高厚比大时，纵向加劲肋不仅起到满足腹板自身的局部稳定要求的作用，也可减小腹板在活载下的面外位移，提高桥梁的抗疲劳性能。实际工程中，纵向加劲肋通常在大跨桥梁中或采用高强钢材时使用。横向加劲肋可提升主梁的抗剪承载力，因此支座处应加密布置；横向加劲肋通常采用平板形加劲肋或 T 形加劲肋。

(6) 箱梁横坡的构造应合规。当桥面为双向横坡时，钢箱梁两腹板对称布置，箱梁底板保持水平 [图 4-3-26 (a)]。当桥面为单向横坡时，有以下几种布置方法：第一种是采用整体倾斜的方式，将对称的箱梁和桥面板倾斜布置以满足横坡要求 [图 4-3-26 (b)]。第二种是采用调整腹板的方式，箱梁底板水平布置，通过调整两腹板的高度与桥面板相连 [图 4-3-26 (c)]，在进行设计时需考虑两腹板刚度的差异。如果桥面横坡较小，则可采用第三种设计，即调整桥面板的厚度。在这种布置方法中，钢箱梁为对称设计并水平布置，通过改变桥面板厚度来满足横坡要求 [图 4-3-26 (d)]。这种设计简化了钢箱梁的制作和安装，但同时桥面板自重的不对称性也会带来一定的扭转作用。

可以通过张拉高强钢绞线或钢丝束来施加体内或体外预应力，如图 4-3-27 所示。除张拉预应力束外，也可采用千斤顶直接对混凝土桥面板施加纵向和横向预压力（图 4-3-28）。千斤顶施加压力之后，在接缝处用钢楔顶紧，移出千斤顶并在接缝部位灌入混凝土。

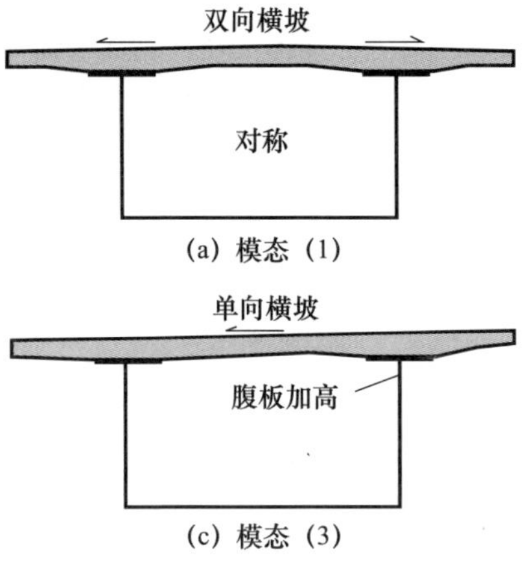

图 4-3-26　箱梁形态关于支撑路面

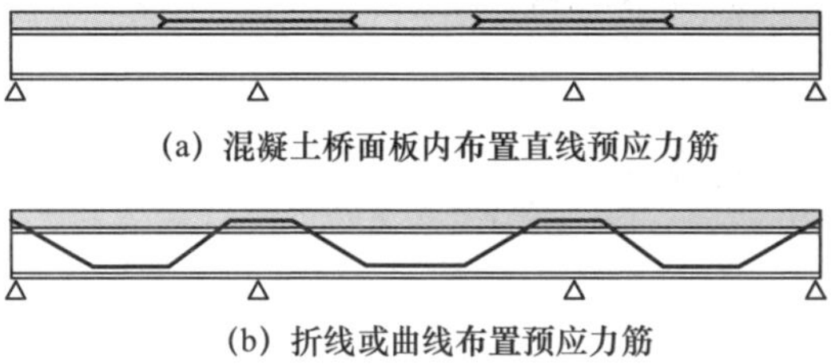

图 4-3-27　通过张拉预应力筋施加预应力的布置方式

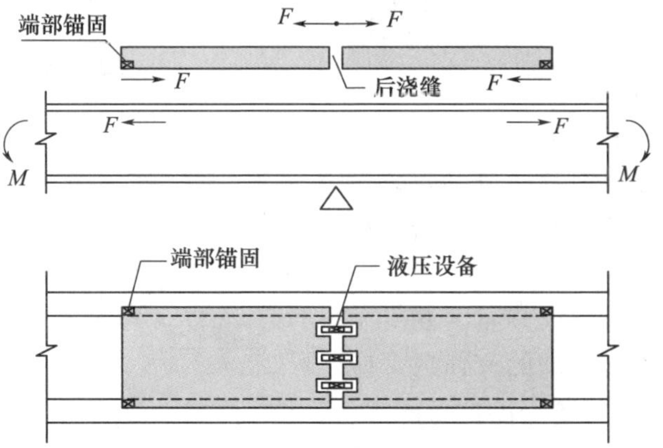

图 4-3-28　直接对混凝土桥面板施加压力

对于超静定结构体系，支点的竖向位移影响结构的内力和应力分布。在混凝土桥面板浇筑前后，通过调整连续组合梁各支点的相对高度，可改变结构的内力分布，在负弯矩区混凝土内形成预压力。支点位移法可分为三类：①跨度较小且跨数较少时，可同时提升所有中支点，混凝土板和钢梁完全组合后再降低支点；②跨数较多时，应使各中间支点依次产生竖向位移，如图 4-3-29 所示，浇筑混凝土之前将一个支点提升，然后浇筑支点附近的混凝土至相邻的跨中，并待混凝土硬化后降低支点，然后进行下一个支点的提升，如此循环施工至全桥混凝土板浇筑完毕；③降低边支点，首先降低边支点高度，然后浇筑混凝土桥面板，待其硬化后再提升边支点，此法适用于两跨或三跨的连续组合梁桥。

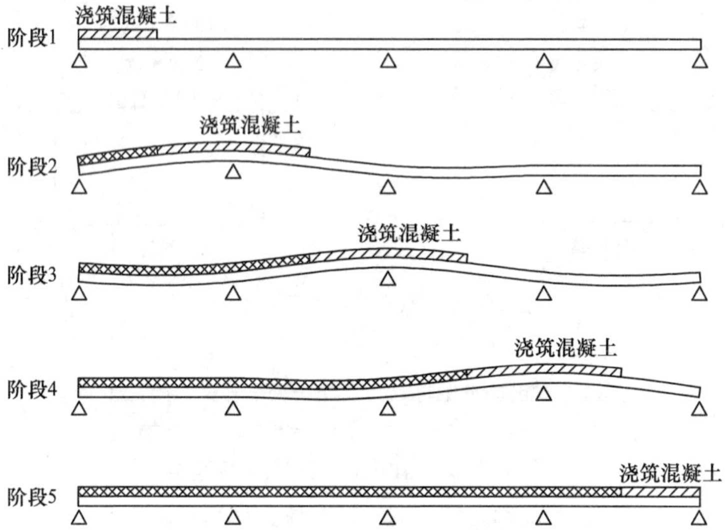

图 4-3-29 对中间支点依次强迫位移

将组合梁与全部或部分桥墩固结所形成的刚构组合桥，相对于连续组合梁桥具有更高的承载力和刚度。墩-梁结合部传递弯矩、剪力和轴力的构造，是刚构组合桥设计的关键内容。钢套筒结合方式将钢筋混凝土柱在顶部逐渐过渡为钢管混凝土柱，用钢管混凝土柱与钢梁之间进行连接以实现墩梁的连接；钢套筒结合方式的构造细节如图 4-3-30 所示，节点区钢主梁与主梁牛腿板在吊装前焊接成整体，施工时将钢套筒节点与墩模板固定在一起，在安装好墩中钢筋后，浇筑混凝土至主梁上翼缘板，形成有效刚性连接；桥墩纵向钢筋应伸入节点区混凝土内部进行锚固，在靠近下部的套筒区，应设置箍筋以保证过渡区混凝土的抗剪能力；可设置栓钉连接件以满足界面剪力传递的需要。

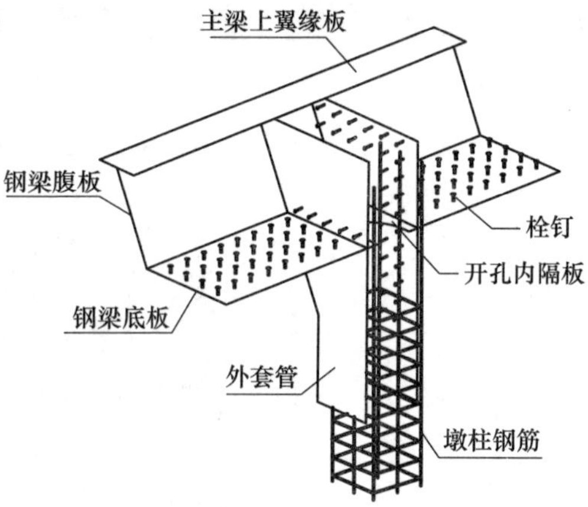

图 4-3-30 钢套筒结合方式的构造细节

钢筋锚固式结合部适用于钢梁与混凝土桥墩的连接，构造如图 4-3-31 所示。结合部是由两根焊接工字主梁与两根钢横梁围成箱形，通过在箱形构造内浇筑混凝土将墩、梁固结成整体。可在钢和混凝土界面配置栓钉连接件，起到将主梁荷载传递给桥墩的作用。

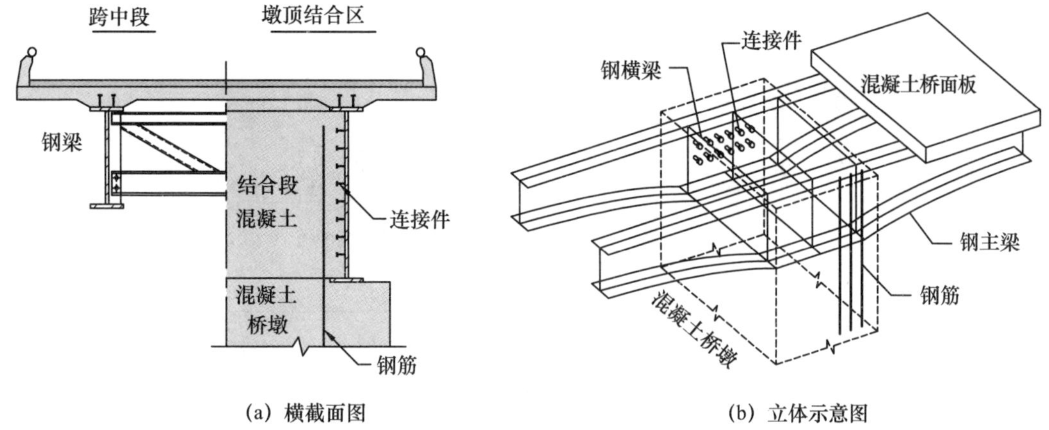

图 4-3-31　钢筋锚固式结合部构造示意图

锚杆式结合构造与钢筋锚固式构造相似，钢主梁均连续贯通混凝土桥墩顶部，但主要利用预应力钢筋把主梁与桥墩锚固成整体，如图 4-3-32 所示。钢横梁与主梁构成箱形，由于横梁下缘存在底板，横梁内的混凝土与桥墩的混凝土并不相连。为使底板受力均匀，底板下需填充无收缩砂浆。

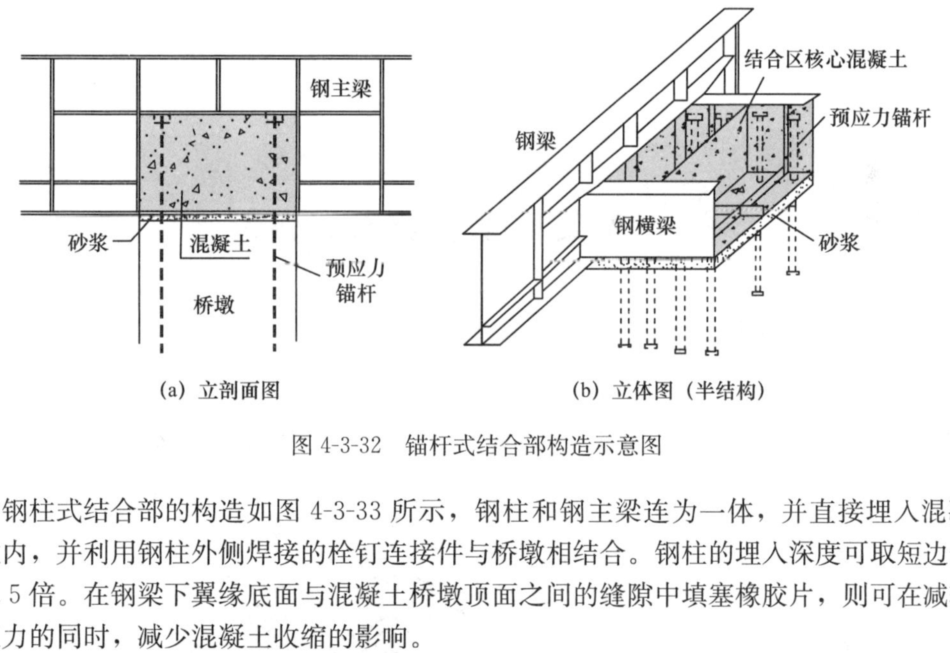

图 4-3-32　锚杆式结合部构造示意图

钢柱式结合部的构造如图 4-3-33 所示，钢柱和钢主梁连为一体，并直接埋入混凝土桥墩内，并利用钢柱外侧焊接的栓钉连接件与桥墩相结合。钢柱的埋入深度可取短边长度的 1.5 倍。在钢梁下翼缘底面与混凝土桥墩顶面之间的缝隙中填塞橡胶片，则可在减轻局部压力的同时，减少混凝土收缩的影响。

局部承压式结合方式中，箱形钢主梁的底板在桥墩顶部位置断开，桥墩内的混凝土一直浇筑至主梁内部（图 4-3-34）。通过在钢梁底板设置的承压板、主梁上翼缘内侧焊接的纵向加劲肋，可将钢梁内力均匀地传给桥墩。腹板、横隔板及其加劲肋上焊接的栓钉连接件，可确保钢与混凝土之间的有效结合。

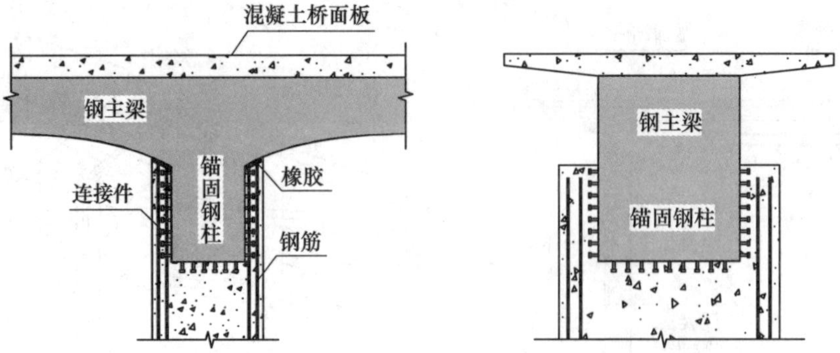

(a) 立面图　　(b) 横截面图

图 4-3-33　钢柱式结合部的构造示意图

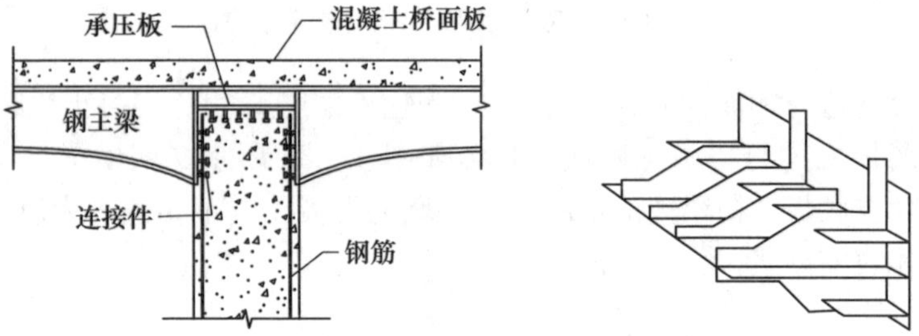

(a) 立剖面图　　(b) 承压板加劲构造

图 4-3-34　局部承压式结合部构造

4.4　钢桁架-混凝土组合梁桥设计

4.4.1　钢桁架-混凝土组合梁桥概念设计

钢桁架-混凝土组合梁桥（以下文中简称“钢桁组合桥”），其主体结构由钢桁架和混凝土桥面板组成，并根据需要通过体内或体外索施加预应力。钢桁组合桥主体结构如图 4-4-1 所示。

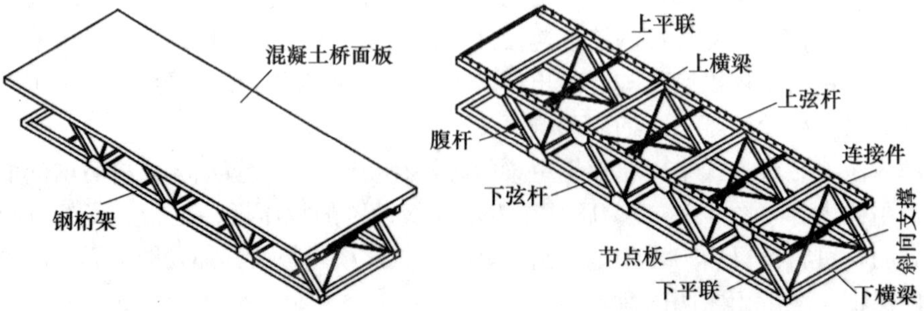

(a) 细部构造（1）　　(b) 细部构造（2）

图 4-4-1　钢桁组合桥主体结构示意图

钢桁组合桥中一般钢结构主桁的上弦杆或下弦杆与混凝土桥面板组合，当传力途径可靠时可以省略上弦杆或下弦杆的钢结构部分，直接用混凝土作为上、下弦杆；当混凝土桥面板能起到可靠的横向联结系作用时，可以省略上平联或下平联；当整体结构验算可靠，能够承担横向荷载与扭矩时，可以省略斜向支撑；当桥面板结构与其支撑情况能够满足施工与使用要求时，可以省略上横梁与下横梁。钢桁组合桥按受力特点可以分为平面桁架与空间桁架两种结构形式，平面桁架通过横向联结系使不同片的竖直或倾斜的主桁架形成空间受力整体，空间桁架通过横断面上倾斜的腹杆共用上、下弦杆，形成横断面上的单个或多个三角结构而使空间整体受力；平面桁架结构的空间受力性能需要确保横向联结系提供可靠的连接，空间桁架结构的空间受力性能一般较好。平面桁架与空间桁架如图 4-4-2 所示。

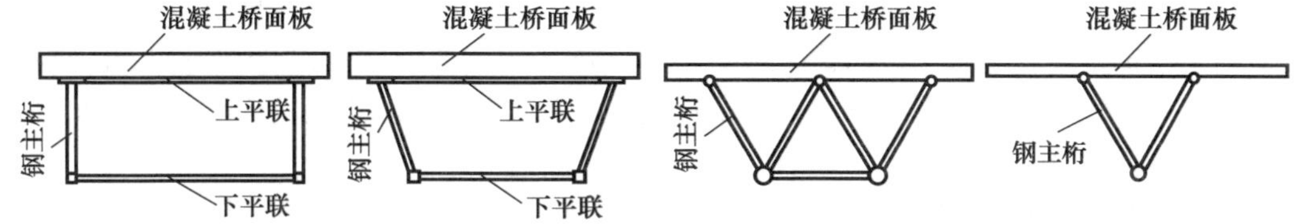

(a) 平面桁架结构　　(b) 空间桁架结构

图 4-4-2　平面桁架与空间桁架示意图

钢桁组合桥按载荷特点可分为上承式、下承式、双承式三种结构形式，上承式结构桁架上弦杆上设置桥面板与车道，下承式结构桁架下弦杆上设置桥面板与车道，双承式结构桁架上、下弦杆上同时设置桥面板与车道。钢桁组合桥桥型如图 4-4-3 所示。

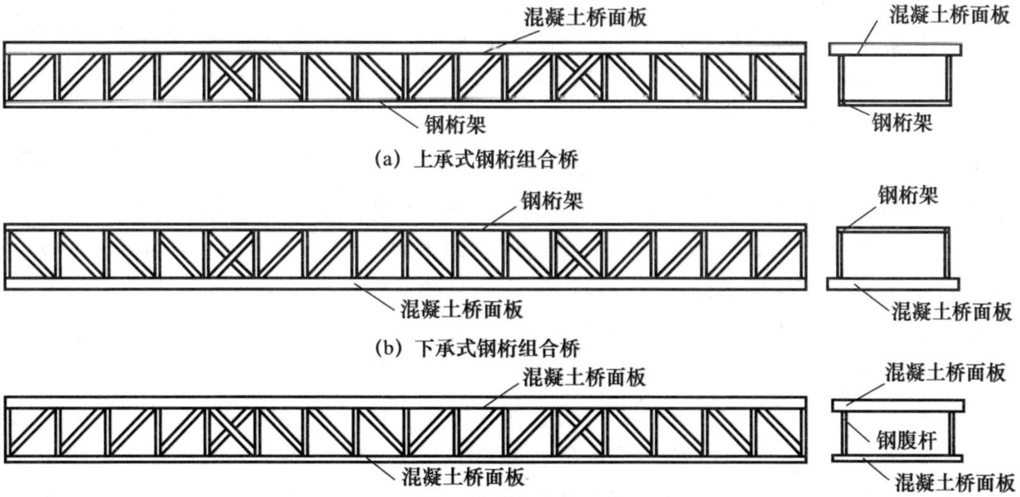

(c) 双承式钢桁组合桥

图 4-4-3　钢桁组合桥桥型示意图

钢桁组合桥结构主桁架结构一般有三角形桁架、有竖杆的三角形桁架、斜杆桁架三种形式，其中三角形桁架运用较多。钢桁组合桥桁形如图 4-4-4 所示。

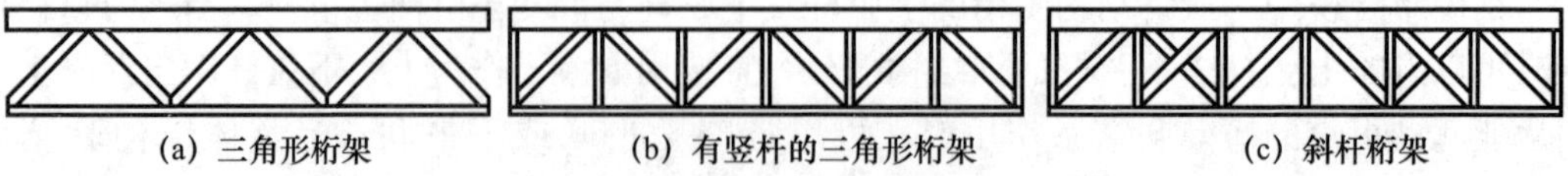

图 4-4-4　钢桁组合桥桁形示意图

钢桁组合桥通常需要施加预应力以控制结构的自重与造价，同时改善混凝土受力性能，提升截面的抗剪能力，预应力钢桁组合桥可分为体外预应力与体内预应力两种形式，体外预应力索在钢桁组合桥中运用较多。钢桁组合桥主桁架各杆件主要承受轴力，上、下弦杆和混凝土组合后共同受力，钢桁架与混凝土间的界面剪力由剪力连接件传递，与钢板梁不同，钢桁梁的界面剪力在桁架节点处有明显的剪力集中效应，混凝土的剪力滞后效应较为明显，且与钢板梁差别较大，设计时应充分考虑其剪力传递特点与剪力滞后效应的影响。为了使钢桁架和混凝土板间传力顺畅，避免局部应力过大，宜在钢桁架和混凝土板的结合部位沿桥纵向设置混凝土纵梁，不设置纵梁时有必要对混凝土板的连接部位以及节点部位进行局部验算。

钢桁组合桥中钢桁架与混凝土界面间的剪力连接件分为刚性连接件与柔性连接件两类，其中刚性连接件有方钢、T 型钢、钢盒等，柔性连接件以栓钉为主，设计中建议采用栓钉连接件。钢桁架与混凝土间的连接按是否设置钢弦杆可分为两类，设计中通常需要设置钢弦杆，不设置钢弦杆时，应设置混凝土纵梁，同时使用可靠的节点连接形式。钢桁组合桥中钢桁架与混凝土界面间的剪力连接件使用栓钉时应设置弦杆，宜考虑栓钉的塑性剪力重分布效应，沿纵向采取较为均匀的布置；采用刚性连接件或采取群钉的方式布置栓钉时，应充分考虑剪力高度集中对混凝土局部作用，以及对混凝土整体剪力滞后的影响。

主桁架的杆件截面可以采用 H 形、箱形或圆形，受压或应力集中部分可以采用钢管混凝土，上、下弦杆纵向、横向连接构件截面可采用 I 形、L 形或 T 形。钢桁组合桥中使用的钢结构杆件，必须考虑不同阶段作用于杆件的荷载作用，同时需考虑运输性、施工性、耐久性、经济性进行方案比选优化。钢桁组合桥节点一般采用焊接连接或螺栓连接，钢管结构连接时一般采用相贯线焊接；钢桁组合桥节点较为复杂时可以使用预先制作的整体式节点，将各个杆件分别于整体式节点连接。钢桁组合桥节点部位存在应力集中效应，且受力状态复杂，宜采用螺栓连接，设计时应充分验算节点的可靠性，节点应尽量采取非偏心设计。钢桁组合桥施工一般先进行钢桁架架设，后浇筑混凝土桥面板；结构安装方式根据不同情况可选择支架法、悬臂法、吊装法、顶推法等。

钢桁组合桥结构可分为三个体系进行分析，混凝土板和钢桁架组成形成的结构主体受力体系、混凝土桥面板和纵、横梁形成的桥面系与支撑于纵、横梁上的混凝土桥面板，对于简单的平面桁架结构，可以简化成平面系统进行叠加分析，空间桁架结构应采用整体有限元法进行空间分析。

当平面桁架结构钢桁组合桥的腹杆所在截面不在竖直方向或者不同截面的腹杆分配的剪力不同时，应通过空间杆系结构或整体有限元法分析以把握结构的受力性质。钢桁组合桥转化为平面系统进行计算时，应考虑荷载横向分布与有效翼缘宽度的影响。钢桁组合桥整体变形对混凝土板的变形敏感，设计时应考虑包括收缩、徐变在内的混凝土变形时间效应。钢桁组合桥结构设计中，应考虑日照条件下混凝土与钢结构温差的影响，温差可按 $\Delta T=10℃$ 考虑，并应考虑温度变化时的影响。

桁架节点可以假定为铰接进行计算，当杆件长细比较小时，应考虑节点刚性的影响；采取整体式节点构造并在节点区外连接时，应考虑节点刚性的影响。钢桁组合桥节点部位受可变荷载的影响较大，应重点进行疲劳验算以保证安全性；此外，钢桁架部分的应力变化也受可变荷载影响，应进行疲劳验算。钢桁组合桥节点部位混凝土受到的集中应力较大，受力状态复杂，应进行冲切计算、局部承载力计算以验证其安全性。

超过 50m 跨径的上承式钢桁组合桥和超过 100m 跨径的预应力桁腹式组合桥已有相关工程案例，而下承式结构和桁腹式结构超过 50m 跨径的工程案例还较少。由于钢桁组合桥在大跨径方面的工程案例还相对较少，因此在设计大跨径钢桁组合桥时有必要充分验算其面外方向的抗震性能。工程经验与计算分析表明，上承式、桁腹式、预应力桁腹式钢桁组合桥的适用跨径为 30～150m，下承式钢桁组合桥的适用跨径为 30～100m。此外，与悬索桥、斜拉桥结合时，钢桁组合桥适用跨径主要受相应索结构控制。

4.4.2　钢桁架-混凝土组合梁桥承载力极限状态验算

采用平面模型进行结构的整体分析，可将结构整体等效成为平面桁架。以上承式钢桁组合桥为例，桁架的上弦杆由主桁架的上弦杆、桥面纵梁、混凝土板共同构成，将刚度集成后带入整体结构的计算中，得到每一杆件的内力再分别进行验算。刚度集成中需要考虑混凝土桥面的应力等效有效翼缘宽度。

如图 4-4-5 所示，使用平面杆系进行结构内力分析时，得到各杆件内力后，可忽略钢腹杆的贡献，按如下方法对整体截面的内力进行计算与校核，即：

$$M=M_1+M_2+N_1y_1-N_2y_2,\quad N=N_1+N_2$$

其中，M 为截面弯矩（N·mm）；N 为截面轴力（N）；M_1，M_2 分别为平面杆系分析得到的混凝土顶、底板弯矩（N·mm）；N_1，N_2 分别为平面杆系分析得到的混凝土顶、底板轴力（N）；y_1，y_2 分别为混凝土顶、底板到截面形心的距离（mm）。

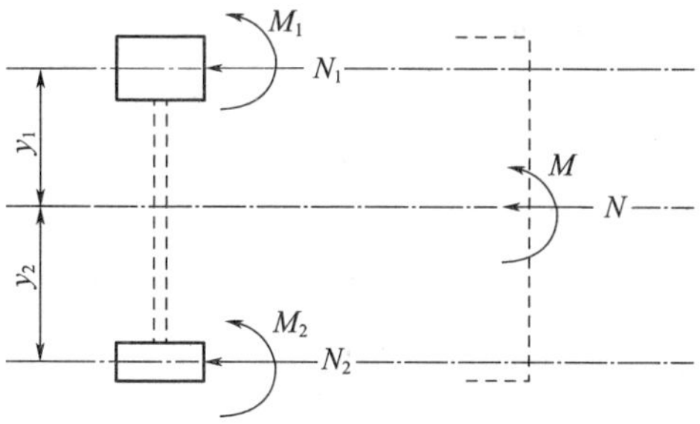

图 4-4-5　桁腹式组合梁桥截面内力分布示意图

整体内力的计算结果对钢与混凝土的模量比敏感，混凝土在长期荷载作用下发生收缩徐变，应分别考虑短期与长期作用下的结构内力。钢桁组合桥中的钢结构部分，应该按照实际结构计算的结果对轴心受拉构件、轴心受压构件、拉弯构件、压弯构件进行验算，验算结果应符合《公路钢结构桥梁设计规范》（JTG D64—2015）的相关规定。使用 H 形截面、钢管截面或其他截面做桁架的杆件时，应满足规范规定的相应构件截面的局部稳定性要求。

上下均布置混凝土桥面板的钢桁组合桥受扭时，可以把腹杆简化成为沿桥纵向连续布置的混凝土板，整体简化为闭口截面梁，按梁理论计算其扭转惯性矩并验算抗扭性能。与钢桁架腹杆等效的混凝土腹板的换算板厚可按下式计算

$$t_{cw}=ah\ (E_c/G_c)\ /\ [d^3/\ (\alpha_e A_{sd})\ +\ (a^3/3)\ (1/A_{cu}+1/A_{cl})]$$

其中，t_{cw}为将钢桁架杆件换算成混凝土腹板后的换算板厚（mm）；G_c 为混凝土剪切弹性模量（MPa）；a 为混凝土与钢桁架节点间水平距离的 1/2（mm）；h 为转化后的抗扭转闭合截面的高度，当腹板倾斜时取斜截面的长度（mm）；d 为钢桁架腹杆长度（mm）；α_e 为钢与混凝土的弹性模量之比；A_{sd}为钢桁架腹杆截面面积（mm^2）；A_{cu}为最外侧钢桁架腹杆与混凝土顶板的节点处的纵梁的截面面积（mm^2）；A_{cl}为最外侧钢桁架腹杆与混凝土底板的节点处的纵梁的截面面积（mm^2）。

直接承受外荷载的弦杆，应考虑节点刚性的影响，将由节点间竖向荷载引起的按铰接计算得到的弯矩进行一定程度的折减，同时应考虑此部分荷载对节点产生的弯矩的影响。

使用圆形或者矩形截面作为桁架杆件时，当弦腹杆连接节点偏心满足式$-0.55\leqslant[(e/h_0)$ 或 $(e/d_0)]\leqslant0.25$ 条件时可以不考虑偏心影响，当不满足条件时偏心弯矩应按照实际偏心距与轴力进行计算。其中，e 为偏心距，即腹杆中心线的交点到弦杆中心线的距离，在外侧为正，在内侧为负（mm）；d_0 为圆形弦杆外直径（mm）；h_0 为矩形弦杆截面高度（mm）。ΔN 节点处混凝土应进行冲切验算、局部承载力验算以保证其安全性。

4.4.3 钢桁架-混凝土组合梁桥正常使用极限状态验算

钢桁组合桥混凝土桥面板受压时一般按横向不开裂设计并张拉预应力，正常使用极限状态的验算主要是挠度验算；如作为人行桥使用时，还需要进行振动舒适度设计验算。钢桁组合桥中的混凝土顶板、底板，在正常使用状态下应防止剪切裂缝的出现，应尽量避免弯曲裂缝的出现，如果允许出现弯曲裂缝，必须充分论证结构的安全性。对于连续钢桁组合桥，正常使用极限状态下的节点部位应防止出现剪切裂缝，应尽量避免弯曲裂缝的出现；如果允许弯曲裂缝的出现，必须通过试验等其他的方式验证节点的受力性能以及耐久性，同时应考虑混凝土开裂引起刚度降低的影响。

钢桁组合桥在正常使用极限状态下，应防止出现扭转裂缝，开裂扭矩计算可以参照相关规范中闭口截面等效的假定，按式 $M_{tc}=\beta_{nt}K_t f_t$，$K_t=2A_m t_i$，$\beta_{nt}=\sqrt{1+\sigma'_n/\ (1.5f_t)}$（轴压时），$\beta_{nt}=\sqrt{1-\sigma'_t/f_t}$（轴拉时）等计算；设计扭矩应控制在开裂扭矩的 70%以下。其中，K_t 为扭矩相关系数；A_m 为抗扭转有效截面面积（mm^2），如图 4-4-6 所示；t_i 为混凝土顶板、底板厚度中的较小值（mm）；β_{nt}为预应力等效轴力相关系数；f_t 为混凝土抗拉强度设计值（MPa）；σ'_n 为轴向力产生的平均压应力（MPa），但不应超过 $7f_t$；σ'_t 为轴向力产生的平均拉应力（MPa）。

钢桁组合桥采用平面分析方法进行结构的整体分析时，将结构整体等效成为平面桁架，将桥面处主桁架弦杆、纵梁、混凝土板的刚度集成到平面桁架的整体刚度中，再进行

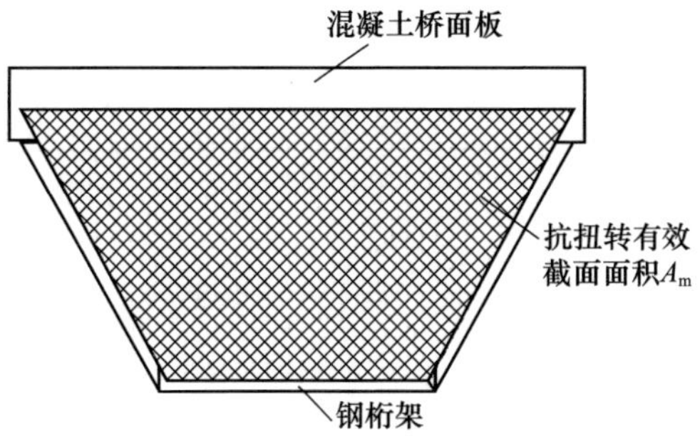

图 4-4-6 抗扭截面示意图

变形的计算。刚度集成需要考虑混凝土桥面的刚度等效有效翼缘宽度。钢桁组合桥中剪力主要由钢桁架中的腹杆承担，其整体刚度相对于实腹式组合梁较小，应当考虑腹杆轴向变形对挠度产生的影响。

4.4.4 钢桁架-混凝土组合梁桥构造要求

钢桁组合桥中钢桁梁和混凝土桥面板的连接分为有钢弦杆与无钢弦杆两种形式，其中有钢弦杆的圆柱头栓钉连接的形式运用较多。此外，已有工程也有采用T形钢板＋U形钢筋、双面节点板、钢盒、双重管、钢筋接合、开孔钢板剪力键（PBL）等连接形式，如图4-4-7所示。钢桁梁和混凝土桥面板的连接使用圆柱头栓钉时，栓钉焊接于弦杆与纵、横梁的上表面，一般采用直径较大、强度较高的栓钉，保证钢桁梁和混凝土板的共同作用。钢桁梁与混凝土板间栓钉一般采取分散均匀布置的方式，当计算分析满足且有可靠经验时可采取集中布置与分散布置相结合的形式，在节点处以较小的间距集中设置栓钉，在节点间以较大的间距分散设置栓钉，以适应节点处由腹杆传递而来的集中剪力；群钉中每个栓钉的极限承载力应按单个栓钉极限承载力的0.85进行折减（图4-4-8）。

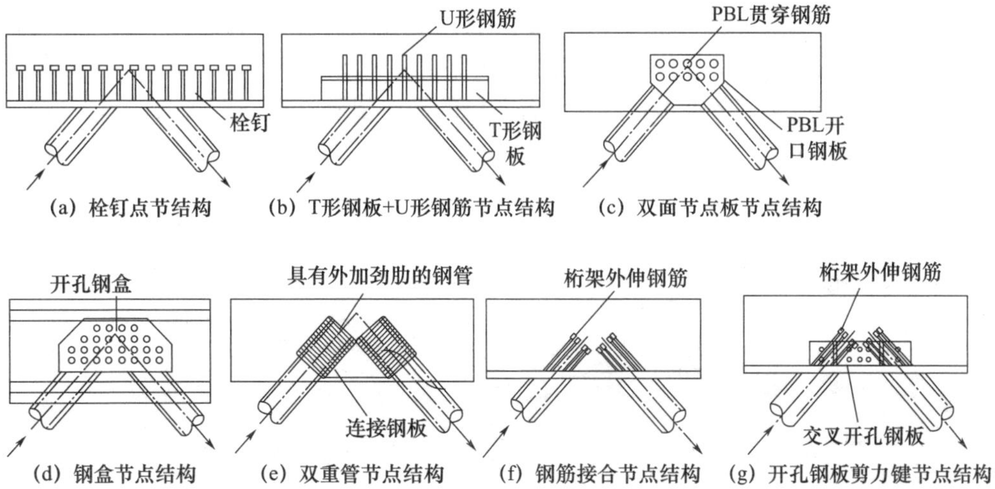

图 4-4-7 节点形式示意图

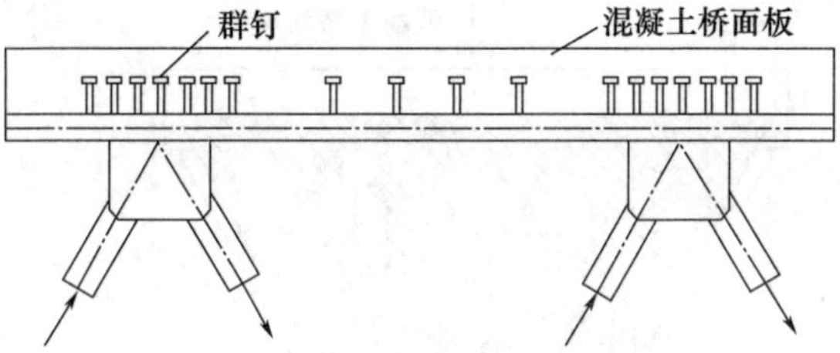

图 4-4-8 群钉示意图

腹杆的外部尺寸不应大于弦杆的外部尺寸，腹杆与弦杆连接的轴线夹角不应小于30°，连接处应避免偏心。钢管结构不应将腹杆插入钢弦杆内，以保证节点处弦杆的连续。在承受较大横向荷载或者集中荷载的部位，应对截面采取适当的加劲措施。钢桁组合桥中的混凝土必须浇筑密实，尤其是节点部分，以避免混凝土局部缺陷对整体结构的影响。节点板与构件表面应紧密贴合，以防止液体从缝隙渗入从而影响结构的耐久性；混凝土与钢构件的连接部位，应特别注意其耐久性，采取适当的防锈措施。钢桁组合桥的主梁支点上，为了防止主梁和支座产生过度的变形，宜设置横隔梁，若主梁方向的荷载分配没有问题，可以不设置横隔梁；支点横隔梁需要把钢桁架传来的力传至下部结构；当钢桁组合桥上有体外索时，横隔梁要满足体外索锚固及转向的性能要求。预应力钢桁组合桥设计时，为了避免混凝土板中的应力集中，体内索必须分散布置；体外索的布置应考虑预应力钢筋在钢桁架中的张拉空间以及施工方法。

4.5 波形钢腹板-混凝土组合梁桥设计

4.5.1 波形钢腹板-混凝土组合梁桥概念设计

波形钢腹板-混凝土组合梁桥（以下文中简称“波形钢腹板组合梁桥”），多采用箱形截面，其中腹板由波折形钢板构成，顶板和底板由混凝土或钢板构成，通常需要张拉体内或体外预应力束。已建成的波形钢腹板组合梁桥的基本构造如图 4-5-1 所示。

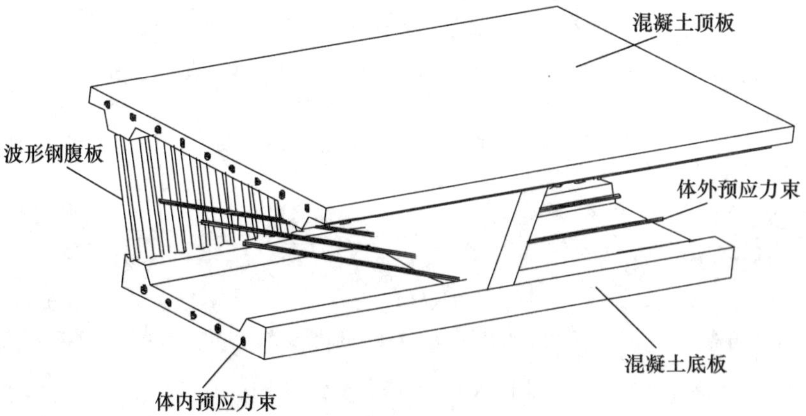

图 4-5-1 波形钢腹板组合梁桥基本构造

波形钢腹板组合梁桥具有以下五方面特点：①减轻桥梁自重和提高腹板稳定性；②避免腹板开裂，减少腹板对混凝土收缩徐变的约束以及提高预应力的效率；③可与悬浇施工相结合，避免支架施工；④波形钢腹板组合梁桥造型较为独特，为增强桥梁美观性提供了新选择；⑤抗扭承载力及抗扭刚度小于常规箱梁桥，不适合小半径弯桥等对抗扭性能要求较高的桥梁。

根据底板构造的不同，波形钢腹板组合梁桥有如下截面形式，即预应力混凝土底板[图4-5-2（a）]、钢翼缘下置混凝土底板[图4-5-2（b）]、钢底板[图4-5-2（c）]、钢桁底板[图4-5-2（d）]等。波形钢腹板可根据需要做成直腹板或斜腹板。

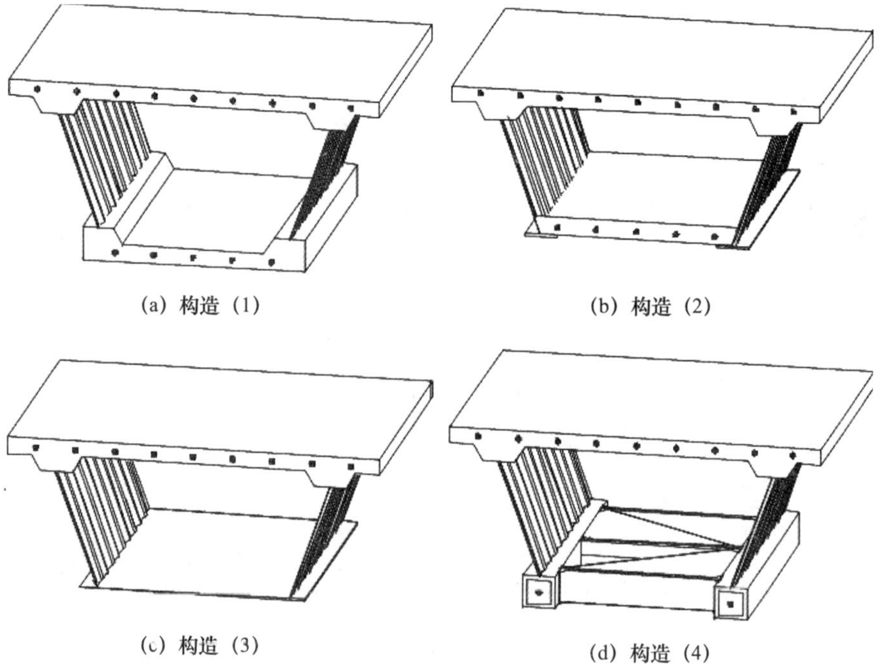

(a) 构造（1）　(b) 构造（2）

(c) 构造（3）　(d) 构造（4）

图4-5-2　波形钢腹板组合梁桥截面形式

可采用波形钢腹板组合梁桥的桥型包括简支梁桥、连续梁桥、连续刚构桥及矮塔斜拉桥等。根据已建成桥梁的统计，各桥型适宜的跨度范围见表4-5-1。对于多跨波形钢腹板组合梁桥，边跨和中跨的跨径比宜取0.4～0.7。波形钢腹板组合梁桥沿纵向可采用等梁高[图4-5-3（a）]、折线变化[图4-5-3（b）]、曲线变化[图4-5-3（c）]以及等高腹板[图4-5-3（d）]等形式；在跨径较小时可采用等梁高布置，跨径较大时宜采用变梁高布置；当梁高采用曲线变化形式时，梁底曲线可采用1.5～2.0次抛物线。

表4-5-1　各桥型适宜跨径

桥型	简支梁桥	连续梁桥	连续刚构桥	矮塔斜拉桥
适宜跨度/m	25～75	50～110	70～150	150～300

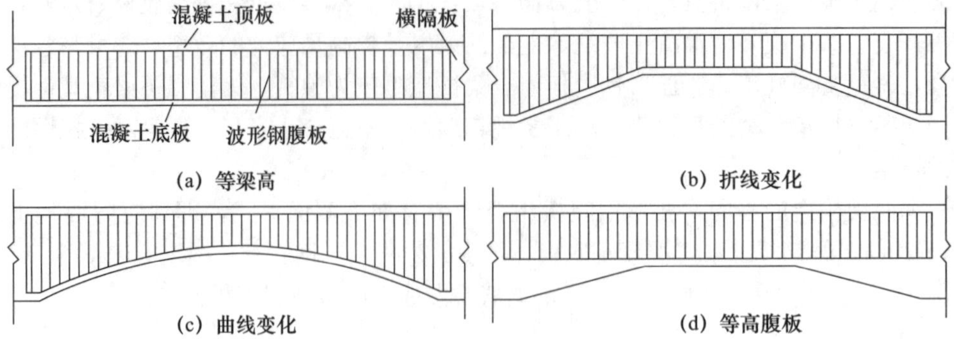

图 4-5-3　截面高度变化形式

波形钢腹板连续梁桥（刚构桥）跨中梁高宜取跨度的 1/50～1/30，支座处梁高宜取跨度的 1/20～1/15。波形钢腹板组合梁可采用单箱单室、单箱多室以及多箱单室截面；为适应桥面宽度或外观需要，还可以对桥面板设置斜撑或改变腹板倾角；单箱单室截面的桥面宽度不宜过大，当道路宽度较大时宜采用单箱多室或多箱单室截面。波形钢腹板可采用热弯加工和冷弯加工两种方式弯制成型，冷弯加工时应满足冲击韧性的要求，弯折半径 r_w 宜大于 15 倍的板厚 t_w；小冷弯加工半径下冲击韧性试验要求见表 4-5-2。波形钢腹板直板段和斜板段长度比值 a_w/c_w 宜接近 1∶1，弯折角 θ_w 宜取为 25°～37°，波折高度 d_w 与直板段或斜板段的比值宜取 0.4～0.6；波形钢腹板构造如图 4-5-4 所示。

表 4-5-2　小冷弯加工半径下冲击韧性试验要求

冲击韧性-吸收能量/J	冷弯加工半径 r_w	试验方法
＞150	＞$7t_w$	《金属材料 夏比摆锤冲击试验方法》(GB/T 229—2020)
＞200	＞$5t_w$	

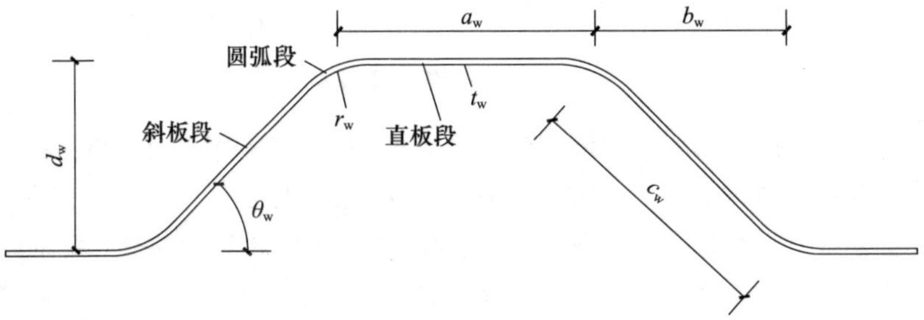

图 4-5-4　波形钢腹板构示意图

波形钢腹板厚度宜取 8～30mm，在支座处宜适当加厚。波形钢腹板组合梁桥通常需要布置预应力束；体内预应力束布置在混凝土顶、底板内，用于平衡施工载荷及自重；体外预应力束可通过横隔板来实现转向，用以抵抗活荷载。为了降低梁体的畸变效应，波形钢腹板组合梁桥应在支座、梁端及跨中处布置横隔板；当配置体外预应力束时，每跨宜布置两处横隔板用于体外预应力束的转向，此外折线梁折线处应设置横隔板。布置横隔板时宜采用合适的间距进行布置，支座及梁端处横隔板宜考虑适当加厚，当跨径增加时横隔板厚度也宜适当提高。当波形钢腹板高度较大时，可在支座附近区域设置内衬混凝土进行加强；波形钢腹板与内衬混凝土之间宜采用栓钉连接件进行连接，且内衬混凝土厚度不宜小于 200mm；混凝土内衬布置如图 4-5-5 所示。波形钢腹板之间的连接形式主要包括焊接［图 4-5-6（a）、图 4-5-6（b）］和高强螺栓连接［图 4-5-6（c）、图 4-5-6（d）、图 4-5-6（e）］两大类；考虑经济性的要求和波形钢腹板主要承担剪力这一特点，可采用单面摩擦型高强螺栓连接。波形钢腹板与混凝土顶、底板连接处应设置翼缘板，翼缘板上应设有剪力连接件，连接件可采用栓钉、开孔板连接件、型钢等。波形钢腹板与端部横隔板之间可采用图 4-5-7 所示的连接方式，除了栓钉和开孔板以外，还可以采用型钢连接件。

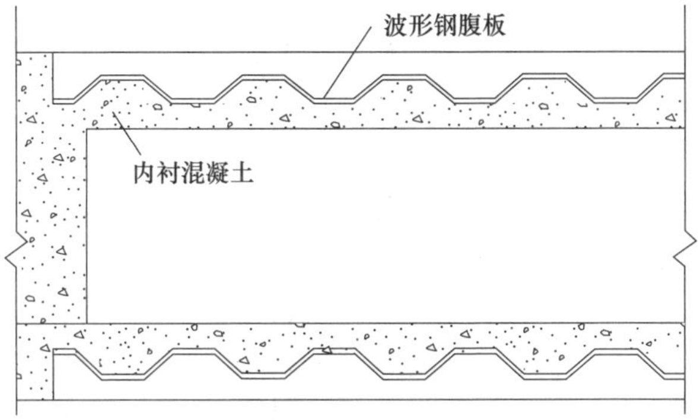

图 4-5-5　混凝土内衬布置

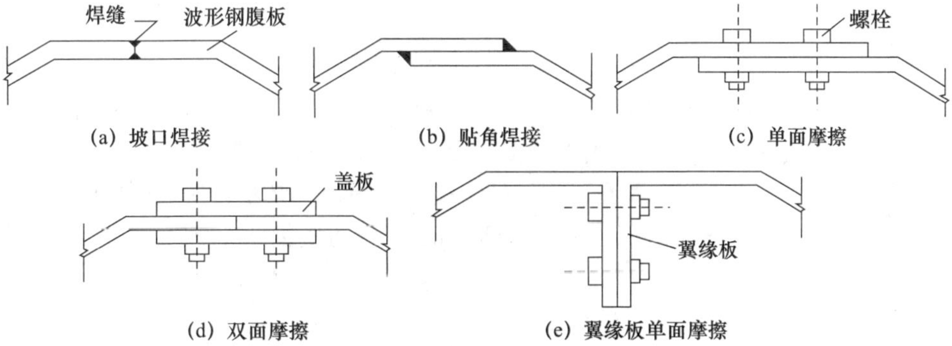

图 4-5-6　波形钢腹板之间连接构造

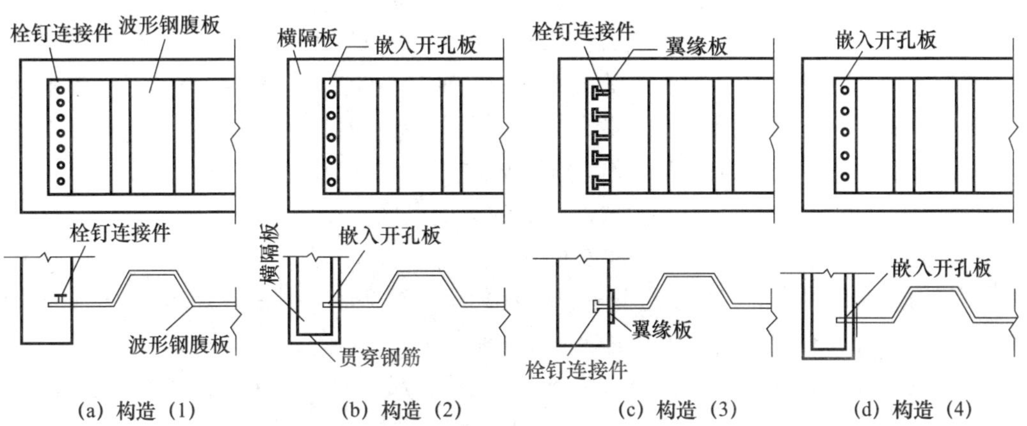

图 4-5-7　波形钢腹板与端部横隔板的连接构造

单箱单室及单箱多室组合梁桥在宽跨比较小时，可采用单梁模型对纵向受力进行分析，同时可采用框架模型对横向受力进行分析。曲率大的曲线桥、斜角大的斜桥、宽桥以及多箱梁桥宜考虑畸变的影响，可采用三维有限元模型进行受力分析。在计算截面抗弯刚度及抗弯承载力时可忽略波形钢腹板的贡献，同时考虑到剪力滞后效应，混凝土顶、底板应采用有效宽度进行分析计算。在计算截面剪切刚度及抗剪承载力时可忽略混凝土顶、底板的贡献；当存在配筋混凝土内衬时，可考虑混凝土内衬的作用。

4.5.2 波形钢腹板-混凝土组合梁桥承载力极限状态验算

计算极限抗弯承载力时宜采用平截面假定并考虑轴力的影响，同时可忽略波形钢腹板和受拉区混凝土的贡献；基于平截面假定的计算模式如图 4-5-8 所示。

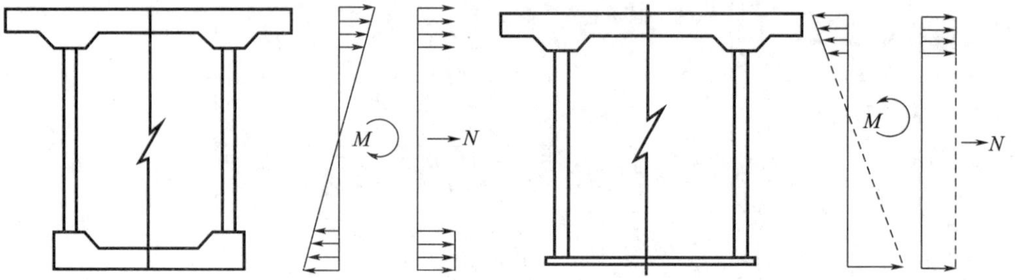

(a) 普通模式　　(b) 钢底板模式

图 4-5-8 基于平截面假定的计算模式示意图

计算波形钢腹板组合箱梁的抗剪承载力时，可认为剪力完全由腹板承担且在腹板内均匀分布。波形钢腹板和内衬混凝土所承担的剪力，按照抗剪刚度进行分配，即 $V_{wd}=G_wA_wV_d/(G_cA_c+G_wA_w)$，$V_{cd}=G_cA_cV_d/(G_cA_c+G_wA_w)$，其中，$G_c$ 为内衬混凝土剪切模量；A_c 为内衬混凝土断面面积；G_w 为波形钢腹板剪切模量；A_w 为波形钢腹板有效截面面积，$A_w=h_wt_w(a_w+c_w)/(a_w+b_w)$，$a_w$ 为波形钢腹板直板段长度，b_w 为波形钢腹板斜板段投影长，c_w 为波形钢腹板斜板段长度，h_w 为波形钢腹板的高度，t_w 为波形钢腹板的厚度；V_d 为极限载荷作用时的主梁实际作用剪力；V_{wd}为极限载荷作用时波形钢腹板分担的剪力；V_{cd}为极限载荷作用时混凝土内衬分担的剪力。

极限载荷作用时作用于主梁腹板的剪力为 $V_d=V_{ad}-V_{hd}-V_{ped}$，其中，$V_{ad}$为极限载荷作用时的主梁截面的总剪力；$V_{hd}$为梁高变化时弯曲拉压力的剪力平行分量，应按相关规范规定计算；V_{ped}为预应力筋有效拉力的剪力平行分量，应按相关规范规定计算。

梁高变化时弯曲拉压力的剪力平行分量 V_{hd} 为 $V_{hd}=(M_d/d)(\tan\alpha_c+\tan\alpha_t)$，其中，$M_d$ 为极限载荷作用时的弯矩；d 为构件截面的有效高度；α_c 为构件受压边缘和构件轴线的夹角；α_t 为受拉钢筋和构件轴线的夹角。

预应力筋有效拉力的剪力平行分量 V_{ped} 为 $V_{ped}=P_{ed}\sin\alpha_p$，其中，$P_{ed}$为轴向预应力筋的有效拉力；$\alpha_p$ 为轴向预应力筋与主梁轴线的夹角。

波形钢腹板抗剪承载力验算公式为 $\gamma_0V_{wd}\leqslant V_{wud}f_{vd}h_wt_w$，其中，$\gamma_0$ 为结构重要性系数；V_{wud}为波形钢腹板抗剪承载力；f_{vd}为波形钢腹板剪切屈服强度。

内衬混凝土应配置相应的弯起钢筋及箍筋以满足斜截面抗剪承载力，即 $\gamma_0V_{cd}<V_{cud}$

$=V_{cs}+V_{sb}$，其中，V_{cud}为混凝土内衬斜截面抗剪承载力；V_{cs}为斜截面内混凝土和箍筋共同的抗剪承载力；V_{sb}为与斜截面相交的普通弯起钢筋抗剪承载力。

在面内剪切荷载作用下，波形钢腹板的剪切屈曲破坏模式主要有整体屈曲、局部屈曲以及组合屈曲。波形钢腹板的屈曲稳定性验算应保证截面不发生屈曲破坏，按相关规范规定进行验算。

波形钢腹板的承载能力极限状态剪切稳定性验算公式为 γ_0（$\tau_{md}+\tau_{td}$）$\leqslant\tau_{cr,i}$ 和 $1/(\tau_{cr,i})^4=1/(\tau_{cr,g})^4+1/(\tau_{cr,l})^4$，其中，$\tau_{md}$为极限载荷作用时的弯曲剪应力；$\tau_{td}$为极限载荷作用时的自由扭转剪应力；$\tau_{cr,i}$为组合剪切屈曲强度；$\tau_{cr,g}$为整体剪切屈曲强度，按相关规范规定计算；$\tau_{cr,l}$为局部剪切屈曲强度，按相关规范规定计算。从上述验算公式可以看出，合成剪切屈曲强度要小于整体剪切和局部剪切屈曲强度，且现有工程的整体和局部剪切屈曲参数大多在 0.5 以下，考虑工程实践情况，当剪切屈曲参数 $\lambda_{s,g}$和 $\lambda_{s,l}$均小于 0.5 时可忽略合成剪切屈曲的影响；此时波形钢腹板的屈曲强度位于屈服域，可以使波形钢腹板在极限状态下进入屈服而不发生屈曲；同时，考虑到波形钢腹板抗剪承载力计算较为复杂，在实际计算分析中可结合有限元模型进行分析。

波形钢腹板的整体剪切屈曲强度 $\tau_{cr,g}$和局部剪切屈曲强度 $\tau_{cr,l}$按以下公式计算，即屈服域（$\lambda_{s,g(l)}<0.6$）中 $\tau_{cr,g(l)}/\tau_y=1.0$；非弹性域（$0.6\leqslant\lambda_{s,g(l)}\leqslant\sqrt{2}$）中 $\tau_{cr,g(l)}/\tau_y=1.0-0.614$（$\lambda_{s,g(l)}-0.6$）；弹性屈服域（$\sqrt{2}<\lambda_{s,g(l)}$）中 $\tau_{cr,g(l)}/\tau_y=1/\lambda_{s,g(l)}$。其中，$\lambda_{s,g}$为整体剪切屈曲参数；$\lambda_{s,l}$为局部剪切屈曲参数。剪切屈曲强度和剪切屈曲参数的关系如图 4-5-9 所示。

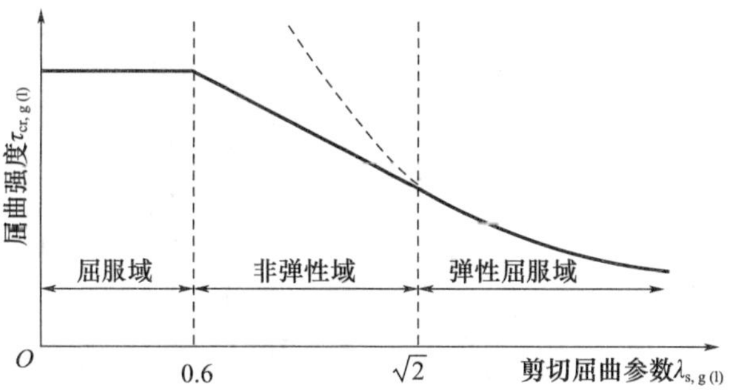

图 4-5-9　剪切屈曲强度和剪切屈曲参数的关系曲线

波形钢腹板整体剪切屈曲参数 $\lambda_{s,g}$和局部剪切屈曲参数 $\lambda_{s,l}$的计算公式为 $\lambda_{s,g(l)}=\sqrt{f_{vd}/\tau^e_{cr,g(l)}}$，其中，$\tau^e_{cr,g}$为弹性整体屈曲临界应力；$\tau^e_{cr,l}$为弹性局部屈曲临界应力。

弹性整体屈曲临界应力 $\tau^e_{cr,g}$计算公式为 $\tau^e_{cr,g}=36\beta(EI_y)^{1/4}(EI_x)^{3/4}/(h^2_w t_w)$，其中，$I_x=t^3_w(\delta^2+1)/(6\eta)$，$I_y=t^3_w/[12(1-v^2)]$；$\beta$为波形钢腹板整体嵌固系数（简支为 1.0，固支为 1.9）；I_x为单位长度绕波形钢腹板顺桥向中性轴惯性矩；I_y为单位长度对波形钢腹板高度方向的惯性矩；δ为波形钢腹板波高和钢板厚度比值，$\delta=d_w/t_w$；d_w为波形钢腹板波高；η为形状系数，$\eta=(a_w+b_w)/(a_w+c_w)$。

弹性局部屈曲临界应力 $\tau^e_{cr,l}$计算公式为 $\tau^e_{cr,l}=kE\pi^2(t_w/h_w)^2/[12(1-v^2)]$，其中，$k$为剪切屈曲系数，$a_w/h_w<1$ 时，$k=4.0+5.34(h_w/a_w)^2$，$a_w/h_w>1$ 时，$k=5.34+4.0(h_w/a_w)^2$；E为钢材的弹性模量；ν为钢材的泊松比。

为了保证波形钢腹板的剪切屈服强度不小于屈服强度，需使 max（$\lambda_{s,g}$，$\lambda_{s,l}$）<0.5。采用混凝土顶、底板的波形钢腹板组合梁在扭转作用下需考虑混凝土顶、底板斜压破坏及箱梁截面扭转破坏两种破坏形式，应按相关规范规定进行验算；当剪力及扭矩共同作用时，也应按相关规范进行校核。

截面极限抗扭承载力按式 $\gamma_0 M_{td} \leqslant M_{tu}$ 验算，其中，M_{td} 为极限载荷作用时的扭矩；M_{tu} 为截面抗扭承载力。

截面抗扭承载力应采用式 $M_{tu}=\min(M_{tcd}, M_{tyd})$ 计算，其中，M_{tcd} 为混凝土顶、底板斜压破坏扭矩；M_{tyd} 为箱梁截面的扭转承载力。

混凝土顶、底板斜压破坏扭矩 M_{tcd} 应采用式 $M_{tcd}=K_t f_{wcd}$ 计算，其中，f_{wcd} 为混凝土斜向抗压强度，$f_{wcd}=1.25\sqrt{f_{cd}} \leqslant 7.8$（MPa）；$f_{cd}$ 为混凝土轴心抗压强度设计值；K_t 为扭转系数，$K_t=2A_m t_{cm}$；A_m 为箱形薄壁中心线所围面积，$A_m=(b_1+b_2)h/2$；t_{cm} 为混凝土顶、底板厚度较小者；b_1 为腹板中心线之间的距离；h 为混凝土顶、底板中心线之间的距离。波形钢腹板中心线如图 4-5-10 所示。

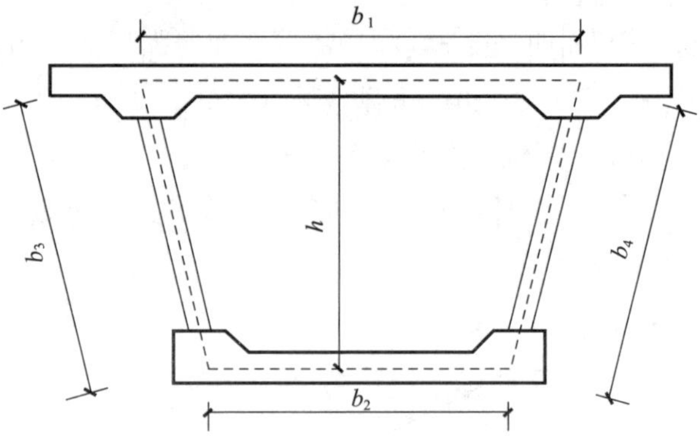

图 4-5-10　波形钢腹板中心线示意图

箱梁截面的扭转承载力 M_{tyd} 应采用式 $M_{tyd}=2A_m V_{od}$ 计算，其中，V_{od} 为构件每单位长度面内剪切承载力最小值。

构件每单位长度面内剪切承载力最小值 V_{od} 采用式 $V_{od}=\min(T_{xd}, T_{yd}, V_{wbd})$ 计算，其中，T_{xd} 为混凝土板中顺桥向抗扭钢筋的单位长度屈服承载力；T_{yd} 为混凝土板中横桥向抗扭钢筋的单位长度屈服承载力；V_{wbd} 为波形钢腹板的单位长度剪切屈服承载力。

混凝土板中顺桥及横桥向抗扭钢筋的单位长度设计屈服承载力应采用式 $T_{xd}=p_x f_{yd} t$ 和 $T_{yd}=p_y f_{yd} t$ 计算，其中，p_x，p_y 分别为顺桥向和横桥向的抗扭钢筋面积配筋率；f_{yd} 为钢筋抗拉屈服强度；t 为桥面板厚度。

波形钢腹板的单位长度剪切屈服承载力 V_{wbd} 应采用式 $V_{wbd}=f_v t_w$ 计算；当剪力 V_d 和扭矩 M_{td} 共同作用时，应按式 $\gamma_0[M_{td}/M_{tu}+(1-0.2M_{tcd}/M_{tu})(V_d/V_{wud})] \leqslant 1.0$ 进行极限承载力校核，其中，M_{tcd} 为开裂扭矩。

抗剪连接件纵向抗剪承载力应采用式 $\gamma_0 Q_d \leqslant Q_{wd}/s$ 验算，其中，Q_d 为波形钢腹板与混凝土顶、底板处的纵向剪力；Q_{wd} 为连接件纵向抗剪承载力；s 为连接件间距。

波形钢腹板与混凝土顶、底板处的纵向剪力设计值应采用式 $Q_d=V_d S/I$ 进行计算，其中，S 为连接部位外侧截面关于中和轴的静矩；I 为主梁截面的惯性矩，忽略波形钢腹板的贡献。

在进行波形钢腹板之间的连接构造设计时，连接构造的抗剪承载力不应低于波形钢腹板的抗剪承载力。当混凝土顶、底板与波形钢腹板之间采用带翼缘板的连接件时，验算翼缘板焊缝处强度时应考虑纵向剪力和横向弯矩的共同作用。当预应力束锚固区、横隔板以及内衬存在复杂受力行为时，宜建立三维有限元模型进行分析计算。在进行疲劳验算时，应重点关注翼缘板处焊缝的疲劳强度和过焊孔位置处结构的疲劳强度。

4.5.3　波形钢腹板-混凝土组合梁桥正常使用极限状态验算

混凝土顶、底板在正常使用状态下不应出现裂缝，应符合全预应力或 A 类预应力混凝土构件的要求。

考虑扭矩作用下的裂缝，混凝土设计扭矩 M_{td} 应满足式 $M_{td}\leqslant 0.7M_{tcd}$ 的要求，其中，M_{tcd} 为开裂扭矩，$M_{tcd}=\beta_{nt}K_t f_{td}$；$\beta_{nt}$ 为预应力下的轴向压力系数，$\beta_{nt}=\sqrt{1+\sigma_{nd}/1.5f_{td}}$；$\sigma_{nd}$ 为轴向力作用下的截面平均压应力，需满足 $\sigma'_{nd}\leqslant 7f_{td}$；$f_{td}$ 为混凝土抗拉强度设计值。

波形钢腹板短期纵向挠度计算宜采用式 $\Delta=\Delta_m+\Delta_v$ 计算，其中，Δ_m 为梁弯曲变形引起的挠度，计算时梁的弯曲刚度取 E_fI_f；E_fI_f 为不考虑波形钢腹板时的截面惯性矩；Δ_v 为梁剪切变形引起的挠度，计算时梁的剪切刚度取 G_wA_w。

4.5.4　波形钢腹板-混凝土组合梁桥构造要求

为了保证波形钢腹板不发生整体屈曲，应满足 $d_w\geqslant t_w\sqrt{(k_g t_w/h_w)^{-8/3}-1}$ 的要求，其中，k_g 为波形钢腹板整体屈曲系数，见表 4-5-3。

表 4-5-3　波形钢腹板整体屈曲系数表

系数	钢材名称		
	Q235	Q345	Q390
k_g	73.2	60.5	56.9

为了保证波形腹板不出现局部屈曲，应满足 $h_w/t_w\leqslant k_l$，$a_w\leqslant h_w$ 和 $h_w/t_w>k_l$，$a_w\leqslant t_w/\left[0.865\sqrt{1/k_l^2-(t_w/h_w)^2}\right]$ 的构造需要，其中，k_l 为波形钢腹板局部屈曲系数，见表 4-5-4。

表 4-5-4　波形钢腹板局部屈曲系数表

系数	钢材名称		
	Q235	Q345	Q390
k_l	44.5	36.7	34.5

波纹钢腹板与混凝土连接部位应进行适当防锈处理，以保障设计寿命内连接件的功能和耐久性；底板结合部位防水处理如图 4-5-11 所示。支座处存在剪力突变效应，应考虑混凝土板内附加弯曲应力的影响，对混凝土顶、底板进行适当加固。为了限制畸变变形和畸变应力，横隔板最大间距不应超过 25m。与波形钢腹板连接部位的顶、底板混凝土，应

进行配筋加固以保障设计寿命内连接件的功能和耐久性；横向贯穿钢筋如图 4-5-12 所示。预应力筋的锚固应保证锚固部位及其附近的安全性，不宜锚固在活载变动较大的部位，锚固部位也应适当加固。体外预应力束的设计应满足可更换需求，还应采取适当的构造措施保障锚固部位和转向部位的安全性。

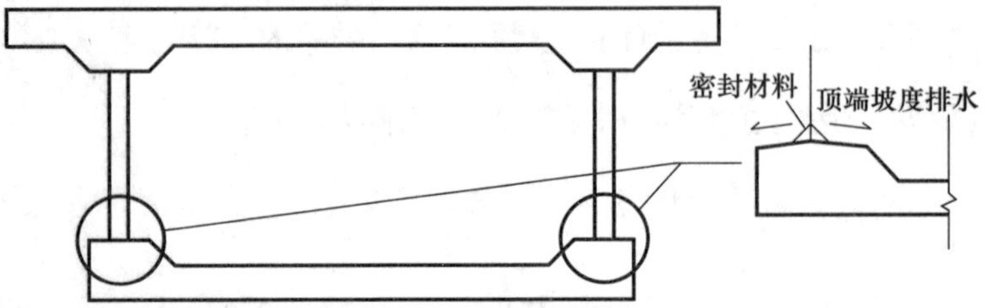

图 4-5-11　底板结合部位防水处理

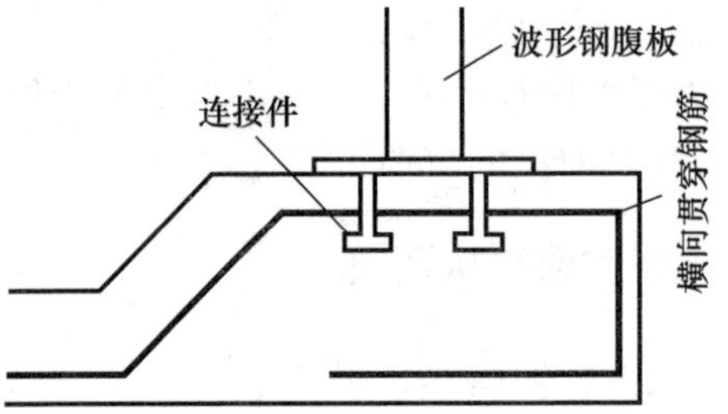

图 4-5-12　横向贯穿钢筋

4.6　钢管混凝土桥墩设计

4.6.1　钢管混凝土桥墩概念设计

钢管混凝土桥墩分为普通和带拉筋钢管混凝土桥墩，其截面形式包括圆形、圆端形、椭圆和矩形，其截面形式示意图如图 4-6-1 所示，图中 B 为截面宽度，D 为截面厚度。钢管与混凝土的强度等级匹配关系宜满足表 4-6-1 的要求。钢管混凝土桥墩截面含钢率宜在 0.04～0.1，截面尺寸偏大时钢管含钢率宜适当取低值，截面尺寸偏小时宜适当取高值。

钢管混凝土桥墩的主要选型原则包括根据场地类型、受力特点与美观要求选取合适的截面形式；制作方便，施工成本低，施工速度快；钢管混凝土桥墩与上部主梁连接方便，传力明确；满足刚度、承载力和抗震要求。钢管混凝土桥墩适用范围包括抗震性能要求高的地区；地质条件差，温差、不均匀沉降导致采用混凝土墩无法满足使用要求的地区；相邻桥墩之间墩高差别较大的情况。钢管混凝土桥墩设计计算原则是必须确保桥墩满足强度、刚度、稳定性、耐久性、抗震性的要求。

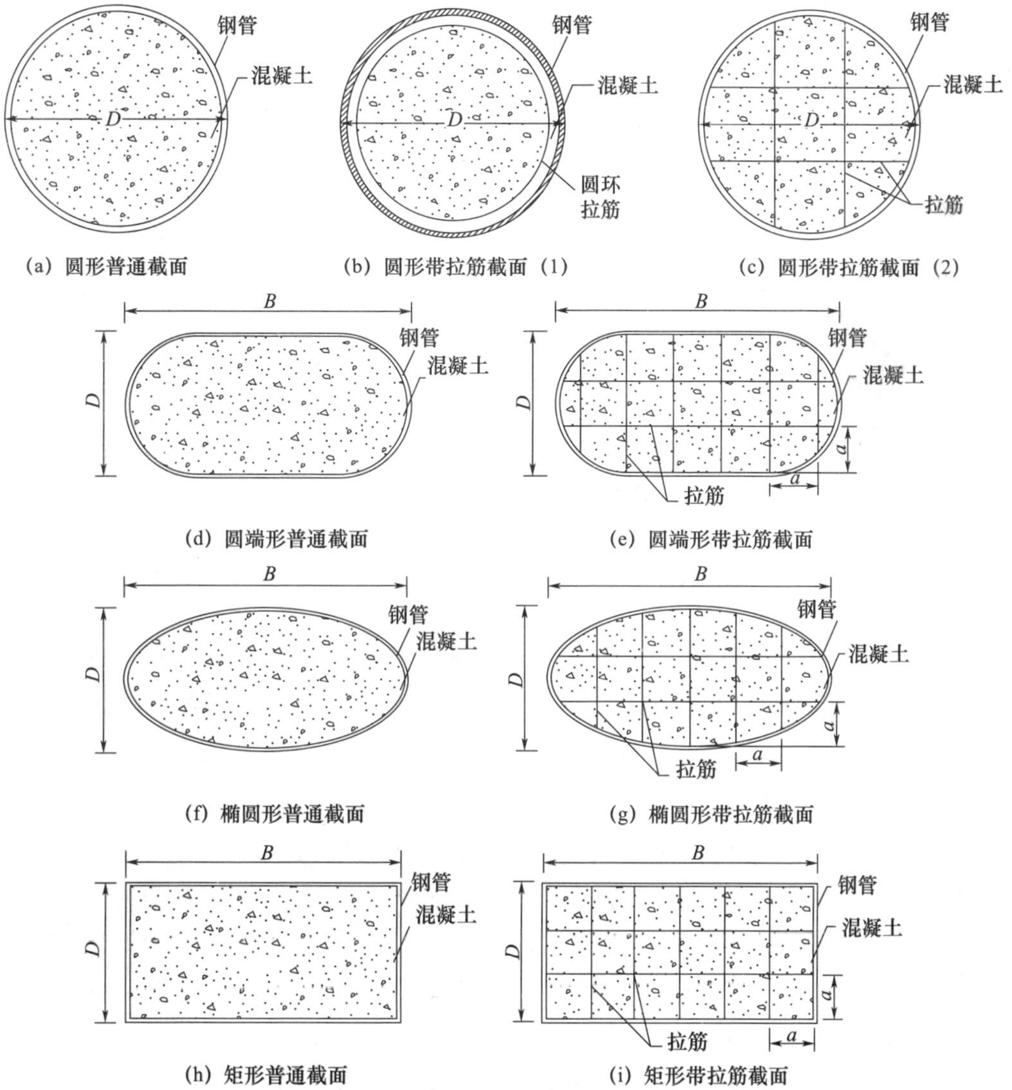

图 4-6-1　常见钢管混凝土桥墩截面形式示意图

表 4-6-1　钢管与混凝土的强度等级匹配关系

钢材	Q235		Q345					Q390			
混凝土	C30	C40	C40	C50	C60	C70	C80	C50	C60	C70	C80

4.6.2　钢管混凝土桥墩极限承载力计算

钢管混凝土桥墩的极限承载力计算不考虑钢管混凝土桥墩中约束拉筋的贡献。弯矩作用在一个主平面内的钢管混凝土压弯桥墩，其承载力应满足式 $N/N_u+(1-\alpha_c)M/M_u\leqslant 1$ 的要求，其中，N 为构件轴心压力设计值；N_u 为构件轴压强度承载力；M 为构件弯矩设计值；M_u 为构件抗弯承载力；α_c 为混凝土工作承担系数，应控制在 0.1～0.7，按式 $\alpha_c=f_cA_c/(f_sA_s+f_cA_c)$ 计算，A_c 为混凝土横截面面积，A_s 为钢管横截面面积，f_s 为钢材抗压强度设计值，f_c 为混凝土抗压强度设计值。

弯矩作用在一个主平面内（绕 x-x 轴）的钢管混凝土压弯桥墩，其弯矩作用平面内的稳定性应满足式 $N/(\phi_x N_u)+\beta M(1-\alpha_c)/[(1-0.8N/N'_{Ex})M_{ux}]\leqslant 1$，$N'_{Ex}=N_{Ex}/1.1$，$N_{Ex}=\pi^2 E_s N_u/(\lambda_{sc}^2 f)$ 的要求，并应满足式 $\beta M/[(1-0.8N/N'_{Ex})M_{ux}]\leqslant 1$ 要求。同时，弯矩作用平面外的稳定性应满足式 $N/(\phi_y N_u)+\beta M/(1.4M_{ux})\leqslant 1$ 的要求。其中，ϕ_x、ϕ_y 分别为弯矩作用平面内、弯矩作用平面外的轴心受压稳定系数，按相关规范规定计算；N_{Ex}为欧拉临界力；M_{ux}为只有弯矩 M_x 作用时截面的抗弯承载力；β 为等效弯矩系数。

钢管混凝土桥墩轴压强度承载力计算公式为 $N_u=A_c f_c+k_1 A_s f$，其中，A_s 为钢管横截面面积；f 为钢材的抗压强度设计值；k_1 为钢管截面形状约束系数，圆形钢管 $k_1=1.7$，椭圆形钢管 $k_1=1.1$，圆端形和矩形钢管形状约束系数取值见表 4-6-2。

表 4-6-2　圆端形和矩形钢管形状约束系数 k_1 取值

B/D	1.0	1.5	2.0	3.0	4.0
圆端形	1.70	1.40	1.25	1.10	1.00
矩形	1.20	1.08	1.03	1.00	1.00

钢管混凝土桥墩轴压稳定承载力应合规。钢管混凝土柱的轴心受压稳定承载力设计值应按式 $N\leqslant\phi N_u$，$\phi=[1/(2\bar{\lambda}_{sc}^2)]\ [\bar{\lambda}_{sc}^2+(1+0.25\bar{\lambda}_{sc}^2)]-\sqrt{[\bar{\lambda}_{sc}^2+(1+0.25\bar{\lambda}_{sc}^2)]^2-4\bar{\lambda}_{sc}^2}$，$\bar{\lambda}_{sc}=0.01\lambda_{sc}(0.001f+0.781)$ 计算。其中，ϕ 为轴心受压构件稳定系数；λ_{sc}为构件长细比，等于构件的计算长度除以回转半径；$\bar{\lambda}_{sc}$为构件正则长细比。

钢管混凝土桥墩抗弯承载力计算公式为 $M_u=\gamma^m W_{sc}^M f_{sc,u}$，其中，$M_u$ 为构件弯矩极限值；$f_{sc,u}$为钢管混凝土柱轴压平均极限强度，$f_{sc,u}=N_u/(A_c+A_s)$；W_{sc}^M为钢管混凝土构件截面抗弯模量；γ^m 为构件截面抗弯塑性发展系数，按表 4-6-3 计算，其中，Φ 为钢管混凝土构件截面套箍作用系数，$\Phi=(f_s A_s)/(f_c A_c)$。

表 4-6-3　构件截面抗弯塑性发展系数 γ^m 取值

截面形式	强轴	弱轴
圆端形	$\gamma_{maj}^m=\frac{B+0.3D}{2.7B+0.35D}+(1.35-0.054B/D)\Phi$	$\gamma_{min}^m=\frac{B}{6.31B-3.58D}+(1.36+0.16B/D)\Phi$
矩形	$\gamma_{maj}^m=\left(0.24-0.006\frac{B}{D}\right)+\left(\frac{1.22D-0.05B}{D}\right)\Phi$	$\gamma_{min}^m=\left(0.24-0.01\frac{B}{D}\right)+\left(\frac{1.08D+0.1B}{D}\right)\Phi$
椭圆形	$\gamma_{maj}^m=1.36\Phi+0.34$	$\gamma_{min}^m=1.65\Phi+0.35$

钢管混凝土桥墩抗剪承载力设计计算方法宜按《钢管混凝土结构技术规范》（GB 50936—2014）相关公式进行计算，即钢管混凝土桥墩的横向受剪承载力计算方法需满足式 $V\leqslant V_u$，$V_u=0.71f_{sv}A_{sc}$，$f_{sv}=1.547fa_{sc}/(a_{sc}+1)$ 的要求。其中，V_u 为钢管混凝土构件受剪承载力设计值；A_{sc}为钢管混凝土构件横截面面积；f_{sv}为钢管混凝土受剪强度设计值；a_{sc}为钢管混凝土构件含钢率，$a_{sc}=A_s/A_c$。

4.6.3 钢管混凝土桥墩刚度计算

不考虑钢管混凝土桥墩中约束拉筋对刚度的贡献。钢管混凝土桥墩轴压刚度按式 $E_{sc}A_{sc}=E_sA_s+E_cA_c$ 计算，其中，A_s 为钢管面积；A_c 为混凝土面积；A_{sc}为钢管混凝土面积。当钢管壁厚 $t\leqslant16$mm 时，E_{sc}取值不变；当 $t>16$mm 时，E_{sc}应乘以 0.96 后确定。

钢管混凝土桥墩剪切刚度按式 $G_{sc}A_{sc}=G_sA_s+G_cA_c$ 计算，当钢管壁厚 $t\leqslant16$mm 时，G_{sc}取值不变；当 $t>16$mm 时，G_{sc}应乘以 0.96 后确定。

钢管混凝土桥墩抗弯刚度考虑混凝土开裂对刚度的折减，按式 $EI=E_sI_s+k_zE_cI_c$ 计算，其中，I_s 为钢管截面惯性矩；I_c 为核心混凝土截面惯性矩；k_z 为混凝土截面形状抗弯折减系数，圆形 $k_z=0.6$，其他形状抗弯折减系数取值见表 4-6-4。

表 4-6-4 混凝土截面抗弯折减系数 k_z 取值表

截面形式	强轴	弱轴
圆端形	$k_z^{maj}=0.6\left(\frac{B}{D}\right)^{-0.61}$	$k_z^{min}=0.6\left(\frac{B}{D}\right)^{-0.54}$
矩形	$k_z^{maj}=\left(0.056\frac{B}{D}-0.8\right)\rho+\left(1.04-0.07\frac{B}{D}\right)$	$k_z^{min}=\left(0.088\frac{B}{D}-0.84\right)\rho+\left(1.05-0.11\frac{B}{D}\right)$
椭圆形	$k_z^{maj}=0.66-2.33\rho$	$k_z^{min}=0.59-1.22\rho$

4.6.4 钢管混凝土桥墩抗震计算

不考虑钢管混凝土桥墩中约束拉筋对抗震性能的贡献。E2 地震作用下，塑性铰区域的最大容许转角应根据极限破坏状态的曲率能力，按式 $\theta_u=L_p(\phi_u-\phi_y)/K$ 计算，其中，ϕ_y 为截面的屈服曲率，钢管混凝土桥墩的屈服曲率计算方法见表 4-6-5；ϕ_u 为极限破坏状态的曲率，钢管混凝土桥墩的极限曲率计算方法见表 4-6-5；L_p 为等效塑性铰长度，钢管混凝土桥墩的等效塑性铰长度计算方法见表 4-6-5。

表 4-6-5 钢管混凝土桥墩各抗震指标计算方法

截面形式	桥墩抗震指标	强轴	弱轴
圆端形	屈服应变	$\phi_y^{maj}=1.7f_s/(E_sB)$	$\phi_y^{min}=1.7f_s/(E_sD)$
	极限应变	$\phi_u^{maj}=13f_s/(E_sB)$	$\phi_u^{min}=13f_s/(E_sD)$
	等效塑性铰长度	$0.6D$	$0.6D$
矩形	屈服应变	$\phi_y^{maj}=2f_s/(E_sB)$	$\phi_y^{min}=2f_s/(E_sD)$
	极限应变	$\phi_u^{maj}=10f_s/(E_sB)$	$\phi_u^{min}=10f_s/(E_sD)$
	等效塑性铰长度	$0.6B$	$0.6B$
椭圆形	屈服应变	$\phi_y^{maj}=1.8f_s/(E_sB)$	$\phi_y^{min}=1.8f_s/(E_sD)$
	极限应变	$\phi_u^{maj}=11f_s/(E_sB)$	$\phi_u^{min}=5.5f_s/(E_sD)$
	等效塑性铰长度	$0.6D$	$0.6D$

4.6.5 钢管混凝土桥墩构造要求

钢管混凝土桥墩的柱脚宜采用埋入式柱脚，埋入式柱脚柱脚外可焊接钢筋环或栓钉并灌入高强混凝土进行加强保护，如图 4-6-2 所示。钢管混凝土桥墩结构节点连接应满足强度、刚度、稳定性和抗震的要求，保证力的传递，使钢管和混凝土能共同工作，并便于支座安装和管中混凝土的浇灌施工。为防止钢管混凝土桥墩发生失稳破坏，单肢钢管混凝土桥墩的长细比应控制在 50 以内。钢管混凝土桥墩端部应设置约束拉筋，加强对塑性铰区域或局压区域混凝土的约束，桥墩中间部位宜设置构造拉筋，加强钢管与混凝土的共同作用，钢管混凝土桥墩截面构造示意图如图 4-6-3 所示。图 4-6-3 中拉筋相交，以及相交拉筋与定位纵向钢筋均为点焊固定，并预先制作成拉筋笼，便于定位；约束拉筋与钢管壁的焊缝长度不小于 30mm，焊缝高度与钢筋直径一致。

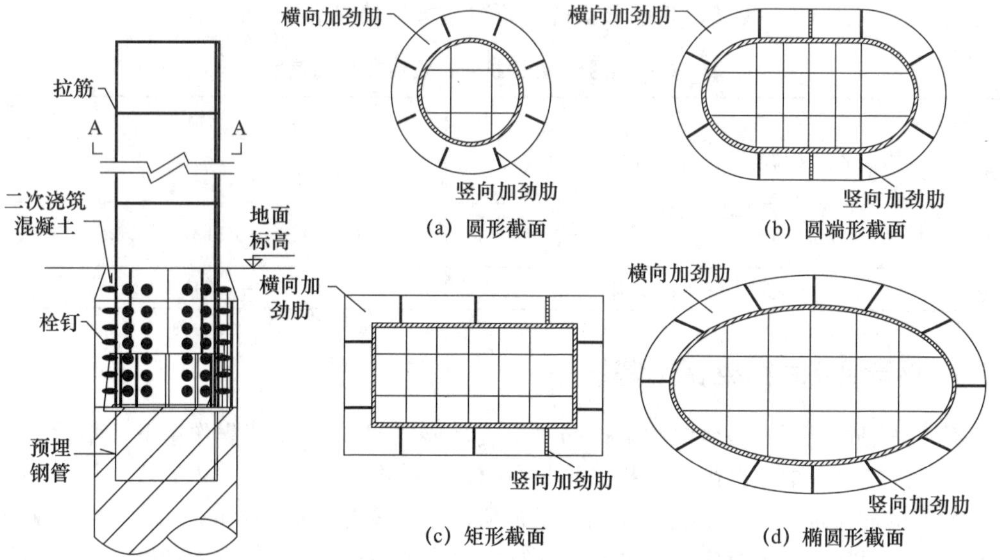

图 4-6-2　钢管混凝土桥墩埋入式柱脚构造示意图

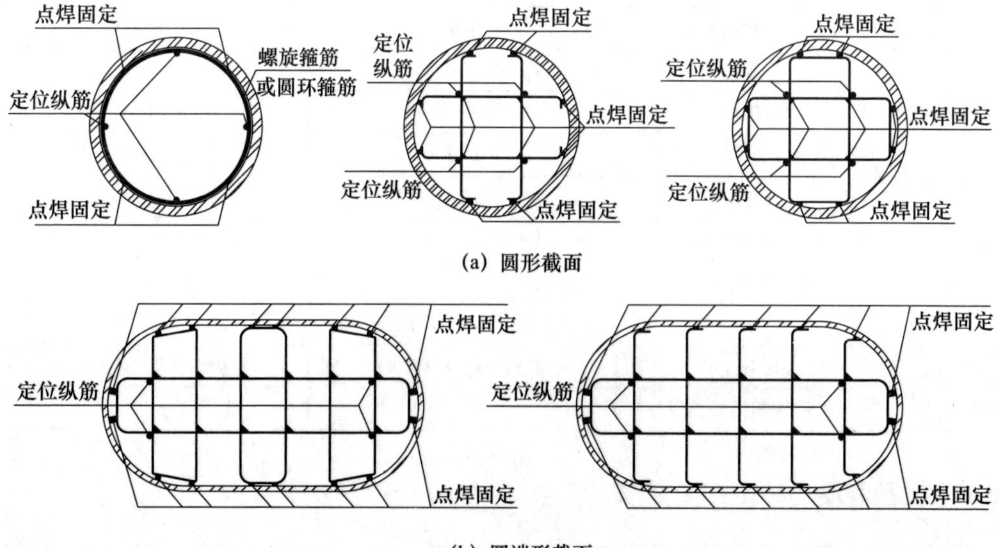

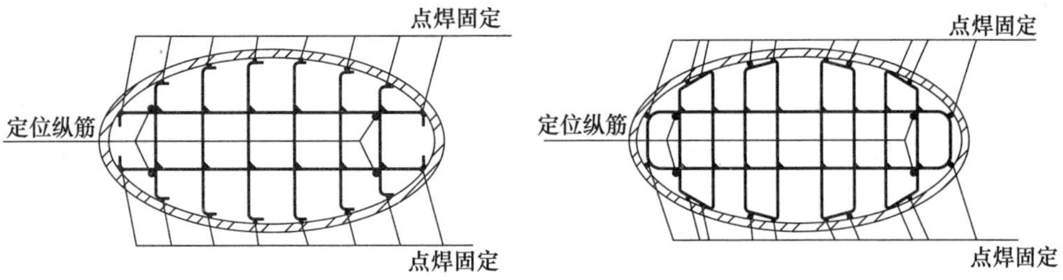

(c) 椭圆形截面

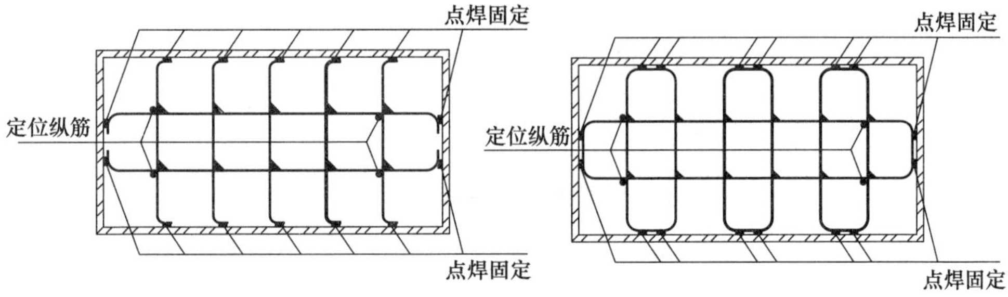

(d) 矩形截面

图 4-6-3　钢管混凝土桥墩截面拉筋构造示意图

钢管混凝土桥墩应在墩底 1.5B 和墩顶 D 范围内配置约束拉筋，拉筋横向间距 a=100～150mm，沿墩高间距 s=50～100mm，等效配箍率宜取 ρ_{sa}=0.5%～1.0%，按式 $\rho_{sa}=\rho_{sv}f_{sv}/f_s$ 计算，其中，ρ_{sv}为配箍率；f_{sv}为拉筋屈服强度；f_s 为钢管屈服强度。

钢管混凝土桥墩宜在墩底 1.5B 和墩顶 D 范围之外的设置构造拉筋，加强钢管与混凝土的共同作用，构造拉筋横向间距为 $2a$，沿墩高间距为 s=200mm，拉筋直径宜取 6～8mm，钢管混凝土桥墩拉筋笼纵向布置构造示意图如图 4-6-4 所示。

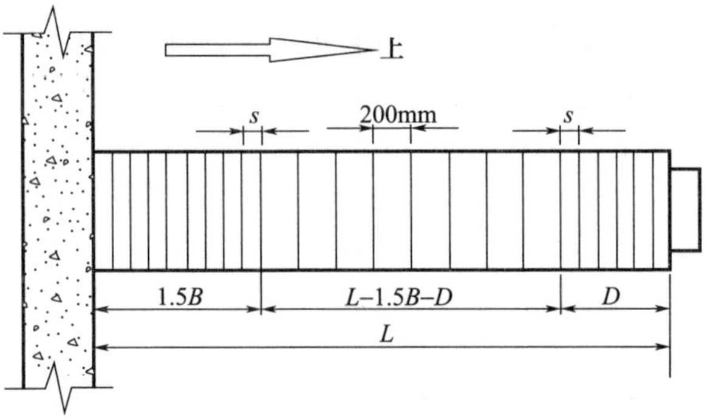

图 4-6-4　钢管混凝土桥墩拉筋笼纵向布置构造示意图

4.7　钢-混凝土组合桥梁的耐久性设计

4.7.1　基本要求

钢-混凝土组合桥梁应根据设计使用年限、环境类别及其作用进行耐久性设计。耐久性设计应包含以下五方面内容：①确定结构和结构构件的设计使用年限；②确定结构和结构构件所处的环境类别及其作用等级；③提出对混凝土、钢、抗剪连接件材料选控的要求（适宜的原材料、合理的配合比、适当的耐久性指标），以确保组合桥梁各部分构件的耐久性；④采用有助于耐久性的结构构造，便于施工、检修和维护管理，采取适当的施工养护措施满足耐久性所需的施工养护的基本条件；⑤对于严重腐蚀环境条件下的组合结构，除了对材料本身提出的相关耐久性设计要求外，还应实施可靠的防腐蚀附加措施。

设计使用年限见表 4-7-1。表 4-7-1 中所列特大、大、中、小桥和涵洞系按《公路桥涵设计通用规范》（JTG D60—2015）中的单孔跨径确定，对于多跨不等跨桥梁，以其中最大跨径为准；该表冠以“重要”的中桥和小桥，系指高速公路和一级公路、国防公路及城市附近交通繁忙公路上的桥梁。对有特殊要求结构的设计使用年限，可在上述规定基础上经技术经济论证后予以调整。

表 4-7-1　钢-混凝土组合桥梁的设计使用年限

类别	设计使用年限/年	桥梁类型
1	30	小桥
2	50	中桥、重要小桥
3	100	特大桥、大桥、重要中桥

钢结构、剪力连接件的腐蚀环境分类按照相关规范的要求执行。混凝土构件的环境等级分类按照《公路钢筋混凝土及预应力混凝土桥涵设计规范》（JTG 3362—2018）的要求执行。

4.7.2　钢-混凝土组合桥梁耐久性设计方法

组合桥梁的钢材防腐，根据环境确定防腐环境等级以及所需的保护年限，同时考虑运营养护和经济合理的条件，对不同位置的钢材根据《公路桥梁钢结构防腐涂装技术条件》（JT/T 722—2023）确定最优化的防腐涂装系统。组合桥梁的混凝土结构应满足现行国家标准《混凝土结构耐久性设计标准》（GB/T 50476）和现行行业标准《公路钢筋混凝土及预应力混凝土桥涵设计规范》（JTG 3362）的耐久性设计要求，并参照现行行业标准《公路工程混凝土结构防腐蚀技术规范》（JTG/T B07-01）的要求进行设计。组合桥梁负弯矩区混凝土结构的最大裂缝宽度限值不应超过表 4-7-2 规定的限值。

表 4-7-2　最大裂缝宽度限值

环境类别	最大裂缝宽度限值/mm
Ⅰ类——一般环境	0.20
Ⅱ类——冻融环境	0.20
Ⅲ类——近海或海洋氯化物环境	0.15
Ⅳ类——除冰盐等其他氯化物环境	0.15

连接件耐久性设计，应保证连接件表面无锈蚀、氧化、毛刺等缺陷。钢梁翼缘和混凝土桥面板的结合面边缘 50mm 范围内应进行防腐涂装；在工地浇筑或安装预制混凝土桥面板前，应对结合面进行除锈，并应清除结合面上的油污等其他杂物。针对负弯矩区混凝

土板应采取抗裂措施，可采用加密钢筋、纵向预应力技术、群钉技术、优化施工工艺等。暴露在混凝土之外的连接件、紧固件等与混凝土结构应设置可靠的连接方式，连结部位须进行有效的防腐处理。设置完善而有效的防水层、侧面檐口、必要的滴水槽以及不让排水管设置在箱梁内部，应尽量避免采用易于积水的闭口截面，并于凹槽、坑槽处设置有效的排水孔。伸缩装置应设置防水构造，以防止雨水渗流到梁端和桥台，桥台部位应设置排水通道。

遭受氯盐侵蚀的混凝土桥面，应加大地面排水坡度（2%），并应考虑到结构发生挠度或施加预应力引起反拱对地面排水的影响。桥面的排水应通过专门设置的管道排出，不得将水直接排在构件的混凝土表面上；排水管的出口应离开混凝土礅柱或其他构件表面一定距离。桥梁墩台的顶面，应做成向边缘倾斜不小于5%的斜坡，或向中心处倾斜（当受雨面积甚大、设置内埋的排水管时）。

当桥面板采用预制钢筋混凝土桥面板时，应采取措施使预制桥面板与钢梁间密贴，满足防水要求。为方便更换支座，应在墩顶或盖梁上预留放置千斤顶等提升设备的空间及支座运送通道，也应尽量为工作人员留有操作平台；便于检查，应当在支座周围留有检修的空间。在设计年限内应该符合下列要求：建立定期检测、维修制度；设计中可更换的构件应按规定更换；构件表面的防护层应按规定维护或更换；结构出现可见的耐久性缺陷时，应及时进行处理。

思考题

1. 简述钢-混凝土组合桥梁设计应遵循的宏观原则。
2. 钢-混凝土组合桥梁的总体要求是什么？
3. 如何进行钢-混凝土组合梁桥设计？
4. 如何进行钢桁架-混凝土组合梁桥设计？
5. 如何进行波形钢腹板-混凝土组合梁桥设计？
6. 如何进行钢管混凝土桥墩设计？
7. 钢-混凝土组合桥梁的耐久性设计有哪些基本要求？
8. 试述近年来我国在钢-混凝土组合桥梁设计领域的创新和突破。

第 5 章　城市轨道交通桥梁设计

5.1　宏观要求

城市轨道交通桥梁工程设计应做到安全可靠、经济适用、技术先进、美观耐久。本章内容适用于钢轮钢轨制式和跨座式单轨制式、最高运行速度不超过 120km/h 的城市轨道交通新建桥梁工程的设计；其他类似交通方式的新建桥梁工程可参照执行。桥梁主体结构设计使用年限为 100 年。桥梁结构在设计、制造、运输、安装和运营过程中应具有规定的强度、刚度和耐久性。桥梁设计应预留设备的安装、检修和更换条件，并应满足养护、维修的要求。跨越河流或大型水体及沿河布置的城市轨道交通桥梁，应按百年一遇的洪水频率标准进行设计；技术复杂、修复困难的大桥应按三百年一遇的洪水频率标准进行设计。跨座式单轨交通轨道梁桥的设计应符合现行国家标准《跨座式单轨交通设计标准》（GB/T 50458）的规定。

区间高架桥是指车站之间除跨越河流、水体以外的桥梁。区间跨河桥梁是指车站之间跨越河流、水体的桥梁。

栏板是指桥面两侧起到围护和隔声作用的构件。救援列车荷载是指运营列车发生故障时，进行救援产生的附加荷载。

疲劳荷载是指反复作用于结构并引起交变应力的活荷载。

无缝线路的纵向水平力是指由桥梁和无缝线路间相对位移引起的水平力。无缝线路的断轨力是指无缝线路钢轨突然折断引起桥梁与钢轨间相对位移产生的水平力。

体系温差是指环境温度变化引起的结构体系温度与合龙温度差值。

风-车-桥系统耦合振动分析是指建立车-桥耦合振动模型，为求解风荷载作用下列车和桥梁振动响应而进行的非线性有限元分析。

徐变残余变形是指铺设轨道后，混凝土结构徐变产生的结构变形。延性构件是指罕遇地震作用下，允许发生塑性变形的构件。

能力保护原则是指罕遇地震作用下，使桥梁结构体系中延性构件和受能力保护的构件形成强度等级差，以确保受能力保护的构件处于弹性范围之内的设计原则。

能力保护构件是指罕遇地震作用下，按能力保护原则设计的构件。

U 形梁是指断面呈 U 形，桥道板无中间横梁的下承式梁。

接触网立柱基础是指桥梁上固定接触网立柱的基础。

接触网立柱下锚基础是指桥梁上拉锚接触网立柱的基础。桥梁施工监控是指在桥梁施工过程中，对桥梁线形和应力的监测和控制，使成桥结构最大限度接近设计理想状态。

钢结构涂装层设计免维修年限是指钢结构涂装层免于维修（涂层无裂纹、起皮、脱落）的设计理论年限。

5.2 桥梁布置规则

（1）区间高架桥布置。区间高架桥桥跨布置应根据地形地物、地面交通、景观等因素综合确定；一般地段宜采用等跨布置方式。区间高架桥上部结构应优先采用预应力混凝土结构，并宜推广采用预制架设、预制节段拼装的设计、施工方法；一般地段宜采用简支梁式桥跨结构。区间高架桥的桥下净高应满足表5-2-1的规定，并应符合桥下交通方式行业主管部门的有关规定，且预留一定的安全值。表5-2-1中的净高指桥下路面至梁底、桥下轨面至梁底的高度。

表5-2-1 区间高架桥的桥下净高要求

交通方式		最小净高/m
道路	高速公路，一、二级公路	5.0
	三级及以下公路、城市道路机动车道	4.5
	城市道路机动车道（小客车）	3.5
	城市有轨电车、城市无轨电车	5.5
城市轨道交通	架空接触网城市轨道交通	7.0
	接触轨城市轨道交通	4.5
铁路	高速铁路	7.3
	普通铁路	6.6
	通行双层集装箱铁路	8.0

当区间高架桥敷设于道路中间时，道路中间分隔带宽度不宜小于4m。区间高架桥桥墩边缘至路缘石边缘距离不应小于0.5m；当桥梁承台或扩大基础轮廓侵入行车道时，承台或扩大基础顶面应置于路面结构层以下，且埋深不应小于0.8m。区间高架桥基础与地下管线之间的距离应满足现行国家标准《城市工程管线综合规划规范》（GB 50289）的相关规定，并应符合施工安全要求。区间高架桥结构边缘与建筑结构、输油及燃气输送管道，以及危险品罐、库等最小距离应符合现行相关国家标准及行业标准的规定。区间高架桥与架空高压线之间的最小垂距应符合现行国家标准《66kV及以下架空电力线路设计规范》（GB 50061）、《110kV～750kV架空输电线路设计规范》（GB 50545）的规定。

（2）区间跨河桥梁布置。区间跨河特大、大桥桥位宜设置在河道顺直、河床稳定且地质良好的河段处；桥位宜与洪水流向正交。区间跨河桥梁的桥下净空应符合下列四条规定，即按设计频率的最高洪水位与桥下安全高度之和确定，桥下安全高度值可按表5-2-2采用。表5-2-2中梁底面或拱顶底面离开水面的高度不应小于计算浪高的3/4加上

0.25m；通航河流的桥下净空应根据航道等级按现行国家标准《内河通航标准》（GB 50139）的规定执行，通行海轮的桥下净空应符合现行行业标准《海轮航道通航标准》（JTS 180-3）的规定；无铰拱的拱脚允许被洪水淹没，但淹没高度不宜超过拱券高度的2/3，且拱顶底面距计算水位净高不应小于1.0m；对桥下净空有特殊要求的航道，桥下净空尺度应做专题研究论证。跨河桥梁与既有桥梁并行设置时，两桥间距应根据施工条件、水文干扰、防洪要求、通航影响等因素综合确定。

表 5-2-2 区间跨河桥梁桥下安全高度

桥梁部位		高出设计频率洪水位/m	高出最高流冰面/m
梁底	洪水期无大漂流物	0.50	0.75
	洪水期有大漂流物	1.50	—
	有泥石流	1.00	—
支承垫石顶面		0.25	0.50
拱脚		0.25	0.25

（3）桥面布置。区间桥梁的桥面宽度应根据建筑限界、应急疏散、设备布置等因素计算确定，并应预留设备的安装、检修和更换条件。有砟轨道桥梁的挡砟墙内侧面距线路中心线净距不应小于2.2m，轨下道砟厚度不应小于0.3m。区间桥梁线路中心线至架空接触网立柱中心的最小距离可根据表5-2-3的规定对线路分段取值。运行B1型车的桥梁，栏板内侧面至线路中心线的距离宜符合下列两条规定，即接触轨位于线路中间时，不小于2.20m；接触轨位于线路外侧时，不小于2.45m。

表 5-2-3 线路中心线至架空接触网立柱中心最小距离 （单位：mm）

车型		A型车	B2型车
曲线半径 R/m	$300 \leqslant R \leqslant 600$	2700	2550
	$600 < R \leqslant 1200$	2600	2450
	$1200 < R \leqslant 3000$	2500	2400
	$R > 3000$ 及直线	2400	2300

（4）桥上线路及台后过渡段。大跨度桥梁宜设在直线上，困难条件下，经技术经济比选，也可设在曲线上，并宜采用较大的曲线半径；大跨度桥不宜设置在反向曲线上。钢桁梁桥不宜设置在竖向曲线及缓和曲线上。区间高架桥梁底离地面的高度不宜小于1.5m；路基与桥台连接处应设置保证刚度及变形在线路纵向均匀变化的过渡段。

（5）附属及养护设施。桥面两侧应设置栏板，其高度不宜小于1.1m。多线桥分为单线时，单线桥内侧栏板应封闭。梁缝处应设伸缩缝，伸缩缝除应保证梁端部能自由伸缩外，尚应防止桥面水渗漏。桥面应设置防水层，其技术指标及施工工艺应符合现行行业标准《铁路桥梁混凝土桥面防水层》（TB/T 2965）的规定。桥面应设置不小于2%的横坡、不小于0.3%的纵坡；纵向应分段设置拦水构造，用排水管将雨水排入市政管网；当不具备接入条件时，应设置散水等构造；排水管道直径、纵向间距应根据计算确定，且直径不宜小于150mm。桥梁养护、维修应符合下列三条规定，即有条件时宜设置宽度不小于3m的养桥道路，无养桥道路时宜设置相应检查养护设备，20m及以上高桥墩应设置专门检查设备；箱梁应预留进入每孔箱梁内部的进人通道，并应分段贯通；桥梁构造的设计应便于检查和养护。

5.3　设计荷载

5.3.1　荷载分类

桥梁结构设计采用的荷载应分为主力、附加力和特殊荷载三类，其分类应按表 5-3-1 的规定执行。设计中要求计入的其他荷载可根据其性质，分别列入上述三类荷载。

表 5-3-1　桥梁荷载分类

荷载分类		荷载名称
主力	恒载	结构自重；附属设备和附属建筑自重；预加应力；混凝土收缩及徐变影响；基础变位的影响；土压力；静水压力及浮力
	活载	列车竖向静活载；列车竖向动力作用；列车离心力；列车横向摇摆力；列车竖向静活载产生的土压力；公路或城市桥梁活载；人群荷载
	无缝线路纵向水平力	伸缩力；挠曲力
附加力		制动力或牵引力；风力；温度影响力；流水压力；救援、检修列车荷载
特殊荷载		无缝线路断轨力；船只或汽车的撞击力；地震力；施工临时荷载；列车脱轨荷载；列车脱轨水平撞击力

5.3.2　荷载取值

计算结构自重时，材料容重应按现行行业标准《铁路桥涵设计规范》（TB 10002）的规定取用；对于附属设备和附属建筑的自重或材料重度，可按所属专业的设计值或所属专业现行规范、标准中的规定取用。土压力的计算应按现行行业标准《铁路桥涵设计规范》（TB 10002）的规定执行。

列车竖向静活载确定应符合以下四方面规定：①列车竖向静活载图式按本线列车的最大轴重、轴距及近、远期中最长的编组确定。②对于单线或双线桥梁结构，按列车活载作用于每一条线路确定。③对于多于两线的桥梁结构，按下列最不利情况确定，即按两条线路在最不利位置承受列车活载，其余线路不承受列车活载确定；所有线路在最不利位置承受 75％的列车活载确定；对承受局部荷载的构件，均应为该活载的 100％。④影响线加载时，活载图式不可任意截取，但对影响线异符号区段，轴重按空车重计。列车加载长度应采用本线初、近、远期中最不利的编组。

列车活载的效应为列车静活载与列车竖向动力作用效应之和，列车的竖向动力作用应按列车竖向静活载乘以动力系数 μ 进行计算。动力系数 μ 的取值应符合以下三方面规定：①支承轮轨式轨道交通的桥梁按现行行业标准《铁路桥涵设计规范》（TB 10002）规定的值乘以 0.8；②支承单轨交通轨道梁的桥梁结构的动力系数按式 $\mu=18/(50+L)$ 计算，其中，L 为轨道梁的跨度（m）；③单线 U 形梁桥道板和双线 U 形梁桥道板的动力系数可按相关规范规定进行计算。计算活载引起的土压力时不计竖向动力作用。

钢桥的疲劳活载采用运营列车活载，其动力系数应按相关规范规定计算的动力系数的 3/4 取值。钢桥的疲劳加载方式应按以下三条规定进行：①双线钢桁梁的主桁、钢箱梁和钢板梁整体受力按照现行行业标准《铁路桥梁钢结构设计规范》（TB 10091）的规定执行；②钢桁梁的横梁、钢箱梁的横肋、横隔板及钢板梁的横隔板，根据实际可能出现的最不利情况进行加载；③钢桁梁的纵梁、正交异形板的纵肋根据单线荷载可能出现的最不利情况进行加载。

救援列车荷载和检修列车荷载应符合以下两条规定：①救援列车荷载应根据运营救援模式确定，无详细资料时，救援列车荷载可取一列满载列车，并与运营列车进行最不利组合；②检修列车荷载应根据检修列车的实际情况确定。

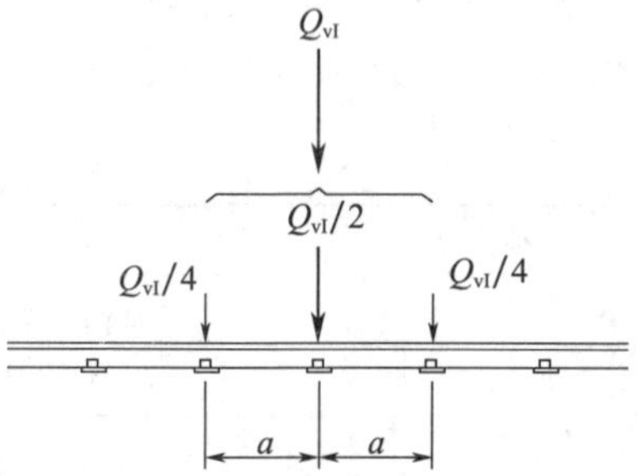

图 5-3-1　列车轴重荷载沿线路方向的分布

列车轴重引起的集中荷载由于轨道结构引起的分布可按下列两条规定进行计算：①列车轴重引起的集中荷载沿线路方向可以分布于三个钢轨支点上，其分布如图 5-3-1 所示，其中，Q_{vI} 为列车轴重引起的集中荷载，a 为钢轨支点纵向间距；②对于无砟轨道，列车轴重引起的集中荷载在垂直线路方向的分布如图 5-3-2 所示，其中，P 为列车轴重考虑纵向分布后的集中荷载，q 为分布荷载的集度。

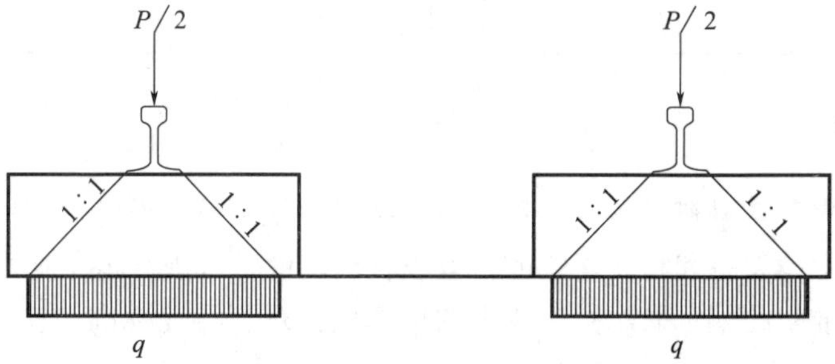

图 5-3-2　列车轴重荷载沿线路方向的分布

位于曲线上的桥梁应计算列车产生的离心力。离心力作用于轨面以上 1.8m 处，大小等于列车竖向静活载乘以离心力率 C，C 值按式 $C=V^2/127R$ 计算，其中，V 为列车运行速度（km/h）；R 为曲线半径（m）。列车横向摇摆力应按相邻两节车四个轴轴重的 15%计，以横桥向集中力形式取最不利位置作用于轨顶面；多线桥只计算任一条线上的横向摇摆力。

列车制动力或牵引力应按列车竖向静活载的 15%计算，当与离心力同时计算时，可按竖向静活载的 10%计算。区间双线桥应采用一条线的制动力或牵引力；三线或三线以上的桥应采用两条线的制动力或牵引力。高架车站及与车站相邻两侧 100m 范围内的区间双线桥应按双线制动力或牵引力计，每条线制动力或牵引力值为竖向静活载的 10%。制动力或牵引力作用于轨顶以上车辆重心处，但计算墩台时移至支座中心处，计算刚架结构移至横梁中线处，均不计移动作用点所产生的力矩。

列车竖向静活载在桥台后破坏棱体上引起的侧向土压力，应将活载换算成当量均布土层厚度计算。无缝线路的纵向水平力（伸缩力、挠曲力）和无缝线路的断轨力，应根据轨道结构及梁、轨共同作用的原理分别按以下两条规定计算确定：①单线及多线桥只计算一根钢轨的断轨力；②伸缩力、挠曲力、断轨力作用于墩台上的支座中心处，不计其实际作用点至支座中心的弯矩影响，需要考虑对梁的影响时应做专门研究。风荷载按现行行业标准《铁路桥涵设计规范》（TB 10002）的规定执行。

温度影响力包含体系温差、温度梯度和构件温差三部分，其取值应符合以下四方面规定：①体系温差从构件合龙时算起；钢结构桥梁的体系温差可按历年极端最低气温和极端最高气温确定；混凝土结构桥梁的体系温差可按历年最冷月平均气温最低值和最热月平均气温最高值确定。②温度梯度的计算应根据结构类型的不同分别按下列规定取值，混凝土梁竖向温度梯度应按表 5-3-2 的规定取值；结合梁的温度梯度应按表 5-3-3 的规定取值，h 为桥面板的厚度（m）；钢箱梁的温度梯度应按表 5-3-4 的规定取值，h 为梁高（m）；钢桁梁的上层正交异性板的温度梯度应按表 5-3-5 的规定取值，h 为正交异性板的高度（m）；混凝土箱梁箱内外温差可按±5℃取值。③主缆、拉索、吊杆等钢构件与梁、塔、拱肋等混凝土构件之间温差可采用±10～±15℃；斜拉桥斜拉索与钢主梁温差可采用±10℃。④钢桁梁的上、下弦杆之间的温差应根据实际情况确定。

表 5-3-2　混凝土梁的竖向温度梯度

温度变化	升温	降温
温度梯度	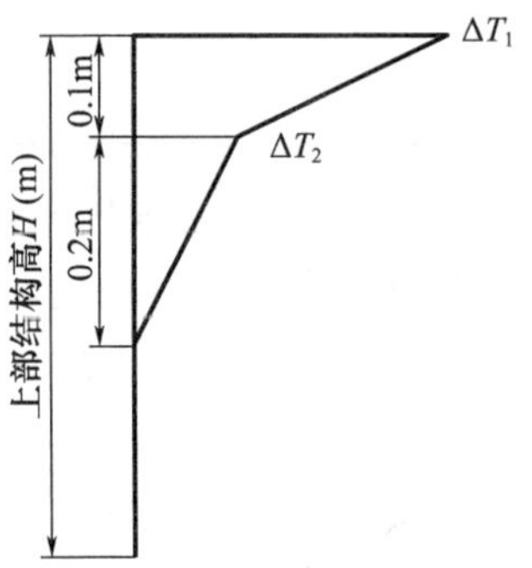 $\Delta T_1=14℃$；$\Delta T_2=5.5℃$	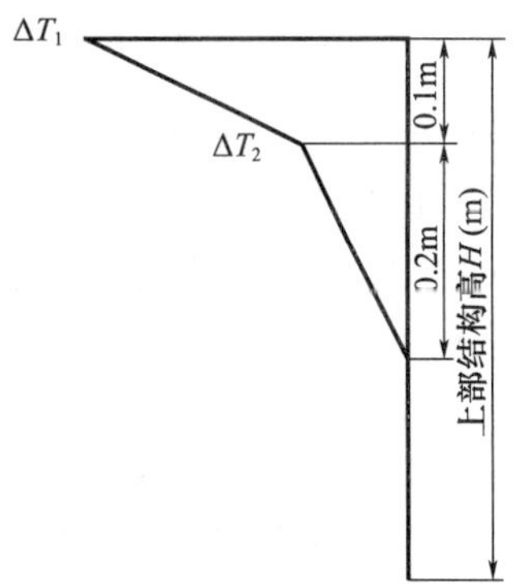 $\Delta T_1=7℃$；$\Delta T_2=3.8℃$

表 5-3-3　结合梁的温度梯度

温度变化	升温	降温
温度梯度	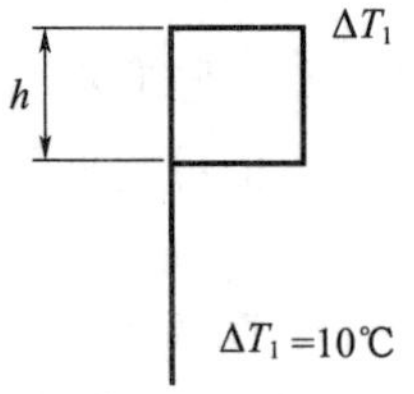	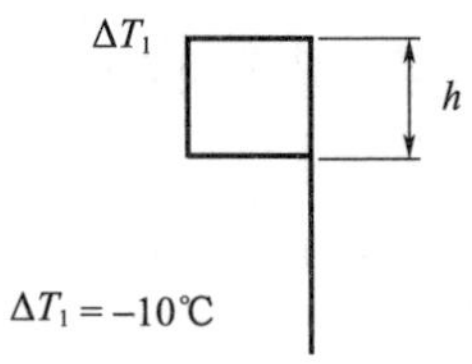

表 5-3-4　钢箱梁的温度梯度

温度变化	升温	降温
温度梯度	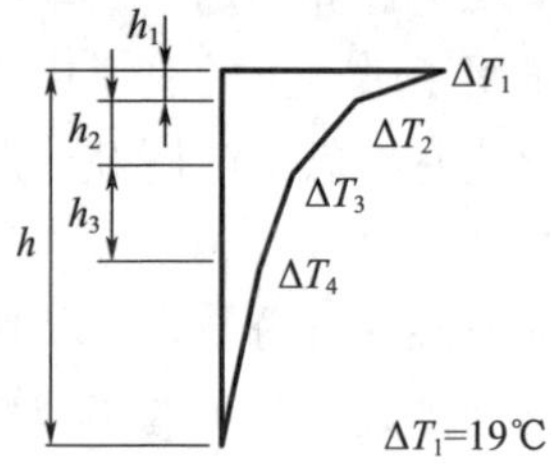 ΔT_1=19℃ h_1=0.1m　ΔT_2=11℃ h_2=0.2m　ΔT_3=6℃ h_3=0.3m　ΔT_4=3℃	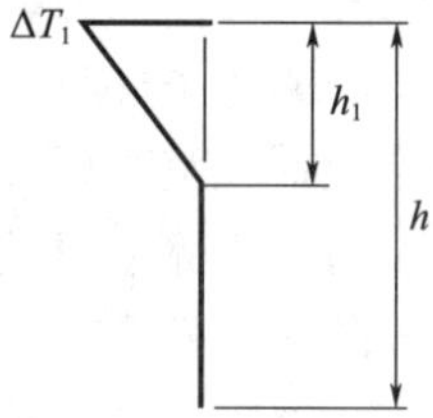 ΔT_1＝－6℃；h_1＝0.5m

表 5-3-5　钢桁梁的上层正交异性板的温度梯度

温度变化	升温	降温
温度梯度	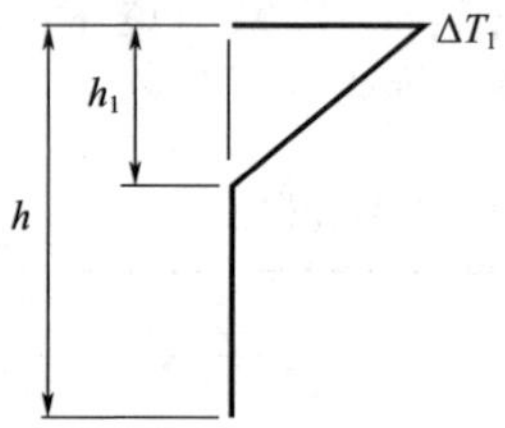 h_1=0.5m　ΔT_1=17℃	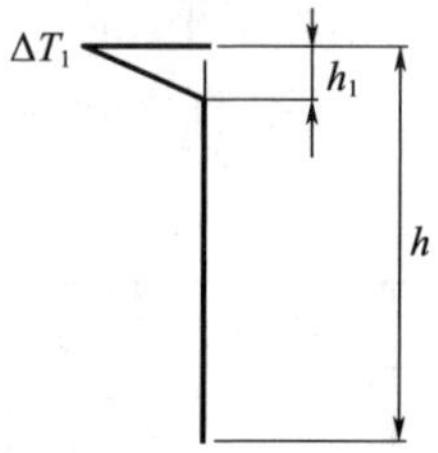 ΔT_1= –5℃　h_1=0.1m

混凝土的收缩、徐变影响可按现行行业标准《公路钢筋混凝土及预应力混凝土桥涵设计规范》(JTG 3362) 的规定执行。桥墩承受的船只撞击力，可按现行行业标准《铁路桥涵设计规范》(TB 10002) 的规定执行。桥墩有可能受汽车撞击时，应考虑汽车撞击力，撞击力顺行车方向采用 1000kN，横行车方向采用 500kN，作用在路面以上 1.2m 高度处。桥梁的抗震设防分类应按表 5-3-6 的规定进行，其地震作用应按现行国家标准《铁路工程抗震设计规范》(GB 50111) (2009 年版) 的相关规定进行计算。

表 5-3-6　桥梁抗震设防分类

抗震设防分类	结构类型
A 类	单跨跨度大于或等于 120m 或联长大于 250m 的梁式桥，单跨跨度大于或等于 150m 的拱桥、斜拉桥、悬索桥等
B 类	除 A 类以外的其他桥梁

桥梁应考虑列车脱轨荷载作用，列车脱轨荷载可不计竖向动力作用，对于多线桥只考虑一线脱轨荷载，且其他线路上不作用列车活载；其取值可按下列两种情形进行结构强度和稳定性检算：车辆集中力直接作用于线路中线两侧 2.1m 以内的桥面板最不利位置处，检算桥面板强度；检算时，集中力值为本线列车实际轴重的 1/2，不计列车动力系数，应力提高系数为 1.4。列车位于轨道外侧但未坠落桥下时，检算结构的横向稳定性；检算

时，可采用长度为 20m、位于线路中线外侧 1.4m、平行于线路的线荷载，其值为本线列车一节车轴重之和除以 20m，不计列车动力系数、离心力和另一线竖向荷载。倾覆稳定系数不得小于 1.3。

栏板等防护结构宜考虑列车脱轨水平撞击力，列车脱轨水平撞击力按一节车质量的 50%计算，沿桥梁纵向分布于 5m 长的范围内，作用点位于防护结构的上缘且不高于轨面以上 1.0m。桥梁结构应按不同施工阶段的施工荷载进行检算。桥面人行道和疏散平台的竖向静活载采用 4.0kPa，同时还应按照竖向集中荷载 1.5kN 检算；桥梁挡板结构，除考虑其自重、附属设施及风荷载外，尚应考虑 0.75kN/m 的水平推力和 0.36kN/m 的竖向压力，该项荷载作为附加力可与风力组合；水平推力作用于桥面以上 1.2m 处。

5.3.3　荷载组合

桥梁结构应根据其特性，按相关规范所列荷载就其可能出现的最不利组合情况进行计算。桥梁设计时，应仅考虑主力与一个方向的附加力进行组合。如杆件的主要用途为承受某种附加力，则在计算此杆件时，该附加力应按主力计。

轨道交通与道路合建桥梁的轨道交通活载应按相关规范规定计算，道路活载应根据道路性质按现行行业标准《公路桥涵设计通用规范》（JTG D60）或《城市桥梁设计规范》（CJJ 11）（2019 年版）的规定进行计算，其组合应符合以下三方面规定：①同时承受轨道交通和道路活载的构件，按下列组合的最不利情况取值，即 100%轨道交通活载与 75%的道路活载的组合；75%轨道交通活载与 100%的道路活载的组合。②仅承受道路活载的构件，应取全部道路活载。③仅承受轨道交通活载的构件，应取相关规范规定的全部活载。

同一股钢轨的伸缩力、挠曲力、断轨力相互独立，不得组合；无缝线路纵向水平力不与同线的离心力、牵引力或制动力等组合。无缝线路断轨力及船只或汽车撞击力，只计算其中一种荷载与主力相组合，不与其他附加力组合。流水压力不与制动力或牵引力组合。地震力与其他荷载的组合应按现行国家标准《铁路工程抗震设计规范》（GB 50111）（2009 年版）的规定执行。列车脱轨荷载只与主力中的恒载相组合，不与主力中的活载和其他附加力组合。

5.4　桥梁设计原则

5.4.1　刚度要求

梁式桥跨结构由列车竖向静活载引起的竖向挠度不应超过表 5-4-1 规定的容许值。

表 5-4-1　梁体竖向挠度的容许值

跨度 L/m	$L\leqslant 30$	$30<L\leqslant 60$	$60<L\leqslant 80$	$L>80$
竖向挠度容许值	$L/2000$	$L/1500$	$L/1200$	$L/1000$

拱桥的 1/4 跨度处，由列车竖向静活载所产生的上、下挠度（绝对值）之和，不宜大

于计算跨度的1/800。斜拉桥由列车竖向静活载所产生的梁体竖向挠度不宜大于计算跨度的1/600；列车竖向静活载与公路静活载同时作用下，结构的竖向挠度不宜大于计算跨度的1/500。在列车静活载作用下，有砟轨道桥梁梁体单端竖向转角不应大于0.5%，无砟轨道桥梁梁体单端转角不应大于0.3%；无砟轨道梁梁体单端竖向转角大于0.2%时，应检算梁端处轨道扣件的上拔力。

在列车横向摇摆力、离心力、风力和温度力作用下，桥跨结构梁体的横向水平挠度不宜大于计算跨度的1/4000；当不能满足时，应根据风-车-桥系统耦合振动分析的结果确定。在列车活载作用下（考虑动力系数），桥跨结构梁体同一横断面一条线上两根钢轨的竖向变形差形成的两轨动态不平顺度不宜大于6mm；当不能满足时，应根据风-车-桥系统耦合振动分析的结果确定。

跨度大于100m的桥梁宜根据工作环境，按实际运营列车进行车-桥系统或风-车-桥系统耦合振动分析，最大检算速度应采用本线最高运营速度，分析得出的列车安全性及乘客乘坐舒适性指标应满足下列规定：①脱轨系数$Q/P \leqslant 0.8$；②轮重减载率$\Delta P/P \leqslant 0.6$；③车体竖向加速度$a_z \leqslant 0.13g$（半峰值）；④车体横向加速度$a_y \leqslant 0.10g$（半峰值）。其中，Q为列车轮对一侧车轮的侧向压力（kN）；P为列车轮对一侧车轮轴重（kN）；ΔP为列车轮对一侧车轮减载量（kN）；g为重力加速度（m/s^2）。

桥墩的纵向和横向刚度应满足列车运行安全性和旅客乘坐舒适度的要求，并应对最不利荷载作用下的纵、横向水平位移进行控制；对于铺设无缝线路的桥梁，尚应根据梁、轨共同作用计算对桥墩的纵向最小线刚度进行控制。

在最不利荷载作用下，桥墩墩顶弹性水平位移应符合以下两条规定：①顺桥方向$\Delta = 5\sqrt{L}$；②横桥方向$\Delta = 4\sqrt{L}$。当最高运行速度为120km/h时，桥墩墩顶横桥向弹性水平位移$\Delta = 3.5\sqrt{L}$。其中，L为桥梁跨度（m），当为不等跨时采用相邻跨中的较小跨度，当$L < 25$m时，L按25m计；Δ为墩顶顺桥或横桥方向水平位移（mm），包括由于墩身和基础的弹性变形及地基弹性变形的影响。

桥上铺设无缝线路且无钢轨伸缩调节器的双线及多线简支梁桥，当不做计算时，其桥墩的墩顶纵向最小水平线刚度限值，可按表5-4-2的规定取值；单线桥梁桥墩纵向水平线刚度取用表中值的3/5。表5-4-2中，连续梁桥固定墩的最小水平线刚度限值可近似根据其联长（不大于远期列车编组长度）与简支梁的跨度的比例确定；对于连续刚构桥，计算其刚度时可取刚构墩的纵向合成刚度。

表5-4-2 桥墩墩顶纵向水平线刚度限值

跨度L/m	$L \leqslant 20$	$20 < L \leqslant 30$	$30 < L \leqslant 40$
最小水平线刚度/(kN/cm)	190	240	320

5.4.2 上部结构设计要求

桥梁应验算顶梁工况。顶梁验算应保证在荷载作用下桥梁整体和局部构件的安全性；顶梁荷载对局部构件应作为主力，对桥梁整体可作为附加力。桥梁支座宜采用铁路或轨道交通系列的盆式橡胶支座或球形钢支座，严寒地区及对耐久性有特殊要求的地区宜采用球形钢支座。桥梁应分别验算施工状态和运营状态的强度及稳定性。

（1）梁桥及刚构桥。梁式桥跨结构在最不利荷载作用下，横向倾覆稳定系数不应小于1.3。当由恒载及静活载引起的竖向挠度小于或等于15mm或跨度的1/1600时，可不设预拱度；否则应设置预拱度，预拱度曲线应与恒载及1/2静活载所产生的挠度曲线基本相同，但方向相反；预应力混凝土梁，计算预拱度时尚应考虑预加应力及徐变变形的影响。铺设无砟轨道的预应力混凝土梁应严格控制轨道铺设后竖向的徐变残余变形，其控制值宜符合以下两条规定：①$L<50$m，竖向徐变残余变形不大于10mm；②$L\geqslant 50$m，竖向徐变残余变形不大于$L/5000$。L为桥梁的跨度（m）。

（2）拱桥。拱桥在恒、活载作用下按弹性理论计算的整体稳定安全系数应大于4.0。拱肋或拱券的杆件稳定可简化为自由长度为L_0的直杆进行验算，其计算方法应根据其材料的不同按现行行业标准《铁路桥涵设计规范》（TB 10002）、《铁路桥梁钢结构设计规范》（TB 10091）和《铁路桥涵混凝土结构设计规范》（TB 10092）的有关规定执行，其中，L_0按式$L_0=\pi\sqrt{EI/N_{cr}}$计算，N_{cr}为验算平面内的整体失稳一阶模态下的拱肋或拱券的临界轴力（kN）；E为拱肋或拱券的弹性模量（kPa）；I为拱肋或拱券截面的惯性矩（m^4）。

拱肋间应根据稳定性要求设置横撑；箱形断面拱肋（拱券）在拱顶处、立柱支承处或吊杆连接处，应设置横隔板；必要时，还应在立柱或吊杆间增设横隔板。下承或中承式拱桥，不应采用悬吊横梁的结构体系；应进行单根吊杆失效工况的验算，单根吊杆失效时，仍可保证双线限速运行。下承或中承式拱桥的吊杆强度安全系数不应小于3；吊杆的疲劳应力幅计算值应小于该类吊杆的容许应力幅。

（3）斜拉桥。斜拉索的最大应力应满足下列两条要求：①平行钢绞线拉索体系中，活载应力幅$\Delta\sigma\leqslant 70$MPa时，$[\sigma]\leqslant 0.6f_{pk}$；活载应力幅$\Delta\sigma>100$MPa时，$[\sigma]\leqslant 0.4f_{pk}$；活载应力幅$70\text{MPa}<\Delta\sigma\leqslant 100$MPa时，$[\sigma]\leqslant(1.067-0.00667\Delta\sigma)f_{pk}$；②平行钢丝拉索体系中，活载应力幅$\leqslant 100$MPa时，$[\sigma]\leqslant 0.6f_{pk}$；活载应力幅$>130$MPa时，$[\sigma]\leqslant 0.4f_{pk}$；活载应力幅$100\text{MPa}<\Delta\sigma\leqslant 130$MPa时，$[\sigma]\leqslant(1.267-0.00667\Delta\sigma)f_{pk}$。其中，$[\sigma]$为斜拉索的容许应力（MPa）；$f_{pk}$为斜拉索的抗拉标准强度（MPa）。施工状态斜拉索的最大允许应力可提高25%。

斜拉桥不应采用全漂浮体系。斜拉桥应验算单根斜拉索失效的工况，单根斜拉索失效时，仍可保证双线限速运行。斜拉桥的设计应参照《公路桥梁抗风设计规范》（JTG/T 3360-01—2018）和《公路斜拉桥设计规范》（JTG/T 3365-01—2020）的相关规定执行。

5.4.3　墩台与基础的设计要求

桥塔、墩台类型应根据地质、水文、上部结构形式、刚度，以及景观等因素综合确定。墩台宜采用钢筋混凝土结构，并应符合下列两方面要求，即桥墩可能承受车、船、排筏、漂流物撞击时，在上述外力作用高度以下部分，不得采用空心墩；同一条高架线的墩台类型宜统一。

区间桥梁墩台基础的沉降应按恒载计算；跨度小于或等于40m梁的相邻桥墩，其工后沉降量之差有砟桥面时不应超过20mm，无砟桥面时不应超过10mm；对于外部超静定结构，其相邻墩台不均匀沉降量之差的容许值还应根据沉降对结构产生的附加影响来确定。桥墩的墩顶尺寸应根据养护维修、支座布置及更换等因素确定，桥墩顶面应设置坡度不小于3%的排水坡。设置在地面道路上的墩柱周围应有防汽车撞击措施；跨越地面道路的高架线路下缘应设置限高警示标识。桥梁基础的设计应符合现行行业标准《铁路桥涵地基和基础设计规范》（TB 10093）的规定；地基的物理力学指标应符合现行行业标准《铁路桥涵地基和基础设计规范》（TB 10093）中的规定要求；当特殊荷载（地震力除外）参与荷载组合时，地基容许承载力［σ_0］和单桩轴向容许承载力的提高可按上述规范的相关规定执行。

5.4.4 抗震设计要求

桥梁的抗震设计除应按照现行国家标准《铁路工程抗震设计规范》（GB 50111）的规定执行。A类桥梁的抗震设防目标应符合表5-4-3的要求。钢筋混凝土墩柱应作为延性构件设计，墩（柱）高与桥墩计算方向尺寸之比小于2.5时，宜按罕遇地震验算墩柱强度；6度区A类桥梁、7度及以上地区A、B类桥梁基础、盖梁、结点、支座应作为能力保护构件，墩柱的抗剪强度宜按能力保护原则设计。

表5-4-3　A类桥梁抗震性能目标

设计地震	罕遇地震
地震后不损坏或轻微损伤，能够保持其正常使用功能；结构处于弹性工作阶段	可发生局部轻微损伤，不需修复或经简单修复可继续使用

在罕遇地震作用下，材料的容许应力及基础的容许承载力应按下列四条规定取值：①钢筋的容许应力为钢筋抗拉或抗压强度标准值；②混凝土的容许应力为混凝土的抗压极限强度；③桩基础单桩的竖向抗压容许承载力可提高至主力情况下的2倍；④桩基础单桩的竖向抗拉容许承载力可提高至主力情况下的1.3～1.5倍。桥墩应按现行国家标准《铁路工程抗震设计规范》（GB 50111）进行延性计算，简支梁桥墩可采用现行国家标准《铁路工程抗震设计规范》（GB 50111）中的简化方法进行延性计算。能力保护构件设计时，在罕遇地震作用下，如结构未进入塑性，能力保护设计构件的内力值可采用罕遇地震作用的计算结果；如结构进入塑性，能力保护设计构件的内力值应取与墩柱塑性铰区域截面超强弯矩所对应的弯矩值和剪力值。

墩柱墩塑性铰区域截面超强弯矩应按式$M_{y0}=\phi M_y$计算，其中，M_{y0}为顺桥向或横桥向超强弯矩（kN·m）；M_y为根据墩柱N-M-Φ曲线计算得出的墩柱等效屈服弯矩（kN·m）；ϕ为桥墩承载能力超强系数，取1.2。

5.5　结构设计

5.5.1 混凝土结构

（1）基本要求。钢筋混凝土和预应力混凝土结构设计应符合现行行业标准《铁路桥涵混凝土结构设计规范》（TB 10092）的规定。U形梁桥道板的受力宜建立空间有限元模型进行计算，未做计算前可按下列三条规定进行估算：①桥道板跨中的横向最大正弯矩

$M=M_0$；②桥道板支点的横向最大正弯矩 $M=0.25M_0$；③桥道板支点的横向最大负弯矩 $M=0.5M_0$。其中，M_0 为以腹板内侧间距为计算跨径的简支板跨中弯矩（kN·m）。

矩形、带翼缘箱形和腹板（肋板）、翼缘板以及顶（底）板组合截面弯扭构件的扭矩分配应按式 $T_w=W_{tw}T/W_t$、$T_f=W_{tf}T/W_t$、$T_b=W_{tb}T/W_t$ 计算，其中，T 为截面扭矩（kN·m）；T_w 为分配给腹板或矩形箱体的扭矩（kN·m）；T_f 为分配给翼缘板的扭矩（kN·m）；T_b 为分配给组合截面顶（底）板的扭矩（kN·m）；W_t 为截面总的受扭塑性抵抗矩；W_{tw}、W_{tf}、W_{tb}分别为腹板或矩形箱体、翼缘板、组合截面顶（底）板的塑性抵抗矩（m^3）。

矩形、带翼缘箱形和腹板（肋板）、翼缘板以及顶（底）板组合截面弯扭构件纵向钢筋和箍筋计算应符合以下三方面规定：①正截面抗弯强度计算按现行《铁路桥涵混凝土结构设计规范》（TB 10092）的规定执行；②抗扭强度计算所需的纵向钢筋和箍筋面积按相关规范执行，并沿周边均匀对称布置；③纵向钢筋面积按弯矩最大值对应扭矩值或扭矩最大值对应弯矩值分别计算，进行叠加，取最大值配置。

承台的荷载组合应按相关规范规定执行，计算可按现行行业标准《公路钢筋混凝土及预应力混凝土桥涵设计规范》（JTG 3362）的规定执行，钢筋应力根据荷载组合选用不同的容许应力，撑杆压应力容许值可按现行行业标准《铁路桥涵混凝土结构设计规范》（TB 10092）中的弯曲受压及偏心受压 $[\sigma_b]$ 取值。牛腿可按相关规范规定计算。

（2）结构设计要求。钢筋混凝土和预应力混凝土结构设计的材料、容许应力及应力提高系数、结构计算方法应符合现行行业标准《铁路桥涵混凝土结构设计规范》（TB 10092）的规定。弯扭构件截面尺寸、抗扭强度以及抗剪强度应符合以下三方面规定：①矩形或箱形截面承受弯、扭的构件，截面尺寸应符合 $V/(bh_0)+T/W_t\leqslant[\sigma_{tp-1}]$ 的要求，其中，V 为计算剪力（kN）；T 为计算扭矩（kN·m）；b 为垂直于弯矩作用平面的矩形截面宽度或箱形截面腹板总宽度（m）；h_0 为平行于弯矩作用平面的矩形或箱形截面的有效高度（m）；W_t 为截面受扭塑性抵抗矩（m^3）；当不满足上述要求时应修改截面尺寸或提高混凝土强度等级。②当满足 $V/(bh_0)+T/W_t\leqslant[\sigma_{tp-2}]$ 的要求时可不进行构件的抗剪、扭强度计算，仅需按《铁路桥涵混凝土结构设计规范》（TB 10092—2017）规定配置构造钢筋。③纯扭构件的抗扭强度可按相关规范规定计算。

（3）构造要求。钢筋混凝土和预应力混凝土结构的构造要求应满足现行行业标准《铁路桥涵混凝土结构设计规范》（TB 10092）中的构造要求规定。U 形梁的构造应符合以下两项要求：①桥面板厚度，单线梁不小于 25cm；②梁端部设置和桥面板构成整体的端横梁。曲线梁桥的构造应符合以下两项规定：①曲线梁桥宜设置双支座；②曲线梁桥支座的变形方向应与曲线切线位移方向一致。

承受弯扭构件的箍筋和纵向钢筋应符合以下三方面要求：①梁内受扭纵向钢筋的最小配筋率 ρ 应符合 $\rho=0.35(f_{ct}/f_s)\sqrt{T/V_b}$ 的规定，当 $T/V_b>2.0$ 时，取 $T/V_b=2.0$；其中，f_{ct}为混凝土轴心抗拉极限强度（MPa）；f_s 为普通钢筋抗拉计算强度（MPa）；ρ 为受扭纵向钢筋的最小配筋率，取 $A_{stl}/(bh)$；b 为受剪的截面宽度（m），按相关规范规定取用；A_{stl}为沿截面周边布置的受扭纵向钢筋总截面面积（m^2）。②沿截面周边布置受扭纵向钢筋的间距不应大于 200mm 及梁截面短边长度；除应在梁截面四角设置受扭纵向钢筋外，其余受扭纵向钢筋宜沿截面周边均匀对称布置；受扭纵向钢筋的锚固要求与受拉钢筋相同。③在弯扭构件中，配置在截面弯曲受拉边的纵向受力钢筋，其截面面积不应小于按相关规范规定的受弯构件受拉钢筋最小配筋率计算的钢筋截面面积与按本条受扭纵向钢筋配筋率计算并分配到弯曲受拉边的钢筋截面面积之和。

承台的构造要求除应符合现行行业标准《铁路桥涵地基和基础设计规范》(TB 10093)有关规定外，还应符合下列三条要求：①桩基承台的厚度宜为桩直径的1.5～2.0倍，且不小于1.5m。②承台采用六面配筋，底面钢筋的设置应根据受力计算确定；顶面钢筋的直径不应小于16mm，间距不应大于150mm；其余四面应按构造要求配筋。③承台与桩的连接，钻（挖）孔桩桩头2.5～3.0倍桩径长度范围内应加密箍筋，其间距不应大于100mm，直径不应小于10mm。

5.5.2 钢结构

(1) 基本要求。钢结构设计应符合现行行业标准《铁路桥梁钢结构设计规范》(TB 10091)的规定。均匀受压板件和以受压为主的腹板的加劲肋尺寸、刚度应符合相关规范的规定；加劲肋间距应符合相关规范的规定，当应力较小时，纵向加劲肋间距可适当放宽；以受弯为主的腹板和横隔板的加劲肋尺寸、刚度与间距应符合现行行业标准《铁路桥梁钢结构设计规范》(TB 10091)的规定。如图5-5-1所示，构件受压翼缘板的有效宽度应按式$b_e=\beta b_0$计算，其中，b_e为受压翼缘板的有效宽度(m)；b_0为翼缘宽度或腹板间距的一半(m)；β为有效宽度系数，按表5-5-1的规定计算。$k=\alpha_0 b_0/L_e$，$\alpha_0=\sqrt{1+A_{sl}/(b_0 t)}$，$A_{sl}$是纵向加劲肋在$b_0$长度范围内的面积($m^2$)；$t$为腹板厚度(m)；$L_e$如图5-5-2所示；$\beta_0$、$\beta_1$、$\beta_2$如图5-5-2所示。

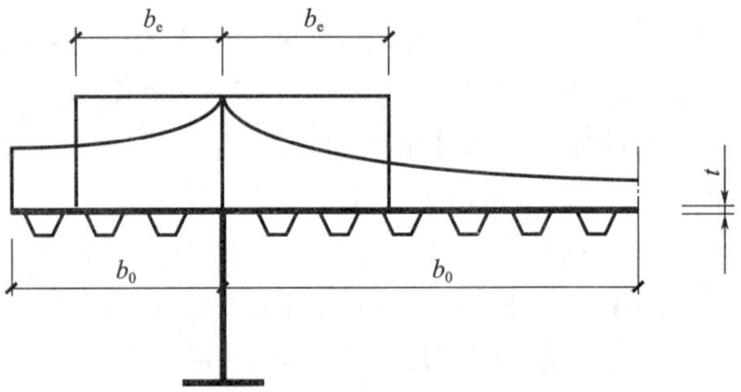

图5-5-1 有效宽度分布示意图

表5-5-1 有效宽度系数 β

k	受力状态及位置	β值
$k\leqslant 0.02$		$\beta=1$
$0.02<k\leqslant 0.70$	正弯矩	$\beta=\beta_1=\dfrac{1}{1+6.4k^2}$
	负弯矩	$\beta=\beta_2=\dfrac{1}{1+6.0\left(k-\dfrac{1}{2500k}\right)+1.6k^2}$

续表

k	受力状态及位置	β值
$k>0.70$	正弯矩	$\beta=\beta_1=\frac{1}{5.9k}$
	负弯矩	$\beta=\beta_2=\frac{1}{8.6k}$
其他	端点支乘	$\beta_0=\left(0.55+\frac{0.025}{k}\right)\beta_1$ 且 $\beta_0<\beta_1$
	悬臂	$\beta=\beta_2$（支承处和尾端）

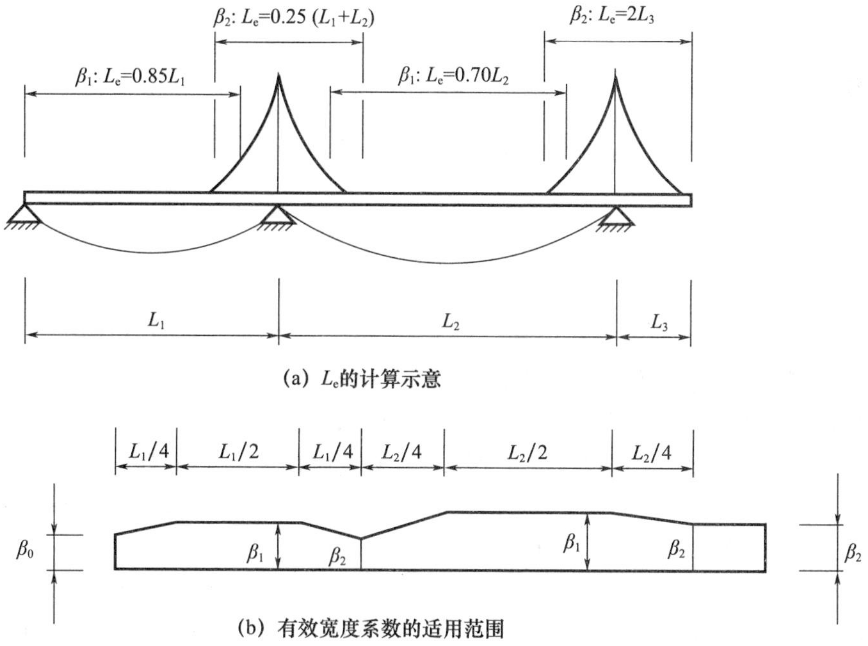

图 5-5-2　L_e 的计算和有效宽度系数的适用范围

（2）结构设计要求。钢结构的材料、容许应力及应力提高系数、计算方法应符合现行行业标准《铁路桥梁钢结构设计规范》（TB 10091）的规定。

加劲肋的几何尺寸应满足相关要求。如图 5-5-3 所示，开口加劲肋几何尺寸应满足相关规范规定，扁钢加劲肋的宽厚比应满足式 $h_s/t_s\leqslant12\sqrt{345/f_y}$ 的要求：L 形、T 形钢加劲肋的尺寸比例应满足式 $b_{s0}/t_{s0}\leqslant12\sqrt{345/f_y}$ 和 $h_s/t_s\leqslant30\sqrt{345/f_y}$ 的要求。如图 5-5-4 所示，闭口加劲肋几何尺寸应满足相关规范规定，即 $b_s/t_s\leqslant40\sqrt{345/f_y}$，$h_s/t_s\leqslant40\sqrt{345/f_y}$，$t_sb^3/(t_d^3h_s)\leqslant400$。其中，$t_d$ 为桥面板厚度（m）；t_s 为加劲肋腹板厚度（m）；h_s 为加劲肋腹板斜向高度（m）。

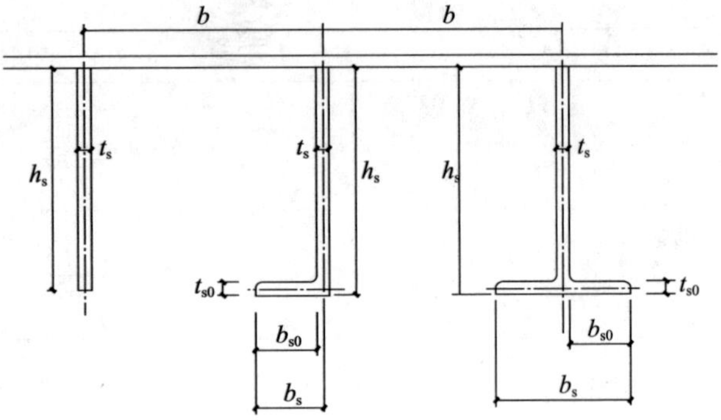

图 5-5-3　加劲肋尺寸符号

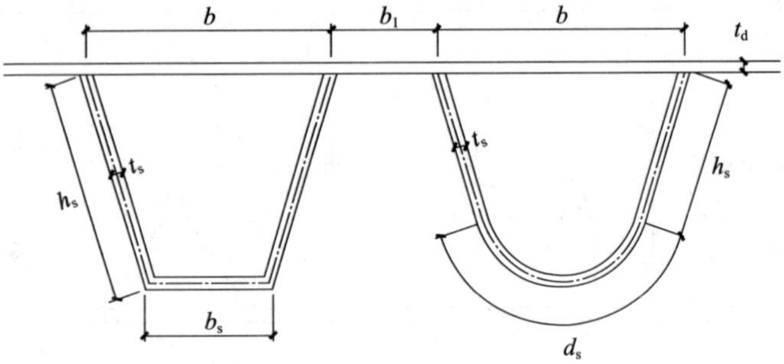

图 5-5-4　加劲肋尺寸符号

纵向加劲肋的刚度宜满足式 $I_l \geqslant \gamma bt^3$ $[12(1-\upsilon^2)]$ 和 $\gamma=(1/n)$ $[4n^2(1+n\delta_l)\alpha^2-(\alpha^2+1)^2]$ 的规定。其中，I_l为纵向单根加劲肋对被加劲板的抗弯惯矩（m^4）；$n=n_l+l$，为受压板被纵向加劲肋分割的子板元数；α 为加劲肋长宽比，$\alpha=a/b$；a 为加劲肋长度（横隔板或横框间距）（m）；b 为加劲肋宽度（腹板或刚性纵向加劲肋的间距）（m）；t 为加劲肋厚度（m）；δ_l为单根加劲肋的截面面积与被加劲板的面积之比 $\delta_l=A_l/bt$；A_l为单根加劲肋的截面面积（m^2）；υ 为泊松比。

承受动荷载的结构构件及其连接除正交异性板可按相关规范规定进行疲劳检算外，其余应按现行行业标准《铁路桥梁钢结构设计规范》（TB 10091）的规定进行疲劳检算。

（3）结构构造要求。钢结构的构造应满足现行行业标准《铁路桥梁钢结构设计规范》（TB 10091）中的构造要求。钢箱梁应符合下列两条规定：①设置进入箱内的检修通道，人孔宽度不宜小于 400mm，高度不宜小于 600mm，箱内应设置排水孔，当箱梁尺寸不能满足开孔的要求时则箱梁应全封闭；②焊接箱梁应采用自动焊接或半自动焊接，避免采用不利于疲劳寿命的构造细节。正交异性板的构造宜符合表 5-5-2 的规定，表中符号位置如图 5-5-5 所示。

表 5-5-2　正交异性板构造要求（单位：mm）

项目	开口截面加劲肋	闭口截面加劲肋
桥面板厚度 t_d	$t_d \geqslant 14$	$t_d \geqslant 14$
加劲肋间距 e_l	$e_l \leqslant 400$	$600 \leqslant e_l \leqslant 900$

续表

项目	开口截面加劲肋	闭口截面加劲肋
第一个加劲肋与腹板的距离 e_{l1}	$e_l \leqslant e_{l1} \leqslant 1.2e_l$	$e_l \leqslant e_{l1} \leqslant 1.2e_l$
横隔板间距 e_g	$e_g \leqslant 2700$	$2500 \leqslant e_g \leqslant 3500$
加劲肋高度和横隔板高度比	$h_{jl}/h_{gb} \leqslant 0.5$	$h_{jl}/h_{gb} \leqslant 0.4$
加劲肋板厚 t_s	$t_s \geqslant 10$	$6 \leqslant t_s \leqslant 10$
横隔板腹板板厚 t_{gf}	$t_{gf} \geqslant 10$	$10 \leqslant t_{gf} \leqslant 20$
横隔板翼缘板厚 t_{gy}	$t_{gy} \geqslant 10$	$t_{gy} \geqslant 10$

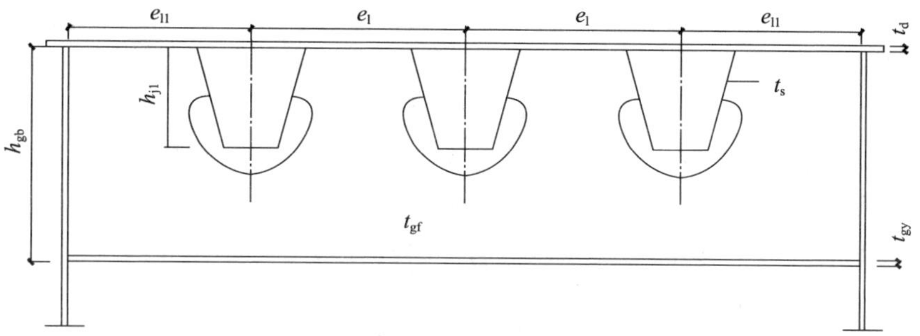

图 5-5-5　横隔板构造图

正交性异性板纵向加劲肋的构造应符合以下四条规定：①纵向加劲肋宜连续穿过横隔板；②闭口纵向加劲肋与桥面板焊接熔透深度不得小于加劲肋板厚的 80%；③纵向加劲肋与顶板焊缝焊接后，宜将横向加劲肋或横隔板交叉处的过焊孔用熔透焊封闭；④闭口纵向加劲肋应在端部设封闭板。

钢箱梁翼缘板应符合以下两条规定：①受拉翼缘板应按构造设置纵向加劲肋，间距不应大于 50 倍的板厚；②箱梁受压翼缘的伸出肢宽不宜大于其板厚度的 12 倍，受拉翼缘板的伸出肢宽不宜大于其板厚度的 16 倍。

钢箱梁横隔板应符合以下两条规定：①斜拉索或吊杆锚固点处，横隔板与腹板和顶板的焊缝应熔透；②不承受集中荷载作用的横隔板与底板可采用角焊缝连接。

5.5.3　钢-混凝土结合梁

（1）基本要求。本部分规定适用于钢梁与混凝土桥面板通过连接件形成整体而共同受力的结合梁。结合梁的设计应根据受力阶段和钢梁与混凝土桥面板的结合状态对结构的安全性进行验算，并应确保结构在达到强度破坏之前，钢结构不发生局部失稳。结合梁的抗剪连接件应能承担钢梁和混凝土桥面板之间的水平剪力。结合梁的抗剪连接件宜采用焊钉或开孔钢板剪力键（PBL）。

（2）结构设计要求。结合梁按容许应力法设计，钢梁和混凝土板的设计应分别满足相关规范的规定。计算结合梁的变形、内力和应力时，截面特性应按以下五条规定采用：①采用将钢筋混凝土板换算成钢截面的换算截面法，换算时钢与混凝土弹性模量比 n 值应根据荷载类型的不同分别按表 5-5-3 的规定采用，换算前后混凝土桥面板重心位置应保持不变；②应力计算时，混凝土板的高度应采用原高度；③变形计算时，当不考虑滑移影响，刚度折减系数可取 0.85；④简支梁应按全截面进行计算；⑤连续梁先按全截面进行计算，当混凝土桥面板的拉应力大于混凝土极限抗拉强度 f_{ct} 时应重新计算结构内力，计算时支点两侧 15%跨度范围内的截面，其截面特性的计算仅考虑混凝土桥面板内的纵向受拉钢筋。

表 5-5-3　n 值

作用类型	恒载	活载	温度	收缩、徐变
n	15	7	10	15

结合梁应力验算时，截面有效宽度应按相关规范规定计算。如图 5-5-6 所示，即简支梁和连续梁的跨中及截面连续梁的中支点截面的桥面板有效宽度 b_e 按相关规范计算，边板 $b_e=b_0+b_{e1}+b_{e2}$，中板 $b_e=b_0+2b_{e2}$，$b_{e1}=L_{e1}/8\leqslant b_1$，$b_{e2}=L_{e2}/8\leqslant b_2$，其中，$b_0$ 为外侧抗剪连接件中心距；b_{e1} 为腹板外侧桥面板有效宽度（m）；b_{e2} 为腹板内侧桥面板有效宽度（m）；b_1 为外侧抗剪连接件中心至悬臂板边缘的距离（m）；b_2 为相邻钢梁腹板外侧抗剪连接件中心距的一半（m）；L_{e1} 为简支梁按计算跨径取用，连续梁按图 5-5-7 取用（m）。简支梁的支点截面和连续梁的边支点截面的桥面板有效宽度 b_e 按相关规范计算，即边板 $b_e=b_0+\beta_1 b_{e1}+\beta_2 b_{e2}$，中板 $b_e=b_0+2\beta_2 b_{e2}$，$\beta_1=0.55+0.025L_{e1}/b_1$，$\beta_2=0.55+0.025L_{e1}/b_2$。截面有效宽度沿梁长的变化可按图 5-5-8 采用，其中，b_{e-0} 为边支点截面有效宽度（m）；b_{e-1} 为边跨跨中截面有效宽度（m）；b_{e-2} 为中支点截面有效宽度（m）；b_{e-3} 为中跨跨中截面有效宽度（m）。

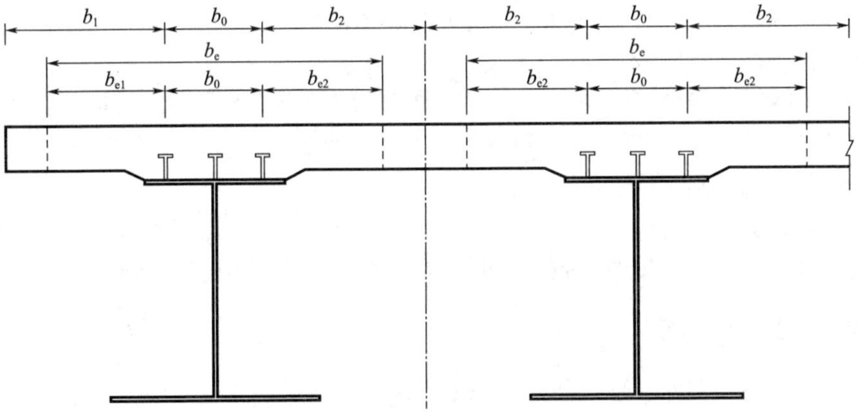

图 5-5-6　截面桥面板有效宽度 b_e

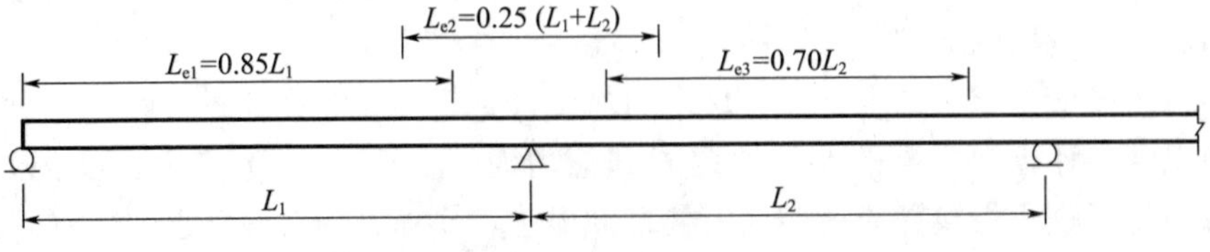

图 5-5-7　等效跨径

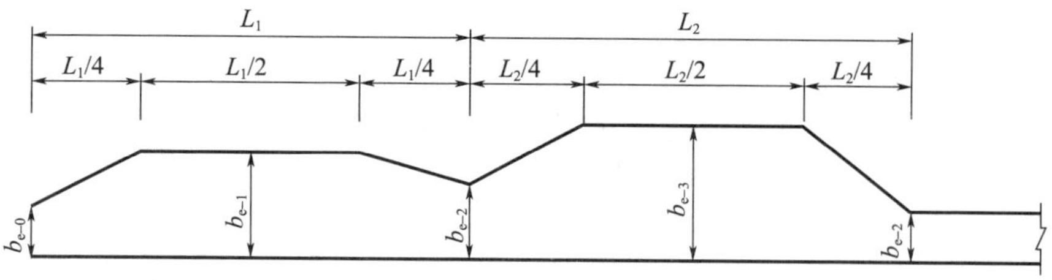

图 5-5-8 截面有效宽度沿梁长的变化

剪应力验算时，截面的竖向剪力可仅由钢梁腹板承担。桥面板的横向计算应符合以下两条规定：①计算跨度为钢梁中心距；②支点剪力取钢梁翼缘板端部对应截面处的剪力。

同一截面钢梁与混凝土板之间的纵向水平剪力由各抗剪连接件平均承担，剪力连接件数量的计算应按单位梁长的纵向水平剪力包络图进行，并宜沿纵向分段均匀布置。单位梁长的纵向水平剪力包络值应按式$V_{ld}=V_{ld1}+V_{ld2}+V_{ld3}$计算，其中，$V_{ld}$为单位梁长的纵向水平剪力包络值（N/m）；$V_{ld1}$为结合面上除混凝土收缩、徐变变形及温差以外荷载产生的竖向剪力引起的纵向水平剪力（N/m），按相关规范的规定进行计算；V_{ld2}为结合面上由于混凝土收缩、徐变变形及温差产生的竖向剪力引起的纵向水平剪力（N/m），按相关规范规定进行计算；V_{ld3}为结合面上由预应力束集中锚固力引起的纵向水平剪力（N/m），按相关规范的规定进行计算。

结合面上除混凝土收缩、徐变变形及温差以外荷载产生的竖向剪力引起单位梁长的纵向水平剪力，应按式$V_{ld1}=\sum V_{di}S_i/I_i$计算，其中，$V_{di}$为不同荷载类型作用于结合梁上产生的竖向剪力（N）；S_i为不同荷载类型下，混凝土截面对换算截面重心轴的面积矩（m^3）；I_i为不同荷载类型下，换算截面惯性矩（m^4）；负弯矩区混凝土按未开裂截面计算。

结合面上由混凝土收缩、徐变变形及温差产生的竖向剪力引起的单位梁长的水平剪力V_{ld2}应按以下两方面规定计算：①结合面上由混凝土收缩、徐变变形及温差产生的竖向剪力，可按梁的竖向等效温差效应计算，其中，混凝土收缩作用的等效温差，对于预制板，可按桥面板温度降低5℃考虑，对于现浇板，可按桥面板温度降低15℃考虑；②混凝土的徐变作用，应先根据混凝土桥面板形心处的恒载应力计算出徐变应变，再转换为产生同等应变的等效温差进行计算。

该竖向剪力引起的水平剪力由梁端部长度l_{cs}范围内的连接件承受，并假定在梁端至l_{cs}范围内线性递减分布；单位梁长的水平剪力V_{ld2}应按式$V_{ld2}=2V_s/l_{cs}$计算，其中，V_s为由混凝土收缩、徐变变形及温差产生的沿梁长的竖向剪力引起的水平纵向剪力（N）；l_{cs}为由混凝土收缩、徐变变形及温差引起的纵向水平剪力的计算传递长度（m），取主梁腹板间距和主梁等效计算跨度的1/10中的较小值。

对于先形成结合面后张拉预应力筋的结合梁，结合面上由预应力束集中锚固力引起的水平剪力可由梁端一倍结合梁梁高h长度范围内的连接件承受，并假定在梁端至h长度范围内线性递减分布。梁端的纵向水平剪力V_{ld3}应按式$V_{ld3}=V_p$计算，其中，V_P为在换算截面上，由预应力束集中锚固力引起的钢梁截面应力的代数和（N）。

焊钉承载力的计算应符合相关规范规定。单个焊钉的容许剪力为$0.5N_v^c$。N_v^c取下列公式中的较小值，即当发生焊钉剪切破坏时 $N_v^c = 0.7A_s f$；当发生混凝土压碎破坏时 $N_v^c = 0.43A_s\sqrt{E_c f_c}$。其中，$N_v^c$ 为单个焊钉连接件抗剪强度（N）；A_s 为焊钉钉杆的截面面积（mm^2）；E_c 为混凝土弹模量（MPa）；f_c 为混凝土抗压极限强度（MPa）；f 为焊钉材料抗拉强度（MPa），且不应大于 400MPa。

PBL 连接件承载力的计算应符合相关规定，PBL 连接件的容许剪力为 $0.3N_v^c$。N_v^c 按式 $N_v^c = \{1.85[(\pi d_1^2/4 - \pi d_2^2/4)f_c + \pi d_2^2 f_p/4] - 106100\}\gamma_b$ 计算，其中，N_v^c 为 PBL 抗剪连接件的单孔抗剪承载力（N）；d_1 为开孔板空洞直径（mm）；d_2 为横向贯通钢筋直径（mm）；f_c 为混凝土轴心抗压极限强度（MPa）；f_p 为贯通钢筋抗拉计算强度（MPa）；γ_b 为材料安全系数，一般取 $\gamma_b = 1.3$。

（3）构造要求。结合梁混凝土桥面板厚不宜小于 200mm，并可根据需要设置承托。如图 5-5-9 所示，当带承托时应符合以下六条规定：①承托高度 h_{c2} 不宜大于混凝土桥面板厚度 h_{c1} 的 1.5 倍；②承托顶的宽度 b_0 不宜小于钢梁上翼缘宽度 b_t 与 1.5 倍承托高度 h_{c2} 之和；③承托边至抗剪连接件外侧的距离不得小于 40mm；④承托外形轮廓应在由连接件根部起的 45°角线的界限之外；⑤承托中横向钢筋的下部水平段应设置在距钢梁上翼缘 50mm 的范围之内，抗剪连接件抗掀起端底面高出横向钢筋的距离 h_e 不得小于 30mm，横向钢筋间距不应大于 $4h_e$ 且不应大于 600mm；⑥结合梁边梁混凝土桥面板的构造尚应满足图 5-5-10 的要求，有承托时伸出长度不宜小于 h_{c2}，无承托时应同时满足伸出钢梁中心线不小于 150mm、伸出钢梁翼缘边缘不小于 50mm 的要求。

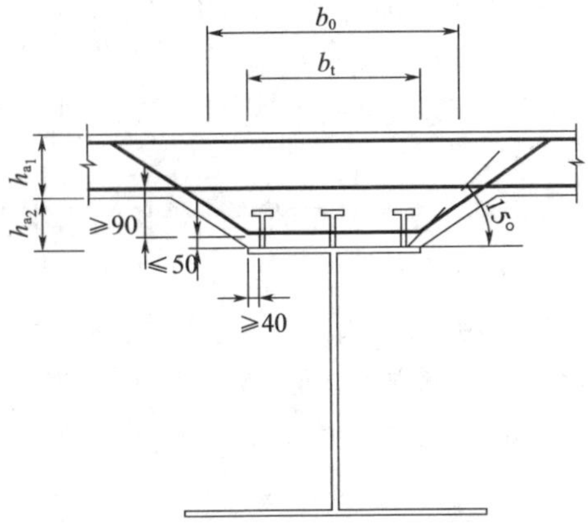

图 5-5-9　结合梁截面尺寸构造要求

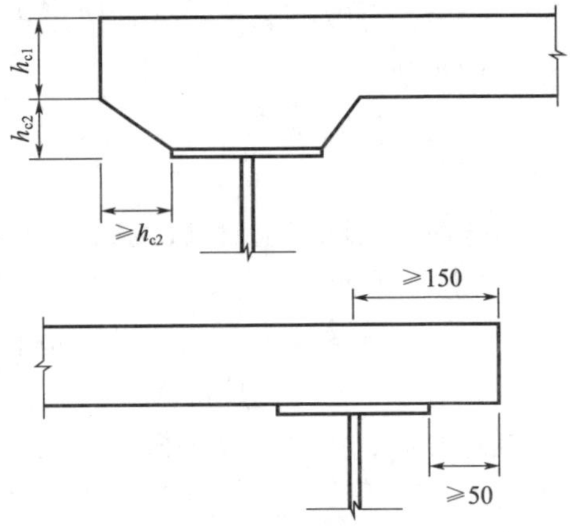

图 5-5-10　结合梁边梁构造要求

负弯矩区钢筋混凝土桥面板纵向受拉钢筋截面配筋率不宜小于 1.5%。与混凝土结合的钢梁上翼缘宽度不应小于 250mm，并不应大于其厚度的 24 倍。抗剪连接件的设置应符合以下五条规定：①连接件沿梁跨度方向的最大间距不应大于混凝土桥面板（包括承托）厚度的 4 倍，且不应大于 400mm；②连接件的外侧边缘与钢梁上翼缘边缘之间的距离不应小于 20mm；③连接件的外侧边缘至混凝土桥面板边缘间的距离不应小于 100mm；④连接件顶面的混凝土保护层厚度不应小于 15mm；⑤焊钉连接件钉头下表面高出桥面板底部钢筋顶面不宜小于 30mm。

焊钉连接件除应满足相关规范要求外，尚应符合以下三条规定：①当焊钉位置不正对钢梁腹板时，如钢梁上翼缘承受拉力，则焊钉杆直径不应大于钢梁上翼缘厚度的 1.5 倍，如钢梁上翼缘不承受拉力，则焊钉杆直径不应大于钢梁上翼缘厚度的 2.5 倍；②焊钉长度不应小于其杆径的 4 倍；③焊钉沿梁轴线方向的间距不应小于杆径的 6 倍，垂直于梁轴线方向的间距不应小于杆径的 4 倍。

PBL 连接件除应满足相关规范要求外，尚应符合以下四条规定：①开孔间距应大于 2.25 倍开孔直径；②开孔板间距在 1.25～2.0 倍开孔板高度范围内时，开孔板连接件的抗剪承载力可按实际开孔数量乘以单孔承载力计算；③横向贯通钢筋直径不应大于开孔直径的 1/2；④开孔板与钢梁之间的焊接应采用双面角焊缝。

5.6 桥梁景观设计

（1）基本要求。城市轨道交通桥梁应进行景观设计，景观设计应包括桥梁主体景观设计和景观工程设计。景观设计应根据城市规划要求，综合考虑地域环境、历史文化传统和工程建设条件等因素确定景观设计目标，在满足交通功能需求的基础上，做到安全、环保、经济，以及与城市空间环境相协调。桥上的声屏障、供电、信号、通信、排水、照明、隔离等各类设施的布设应符合景观设计要求。景观工程应与主体工程同步设计、同步建设。

（2）桥梁主体景观设计。桥梁主体应与周边环境协调。中、小跨度桥梁宜融入环境；大跨度桥梁在需要时，宜构筑凸出的桥型，或形成标志性建筑，成为标志性建筑的桥梁应进行景观专项设计。区间高架桥主体设计宜符合以下五条规定：①桥梁孔跨布置宜均衡、有韵律感，避免相邻孔跨差异过大；②跨径与墩柱高度之比宜控制在 3∶1～5∶1，且宜控制梁高；③同一桥墩两侧的梁体的高度和宽度有差异时，宜设置视觉平顺过渡构造；④曲线桥梁宜采用曲线梁组拼；⑤桥墩的建筑风格宜统一。分线且并行布置桥梁的桥墩宜对应布置。

（3）桥梁细部景观设计。桥梁构件的体量较大时，应采用可实现视觉分割效果的措施进行处理。高架区间桥上栏板、灯柱、声屏障及接触网立柱、坠砣的外形、色彩等应符合桥梁景观设计要求。当桥梁采用外露排水管时，管道的颜色、形状和路径应作为景观影响因素处置。通信、电力等设备线缆需在区间上、下桥时，应将线缆路径、支架结构等作为景观影响因素处置。

（4）桥梁景观工程设计。桥梁的色彩与天空及大地背景色之间的关系，可根据桥梁的景观定位采用融合式或对比式。桥梁的景观照明与功能照明应统筹兼顾，做到经济、适用、安全、景观效果好。桥梁景观照明亮度、色调、明暗闪烁频度，应与城市夜景环境协调，并应适合人体视觉感受。照明灯柱及其他配件设施应结合桥梁细部构造统筹考虑，并符合桥梁景观总体要求。成为标志性建筑的桥梁，景观专项设计中应考虑桥梁夜景照明。

5.7 桥梁设备系统接口设计

（1）轨道。桥梁设计应计入轨道系统的荷载，并在桥面预留与无砟轨道结构实现可靠连接的构造。单组道岔宜设置在连续的桥跨结构上，当不能满足时，梁缝的位置应避开道岔的转辙器及辙叉部位。桥梁梁缝应设置在钢轨伸缩调节器2m以外处。梁缝处伸缩缝后的挡水凸台应留有承轨台位置，承轨台不应压在伸缩缝上。支承跨座式单轨交通轨道梁的桥梁应满足以下五条要求：①应满足轨道梁安装、架设及限界的要求；②应设置用于埋设轨道梁支座的钢筋混凝土台座，并应预留支座更换时顶梁的空间，台座高度不应小于1m；③支承梁端部轨道梁的指形板或其他伸缩装置的变形量应与梁的变形量相适应；④轨道梁台座内应设置排水管道，并应接入梁部的排水系统；⑤轨道梁不应跨梁缝布置。

（2）供电。桥梁设计应计入供电系统电缆的荷载，并预留敷设的条件。桥梁设计应计入接触网系统的荷载，并预留架空接触网立柱基础和下锚基础。混凝土桥梁应有杂散电流防护措施，梁内钢筋作为杂散电流收集网时，每一孔梁或每一联梁内钢筋应形成回路，并在梁两端埋设排流端子。桥梁结构应按不大于200m的间距设置防雷接地装置，并预留防雷接地引下线安装的条件。当需要设置照明设施时，桥梁结构上应预留安装条件。

（3）通信与信号。桥梁设计应计入通信、信号的线缆及轨旁设备的荷载，并应在桥梁上预留设备基础及线缆的敷设条件。桥梁结构应在通信、信号的轨旁设备附近设置接地装置。

（4）其他。桥梁设计时宜明确列车需要减速或停运的风力等级。城市轨道交通桥梁，不应作为以下四类设施的支撑结构：①输送压力大于0.4MPa的市政燃气管道、市政供水管道和石油管道；②电压高于10kV的供电电缆；③污水管；④有毒或腐蚀性的液、气体管。

轨道交通与道路合建的桥梁采用同层布置时，应在轨道交通与道路之间设置符合国家现行标准《公路交通安全设施设计规范》（JTG D81）规定的SS防撞等级，防撞结构容许变形应为零。斜拉桥、悬索桥、中下承式拱桥，以及采用接触轨供电制式的高架桥应按现行国家标准《建筑物防雷设计规范》（GB 50057）的要求进行防雷接地设计。

5.8 耐久性设计及检测养护要求

5.8.1 耐久性设计

桥梁结构的设计使用年限应按表5-8-1的规定采用，有特殊要求的桥梁或桥梁构件的设计使用年限可结合实际情况确定。桥梁构件的耐久性设计类别应按表5-8-2的规定采用。桥梁结构耐久性设计应结合工程沿线气候、土质、水质等环境条件，以及结构形式和构造特点等因素，确定桥梁结构所处的环境类别及作用等级。桥梁结构处于多种环境共同作用情况下，应对结构所处的不同环境作用分别进行确定，所采取的耐久性技术措施应同时满足每种环境作用的要求。同一桥梁构件的不同部位所处的环境作用不同时，应根据具体情况对不同部位所处的环境类别及作用等级分别进行确定，并应采取相应的耐久性技术措施。桥梁结构所处的常见环境应按其对混凝土材料和钢筋的腐蚀机理分为六类，并应按表 5-8-3 确定，各环境类别（不含除冰盐等其他氯化物环境）下的环境作用等级划分按照《铁路混凝土结构耐久性设计规范》（TB 10005—2010）执行。

表 5-8-1　桥梁结构的设计使用年限

设计使用年限	100 年	30 年
适用范围	不可更换构件	可更换构件

表 5-8-2　桥梁构件耐久性设计类别

形式	构件名称			耐久性设计类别	
				不可更换构件	可更换构件
主体结构	上部结构构件	梁桥	主梁	√	—
		拱桥	主拱	√	—
			加劲梁	√	—
			拱上立柱、刚性吊杆	√	—
			吊杆索、系杆索	—	√
		斜拉桥	桥塔	√	—
			加劲梁	√	—
			斜拉索	—	√
		悬索桥	桥塔	√	—
			加劲梁	√	—
			主缆、索鞍、散索鞍（套）	√	—
			吊索、索夹	—	√*
	下部结构构件	支承垫石		√	—
		顶帽/盖梁		√	—
		墩柱		√	—
		承台		√	—
		基础		√	—
		桥台		√	—
		锚碇		√	—
附属结构构件	接触网立柱基础			√	—
	栏板及立柱			—	√*
	防水层及保护层			—	√**
	排水系统			—	√**
	伸缩缝			—	√
	支座			—	√*

* 表示构件的设计使用年限宜提高至 60 年；** 表示构件的设计使用年限宜缩短至 15 年。

表 5-8-3 环境类别

环境类别		腐蚀机理
T	碳化环境（一般环境）	保护层混凝土碳化导致钢筋锈蚀
L	氯盐环境	氯盐引起钢筋锈蚀
LB	除冰盐等其他氯化物环境	氯盐引起钢筋锈蚀
H	化学腐蚀环境	硫酸盐等化学物质对混凝土的腐蚀
Y	盐类结晶破坏环境	硫酸盐等化学物质在混凝土孔隙中结晶膨胀导致混凝土损伤
D	冻融环境	反复冻融作用导致混凝土损伤

桥梁结构的耐久性设计应按照现行行业标准《铁路混凝土结构耐久性设计规范》（TB 10005）的规定执行。除冰盐环境下配筋混凝土结构构件的环境作用等级可按表 5-8-4确定；除冰盐环境作用下混凝土构件采用同等级氯盐环境下的最低抗压等级、裂缝宽度、最小保护层厚度，以及对原材料品质的要求；除冰盐环境的作用等级与冬季喷洒除冰盐的具体用量和频度有关，可根据具体情况做出调整。

表 5-8-4 除冰盐环境的作用等级

环境作用等级	环境条件
LB1	受除冰盐盐雾轻度作用
LB2	受除冰盐水溶液轻度溅射作用
LB3	直接接触除冰盐溶液
	受除冰盐水溶液重度溅射或重度盐雾作用

5.8.2 桥梁检测和养护

符合以下五种条件之一的桥梁应对其线形和关键部位的受力进行施工监控并宜在运营前进行成桥荷载试验：①单孔跨径不小于 60m 的梁式桥；②跨径不小于 100m 的拱桥；③斜拉桥；④其他特殊结构桥梁；⑤采用新工艺或新结构的桥梁。大批量生产的预制梁宜进行抽样检测，抽样数量不应少于 1%。对于铺设无砟轨道结构的桥梁，应设立沉降观测点，观测点的密度应根据地质条件确定。符合检测规定条件的桥梁宜结合施工监控测点设置永久性线形观测点。斜拉桥、悬索桥和有吊杆的拱桥，应定期对拉索、缆索、吊杆的索体、防护体系、连接构件的腐蚀情况进行检查。桥梁应设检查设施，技术复杂的桥梁应根据构造特点另行设置专用的检查设施与设备。钢结构涂装层可根据设计免维修年限及施工质量提出定期养护计划和更换年限的建议；免维修年限内的定期养护周期不宜大于免维修年限的 1/4。

5.8.3 混凝土截面的受扭塑性抵抗矩及抗扭强度计算

如图 5-8-1 所示，矩形截面、带翼缘箱形截面和腹板（肋板）、翼缘板以及顶（底）板组合截面（图）受扭塑性抵抗矩可按相关规范规定计算。其中，图 5-8-1（a）、图 5-8-1（b）长边为 h，短边为 b。如图 5-8-1（a）所示，矩形截面 $W_t=(b^2/6)(3h-b)$。如

图 5-8-1（b）所示，带翼缘箱形截面 $W_{tw}=(b^2/6)(3h-b)-(b-2t_1)^2[3(h-2t_2)-(b-2t_1)]/6$，$W_{tf}=(h_f^2/2)(b_f-b)$，$W_t=W_{tw}+W_{tf}$，其中，$b_f$，$h_f$ 分别为带翼缘箱形截面翼缘的宽度和厚度（m），应符合 $b_f\leqslant b+6h_f$。如图 5-8-1（c）所示，腹板（肋板）、翼缘板以及顶（底）板组合截面 $W_{tw}=(t_1^2/6)(3h-t_1)+(t_2^2/6)(3h-t_2)$，$W_{tf}=(h_f^2/2)(b_f-b)$，$W_{tb}=(t_2^2/6)[3(b-2t_1)-t_2]$，$W_t=W_{tw}+W_{tf}+W_{tb}$。

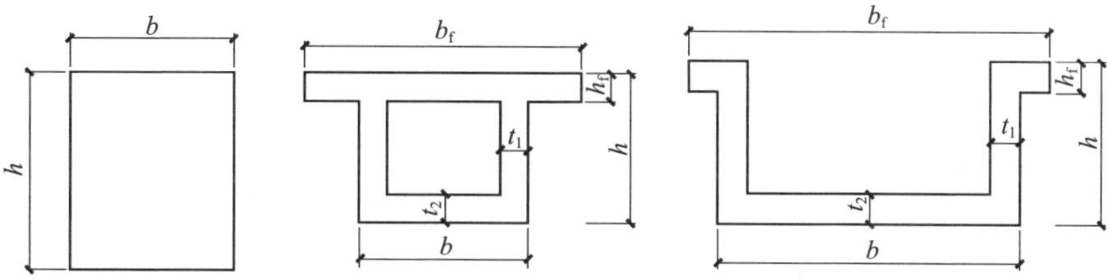

(a) 矩形截面　　(b) 箱形截面　　(c) 组合截面

图 5-8-1　矩形、箱形和组合受扭构件截面

如图 5-8-2 所示，矩形和箱形截面纯扭构件的抗扭强度计算应符合相关规范要求。

矩形和箱形截面纯扭构件

$$KT\leqslant 0.35\beta_a f_{ct}W_t+1.2\sqrt{\xi}f_{sv}A_{sv1}A_{cor}/s_v、\xi=f_{sd}A_{st}S_v/(f_{sv}A_{sv1}U_{cor})$$

其中，K 为强度安全系数，按现行行业标准《铁路桥涵混凝土结构设计规范》（TB 10092）规定取值；T 为计算扭矩（kN·m）。

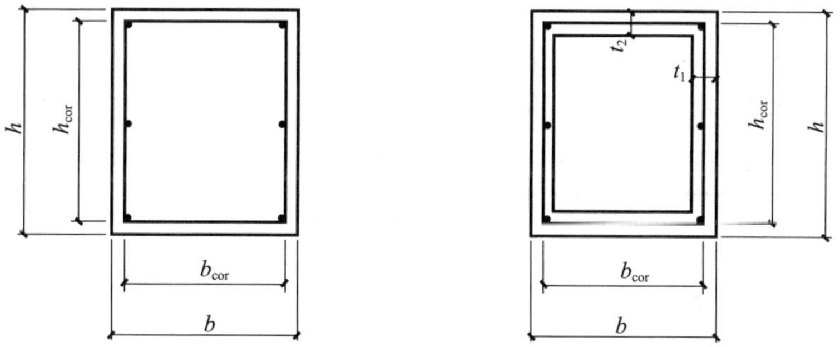

(a)　　(b)

图 5-8-2　矩形和箱形截面纯扭构件截面

ξ 为纯扭构件纵向钢筋与箍筋的配筋强度比，对于钢筋混凝土构件，ξ 值应符合 $0.6\leqslant\xi\leqslant 1.7$ 的要求，当 $\xi>1.7$ 时，取 $\xi=1.7$；对于预应力混凝土构件，当 $e_0\leqslant h/6$ 且 $\xi\geqslant 1.7$ 时，应在公式（A.0.2-1）的右边增加预应力影响项 $0.05W_tN_p/A_0$，取 $\xi=1.7$。当 $e_0>h/6$ 或 $\xi<1.7$ 时，可不考虑预应力影响项，应按钢筋混凝土构件计算。

β_a 为对箱形截面为有效壁厚折减系数，当 $0.1b\leqslant t_2\leqslant 0.25b$ 或 $0.15\leqslant t_1\leqslant 0.25h$ 时，取 $\beta_a=4t_2/b$ 或 $\beta_a=4t_1/h$ 两者较小值，当 $t_2>0.25b$ 和 $t_1>0.25h$ 时，取 $\beta_a=1.0$。对于矩形截面，$\beta_a=1$；b 为矩形截面或箱形截面宽度（m）。

h 为矩形截面或箱形截面高度（m）；t_1 为箱形截面长边壁厚（m）；t_2 为箱形截面短边壁厚（m）；W_t 为矩形截面或箱形截面受扭塑性抵抗矩（m^3）；A_{sv1} 为纯扭计算中箍筋的单肢截面面积（m^2）；f_{sv} 为箍筋的抗拉计算强度（kPa），按《铁路桥涵混凝土结构设计规范》（TB 10092）取值；A_{st}为纯扭计算中沿截面周边对称配置的全部普通纵向钢筋截面面积（m^2）；f_{sd}为纵向钢筋抗拉计算强度（kPa），按现行行业标准《铁路桥涵混凝土结构设计规范》（TB 10092）取值；A_{cor}为由箍筋内表面包围的截面核芯面积（m^2），$A_{cor}=b_{cor}h_{cor}$，此处，b_{cor}和h_{cor}分别为核芯面积的短边边长和长边边长；f_{ct}为混凝土抗拉极限强度（kPa），按现行行业标准《铁路桥涵钢筋混凝土和预应力混凝土结构设计规范》（TB 10002.3—2005）取值；U_{cor}为截面核芯面积的周长（m），$U_{cor}=2(b_{cor}+h_{cor})$；$S_v$为纯扭计算中箍筋的间距（m）：$e_0$为预应力钢筋和普通钢筋的合力对换算截面重心轴的偏心距（m^2），可按现行行业标准《铁路桥涵混凝土结构设计规范》（TB 10092）的相关规定计算；N_p为混凝土法向预应力等于零时预应力钢筋和普通钢筋的合力（kN），可按现行行业标准《铁路桥涵钢筋混凝土和预应力混凝土结构设计规范》（TB 10002.3—2005）的相关规定计算。

5.8.4 牛腿计算

如图 5-8-3 所示，牛腿应按相关规范规定计算。非腹板部位牛腿的内力计算可按悬臂板计算，计算宽度$b_j=b+2e$。腹板部位牛腿内力（图 5-8-4）可按下式计算，计算宽度$b_j=(b/2+e+c)\leqslant b+2e$；$N_\theta=R\sin\theta+H\cos\theta$，$Q_\theta=R\cos\theta-H\sin\theta$，$M_\theta=R(e+0.5h\tan\theta)+H(0.5h+\varepsilon)$；其中，$R$为恒载和活载支点反力（kN）（对于活载应计入冲击力）；H为活载制动力或温度变化引起的支座摩阻力（kN），取其大者，当主力组合时$H=0$；θ为斜截面对竖直面的倾斜角；ε为支座垫板高出牛腿底面的高度（m）。牛腿横梁的计算应合理，当为腹板部位牛腿时，可按一般横梁计算；当为非腹板部位牛腿时，可按照支承在腹板上的连续梁计算。牛腿支座下混凝土的抗裂性要求以及局部承压强度要求应符合现行行业标准《铁路桥涵混凝土结构设计规范》（TB 10092）的规定。

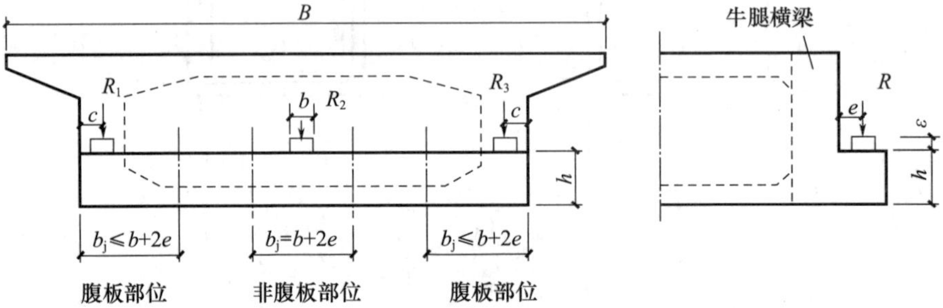

图 5-8-3　牛腿的受力图式

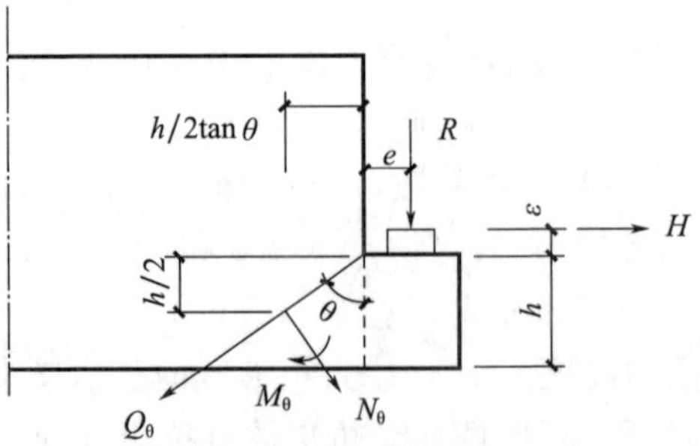

图 5-8-4　牛腿内力计算

腹板部位牛腿强度计算应遵守相关规范规定。按现行行业标准《铁路桥涵混凝土结构设计规范》（TB 10092）的偏心受拉构件验算牛腿根部竖直截面、45°斜截面及最弱截面强度，强度安全系数应符合现行行业标准《铁路桥涵混凝土结构设计规范》（TB 10092）的规定。竖直截面、45°斜截面及最弱截面的内力应按 $\theta=0$，$\theta=45°$ 及其他代表性截面计算的 θ 值按相关规范计算得出。最弱截面的倾角 θ 可按相关规定计算，即普通钢筋混凝土结构 $\theta=(1/2)\tan^{-1}[2Rh/(3Re+3H\varepsilon+2Hh)]$；预应力混凝土结构 $\theta=(1/2)\tan^{-1}\{2h(R-N_y\sin\alpha)/[3Re+H(3\varepsilon+2h)-N_y\cos\alpha(2h-3m)]\}$；其中，$N_y$ 为牛腿部位预压力的合力（kN）；α 为牛腿部位预压力合力对水平线的倾角；m 为牛腿部位预压力合力线与牛腿根部竖直面（图 5-8-5）交点至牛腿顶面距离（m）。预应力钢筋和非预应力钢筋的截面面积应按所在截面上的有效面积计算。预应力钢筋和非预应力钢筋的合力作用点至牛腿根部的距离应在不同的计算截面上截取。

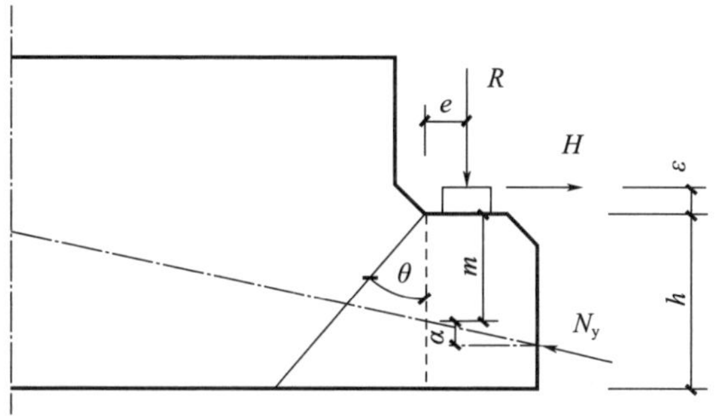

图 5-8-5　最弱截面 θ 值计算图式

5.8.5 桥面板疲劳强度验算

疲劳活载按相关规范规定执行。计算疲劳应力幅 $\Delta\sigma_P$ 可按式 $\Delta\sigma_p=|\sigma_{p,max}-\sigma_{p,min}|$ 计算，其中，$\sigma_{p,max}$ 为最大应力，拉力为正，压力为负；$\sigma_{p,min}$ 为最小应力，拉力为正，压力为负；ϕ 为冲击系数 $(1+\mu)$。疲劳应力强度检算应符合式 $\gamma\cdot\Delta\sigma_p\leqslant[\sigma_0]$ 要求，其中，$[\sigma_0]$ 为疲劳容许应力幅，按相关规范规定取值；γ 为桥梁损伤等效系数，可取 $\gamma=1.4$。各种构件或连接的疲劳容许应力幅应按表 5-8-5 的规定确定，各种构件或连接的基本形式及疲劳容许应力幅类别应符合表 5-8-6、表 5-8-7 的规定。

表 5-8-5　各种构件或连接的疲劳容许应力幅

疲劳容许应力幅类别	疲劳容许应力幅 $[\sigma_0]$ /MPa	构件及连接形式
Ⅰ	80	1.1，2.1，2.3，2.7
Ⅱ	71	1.2，2.2，2.4，2.6，2.8，2.9
Ⅲ	56	1.3
Ⅳ	50	2.10
Ⅴ	36	2.5

表 5-8-6　开口加劲肋正交异性板容许应力幅类别

类别	构件或连接形式简图		描述	疲劳容许应力幅类别	要求
1.1	$t \leqslant 12\text{mm}$	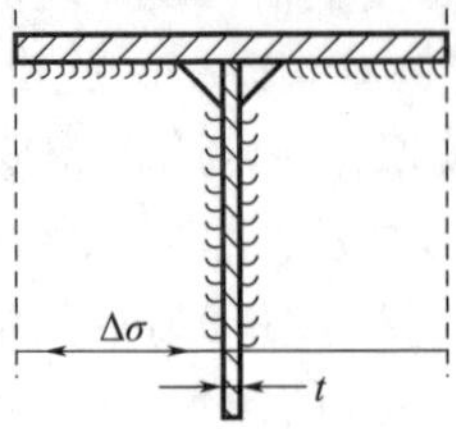	纵肋与横梁连接（纵肋断开）	Ⅰ	计算纵肋法向应力幅 $\Delta\sigma$
1.2	$t > 12\text{mm}$			Ⅱ	
1.3	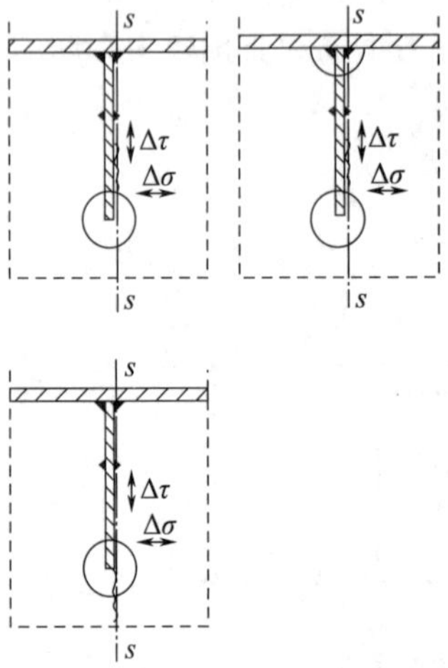		连续纵肋与横梁连接 $\Delta\sigma=\frac{\Delta M_S}{W_{net,s}}$ $\Delta\tau=\frac{\Delta V_S}{A_{w,net,s}}$	Ⅲ	横梁腹板剪切应力幅 $\Delta\tau$ 及法向应力幅 $\Delta\sigma$，计算其等效应力幅 $\Delta\sigma_{eq}=\frac{1}{2}\left(\Delta\sigma+\sqrt{\Delta\sigma^2+4\sigma_{算}^2}\right)$

表 5-8-7　闭口加劲肋正交异性板

类别	构造细节		描述	疲劳容许应力幅类别	要求
2.1	$t \leqslant 12\text{mm}$	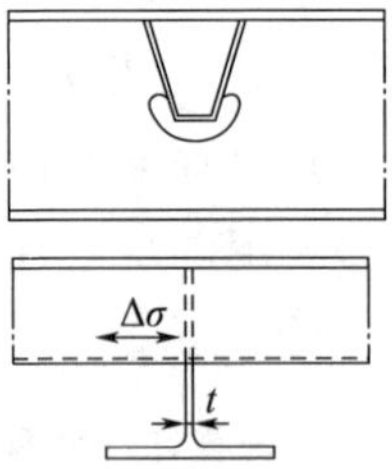	纵肋连续，横空开孔	Ⅰ	计算纵肋法向应力幅 $\Delta\sigma$
2.2	$t > 12\text{mm}$			Ⅱ	
2.3	$t \leqslant 12\text{mm}$	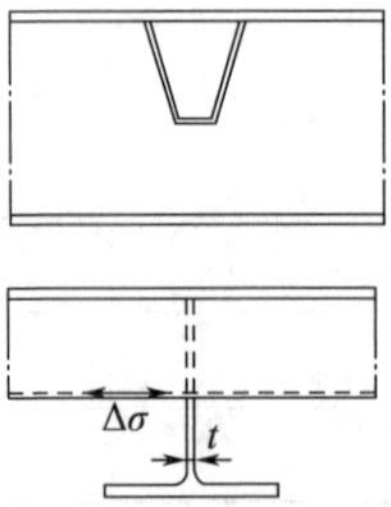	纵肋连续横梁不开孔	Ⅰ	计算纵肋法向应力幅 $\Delta\sigma$
2.4	$t > 12\text{mm}$			Ⅱ	

续表

类别	构造细节	描述	疲劳容许应力幅类别	要求
2.5	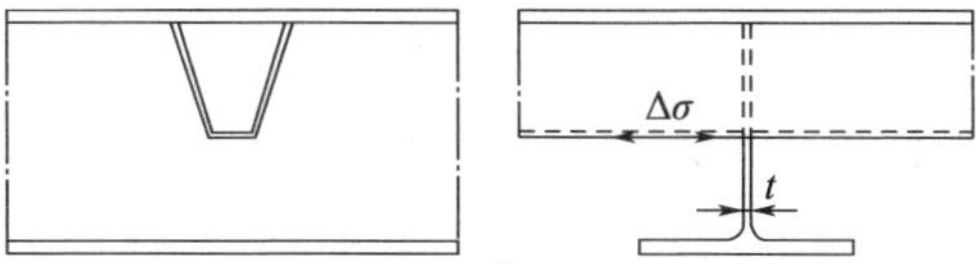	纵肋不连续	Ⅴ	计算纵肋法向应力幅 $\Delta\sigma$
2.6	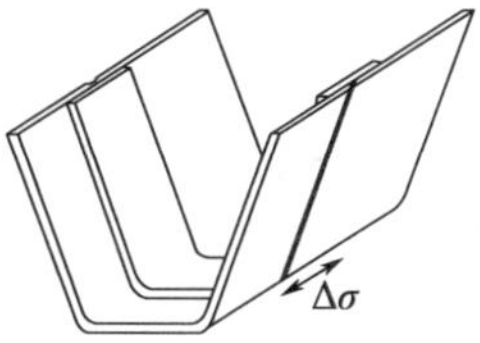	纵肋对接熔透焊，采用钢衬垫	Ⅱ	计算纵肋法向应力幅 $\Delta\sigma$
2.7	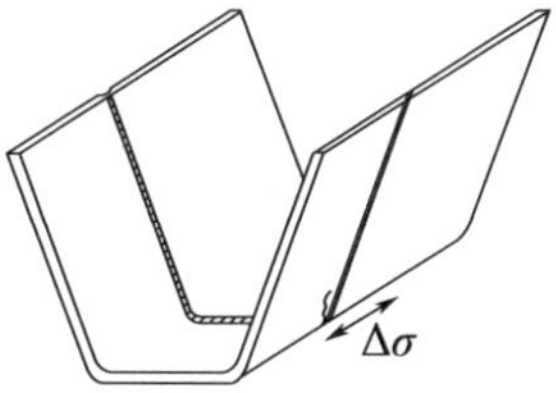	纵肋对接熔透焊，双面焊，不用衬垫	Ⅰ	计算纵肋法向应力幅，对接焊透内侧将用点固焊
2.8	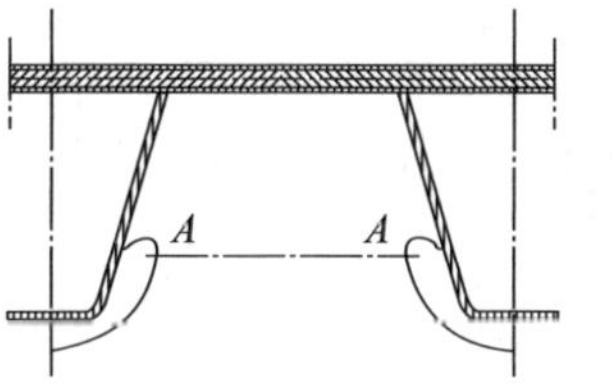	由于开孔造成的横梁腹板最不利截面	Ⅱ	计算不利截面应力幅，计入空腹梁效应
2.9	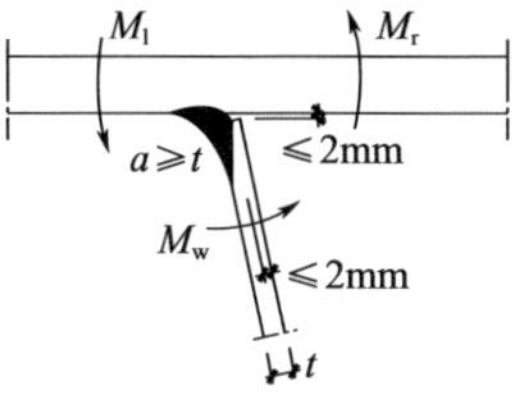 $\Delta\sigma=\dfrac{\Delta M_w}{W_w}$ 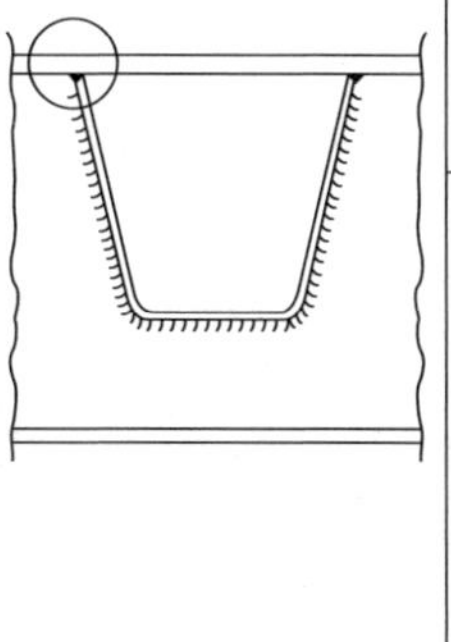	桥面板与梯形或 V 形肋焊接部分熔透焊 $a \geqslant t$	Ⅱ	计算桥面板受弯法向应力幅
2.10	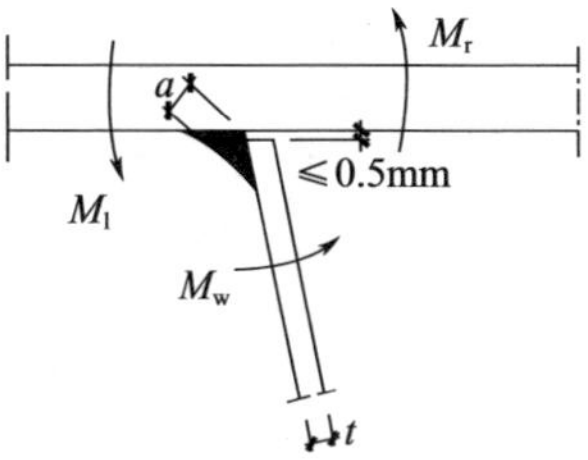	上述构造细节范围以外的角焊缝或部分熔透焊	Ⅳ	计算桥面板受弯法向应力幅

延伸阅读

2022年4月26日，中央财经委员会第十一次会议指出，要加强交通、能源、水利等网络型基础设施建设，把联网、补网、强链作为建设的重点，着力提升网络效益。加快建设国家综合立体交通网主骨架，加强沿海和内河港口航道规划建设，优化提升全国水运设施网络。要加强城市基础设施建设，打造高品质生活空间，推进城市群交通一体化，建设便捷高效的城际铁路网，发展市域（郊）铁路和城市轨道交通，推动建设城市综合道路交通体系，有序推进地下综合管廊建设，加强城市防洪排涝、污水和垃圾收集处理体系建设，加强防灾减灾基础设施建设，加强公共卫生应急设施建设，加强智能道路、智能电源、智能公交等智慧基础设施建设。

思考题

1. 简述城市轨道交通桥梁的宏观要求。
2. 简述城市轨道交通桥梁的布置规则。
3. 如何考虑城市轨道交通桥梁的设计荷载?
4. 简述城市轨道交通桥梁的设计原则。
5. 如何进行城市轨道交通桥梁的结构设计?
6. 如何进行城市轨道交通桥梁的景观设计?
7. 如何进行城市轨道交通桥梁的设备系统接口设计?
8. 如何进行城市轨道交通桥梁的耐久性设计?
9. 城市轨道交通桥梁在检测养护方面有哪些要求?
10. 试述近年来我国在城市轨道交通桥梁设计领域的创新和突破。

第6章　城市道路与轨道交通合建桥梁设计

6.1　宏观要求

城市道路与轨道交通合建桥梁的设计应符合安全可靠、适用耐久、技术先进、经济合理与环境协调的要求。本章内容适用于城市道路与最高运行速度不超过100km/h的轮轨系统轨道交通，满足轨道交通线形布置要求的合建桥梁设计。改建、扩建工程以及其他类型的城市轨道交通相似工程的设计可参照。城市道路与轨道交通合建桥梁的设计应按照有利于节约资源、环保节能、安全耐久、防灾减灾的原则进行。城市道路与轨道交通合建桥梁的设计应符合国家现行有关标准的规定。

城市轨道交通是指采用专用轨道导向运行的城市公共客运交通系统，包括地铁系统、轻轨系统、单轨系统、有轨电车、磁浮系统、自动导向轨道系统、市域快速轨道系统等。设计基准期是指在进行结构可靠性分析时，为确定可变作用及与时间有关的材料性能等取值而选用的时间参数。设计使用年限是指设计规定的结构或结构构件不需进行大修即可按预定目的使用的年限。

极限状态是指整体结构或结构的一部分超过某一特定状态就不能满足设计规定的某一功能要求时，此特定状态为该功能的极限状态。作用（荷载）是指施加在结构上的集中力或分布力（直接作用，也称为荷载）和引起结构外加变形或约束变形的原因（间接作用）。永久作用是指在结构使用期间，其量值不随时间而变化，或其变化值与平均值比较可忽略不计的作用。可变作用是指在结构使用期间，其量值随时间变化，且其变化值与平均值比较不可忽略的作用。偶然作用是指在结构使用期间出现的概率很小，一旦出现，其值很大且持续时间很短的作用。安全等级是指为使结构具有合理的安全性，根据工程结构破坏所产生后果的严重程度而划分的设计等级。轨道结构是指路基面或结构面以上的线路部分，由钢轨、扣件、轨枕、道床等组成。

工后沉降是指基础设施竣工铺轨开始以后产生的沉降量。列车竖向动力是指列车运行时产生的竖向动力作用。列车离心力是指列车运行在曲线上产生的倾向曲线外侧的水平力。列车牵引力是指列车启动时，对建筑物产生的与运行方向相反的水平力。列车制动力是指运行的列车制动时，对建筑物产生的与运行方向相同的水平力。列车摇摆力是指列车运行时对钢轨顶面产生的左右水平力。无缝线路是指钢轨连续焊接或胶结超过两个伸缩区长度的轨道。伸缩力是指因温度变化，桥梁与长钢轨纵向相对位移而产生的纵向力。挠曲力是指在列车荷载作用下，桥梁挠曲引起桥梁与长钢轨纵向相对位移而产生的纵向力。断轨力是指因长钢轨折断，引起桥梁与长钢轨纵向相对位移而产生的纵向力。

长钢轨纵向力是指伸缩力、挠曲力、断轨力的总称。轨道不平顺是指两根钢轨在高低和左右方向与钢轨理想位置几何尺寸的偏差。车桥耦合振动动力响应是指列车过桥时，车桥动力作用的相互影响。轮重减载率是指车辆运营时，轮对中单侧车轮轮重减载量与左右侧车轮平均轮重之比。脱轨系数是指车辆运营时，作用于轮对中单侧车轮上的横向力和垂向力的比值。斯佩林指标（Sperling Index）是一种用来评定车辆运行平稳性的指标。

城市道路与轨道交通合建桥梁设计应符合城市总体规划、城市综合交通体系规划和城市轨道交通线网规划的要求。桥梁设计应根据城市道路与轨道交通的功能定位、等级、通行能力、多种交通方式的关系等，结合水文、地质、通航、环境等条件进行综合设计；需分期实施时，则应保留远期发展余地。特大、大桥桥位应选择河道顺直稳定，河床地质良好，河槽能通过大部分流量的河段，不宜选择在断层，岩溶、滑坡、泥石流等不良地质地带；中、小桥桥位宜按道路的走向进行布置。应按相关部门批准的地质灾害评价结论，根据工程特点，开展安全风险评估与安全性设计，采取相应的措施，确保施工和运营安全。

桥梁纵轴线宜与洪水主流流向正交；对通航河流上的桥梁，其墩台沿水流方向的轴线应与最高通航水位时的主流方向一致；当斜交不能避免时交角不宜大于 5°，当交角大于5°时宜增加通航孔净宽。桥梁跨越排洪河流时，应按百年一遇洪水频率标准进行设计，技术复杂、修复困难的大、特大桥或特别重要桥梁应按三百年一遇洪水频率标准进行检算。

桥梁跨越铁路、道路时，桥梁孔径及桥下净空应满足相应规范和有关部门的规划限界要求，同时要求预留施工误差值、结构变形值、沉降值和铁路抬道量或公路路面翻修高度，防止因桥下净空减少影响铁路与道路车辆的通行。跨越城市道路或公路的城市跨线桥梁，桥下净空应分别符合现行行业标准《城市道路工程设计规范》（CJJ 37）、《公路工程技术标准》（JTG B01）的建筑限界规定。跨越城市轨道交通或铁路的桥梁，桥下净空应分别符合现行国家标准《地铁设计规范》（GB 50157）和《标准轨距铁路限界 第 2 部分：建筑限界》（GB 146. 2）的规定。

通航内河轮船桥梁的通航水位和桥梁净空应符合国家现行标准《内河通航标准》（GB 50139）的规定；通航海轮桥梁的通航水位和桥梁净空应符合现行行业标准《海轮航道通航标准》（JTS 180-3）的规定。不通航河流桥下净空应根据设计洪水位，壅水和浪高或最高流冰面确定；当在河流中形成流冰阻塞的危险或有流放木筏、漂流物通行时，应按当地的具体情况确定。

城市道路与轨道交通合建桥梁常用结构布置方式可分为四类，即共梁单层、共梁双层、分梁共墩、分梁分墩共基础，如图 6-1-1 所示。共梁双层是指主梁采用双层桥面，城市道路与轨道交通分别布置在上层或下层桥面；共梁单层是指主梁采用单层桥面，城市道路与轨道交通布置在同一层桥面；分梁共墩是指城市道路与轨道交通分别布置在两片独立的主梁上，共用一个桥墩；分梁分墩共基础是指城市道路与轨道交通主梁与桥墩独立，共用一个基础。

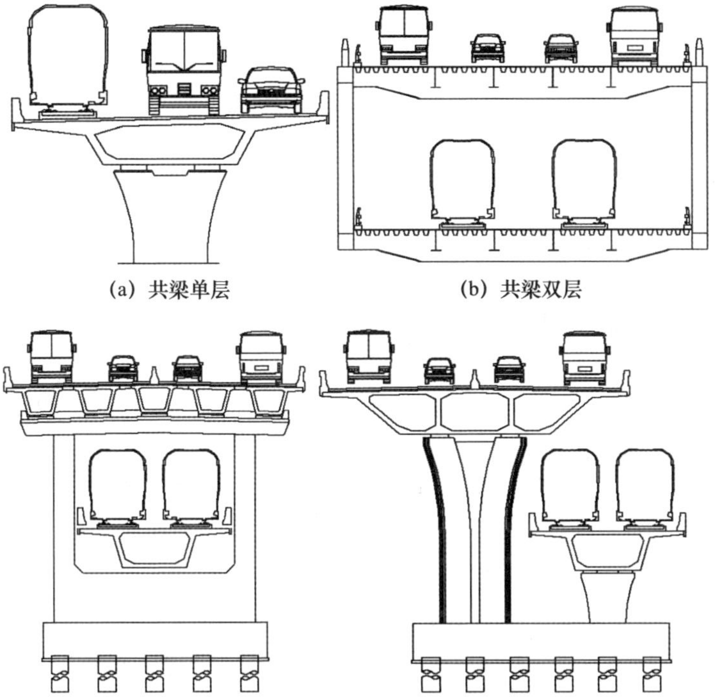

(a) 共梁单层　　(b) 共梁双层

(c) 分梁共墩　　(d) 分梁分墩共基础

图 6-1-1　城市道路与轨道交通合建桥梁常用结构布置方式

桥梁结构的形式应满足城市道路与轨道交通的功能要求，结合城市规划、自然条件、周围环境、地下管线与构筑物、施工方法等因素，通过技术经济、环境影响和使用功能等方面的综合评价，选择安全可靠、便于维护、经济合理的结构形式。选用的结构形式和材料应有利于减震、降噪，尽量减少对周围环境的影响；宜采用便于标准化、工厂化、机械化施工的结构形式与施工方法。除通航、跨越道路或铁路和特殊需要外，同一座桥梁的跨径布置、上部结构形式、桥墩类型宜分段统一。按照《中华人民共和国环境保护法》《中华人民共和国环境影响评价法》的有关规定，并根据城市规划、城市环境、市容特点，进行绿化、景观和环境保护设计；在工程可行性研究及初步设计阶段应做项目环境影响评价；在初步设计及施工图设计阶段应做相应的环境保护设计。

桥梁的设计基准期为 100 年。主体结构工程及因结构损坏或大修对运营产生重大影响的其他结构工程，设计使用年限应为 100 年。同时承受轨道与道路荷载作用的结构，应按承载能力极限状态和正常使用极限状态进行设计，并应同时满足构造和工艺方面的要求。本书第 6.2 节、第 6.3 节的规定适用于同时承受轨道与道路荷载作用的结构设计；仅承受道路荷载作用的结构设计应按《城市桥梁设计规范》（CJJ 11—2011）（2019 年版）的规定执行；仅承受轨道荷载作用的结构设计应按《城市轨道交通技术规范》（GB 50490—2009）、《地铁设计规范》（GB 50157—2013）的规定执行。当桥梁按持久状况承载能力极限状态设计时，根据结构的重要性，结构破坏可能产生的严重程度划分为三个设计等级，见表 6-1-1；对有特殊要求的桥梁，其设计安全等级可根据具体情况另行确定，并不低于表 6-1-1的规定。

表 6-1-1　桥梁设计安全等级

安全等级	结构类型	类别
一级	重要结构	特大桥、大桥、中桥、重要小桥
二级	一般结构	小桥、重要挡土墙
三级	次要结构	挡土墙、防撞护栏

桥梁设计应满足强度、稳定性、刚度、耐久性及运营期内基础沉降控制要求，满足列车安全运行和平稳性的要求。城市道路与轨道交通合建桥梁轨道桥面宜采用无砟道床。桥梁应进行抗震设计；桥梁抗震设计应按国家现行标准《中国地震动参数区划图》（GB 18306）、《城市桥梁抗震设计规范》（CJJ 166）的规定执行；对已编制地震小区划的城市，可按行政主管部门批准的地震动参数进行抗震设计；对具有重大价值或者有重大影响的桥梁按《地震安全性评价管理条例》的规定执行，进行地震安全性评价，工程抗震设防烈度根据相关部门批准的地震安全性评价结果确定。大跨度轻柔桥梁结构按《公路桥梁抗风设计规范》（JTG/T 3360-01—2018）的规定执行，进行抗风设计和专题研究。

桥梁的主梁、墩柱及基础可能受车辆、船舶、冰凌等撞击时，应设置必要的保护设施。对大跨度桥梁（跨径大于 100m）和新型结构桥梁应进行车桥耦合动力响应分析，轨道车辆运行安全性和平稳性指标应满足本章内容要求。桥梁布置应考虑运营、养护维修作业条件，设置照明、交通信号标志、航道信号标志、航空障碍标志、防雷接地装置以及桥面防水、排水、检修、安全等附属设施。桥梁附属设施与管线敷设应符合《城市桥梁设计规范》（CJJ 11—2011）（2019 年版）与《地铁设计规范》（GB 50157—2013）的规定。

6.2　作　　用

6.2.1　作用分类、代表值和作用效应组合

作用分为永久作用、可变作用和偶然作用三类，见表 6-2-1，同一根钢轨作用于墩台顶的断轨力与伸缩力、挠曲力不做叠加。

表 6-2-1　作用分类

编号	作用分类	作用名称
1	永久作用	结构自重
2		附属设备和附属建筑自重
3		预加应力
4		土的重力及侧压力
5		混凝土收缩及徐变作用
6		基础变位作用
7		静水压力及浮力

续表

编号	作用分类	作用名称
8	可变作用	汽车竖向静活载
9		汽车竖向动力作用
10		汽车离心力
11		汽车引起的土侧压力
12		汽车制动力
13		列车竖向静活载
14		列车竖向动力作用
15		列车离心力
16		列车引起的土侧压力
17		列车制动力（或牵引力）
18		无缝线路纵向力（伸缩力及挠曲力）
19		列车横向摇摆力
20		人群荷载
21		风荷载
22		流水压力
23		冰压力
24		温度（均匀温度和梯度温度）作用
25		支座摩阻力
26	偶然作用	无缝线路断轨力
27		船舶或汽车撞击力
28		地震力
29		施工荷载
30		更换支座影响
31		脱轨力

同时承受轨道交通与道路荷载的结构按承载能力极限状态设计时，采用以下两种作用效应组合，即基本组合和偶然组合。基本组合应合规，永久作用的设计值效应与可变作用设计值效应相组合，其效应组合表达式为：

$$\gamma_0 S_{ud}=\gamma_0\left[\sum_{i=1}^{m}\gamma_{Gi}S_{Gik}+\gamma_{Q1}(S_{Qvk}+S_{Qtk})+\psi_c\sum_{j=2}^{n}\gamma_{Qj}S_{Qjk}\right]$$

或

$$\gamma_0 S_{ud}=\gamma_0\left(\sum_{i=1}^{m}S_{Gid}+S_{Qvd}+S_{Qtd}+\psi_c\sum_{j=2}^{n}S_{Qjd}\right)$$

其中，S_{ud}为承载能力极限状态下作用基本组合的效应组合设计值；γ_0 为结构重要性系数，取 1.1；γ_{Gi}为第 i 个永久作用效应的分项系数，应按表 6-2-2 的规定采用；S_{Gik}，S_{Gid}分别为第 i 个永久作用效应的标准值和设计值；γ_{Q1}为活载效应（汽车荷载效应与列车荷载效应的总和，均含冲击力、离心力）的分项系数，取 $\gamma_{Q1}=1.4$，当某个可变作用在效应组合中其值超过活载效应时，该作用取代汽车荷载，其分项系数应采用活载的分项系数，对专为承受某作用而设置的结构或装置进行设计时，该作用的分项系数取与活载同值，计算人行道板和人行道栏杆的局部荷载时，其分项系数也与汽车荷载取同值；S_{Qvk}，S_{Qvd}分别为汽车荷载效应（含汽车冲击力、离心力）的标准值和设计值；S_{Qtk}，S_{Qtd}分别为列车荷载效应（含列车冲击力、离心力）的标准值和设计值；γ_{Qj}为在作用效应组合中除活载效应（含冲击力、离心力）的其他第 j 个可变作用效应的分项系数，应按表 6-2-3 的规定采用；S_{Qjk}，S_{Qjd} 分别为在作用效应组合中除活载效应（含冲击力、离心力）外的其他第 j 个可变作用效应的标准值和设计值；ψ_c 为在作用效应组合中除活载效应（含冲击力、离心力）外的其他可变作用效应的组合系数，当永久作用与活载和人群荷载（或其他一种可变作用）组合时人群荷载（或其他一种可变作用）的组合系数取 $\psi_c=0.80$，当除活载（含冲击力、离心力）外尚有两种其他可变作用参与组合时，其组合系数取 $\psi_c=0.70$，尚有三种其他可变作用参与组合时，其组合系数取 $\psi_c=0.60$，尚有四种及多于四种的可变作用参与组合时取 $\psi_c=0.50$。

设计弯桥时，当离心力与制动力同时参与组合时，制动力标准值或设计值按 70%取用。偶然组合应合规，永久作用标准值效应与可变作用某种代表值效应、一种偶然作用标准值效应相组合；偶然作用的效应分项系数取 1.0；与偶然作用同时出现的可变作用，可根据观测资料和工程经验取用适当的代表值；地震作用标准值及其表达式按现行《城市桥梁抗震设计规范》(CJJ 166) 规定采用。

同时承受轨道交通与道路荷载的结构按正常使用极限状态设计时，应根据不同的设计要求，采用以下两种作用效应组合，即作用短期效应组合和作用长期效应组合。作用短期效应组合为 $S_{sd}=\sum_{i=1}^{m}S_{Gik}+\sum_{j=1}^{n}\psi_{1j}S_{Qjk}$ ，其中，S_{sd}为作用短期效应组合设计值；ψ_{1j}为第 j 个可变作用效应的频遇值系数，应按表 6-2-3 的规定采用，活载频遇值效应不计冲击力；$\psi_{1j}S_{Qjk}$为第 j 个可变作用效应的频遇值。作用长期效应组合为 $S_{ld}=\sum_{i=1}^{m}S_{Gik}+\sum_{j=1}^{n}\psi_{2j}S_{Qjk}$，其中，$S_{ld}$为作用长期效应组合设计值；$\psi_{2j}$为第 j 个可变作用效应的准永久值系数，应按表 6-2-3 的规定采用，活载准永久值效应不计冲击力；$\psi_{2j}S_{Qjk}$为第 j 个可变作用效应的准永久值。

同时承受轨道交通与道路荷载的结构按极限状态方法进行设计时，永久作用、可变作用在各极限状态组合中的分项系数、频遇值系数、准永久值系数按表 6-2-2 和表 6-2-3 的规定采用。表 6-2-2 的编号 1 中，当钢桥采用钢桥面板时，永久作用效应分项系数取 1.1；当采用混凝土桥面板时，取 1.2。表 6-2-3 中，当风荷载效应在可变作用效应中最大时，分项系数取 1.4；汽车荷载与列车荷载的设计值包含冲击力、离心力，频遇值、准永久值不计冲击力。

表 6-2-2 永久作用效应的分项系数

编号	作用类别	永久作用效应分项系数	
		对结构的承载能力不利时	对结构的承载能力有利时
1	混凝土和圬工结构重力（包括结构附加重力）	1.2	1.0
	钢结构重力（包括结构附件重力）	1.1 或 1.2	
2	预加力	1.2	1.0
3	土的重力	1.2	1.0

续表

编号	作用类别		永久作用效应分项系数	
			对结构的承载能力不利时	对结构的承载能力有利时
4	混凝土的收缩及徐变作用		1.0	1.0
5	土侧压力		1.4	1.0
6	水的浮力		1.0	1.0
7	基础变位作用	混凝土和圬工结构	0.5	0.5
		钢结构	1.0	1.0

表 6-2-3 可变作用的代表值系数

可变作用	分项系数	频遇值系数	准永久值系数
活载（包括汽车荷载和列车荷载）	1.4（计冲击力）	0.7（不计冲击力）	0.4（不计冲击力）
人群荷载	1.4	1.0	0.4
风荷载	1.1	0.75	0.75
温度梯度作用	1.4	0.8	0.8
无缝线路纵向力	1.4	0.8	0.8
列车横向摇摆力	1.4	1.0	1.0
其他作用	1.4	1.0	1.0

合建桥梁按照承载能力极限状态和正常使用极限状态进行作用效应组合时，实际不可能同时出现的作用或同时参与组合概率很小的作用，按照表 6-2-4 规定不考虑其作用效应的组合。

表 6-2-4 可变作用不同时的组合表

编号	作用名称	不与该作用同时参与组合的作用号
12	汽车制动力	19（列车横向摇摆力），22（流水压力），23（冰压力），25（支座摩阻力）
17	列车制动力（或牵引力）	19（列车横向摇摆力），22（流水压力），23（冰压力），25（支座摩阻力）
19	列车横向摇摆力	12（汽车制动力），17［列车制动力（或牵引力）］，21（风荷载），24（温度影响力），25（支座摩阻力）
21	风荷载	19（列车横向摇摆力）
22	流水压力	12（汽车制动力），17［列车制动力（或牵引力）］，23（冰压力）
23	冰压力	12（汽车制动力），17［列车制动力（或牵引力）］，22（流水压力）
24	温度影响力	19（列车横向摇摆力）
25	支座摩阻力	12（汽车制动力），17［列车制动力（或牵引力）］，19（列车横向摇摆力）

6.2.2 永久作用

结构自重、预应力、土的重力和土侧压力、混凝土收缩及徐变、基础变位、静水压力及浮力参照《城市桥梁设计规范》（CJJ 11—2011）（2019 年版）取用。附属设备和附属建筑自重应合规，除包括一般城市桥梁桥面铺装、防撞栏杆外，还包括轨道结构、拦板、电缆支架、附加管道、声屏障、接触网立柱等，按实际情况取值。

6.2.3 可变作用

合建桥梁的可变作用，除本章前述规定的列车及轨道线路相关荷载外，均按《城市桥梁设计规范》（CJJ 11—2011）（2019 年版）的有关规定执行。列车竖向静活载的取用应符合下列四方面规定，即列车竖向静活载按实际运营列车的设计轴重、轴距及列车编组确定；单线和双线的列车活载按 100%计算；两线以上的列车活载按下列最不利情况确定，两条线路在最不利位置承受列车活载、其余线路不承受列车活载，所有线路在最不利位置承受 75%的活载；影响线加载时，活载图式不可任意截取，影响线异符号区段，轴重按空车重计。

桥梁结构设计阶段列车车辆类型尚未明确时，列车荷载可按图 6-2-1 和表 6-2-5 采用。钢桥、钢筋混凝土及预应力混凝土桥、圬工拱桥等上部构造和盆式橡胶支座、钢支座及钢筋混凝土柱式桥台，应计算汽车和列车的竖向动力放大作用。

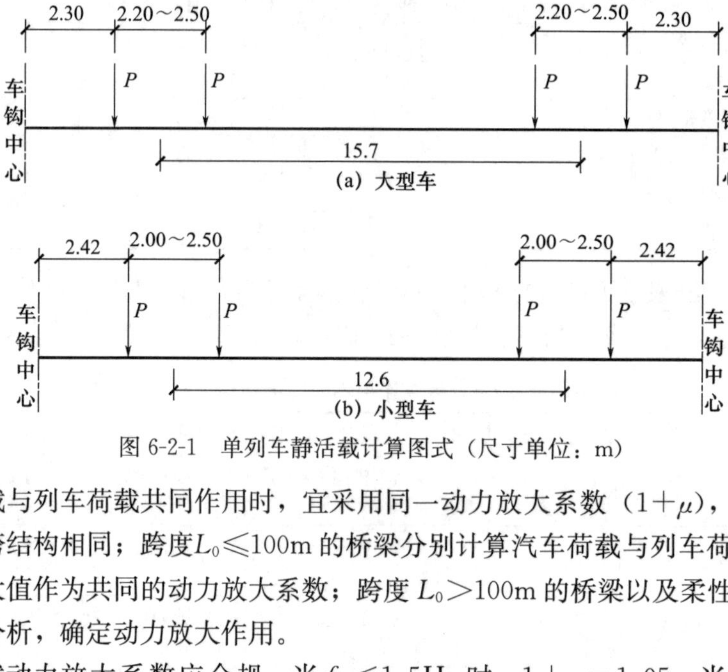

图 6-2-1 单列车静活载计算图式（尺寸单位：m）

汽车荷载与列车荷载共同作用时，宜采用同一动力放大系数（$1+\mu$），支座的动力放大系数与桥跨结构相同；跨度 $L_0 \leqslant 100$m 的桥梁分别计算汽车荷载与列车荷载的动力放大系数，取最大值作为共同的动力放大系数；跨度 $L_0 > 100$m 的桥梁以及柔性较大的桥梁结构应做动力分析，确定动力放大作用。

汽车荷载动力放大系数应合规，当 $f_v < 1.5$Hz 时，$1+\mu=1.05$；当 $1.5\text{Hz} \leqslant f_v \leqslant 14\text{Hz}$ 时，$1+\mu=1+0.1767\ln f_v-0.0157$；当 $f_v > 14$Hz 时，$1+\mu=1.45$。其中，f_v 为结构竖向基频（Hz）；道路填料厚度（包括路面厚度）大于或等于 0.5m 的拱桥以及重力式墩台不计汽车竖向动力作用。

列车荷载动力放大系数应合规，简支或连续的钢桥跨结构和钢墩台 $1+\mu=1+22.4/(40+L)$；钢与钢筋混凝土板的结合梁 $1+\mu=1+17.6/(40+L)$；钢筋混凝土、混凝土、石砌的桥跨结构及刚架桥，其顶上填土厚度 $h \geqslant 1$m（从轨底算起）时不计竖向动力作用，当 $h < 1$m 时，$1+\mu=1+4.8\alpha/(30+L)$。其中，$\alpha=4(1-h) \leqslant 2$；$L$ 以米（m）计，除承受局部活载杆件为影响线加载长度外，其余均为桥梁跨度。

空腹式钢筋混凝土拱桥的拱券和拱肋 $1+\mu=1+12(1+0.4L/f)/(100+\lambda)$。其中，$L$ 为拱桥的跨度（m）；λ 为计算桥跨结构的主要杆件时的计算跨度（m），对于只承受局部活载的杆件则按其计算图式取为一个或数个节间的长度（m）；f 为拱的矢高。

表 6-2-5　列车轴重 P

车辆设计荷载	轴重 P/kN	
	满载	空载
大型车	160	95
小型车	140	70

离心力的计算应合规。曲线桥梁应考虑汽车和列车产生的离心力，其大小等于竖向静活载乘以离心力率 C，C 值按式 $C=V^2/(127R)$ 计算，其中，V 为设计行车速度（km/h）；R 为曲线半径（m）。列车产生的离心力作用于轨顶以上车辆重心处；汽车产生的离心力作用于桥面以上 1.2m 处。当曲线半径大于 250m 时，可不计算汽车产生的离心力。

合建桥梁应同时考虑汽车与列车制动力的作用，汽车与列车的制动力的标准值按相关规范规定计算。汽车制动力取值应合规，汽车制动力按同向行驶的汽车荷载（不计冲击力）计算，并应按汽车荷载纵向折减的规定，以使桥梁墩台产生最不利纵向力的加载长度进行纵向折减。一个设计车道上由汽车荷载制动力按车道竖向静活载的 10%计算，但城-A 级汽车荷载制动力不得小于 165kN、城-B 级汽车荷载制动力不得小于 90kN；同向行驶双车道的汽车荷载制动力为一个设计车道制动力的 2 倍，同向行驶三车道的汽车荷载制动力为一个设计车道制动力的 2.34 倍，同向行驶四车道汽车荷载制动力为一个设计车道制动力的 2.68 倍；制动力作用在桥面以上 1.2m 处，计算墩台时可移至支座铰中心或支座底座面上，计算刚构桥、拱桥时制动力可移至桥面上但不计由此产生的竖向力和力矩。

列车荷载制动力取值应合规，单线桥梁制动力或牵引力应按列车竖向静活载的 15%计算，但当与离心力或列车竖向动力作用同时计算时，制动力或牵引力应按列车竖向静活载的 10%计算；区间双线桥应采用一线的制动力或牵引力；三线或三线以上的桥应采用两线的制动力或牵引力；高架车站及与车站相邻两侧 100m 范围内的区间双线桥应计两线制动力或牵引力，每线制动力或牵引力按列车竖向静活载的 10%计算；制动力或牵引力作用在轨顶以上车辆重心处，但计算桥墩台时移至支座中心处，计算刚架结构时移至横杆中线处，均不计移动作用点所产生的竖向力和力矩。

制动力的分配应合规，设有固定支座、活动支座的刚性墩台传递的制动力按表 6-2-6 的规定采用。表 6-2-6 中，每个活动支座传递的制动力的值不应大于其摩阻力，当大于摩阻力时，按摩阻力计算；固定支座按 T_4 计算，活动支座按 $0.30T_5$（盆式橡胶活动支座）计算或 $0.25T_5$（钢活动支座）计算，T_4 和 T_5 分别为与固定支座或活动支座相应的单跨跨径的制动力，桥墩承受的制动力为上述固定支座与活动支座传递的制动力之和；对于列车荷载制动力，当列车长度小于上述各制动力加载长度时，按列车长度加载。

列车横向摇摆力按相邻两节车四个轴轴重的 15%计，作为集中荷载取最不利位置，以水平方向垂直线路中心线作用于钢轨顶面；多线桥只计算任一条线上的横向摇摆力；汽车荷载不计横向摇摆力。无缝线路的纵向水平力（伸缩力、挠曲力），应根据轨道结构及梁、轨共同作用的原理计算确定；伸缩力、挠曲力作用于墩台上的支座中心处，不计其实际作用点至支座中心的弯矩影响。

表 6-2-6　刚性墩台各种支座传递的制动力

桥梁墩台及支座类型		应计的制动力	符号说明
简支梁桥台	固定支座 盆式橡胶活动支座 钢活动支座	T_1 $0.30T_1$ $0.25T_1$	T_1 为加载长度为计算跨径时的制动力；T_2 为加载长度为相邻两跨计算跨径之和时的制动力；T_3 为加载长度为一联长度的制动力
简支梁桥墩	两个固定支座 一个固定支座，一个活动支座 两个盆式橡胶活动支座、两个钢活动支座	T_2 $0.30T_2$ $0.25T_2$	
连续梁桥墩	固定支座 盆式橡胶活动支座 钢活动支座	T_3 $0.30T_3$ $0.25T_3$	

6.2.4　偶然作用

地震作用参照《城市桥梁抗震设计规范》(CJJ 166—2011) 执行。船撞力、汽车撞击力参照《公路桥涵设计通用规范》(JTG D60—2015) 执行。无缝线路的断轨力应根据梁、轨共同作用的原理计算确定；作为特殊荷载，单线及多线桥只计及一根钢轨的断轨力，其作用点均位于支座顶面处，由桥墩承受。脱轨力遵守相关规范规定，即车辆集中力直接作用于离线路中心 2.1m 内的桥面板上，检算桥面板强度，检算时集中力值为本线列车实际轴重的 1/2，不计列车动力系数，应力提高系数为 1.4；列车位于轨道外侧，但未坠落桥下，检算结构的横向稳定性，检算时可采用长度为 20m、位于线路中心外侧 1.4m、平行于线路的竖向线荷载，其值为本线列车一节车轴重之和除以 20m，不计列车动力系数、离心力和另一线竖向荷载；应考虑轨道与道路交通可能出现的最不利荷载进行抗倾覆验算。对于超静定结构，更换支座时应按实际顶升量考虑对结构的影响。

6.3　结构变形与动力性能要求

6.3.1　梁跨结构的刚度与变形

对于共梁共墩的梁式结构，其主梁在设计静活载（汽车与列车荷载）作用下的竖向挠度与跨度之比（挠跨比）不应超过表 6-3-1 规定的容许值。在汽车与列车静活载（不计冲击力）作用下，有砟轨道梁端支座处的单端竖向转角不应大于 0.5‰，无砟轨道不应大于 0.3‰。大跨度桥梁梁端支座处竖向转角，要根据其梁端向外延伸的悬臂长度大小，通过梁轨相互作用计算，分析其对钢轨及钢轨扣件上拔力的影响，以确定其合适的竖向转角容许限值，如图 6-3-1 所示。跨度小于 60m 的分梁共墩和共梁共墩的梁式桥跨结构，除了竖向刚度满足前述挠跨比限值外，其竖向自振频率（基频）应满足 $f_v \geqslant 55L^{-8}$ 的要求，其中，L 为梁桥跨度。

表 6-3-1　挠跨比容许值表

跨度 L/m	$L\leqslant 40$m	40m$<L\leqslant$80m	80m$<L\leqslant$100m
挠跨比	1/2000	1/1500	1/1200

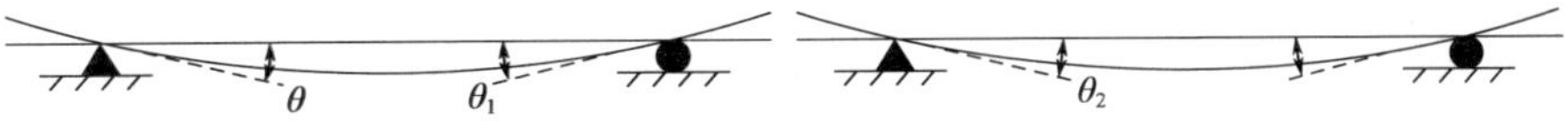

图 6-3-1　梁端转角示意图

当主梁跨度超过100m时，其竖向挠跨比合理限值应结合车桥耦合振动分析列车过桥走行性结果进行确定；列车过桥运行的平稳性和安全性应满足以下五项要求，即轮重减载率 $\Delta P/\overline{P}\leqslant 0.60$；脱轨系数 $Q/P\leqslant 0.8$；车体竖向振动加速度 $a_z\leqslant 0.13g$；车体横向振动加速度 $a_y\leqslant 0.10g$；斯佩林指标 $W\leqslant 2.75$。对于分梁共墩中的道路交通主梁，其挠跨比容许值按城市道路桥梁规范相关规定执行。

轨道交通桥面的梁式桥跨结构，横向自振频率（Hz）应不小于 $90/L$，L 为桥梁跨度（m）。在列车摇摆力、离心力和风力的作用下，梁体的水平挠度小于或等于梁体计算跨度的1/4000。在小于20Hz频率范围内，轨道桥面横向加速度响应 $a_{max}\leqslant 1.4\text{m/s}^2$；竖向加速度响应 $a_{max}\leqslant 5.0\text{m/s}^2$。轨道交通桥面在设计静活载作用下，由于梁体扭转产生的轨道扭曲变形，在3.0m梁长区段应满 $t\leqslant 3$mm，t 值意义如图6-3-2所示。轨道桥面应根据轨道铺设要求控制桥梁的后期徐变量；跨度不大于50m的梁式桥，线路铺轨后无砟轨道预应力梁的竖向残余徐变变形不宜大于10mm，有砟轨道预应力梁不宜大于20mm；跨度大于50m的梁式桥，线路铺轨后预应力梁的竖向残余徐变变形不宜大于 $L/5000$，且不大于20mm。

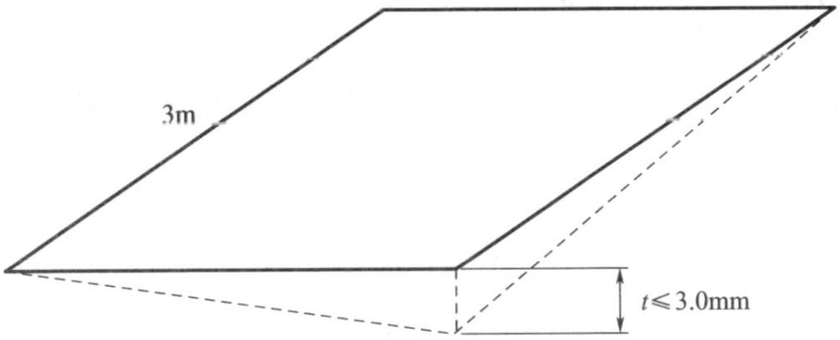

图 6-3-2　钢轨扭曲变形示意图

6.3.2　墩台结构的刚度与变形

铺设无缝线路的高架结构桥墩纵向水平刚度应符合相关规范规定。简支梁桥（$L<40$m）应合规，当桥上不设置伸缩调节器时，双线桥墩、台墩顶最小纵向水平线刚度应满足 $240+8(L-20)$（kN/cm）的要求，其中，L 为梁跨跨度（m），当为不等跨时取相邻跨较大跨度，当 L 小于20m时取20m计，单线桥梁墩顶纵向水平刚度均取相应双线时限值的1/2。

连续梁（刚构）、拱桥、斜拉桥、钢桁梁桥和其他类型桥梁在桥上不设置伸缩调节器时，其墩、台最小纵向线刚度限值宜根据轨梁相互作用分析方法计算钢轨由列车制动、温度变化、车辆荷载挠曲产生的钢轨应力，确定桥墩必需的纵向最小刚度。

城市道路与轨道交通车辆正常运营时，桥墩顶的弹性水平位移应符合相关规范规定，即由墩台水平位移差引起的相邻结构物桥面处轴线间的水平折角（图 6-3-3），当桥跨小于 40m 时，不得超过 0.15%；当桥跨大于或等于 40m 时，不得超过 0.1%；其荷载组合为竖向静荷载，曲线上列车和汽车的离心力，列车的横向摇摆力，列车、梁及墩身风荷载或 0.4 倍的风荷载与 0.5 倍的桥墩温差组合作用（取较大者），水中墩的水流压力作用，地基基础弹性变形引起的墩顶水平位移；墩台横向水平位移限值，当桥梁跨度小于 20m 时，采用桥梁跨度为 20m 的墩台横向水平位移限值。

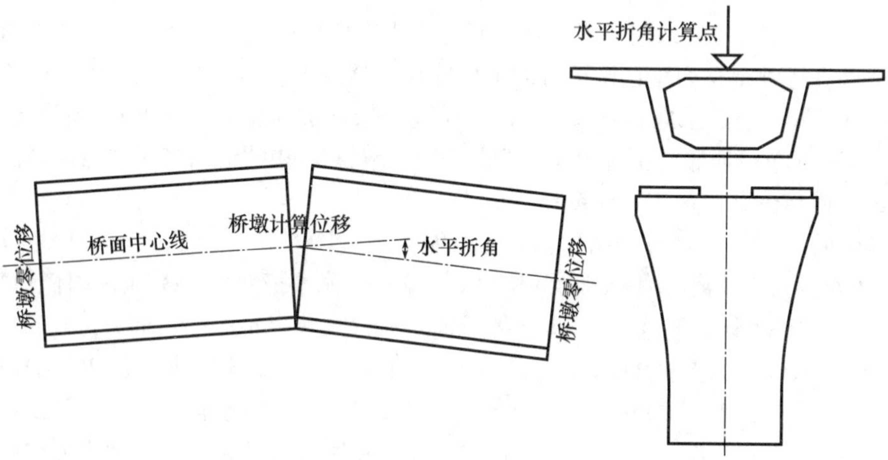

图 6-3-3　水平折角示意图

墩台顶帽面顺桥方向的弹性水平位移应符合 $\Delta \leqslant 5\sqrt{L}$ 的要求，其中，L 为桥梁跨度（m），当 $L<24$m 时 L 按 24m 计算，当为不等跨时 L 采用相邻中较小跨的跨度；Δ 为墩台顶帽面处的水平位移（mm），包括墩台身和基础的弹性变形，以及基地土弹性变形的影响；计算混凝土、石砌及钢筋混凝土墩台水平变位时，截面惯性矩 I 按全截面考虑，混凝土和石砌墩台的抗弯刚度取 $E_0 I$，钢筋混凝土墩台的抗弯刚度取 $0.8E_0 I$，E_0 为墩台身的受压弹性模量。

墩台基础沉降量应按相关规范要求控制，即桥梁墩台基础的沉降应按恒载计算；跨度小于或等于 40m 梁的相邻桥墩，其工后沉降量之差不应超过下列容许值：有砟桥面为 20mm，无砟桥面为 10mm；对跨度大于 40m 以及超大跨度的桥梁，要研究相邻桥墩沉降差对轨道线路、线形的影响，确定相邻桥墩工后沉降差的容许值；对于外静不定结构，其相邻墩台不均匀沉降量之差的容许值还应根据沉降对结构产生的附加影响来确定。

6.4　结构设计与构造要求

6.4.1　结构设计要求

合建桥梁的设计应符合以下三方面规定：①城市道路与轨道交通共梁双层、共梁单层桥梁的结构设计应符合相关规定。②分梁共墩桥梁的设计应合理，墩台与基础应符合相关规范的规定；轨道交通主梁的结构设计应符合现行《城市轨道交通运营技术规范》（GB/T 38707）、《地铁设计规范》（GB 50157）的相关规定；道路交通主梁的结构设计应符合现行《城市桥梁设计规范》（CJJ 11）的相关规定。③分梁分墩共基础桥梁的设计应合理，基础设计应符合相关规范的规定；轨道交通主梁与墩台的结构设计应符合现行《城市轨道交通运营技术规范》（GB/T 38707）、《地铁设计规范》（GB 50157）的相关规定；道路交通主梁与墩台的结构设计应符合现行《城市桥梁设计规范》（CJJ 11）的相关规定。

合建桥梁所用的材料应符合现行国家及行业标准，并满足以下四方面要求：①预应力混凝土结构混凝土强度等级不小于C40；钢筋混凝土结构混凝土强度等级不小于C30；素混凝土垫层混凝土强度等级不小于C10；灌注桩混凝土强度等级不小于C25。②预应力钢绞线应采用高强度低松弛钢绞线，应符合《预应力混凝土用钢绞线》（GB/T 5224—2023）的规定；预应力钢丝应符合《预应力混凝土用钢丝》（GB/T 5223—2014）的规定；预应力锚具应符合《预应力筋用锚具、夹具和连接器》（GB/T 14370—2015）的Ⅰ类要求。③普通钢筋应符合《钢筋混凝土用钢 第1部分：热轧光圆钢筋》（GB/T 1499.1—2017）、《钢筋混凝土用钢 第2部分：热轧带肋钢筋》（GB 1499.2—2018）及《钢筋混凝土用余热处理钢筋》（GB 13014—2013）的规定。④钢结构的材质应符合《桥梁用结构钢》（GB/T 714—2015）或《低合金高强度结构钢》（GB/T 1591—2018）的规定。

桥梁基础的设计应符合以下七方面规定：①桥址处应进行工程地质勘察，勘察资料应能反映地形、地貌、地层结构、影响桥梁稳定的不良地质、岩土物理力学性质及地下水埋藏、腐蚀性等详细情况。②地基基础设计，应遵循因地制宜、就地取材、节约资源的原则；基础的类型应根据水文、地质、地形、荷载、材料供应、桥梁结构特点和施工条件等合理选用。③桥梁基础应具有足够的强度、稳定性及耐久性，并应根据桥梁结构形式及行车使用要求控制基础的沉降。④在同一墩台桩基础中，除特殊情况外，不宜采用直径不同、材料不同或长度不同的桩。⑤水中桩基础承台顶面标高宜根据水文条件、施工难易程度、桥梁整体景观协调等因素综合确定；桩基础承台底面的高程应防止桩基受船舶或其他漂流物的直接撞击受损。⑥根据《城市桥梁抗震设计规范》（CJJ 166—2011）的规定，地震力参与作用效应组合时，地基承载力容许值可根据岩土性状进行提高；E2地震作用下，非液化土中，单桩的抗压承载能力可以提高至原来的2倍，单桩的抗拉承载力可比非抗震设计时提高25%。⑦当无缝线路断轨力参与作用效应组合时，地基承载力容许值和单桩轴向承载能力可提高40%。

桥梁结构应具有足够的抗倾覆稳定性。结构耐久性设计应符合下列四方面规定：①桥梁结构选型与构造设计应充分考虑耐久性要求，根据所处环境进行耐久性设计，满足桥梁在使用年限内的适用性、可修复性和安全性的需要。②钢筋混凝土结构和预应力混凝土结构应根据环境条件和设计使用年限要求，进行耐久性设计；耐久性设计应符合现行国家标准《混凝土结构耐久性设计标准》（GB/T 50476）和现行行业标准《公路工程混凝土结构防腐蚀技术规范》（JTG/T B07-01）的规定；同一结构的不同部位或构件所处的环境类别及作用等级不同时，其耐久性应根据实际情况分别进行设计。③钢结构表面防腐涂装应根据腐蚀环境、工况条件、防腐年限等设计涂装配套体系，可按照《公路桥梁钢结构防腐涂装技术条件》（JT/T 722—2023）进行设计；钢结构内部采用除湿系统时，空气中相对湿度宜控制在50%以下；钢结构设计应为所有钢结构表面涂装的检查、修复预留足够的操作空间。④支座、斜拉索、伸缩装置等非永久构件应明确使用年限，预留检查、养护及更换条件。

公轨共面合建桥梁，轨道下的钢桥面应满足列车荷载作用下的受力、变形和抗疲劳要求，局部变形应满足轨道不平顺控制标准。常规的公路正交异性钢桥面体系难以满足轨道交通荷载作用下的受力、变形特别是抗疲劳要求，可在轨道下方对应位置设置刚度较大的倒 T 形加劲肋。钢箱梁局部如图 6-4-1 所示。

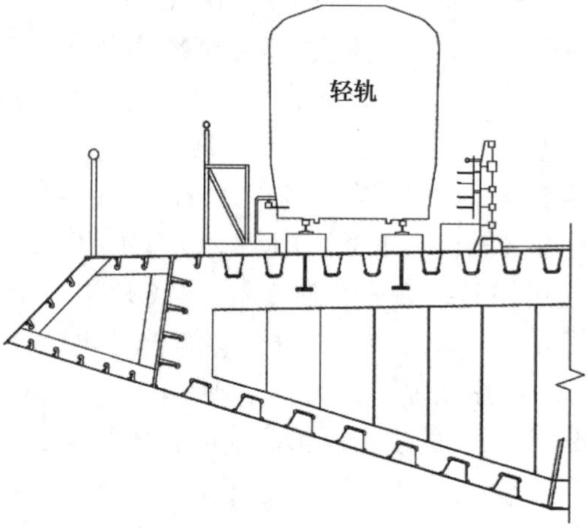

图 6-4-1　钢箱梁局部

6.4.2　构造要求

桥梁结构宜设计为正交；当斜交不可避免时，桥梁轴线与支承线夹角不宜小于 60°；斜交桥台的台尾边线应与线路中线垂直，否则应在通行轨道交通区段采取特殊的与路基衔接过渡措施。

主梁的设计应符合以下六方面规定：①道路与轨道交通桥面宜优先采用分层设置方案；当采用共梁单层布置时，轨道交通宜布置在横断面的中间。②主梁不应采用铰接板梁。③对于中小跨度梁式桥，宜采用混凝土梁或组合梁。④曲线梁桥主梁应具有足够的抗扭刚度；结构支承体系应满足曲线梁桥上部结构的受力和变形要求，并采取可靠的抗倾覆措施。⑤混凝土梁的各种接缝应尽量避开最不利环境作用的部位，同时在构造上采取防水措施；对于结构有可能产生裂纹的部位，应适当设置普通钢筋防止裂纹产生。⑥采用钢桥面的桥梁，轨道所在位置桥面应满足局部变形和疲劳要求。

墩台的设计应符合以下两条规定：①墩台顶面支承垫石到墩台边缘距离及垫石高度应考虑顶梁的空间，并应对顶梁时的结构受力进行验算；②墩台顶面应设不小于 3%的排水坡。桥梁支座的设计应符合以下两条规定：①支座宜采用盆式橡胶支座或钢支座；②对于沉降难以控制区段的桥梁，经技术经济比较，可采用可调高支座。桥梁抗震构造措施应符合《城市桥梁抗震设计规范》（CJJ 166—2011）的规定。桥梁设计时应根据轨道形式进行系统性设计；桥上伸缩调节器的设置应进行充分的经济和技术的比较论证后慎重确定。支承轨道交通结构应根据《地铁杂散电流腐蚀防护技术标准》（CJJ/T 49—2020）规定，采取防止杂散电流腐蚀的措施。应设立桥梁沉降观察点，进行系统观测与分析；铺设无砟轨道的桥梁的测点布置、观测频次、观测周期，应由无砟轨道铺设要求确定。

桥梁附属结构的设计应符合以下四方面规定：①当桥梁跨越城市快速路、城市轨道交通、高速公路、铁路等重要通道时，桥面两侧栏杆上应加设护网，护网高度不应小于2m，护网长度宜为下穿构筑物的宽度并各向外延长10m。②城市道路与轨道交通布置在同一层桥面时，应在城市道路与轨道间设置可靠的防撞护栏与防眩装置，护栏上也应加设护网与必要的监测设备。③强风口地段当设置防风设施时，桥上栏杆或声屏障与防风设施要结合考虑，同时要考虑旅客观光的需要。④桥梁结构应满足轨道交通供电、通信、信号、轨道、给排水、防迷流、声屏障等有关工种工艺设计埋件设置的要求。

桥面排水设施的设置应符合以下六方面规定：①城市道路与轨道交通宜分别设置桥面排水系统。桥面排水设施应适应桥梁结构的变形，细部构造布置应保证桥梁结构的任何部分不受排水设施及泄漏水流的侵蚀。②应在行车道较低处设排水口，并可通过排水管将桥面水泄入地面排水系统中。③当中、小桥的桥面设有不小于3%纵坡时，桥上可不设排水口，但应在桥头引道上两侧设置雨水口。④排水管宜在墩台处接入地面，排水管布置应方便养护，少设连接弯头，且宜采用有清除孔的连接弯头；排水管底部应做散水处理，在使用除冰盐的地区应在墩台受水影响区域涂混凝土保护剂。⑤沥青混凝土铺装在桥跨伸缩缝上坡侧，现浇带与沥青混凝土相接处应采取排水措施。⑥桥面应设置横坡及坡度不小于0.3%的纵坡，当纵断面为凹形竖曲线时，宜在凹形竖曲线最低点及其前后3～5m处分别设置排水口；当条件受到限制，桥面为平坡时，应沿主梁纵向设置排水管，排水管纵坡坡度不应小于3%。

6.4.3　算例

我国现行的轨道交通有关规范中关于桥梁结构设计的规定，基本都采用铁路桥涵相关设计规范。铁路规范与公路规范设计方法有所不同，考虑到与大铁路相比，轨道交通荷载相对较小、离散性小、冲击系数不大，合建桥梁采用极限状态设计方法是可行的。经计算比较，按铁路规范和公路规范计算得到的结果比较接近。

下面以某投入使用的分梁共墩高架道路与轨道交通合建桥梁为例，介绍一下相关的设计计算过程。该工程对一体化桥墩的设计检算方法具有启发和指导作用，在施工图设计中采用了极限状态设计方法。设计计算以预应力混凝土梁为模板，分别按铁路和公路规范进行截面抗弯承载力计算。算例概貌如表6-4-1和图6-4-2～图6-4-4所示。

表6-4-1　算例概貌

序号	跨径/m	施工方法	桥宽/m	活载布置
算例1	30	支架现浇	17.5	单线轨交，3车道公路-Ⅰ级
算例2	7×50	移动模架现浇	17.7	单线轨交，3车道公路-Ⅰ级
算例3	5×70	简支变连续	17.7	单线轨交，3车道公路-Ⅰ级

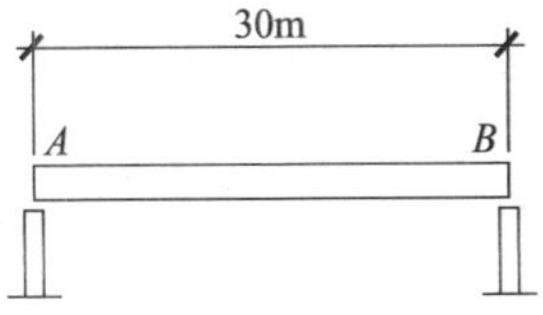

图6-4-2　算例1：30m简支梁

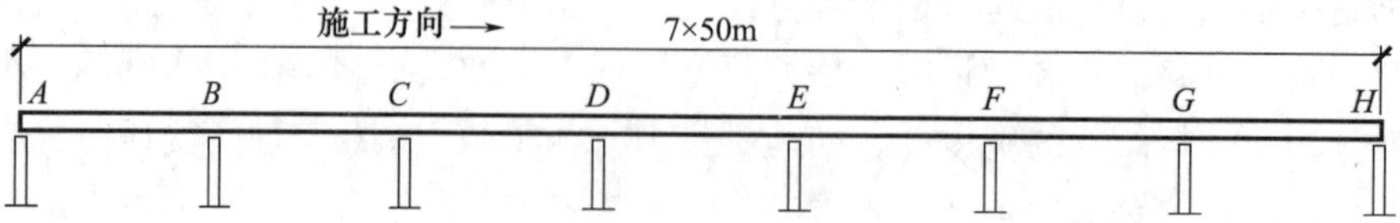

图 6-4-3　算例 2：7×50m 连续梁

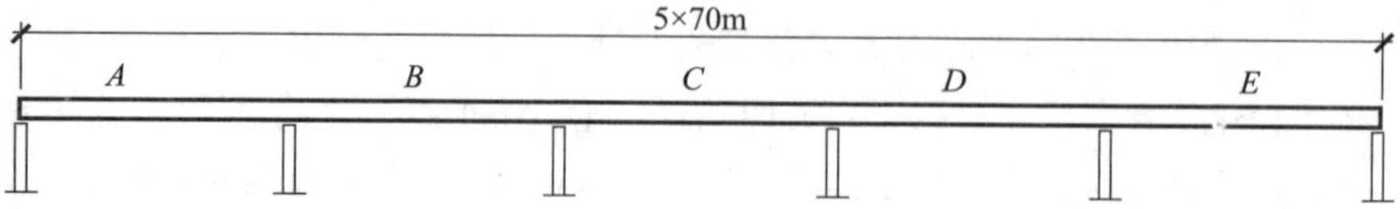

图 6-4-4　算例 3：5×70m 连续梁

对上述算例计算得到下列工况弯矩标准值：恒载弯矩 M_D；预应力次弯矩 M_p；活载弯矩（汽车加列车）M_L；梯度温度弯矩 M_T。

按公路规范验算时，结构重要性系数 γ_0 取 1.1；弯矩组合设计值 $M_d=1.2M_p+1.2$（有利时取 1.0）$M_p+1.4M_L+0.8\times1.4M_T$；弯矩承载力设计值 M_R 按公路规范计算。规范要求 $\gamma_0 M_d \leqslant M_R$，取 $M_R/(\gamma_0 M_d)$ 为公路规范计算的截面承载力富余指标。

按铁路规范验算时，安全系数 K 对主力组合取 2.0，主力＋附加力组合取 1.8；计算弯矩 M 对主力组合 $M_1=M_D+M_p+M_L$；主力＋附加力组合 $M_2=M_D+M_P+M_L+M_T$；弯矩极限承载力 M_u 按铁路规范计算。规范要求 $KM\leqslant M_u$，取 $M_u/(KM)$ 为铁路规范计算的截面承载力富余指标。

分别按两规范进行截面承载力计算，比较富余指标。算例 1 的单项弯矩值见表 6-4-2，算例 1 为简支梁，预应力次弯矩为零，梯度温度产生的内力也为零。算例 1 截面承载力验算结果见表 6-4-3，算例 2 单项弯矩值见表 6-4-4，算例 2 按公路规范进行截面承载力验算的结果见表 6-4-5，算例 2 按铁路规范进行截面承载力验算的结果见表 6-4-6，算例 3 单项弯矩值见表 6-4-7，算例 3 按公路规范进行截面承载力验算的结果见表 6-4-8，算例 3 按铁路规范进行截面承载力验算的结果见表 6-4-9。

表 6-4-2　算例 1 的单项弯矩值

截面	恒载 M_D/（kN·m）	活载 M_L/（kN·m）
A	32200	11090
B	38450	13350

表 6-4-3　算例 1 截面承载力验算结果

截面	公路规范验算			铁路规范验算（K=2.0）		
	M_d/（kN·m）	M_R/（kN·m）	$\frac{M_R}{\gamma_0 M_d}$	M/（kN·m）	M_u/（kN·m）	$\frac{M_u}{KM}$
A	54166	81800	1.37	43290	109000	1.26
B	64830	82500	1.16	51800	110000	1.06

表 6-4-4　算例 2 单项弯矩值

截面	恒载M_D /（kN·m）	预二次矩M_P /（kN·m）	活载M_L /（kN·m）	梯度温度M_T/（kN·m）	
				升温	降温
A	76345	272	19174	6094	−2488
B	−85852	661	−18297	14818	−6050
C	38545	−1782	15558	12780	−5218
D	−75873	−4038	−16664	10900	−4450
E	−73499	−10520	−16673	10898	−4450
F	33818	1833	15545	12778	−5217
G	−98271	15215	−18289	14815	−6049
H	71379	5949	19041	5793	−2365

表 6-4-5　算例 2 按公路规范进行截面承载力验算的结果

截面	M_d/（kN·m）	M_R/（kN·m）	$\frac{M_R}{\gamma_0 M_d}$
A	125610	145956	1.06
B	−134753	−220807	1.49
C	80566	106297	1.20
D	−124208	−221048	1.62
E	−129149	−221048	1.56
F	78856	91668	1.06
G	−135090	−209154	1.41
H	125938	145437	1.05

表 6-4-6　算例 2 按铁路规范进行截面承载力验算的结果

截面	主力组合（K=2.0）			主力+附加力组合（K=1.8）		
	M_1/（kN·m）	M_u/（kN·m）	$\frac{M_u}{KM_1}$	M_2/（kN·m）	M_u/（kN·m）	$\frac{M_u}{KM_2}$
A	95791	183637	0.96	101886	183637	1.00
B	−103488	−297746	1.44	−109538	−297746	1.51
C	52320	138667	1.33	65101	138667	1.18
D	−96575	−298232	1.54	−101026	−298232	1.64
E	−100692	−298232	1.48	−105142	−298232	1.58
F	51196	119079	1.16	63975	119079	1.03
G	−101345	−280268	1.38	−107394	−280268	1.45
H	96369	182827	0.95	102161	182827	0.99

表 6-4-7 算例 3 单项弯矩值

截面	恒载M_D /（kN·m）	预二次矩M_P /（kN·m）	活载M_L /（kN·m）	梯度温度M_T/（kN·m）	
				升温	降温
A	213070	−13894	31516	10166	−4112
B	−66692	−28979	−32073	21202	−8576
C	191010	−33058	25589	18369	−7430
D	−55810	−36912	−29395	15692	−6347
E	196094	−36817	26189	15691	−6347

表 6-4-8 算例 3 按公路规范进行截面承载力验算的结果

截面	M_d/（kN·m）	M_R/（kN·m）	$\frac{M_R}{\gamma_0 M_d}$
A	297298	385642	1.18
B	−169311	−259072	1.39
C	252550	306520	1.10
D	−159528	−243260	1.39
E	252734	306520	1.10

表 6-4-9 算例 3 按铁路规范进行截面承载力验算的结果

截面	主力组合（K=2.0）			主力+附加力组合（K=1.8）		
	M_1/（kN·m）	M_u/（kN·m）	$\frac{M_u}{KM_1}$	M_2/（kN·m）	M_u/（kN·m）	$\frac{M_u}{KM_2}$
A	230692	477502	1.03	240858	477502	1.10
B	−127743	−328424	1.29	−136319	−328424	1.34
C	183540	408792	1.11	201909	408792	1.12
D	−122117	−307346	1.26	−128464	−307346	1.33
E	185465	408792	1.10	201156	408792	1.13

根据上述计算结果，按公路规范、铁路规范计算得到的截面承载力富余指标比较接近。公路规范采用以概率理论为基础的极限状态设计法，更为先进、可靠，在目前的技术发展条件下，采用公路规范是合理的。一线列车制动力为列车竖向静活载的 15%，大于铁路规范规定的 10%，这是因为城市轨道交通列车制动系统采用电气指令控制，制动长度短，减速度较铁路大，紧急制动时，轨道交通列车作用于轨面的制动力率比铁路大。国外一些地铁与轻轨系统制动力取值也可作为参考，见表 6-4-10，其中，q_L 为一孔或一联梁上一条线上列车竖向荷载总重。车站及附近桥梁由于列车进出站频繁发生制动和启动，双线桥应按照双线制动力考虑，但考虑到不是紧急制动，因此每线制动力按照列车竖向静活载的 10%考虑。

表 6-4-10　国外列车制动力采用值

国名	城市轨道交通名称	作用于轨面的制动力
美国	旧金山湾区快速交通系统（BART）	$0.21q_L$
美国	芝加哥市城市轨道系统（CTA）	$0.15q_L$
美国	亚特兰大地铁（MARTA）	$0.21q_L$
美国	华盛顿地铁（WMATA）	$0.15q_L$
加拿大	多伦多地铁（TTC）	$0.25q_L$
加拿大	加拿大轻轨系统（CLRV）	$0.25q_L$

延伸阅读

如今，各地支撑“城市体检”等方面工作的开展和推进，有序推动了城市交通基础设施建设。各地正在加快补齐交通基础设施建设短板，促进“窄马路、密路网”的城市道路布局理念的落实，通过准确识别和诊断城市道路运行状态等技术手段，提高城市道路网的通行效率和承载能力。

住房和城乡建设部城市交通基础设施监测与治理实验室等联合发布的《2023 年度中国主要城市道路网密度与运行状态监测报告》显示，截至 2022 年第四季度，全国 36 个主要城市的道路网总体平均密度为 6.4km/km^2，相较于上年度平均密度 6.3km/km^2，总体平均值增长约 1.6%。其中，深圳、厦门和成都 3 座城市道路网密度达到 8.0km/km^2 以上。道路运行状态方面，全国 36 个主要城市工作日高峰平均运行速度为 22.7km/h，比上年度有所提升。

思考题

1. 简述城市道路与轨道交通合建桥梁的宏观要求。
2. 城市道路与轨道交通合建桥梁应考虑哪些作用？
3. 城市道路与轨道交通合建桥梁在结构变形与动力性能方面有哪些要求？
4. 如何进行城市道路与轨道交通合建桥梁的结构设计？
5. 简述城市道路与轨道交通合建桥梁的构造要求。
6. 试述近年来我国在城市道路与轨道交通合建桥梁设计领域的创新和突破。

第7章　波形钢腹板组合梁桥设计

7.1　宏观要求

波形钢腹板组合梁桥的设计和施工应符合安全、耐久、适用、环保、经济和美观的要求。本章内容适用于城市、公路波形钢腹板组合梁桥的设计、施工，不适用于特种混凝土的桥梁结构。本章内容采用以概率理论为基础的极限状态设计方法，按分项系数的设计表达式进行设计。波形钢腹板组合梁桥设计和施工应符合国家现行相关标准的规定。

波形钢腹板组合梁，是指通过抗剪连接件使波形钢腹板与混凝土顶、底板共同受力的钢-混凝土组合梁。

波形钢腹板是指采用波形钢板的腹板。

局部屈曲是指波形钢腹板在一个平板条内（折痕与折痕之间）的屈曲；整体屈曲是指波形钢腹板的整体面内屈曲。组合屈曲是指局部屈曲与整体屈曲复合形成的屈曲形式。

角隅弯矩是指恒载与活载作用下，在波形钢腹板与箱梁顶、底板连接部产生的腹板面内的嵌固弯矩。连接件是指用于连接波形钢腹板与混凝土顶、底板并传递两者之间的纵向剪力、角隅弯矩，抵抗两者相对滑移、掀起，保证两者共同工作的部件。

双PBL连接件是指通过两块开孔钢板与孔内横向贯穿钢筋使混凝土与波形钢腹板共同受力的连接方法；单PBL＋栓钉连接件是指通过单块开孔钢板形成的PBL与栓钉使混凝土与波形钢腹板共同受力的连接方法。

角钢连接件是指通过焊接在钢翼缘板上的角钢、U形钢筋、纵向贯穿钢筋使混凝土与波形钢腹板共同受力的连接方法。

埋入式连接件是指在波形钢腹板上焊接纵向接合钢筋、开孔设横向贯穿钢筋并埋入混凝土中使其与混凝土共同受力的连接方法。

混凝土剪力销是指把混凝土注入开孔的钢板，使孔中填充的混凝土与横向贯穿钢筋共同起抗剪作用的部件。贯穿钢筋穿过开孔钢板销孔的钢筋，分纵向和横向两种。

钢翼缘板是指连接件中通过焊缝将波形钢腹板与双PBL或栓钉或角钢相连接的平钢板。

转向块是指用于体外预应力钢筋集中弯转（上、下弯和平弯）的钢筋混凝土构件。转向器是指用于体外预应力钢筋集中弯转（上、下弯和平弯）的器件。

里衬混凝土是指波形钢腹板组合梁桥在墩顶附近一定范围内，于波形钢腹板内侧设置的混凝土构造部分。

组合腹板段是指设置里衬混凝土的组合梁节段。

7.2　材料要求

（1）混凝土。混凝土的材料参数取值应符合现行行业标准《公路钢筋混凝土及预应力混凝土桥涵设计规范》（JTG 3362）中的规定。波形钢腹板组合梁桥上部结构混凝土强度等级不宜低于 C50。

（2）钢筋。波形钢腹板组合梁桥中所用的普通钢筋及预应力钢筋应符合现行行业标准《公路钢筋混凝土及预应力混凝土桥涵设计规范》（JTG 3362）的规定；钢筋的抗拉强度标准值应具有不小于 95%的保证率；普通钢筋的抗拉强度标准值 f_{sk}、极限强度标准值 f_{stk}和预应力钢筋的抗拉强度标准值 f_{pk}，应符合表 7-2-1、表 7-2-2 的规定，表 7-2-1 中 d 为公称直径；表 7-2-2 中，抗拉强度标准值为 1960MPa 的钢绞线作为后张预应力筋时应有可靠的工程经验。

表 7-2-1　普通钢筋强度标准值

钢筋种类	符号	d/mm	f_{sk}/MPa	f_{stk}/MPa
HPB300	A	6～22	300	420
HRB400，HRBF400，RRB400	C，CF，CR	6～50	400	540
HRB500，HRBF500	D，DF	6～50	500	630

表 7-2-2　预应力钢筋抗拉强度标准值

种类		符号	公称直径 d/mm	f_{pk}（MPa）
钢绞线	1×2（两股）	AS	8，10	1470，1570，1720，1860，1960
			12	1470，1570，1720，1860
	1×3（三股）		8.6，10.8，12.9	1470，1570，1720，1860，1960
	1×7（七股）		9.5，12.7，15.2	1860，1960
			17.8，21.6	1720，1860
精轧螺纹钢筋		AT	18，25，32	540，785，930，1080
			40，50	540，785

普通钢筋的抗拉强度设计值 f_{sd}和抗压强度设计值 f'_{sd}应符合表 7-2-3 的规定，其中，当钢筋混凝土轴心受拉和小偏心受拉构件的钢筋抗拉强度设计值大于 330MPa 时，仍按 330MPa 取用；在斜截面抗剪承载力、受扭承载力和受冲切承载力计算中垂直于纵向受力钢筋的箍筋或间接钢筋等横向钢筋的抗拉强度设计值大于 330MPa 时，仍应取 330MPa；构件中配有不同种类的钢筋时，每种钢筋应采用各自的强度设计值。预应力钢筋的抗拉强度设计值 f_{pd}和抗压强度设计值 f'_{pd}应符合表 7-2-4 的规定。普通钢筋的弹性模量 E_s 和预应力钢筋的弹性模量 E_p 应符合表 7-2-5 的规定。

表 7-2-3 普通钢筋抗拉、抗压强度设计值

钢筋种类	HPB300	HRB400 HRBF400	HRB500 HRBF500
f_{sd}/MPa	250	330	415
f'_{sd}/MPa	250	330	415

表 7-2-4 预应力钢筋抗拉、抗压强度设计值

钢筋种类		f_{pd}/MPa	f'_{pd}/MPa
钢绞线 1×2（两股） 1×3（三股） 1×7（七股）	f_{pk}=1470MPa	1000	390
	f_{pk}=1570MPa	1070	
	f_{pk}=1720MPa	1170	
	f_{pk}=1860MPa	1260	
	f_{pk}=1960MPa	1330	
精轧螺纹钢筋	f_{pk}=540MPa	450	400
	f_{pk}=785MPa	650	
	f_{pk}=930MPa	770	
	f_{pk}=1080MPa	890	

表 7-2-5 钢筋的弹性模量

钢筋种类	E_s/MPa	钢筋种类	E_p/MPa
HPB300	2.10×10^5	钢绞线	1.95×10^5
HRB400，HRB500，HRBF400，HRBF500	2.00×10^5	精轧螺纹钢筋	2.00×10^5

（3）钢材。结构钢材应满足强度、塑性、韧性和可焊性的要求，选用时应综合考虑结构的重要性、荷载特征、结构形式、应力状态、连接方法、钢材厚度及工作环境等因素。波形钢腹板桥梁用的钢材宜选用质量等级C级及以上级别的碳素结构钢或低合金高强度结构钢，其质量要求应分别符合现行国家标准《碳素结构钢》（GB/T 700）、《低合金高强度结构钢》（GB/T 1591）、《桥梁用结构钢》（GB/T 714）和《耐候结构钢》（GB/T 4171）的规定。焊接构件当其板厚大于40mm且承受沿板厚方向的拉力作用时宜采用Z向钢材，其质量应符合现行国家标准《厚度方向性能钢板》（GB/T 5313）的规定。

对于需要验算疲劳的焊接结构，应符合以下两条规定：①钢材应采用B级及以上的钢材。②当结构工作温度不高于0℃但高于－20℃时，Q235钢和Q345钢应采用C级钢，对Q390钢、Q420钢和Q460钢应采用D级钢；当结构工作温度不高于－20℃时，Q235钢和Q345钢应采用D级钢，对Q390钢、Q420钢和Q460钢应采用E级钢。

钢板（材）的主要强度指标应符合表7-2-6的规定。钢板（材）的物理性能指标可按表7-2-7采用。波形钢腹板及其连接件焊接材料的选用应与主体钢材相匹配；焊缝强度设计值应符合表7-2-8的规定。高强度螺栓、螺母、垫圈的技术条件应符合现行国家标准《钢结构用高强度大六角头螺栓》（GB/T 1228）、《钢结构用高强度大六角螺母》（GB/T

1229)、《钢结构用高强度垫圈》(GB/T 1230)、《钢结构用高强度大六角头螺栓、大六角螺母、垫圈技术条件》(GB/T 1231) 以及《钢结构用扭剪型高强度螺栓连接副》(GB/T 3632) 的规定。栓钉连接件的材料应符合现行国家标准《电弧螺柱焊用圆柱头焊钉》(GB/T 10433) 的规定。高强度螺栓的预拉力与摩擦面抗滑移系数取值宜符合现行行业标准《公路钢结构桥梁设计规范》(JTG D64) 的规定。

表 7-2-6　钢板（材）强度指标

牌号	板厚/mm	屈服强度 f_y/MPa	强度设计值	
			抗压、抗拉和抗弯 f/MPa	抗剪 f_v/MPa
Q235	≤16	235	190	110
	>16～40	225	180	105
	>40～100	215	170	100
Q345	≤16	345	275	160
	>16～40	335	270	155
	>40～63	325	260	150
	>63～80	315	250	145
	>80～100	305	245	140
Q390	≤16	390	310	180
	>16～40	370	295	170
	>40～63	350	280	160
	>63～100	330	265	150
Q420	≤16	420	335	195
	>16～40	400	320	185
	>40～63	380	305	175
	>63～100	360	290	165

表 7-2-7　钢板（材）的物理性能指标

弹性模量 E/MPa	剪变模量 G/ (N/mm^2)	线膨胀系数 α/ (1/℃)	密度 ρ/ (kg/m^3)	泊松比 ν
2.06×10^5	7.90×10^4	1.20×10^{-5}	7.85×10^3	0.31

表 7-2-8　焊缝强度设计值

焊接方法和焊条型号	构件钢材		对接焊缝				角焊缝
	牌号	厚度或直径/mm	抗压 f_c^w/MPa	焊缝质量为下列等级时抗拉 f_t^w/MPa		抗剪 f_v^w/MPa	抗拉、抗压和抗剪 f_f^w/MPa
				一级、二级	三级		
自动焊、半自动焊和 E43 型焊条的手工焊	Q235	≤16	190	190	160	110	140
		>16～40	180	180	155	105	
		>40～100	170	170	145	100	

续表

焊接方法和焊条型号	构件钢材		对接焊缝				角焊缝
	牌号	厚度或直径/mm	抗压 f_c^w/MPa	焊缝质量为下列等级时抗拉 f_t^w/MPa		抗剪 f_v^w/MPa	抗拉、抗压和抗剪 f_f^w/MPa
				一级、二级	三级		
自动焊、半自动焊和E50型焊条的手工焊	Q345	≤16	275	275	235	160	175
		>16～40	270	270	230	155	
		>40～63	260	260	220	145	
		>63～80	250	250	215	140	
		>80～100	245	245	210	125	
自动焊、半自动焊和E55型焊条的手工焊	Q390	≤16	310	310	265	180	200
		>16～40	295	295	250	170	
		>40～63	280	280	240	160	
		>63～100	265	265	225	150	
	Q420	≤16	335	335	285	195	200
		>16～40	320	320	270	185	
		>40～63	305	305	260	175	
		>63～100	290	290	245	165	

7.3 设计原则

7.3.1 基本规则

城市和公路波形钢腹板组合梁桥主体结构的设计使用年限应分别符合现行行业标准《城市桥梁设计规范》（CJJ 11）和《公路桥涵设计通用规范》（JTG D60）的规定。

波形钢腹板组合梁桥应按以下两类极限状态进行设计，其中，承载能力极限状态对应于桥梁结构或其构件达到最大承载能力或出现不适于继续承载的变形或变位状态；正常使用极限状态对应于桥梁结构或其构件达到正常使用或耐久性某项极限值的状态。

波形钢腹板组合梁桥应根据以下设计状况及其相应的极限状态进行设计，其中，持久状况是指桥梁建成后承受结构自重、车辆荷载等持续时间较长的状况，该状况应进行承载能力极限状态和正常使用极限状态设计；短暂状况是指波形钢腹板在制作、运送和桥梁架设过程中承受临时荷载的状况，该状况应进行承载能力极限状态设计，必要时进行正常使用极限状态设计；地震状况是指在桥梁使用过程中遭受地震时的情况，在抗震设防地区必须考虑地震状况，该状况应进行承载能力极限状态设计；偶然状况是指桥梁在使用过程中偶然出现的状况，该状况只需进行承载能力极限状态设计。

城市和公路波形钢腹板组合梁桥设计安全等级的划分应分别符合现行行业标准《城市桥梁设计规范》（CJJ 11）和《公路桥涵设计通用规范》（JTG D60）的规定。城市和公路波形钢腹板组合梁桥的材料和工程质量应分别满足现行行业标准《城市桥梁工程施工与质量验收规范》(CJJ 2) 和《公路工程质量检验评定标准 第一册 土建工程》(JTG F80/1)、《公路桥涵施工技术规范》(JTG/T 3650) 的要求。波形钢腹板成型、制造、涂装、试验、检验等技术要求应符合现行行业标准《组合结构桥梁用波形钢腹板》(JT/T 784) 的规定。波形钢腹板采用涂装防腐时，设计应考虑维养通道的设置。

7.3.2 作用及作用效应的计算

波形钢腹板组合梁桥设计中采用的作用及作用效应组合应分别符合现行行业标准《城市桥梁设计规范》(CJJ 11) 和《公路桥涵设计通用规范》(JTG D60) 的规定。波形钢腹板和连接件的承载能力极限状态计算应采用作用的基本组合，正常使用极限状态计算应采用作用的标准组合。波形钢腹板组合梁桥温度梯度效应计算时可仅考虑混凝土顶板的温度变化。波形钢腹板组合梁桥汽车荷载冲击力可依据现行行业标准《公路桥涵设计通用规范》(JTG D60) 进行计算，但桥梁竖向基频的计算宜考虑剪切变形的影响。

桥面板车辆荷载效应的计算应满足以下四方面要求：①桥面板的计算跨径不大于 6m 时，桥面板可根据支撑情况按简支板、悬臂板或者双向板进行计算，也可使用平面框架模型进行分析；车辆荷载的分布宽度应符合现行行业标准《公路钢筋混凝土及预应力混凝土桥涵设计规范》(JTG 3362) 中的规定。②用平面框架模型进行分析时，截面的宽度可取一个波形钢腹板波长的板宽，波形钢腹板与顶、底板结合部做刚接处理，波形钢腹板截面可根据一个波长的面积和抗弯刚度等效成工字形截面。③箱内桥面板按单向板计算时，汽车荷载作用下其跨中弯矩宜取相同计算跨径的简支板跨中弯矩的 90%。④对于桥面板跨径超过 6m 的箱形截面、单箱多室截面以及带有横梁的桥面板宜采用三维有限元模型进行验算。

7.3.3 结构设计

波形钢腹板组合梁桥依据现行行业标准《公路钢筋混凝土及预应力混凝土桥涵设计规范》(JTG 3362) 的规定，进行组合梁和桥面板的承载能力极限状态计算和正常使用极限状态计算。波形钢腹板应按相关规范规定进行抗剪强度和剪切稳定验算以及剪应力验算。连接件应按相关规范规定进行水平剪力作用下的抗剪承载力以及抗滑移或混凝土应力验算、横向抗角隅弯矩计算。波形钢腹板组合梁桥应根据结构形式、断面构成、断面形状以及荷载状态选用合适的分析理论和计算模型进行结构分析。

波形钢腹板组合梁桥可按以下四项假定进行结构分析，即波形钢腹板与混凝土顶、底板共同工作，不会发生相对滑移或连接件破坏；波形钢腹板不承受轴向力，纵向弯曲时弯矩仅由混凝土顶、底板构成的断面承担；组合梁纵向弯曲时符合平截面假定；剪力由波形钢腹板承担且剪应力均匀分布。

波形钢腹板组合梁桥做杆系结构进行受力分析时，主梁轴向刚度、弯曲刚度宜考虑混凝土顶、底板组成的有效截面进行截面特性的计算（图 7-3-1）。

单箱单室波形钢腹板组合梁的扭转惯性矩可按式 $J_t=4A_m^2/\{h/[n_st_1(1+\alpha)]+h/[n_st_2(1+\alpha)]+b/[t_3(1-\alpha)]+b/[t_4(1-\alpha)]\}$ 计算，其中，J_t 为扭转惯性矩；A_m 为箱形薄壁中心线所围面积（图 7-3-2 所示虚线所围面积）；n_s 为波形钢腹板和混凝土的

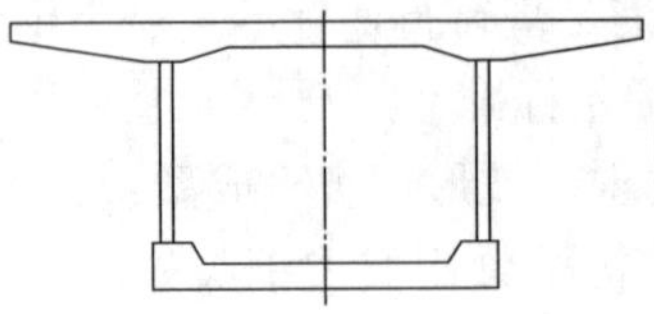

图 7-3-1　波形钢腹板组合梁轴向、弯曲刚度计算图式

剪变模量比；t_1，t_2 为波形钢腹板厚度（图 7-3-2）；t_3，t_4 为混凝土顶、底板厚度（图 7-3-2）；α 为修正系数，$\alpha=0.4h/b-0.06$，且当 $h/b\leqslant 0.2$ 时 $\alpha=0$；h 为组合梁顶、底板中线间的距离（图 7-3-2）；b 为波形钢腹板中线间的距离（图 7-3-2）。多室截面可仅考虑顶、底板和最外侧波形钢腹板的抗扭作用，按单箱单室截面计算扭转惯性矩。

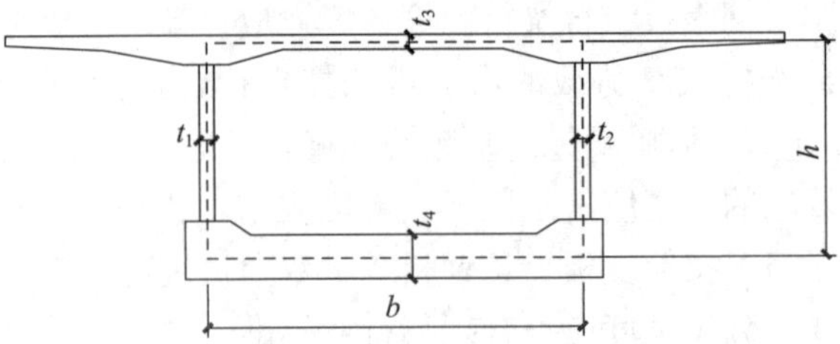

图 7-3-2　波形钢腹板组合梁扭转刚度计算图式

采用波形钢腹板组合梁的连续梁桥，用单梁进行受力分析时，边、中跨组合腹板段附近节段的顶、底板有效宽度可参照《公路钢筋混凝土及预应力混凝土桥涵设计规范》（JTG 3362—2018）规定减小。组合腹板段与中支点墩顶节段宜采用三维有限元模型进行局部分析；三维有限元模型考虑的作用与组合工况同整体分析，但加载模式和边界条件应符合结构的真实受力状况。对于扭矩较大的弯、斜、宽波形钢腹板组合梁桥，应根据现行行业标准《公路钢筋混凝土及预应力混凝土桥涵设计规范》（JTG 3362）的规定进行组合梁顶、底板的斜截面抗裂验算，验算时组合梁顶、底板斜截面主拉应力应计入扭转剪应力的作用，扭转剪应力的计算应采用作用的标准组合。

里衬混凝土应满足斜截面抗裂要求以及抗剪承载力要求，验算时其所受的剪力可根据剪切分担率按式 $V_n=\gamma V$，$\gamma=G_cA_c/(G_cA_c+GA_w)$，$A_w=h_wt_w\eta$ 和 $\eta=(a_w+b_w)/(a_w+c_w)$ 计算，其中，V_n 为里衬混凝土剪力设计值；γ 为里衬混凝土的剪切分担率；V 为截面剪力设计值；G_c 为混凝土剪变模量；G 为波形钢腹板剪变模量；A_c 为里衬混凝土面积；h_w 为波形钢腹板竖直方向的高度；t_w 为波形钢腹板的厚度；η 为波形钢腹板形状系数；a_w 为波形钢腹板直板段长度（图 7-3-3）；b_w 为波形钢腹板斜板段投影长度（图 7-3-3）；c_w 为波形钢腹板斜板段长度（图 7-3-3）；A_w 为波形钢腹板等效面积。

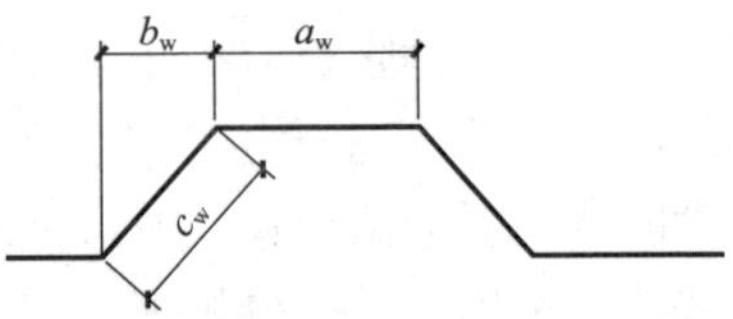

图 7-3-3　波形钢腹板形状系数计算图式

波形钢腹板应按承受 100% 截面剪力进行设计。波形钢腹板组合梁桥箱梁及其桥面板应符合现行行业标准《公路钢筋混凝土及预应力混凝土桥涵设计规范》（JTG 3362）的构造规定。波形钢腹板间的焊接连接及波形钢腹板与钢翼缘板的焊接连接宜采用熔透的对接

焊缝或对接与角接组合焊缝，其质量等级不得低于二级；波形钢腹板与钢翼缘板的焊接连接尚应依据现行行业标准《公路钢结构桥梁设计规范》（JTG D64）进行疲劳验算；PBL连接件开孔钢板与翼缘板的焊接连接可采用角焊缝或部分焊透的对接与角接组合焊缝但应进行强度验算。波形钢腹板与混凝土顶、底板连接件的构造应符合现行国家标准及行业标准的有关要求。大跨径波形钢腹板组合梁桥采用悬臂施工法施工时，其节段划分长度宜为波形钢腹板波长的整数倍。波形钢腹板组合梁桥的抗震设计应符合现行行业标准《城市桥梁抗震设计规范》（CJJ 166）、《公路桥梁抗震设计规范》（JTG/T 2231-01）、《公路工程抗震规范》（JTG B02）的规定。大跨径波形钢腹板组合梁桥采用减隔震设计时，减隔震装置的构造宜简单并考虑减隔震系统的可维修性、可更换性。波形钢腹板组合梁桥抗风设计应符合现行行业标准《公路桥梁抗风设计规范》（JTG/T 3360-01）的规定。波形钢腹板的防腐涂装应符合现行行业标准《公路桥梁钢结构防腐涂装技术条件》（JT/T 722）的规定。

7.4　承载能力极限状态计算

7.4.1　基本原则

波形钢腹板组合梁桥结构重要性系数根据结构设计安全等级采用，设计安全等级一级、二级、三级结构重要性系数分别取1.1、1.0、0.9。当采用波形钢腹板工字梁作为施工承重构件的工法施工时，应对波形钢腹板工字梁施工阶段的强度和稳定性进行计算。弯桥采用波形钢腹板组合梁时，应进行抗扭承载力验算。波形钢腹板组合梁弯桥和独墩桥应进行上部抗倾覆计算，同时在作用标准组合下单向受压支座不应处于脱空状态。波形钢腹板组合梁桥的体内、外预应力钢筋应作为抗拉钢筋进行截面抗力计算，其中体外预应力钢筋的极限应力设计值应采用有效预应力与应力增量之和，且不超过材料强度设计值。

7.4.2　波形钢腹板抗剪承载力计算

波形钢腹板的剪应力应同时计及剪力、扭矩以及预应力的竖向分力产生的效应。其中，剪力应包括预应力的二次效应，扭矩可取汽车荷载最大剪力、最不利偏载情况下的组合设计值；抗剪强度与剪切稳定验算时，预应力效应的分项系数不利时取1.2，有利时取1.0。波形钢腹板承载能力极限状态抗剪强度与剪切稳定性验算应采用作用基本组合。

波形钢腹板的承载能力极限状态抗剪强度应符合 $\gamma_0(\tau_{md}+\tau_{td})\leqslant f_v$，$\tau_{md}=(V_d-V_p)/(h_w t_w)$，$\tau_{td}=T_d/[2A_m t_w(1+\alpha)]$ 的要求，其中，γ_0 为结构重要性系数；τ_{md} 为剪力与预应力的竖向分力产生的剪应力设计值；τ_{td} 为扭矩产生的剪应力设计值；V_d 为计算截面单块波形钢腹板的剪力设计值；V_p 为预应力对计算截面单块波形钢腹板产生的竖向分力标准值；T_d 为计算截面的扭矩设计值；A_m 为箱形薄壁中心线所围面积（图7-3-2所示虚线所围面积）；t_w 为波形钢腹板的厚度；h_w 为波形钢腹板竖直方向的高度，对于高强度螺栓连接应考虑螺栓孔的削弱；α 为修正系数，$\alpha=0.4h/b-0.06$，且当 $h/b\leqslant0.2$ 时 $\alpha=0$；h 为组合梁顶、底板中线间的距离；b 为波形钢腹板中线间的距离。

波形钢腹板的承载能力极限状态组合屈曲应符合 γ_0（$\tau_{md}+\tau_{td}$）$\leqslant\tau_{cr}$，$\tau_{cr}=1/(1/\tau_{cr,L}{}^4+1/\tau_{cr,G}{}^4)^{1/4}$ 的要求，其中，τ_{md} 为剪力与预应力的竖向分力产生的剪应力设计值，计算方法同前，但式中的 h_w 不考虑螺栓孔的削弱；τ_{td} 为扭矩产生的剪应力设计值，计算方法同前；τ_{cr} 为用于计算波形钢腹板组合屈曲临界剪应力；$\tau_{cr,L}$ 为波形钢腹板局部屈曲临界剪应力，按相关规范规定计算；$\tau_{cr,G}$ 为波形钢腹板整体屈曲临界剪应力，按相关规范规定计算。

波形钢腹板局部（整体）屈曲临界剪应力按相关规范规定计算，即：

①$\lambda_s\leqslant0.6$ 时，$\tau_{cr,L}$（$\tau_{cr,G}$）$=f_v$；

②$0.6<\lambda_s\leqslant\sqrt{2}$ 时，$\tau_{cr,L}$（$\tau_{cr,G}$）$=[1-0.614\times(\lambda_s-0.6)]\cdot f_v$；

③$\lambda_s>\sqrt{2}$ 时，$\tau_{cr,L}$（$\tau_{cr,G}$）$=f_v/\lambda_s^2$，$\lambda_s=\sqrt{f_v/\tau_{cr,L}^e}$ 或 $\lambda_s=\sqrt{f_v/\tau_{cr,G}^e}$。

其中，λ_s 为剪切屈曲参数，$\tau_{cr,L}$ 和 $\tau_{cr,G}$ 的计算方法同前；$\tau_{cr,L}^e$ 为弹性局部屈曲临界剪应力，按式 $\tau_{cr,L}^e=(k\pi^2E/12)(t_w/h_w)^2/(1-\upsilon^2)$，$k=4+5.34(h_w/a_w)^2$ 计算；$\tau_{cr,G}^e$ 为弹性整体屈曲临界剪应力，按式 $\tau_{cr,G}^e=36\beta(EI_y)^{1/4}(EI_x)^{3/4}/(h_w^2t_w)$，$I_x=t_w^3(\delta^2+1)/(6\eta)$，$I_y=(t_w^3/12)/(1-\upsilon^2)$ 计算；k 为波形钢腹板的局部屈曲系数；E 为波形钢腹板的弹性模量；V 为波形钢腹板的泊松比；t_w 为波形钢腹板的厚度；h_w 为波形钢腹板竖直方向的高度；a_w 为波形钢腹板幅宽，如图 7-3-3 所示；β 为波形钢腹板整体嵌固系数，取 1.0；I_y 为单位长度波形钢腹板绕高度方向的惯性矩；I_x 为单位长度波形钢腹板绕顺桥向惯性矩；δ 为波形钢腹板波高板厚比，取 $\delta=d_w/t_w$，d_w 为波形钢腹板波高；η 为形状系数，计算方法同前。

7.4.3 连接件水平抗剪承载力计算

对于单箱单室或多箱单室截面，波形钢腹板与顶、底板连接处的单位长度水平剪力可按式 $Q_d^e=(V_d-V_p)S/(2I)$ 计算，其中，Q_d^e 为抗剪强度计算时，波形钢腹板与组合梁顶、底板连接处的单位长度水平剪力设计值；V_d 为一个箱的截面竖向剪力设计值，计算方法同前；V_p 为预应力的竖向分力标准值；S 为混凝土顶板或底板对截面中性轴的面积矩；I 为截面的惯性矩。

波形钢腹板与混凝土顶、底板的连接件的抗剪强度应符合式 $\gamma_0Q_d^e\leqslant V_u/s$ 的要求，其中，V_u 为连接件的水平抗剪承载力设计值，计算方法同前；s 为连接件顺桥向间距，对于埋入式连接取波形钢腹板波长的 1/2。双 PBL 连接件的水平抗剪承载力设计值 V_u 应取混凝土剪力销抗剪承载力 V_u、混凝土剪力销抗劈裂承载力 V_{u2} 以及开孔钢板孔间抗剪承载力 V_{u3} 的最小值。

混凝土剪力销抗剪承载力设计值为 $V_{u1}=n[1.4(d_p^2-d_s^2)f_{cd}+1.2d_s^2f_{sd}]$，其中，$d_p$ 为开孔钢板孔径；d_s 为贯穿钢筋直径；f_{cd} 为混凝土抗压强度设计值；f_{sd} 为贯穿钢筋抗拉强度设计值；n 为当开孔钢板间距大于其高度的 1.5 倍时取 2。

混凝土剪力销抗劈裂承载力设计值为 $V_{u2}=7.5nf_{cd}d_pt$，其中，t 为开孔钢板厚度。

开孔钢板孔间抗剪承载力设计值为 $V_{u3}=nf_vd_jt$，其中，f_v 为钢板抗剪强度设计值；

d_j 为开孔钢板的孔净距。

栓钉连接件的水平抗剪承载力按式 $V_u^c=0.43nA_s\sqrt{E_c f_{cd}}\leqslant 0.7nA_s\gamma f$ 计算，其中，V_u^c 为栓钉水平抗剪承载力设计值（N）；n 为栓钉的排数，$n\leqslant 4$；A_s 为栓钉截面面积（mm^2）；E_c 为混凝土弹性模量（MPa）；γ 为栓钉材料抗拉强度最小值与屈服强度之比；f 为栓钉抗拉强度设计值（MPa），单 PBL＋栓钉连接件的水平抗剪承载力可取单个 PBL 与栓钉抗剪承载力之和；单个 PBL 水平抗剪承载力设计值计算方法同前，但计算时 n 取 1.0。

当埋入式连接件满足前述构造要求时，其水平抗剪承载力可按式 $V_u=0.6f_{cd}A_1+\mu f_{sd}A_s$ 计算，其中，A_1 为波形钢腹板斜幅段的投影面积；μ 为系数，取 1.0；f_{sd} 为接合钢筋的抗拉强度设计值；A_s 为接合钢筋的面积。

角钢连接件的水平抗剪承载力可按式 $V_u=f_{cd}A_c/1.5$ 计算，其中，A_c 为角钢承压面积（图 7-4-1）。

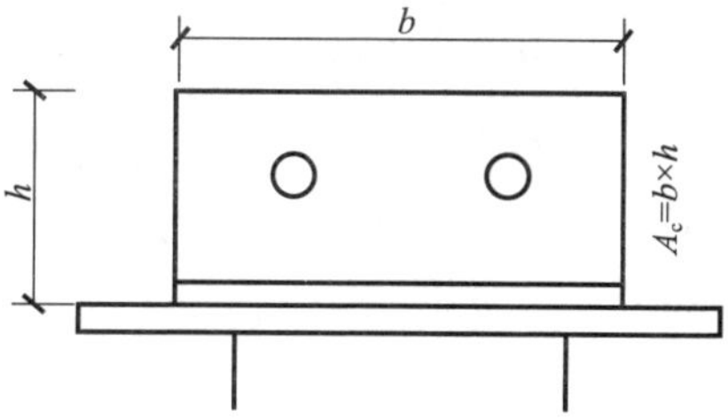

图 7-4-1　角钢连接件承压面积计算图

角钢连接件中，角钢与翼缘板的连接焊缝应进行水平抗剪承载力验算，连接焊缝承受的水平剪力可按式 $F_h=sQ_d^e$ 计算，其中，Q_d^e 为角钢连接件承受的单位长度水平剪力设计值，计算方法同前；其余符号含义同前。

7.4.4　连接件抗角隅弯矩计算

采用双 PBL 连接件、单 PBL＋栓钉连接件、角钢连接件时，应按相关规范规定进行抗角隅弯矩计算。双 PBL 连接件承受的角隅弯矩应符合式 $M_d\leqslant nbV_u$ 的要求，其中，M_d 为角隅弯矩设计值；n 为与 M_d 对应板宽内的单排 PBL 孔数量；b 为开孔板的间距（图 7-4-2）；V_u 为单个 PBL 抗剪承载力设计值，计算方法同前。

单 PBL＋栓钉连接件、栓钉连接件承受的角隅弯矩应符合式 $M_d\leqslant nbT_d$ 和 $T_d=1.283H^2\sqrt{f_{cd}}\leqslant \pi d^2 f/4$ 的要求，其中，M_d 为角隅弯矩设计值；n 为与 M_d 对应板宽内的单排栓钉数量；b 为栓钉间距（图 7-4-3）；T_d 为栓钉抗拉承载力设计值（N）；H 为栓钉长度（mm）；f_{cd} 为混凝土抗压强度设计值（MPa）；d 为栓钉直径（mm）；f 为栓钉抗拉强度设计值（MPa）。

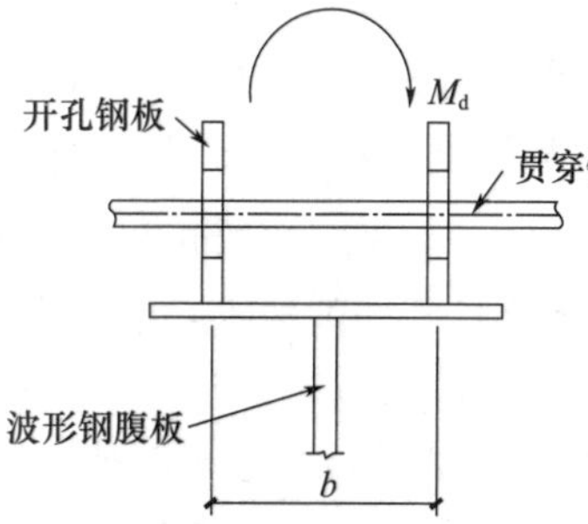

图 7-4-2　作用于双 PBL 键的角隅弯矩

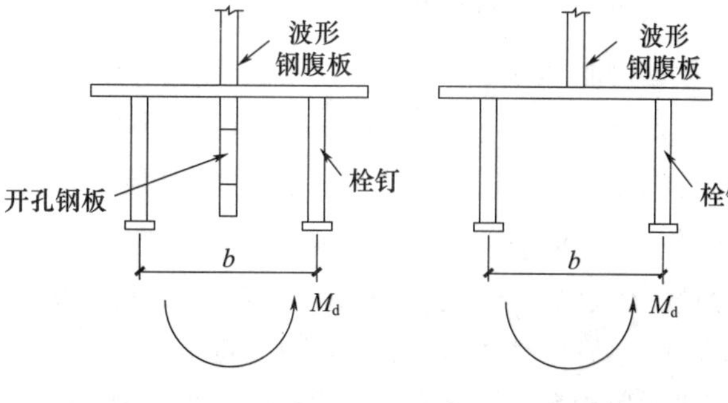

图 7-4-3　作用于单 PBL＋栓钉连接件及栓钉连接件的角隅弯矩

角钢连接件承受的角隅弯矩（图 7-4-4）应符合相关规范要求：①U 形钢筋不与角钢焊接应满足 $M_d \leqslant A_s f_{sd} B_s/\sqrt{3}$，$M_d \leqslant 2A_u B_u f_u$，$M_d \leqslant 2u_u l_u B_u R_u$ 的要求；②U 形钢筋与角钢焊接应满足 $M_d \leqslant A_s f_{sd} B_s/\sqrt{3} + \min\{2A_u B_u f_u,\ 2u_u l_u B_u R_u\}$ 的要求。其中，A_s 为贯穿钢筋面积；f_{sd} 为贯穿钢筋抗拉强度设计值；B_s 为贯穿钢筋间距；A_u 为单根 U 形钢筋截面面积；B_u 为 U 形钢筋的轴间距；f_u 为 U 形钢筋抗拉强度设计值；u_u 为 U 形钢筋截面周长；l_u 为 U 形钢筋锚固长度；R_u 为 U 形钢筋与混凝土黏结强度设计值，应根据试验确定。

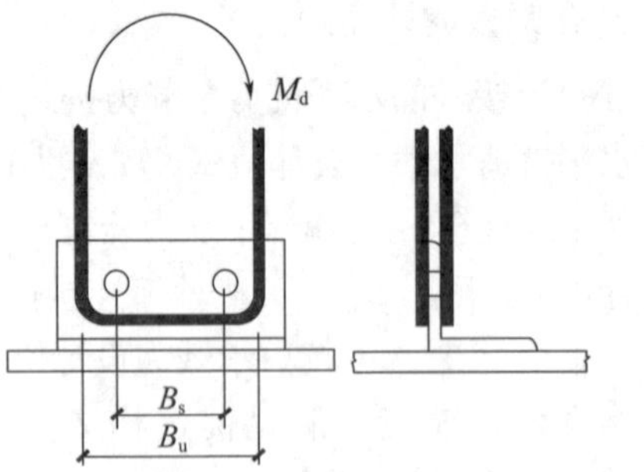

图 7-4-4　角钢连接件抗角隅弯矩计算图式

7.5　正常使用极限状态计算

7.5.1　体外预应力束的计算

体外预应力钢绞线的预应力损失可参照《公路钢筋混凝土及预应力混凝土桥涵设计规范》（JTG 3362—2018）中关于体内预应力钢筋的规定计算，但计算摩擦损失的位置仅考虑转向装置和锚固装置管道，管道壁摩擦系数与管道每米局部偏差对摩擦的影响系数宜根据试验确定。体外预应力钢绞线的张拉控制应力不应超过 $0.6f_{pk}$ 且不应小于 $0.4f_{pk}$，当要求部分抵消预应力损失而进行超张拉时，张拉控制应力限值可提高 $0.05f_{pk}$。

持久状况体外预应力钢绞线的最大拉应力应符合式 $\sigma_{pe}+\sigma_p \leqslant 0.6f_{pk}$ 的规定，其中，σ_{pe} 为体外预应力钢绞线的有效预应力；σ_p 为作用标准组合下体外预应力钢绞线的拉应力，可参照《公路钢筋混凝土及预应力混凝土桥涵设计规范》（JTG 3362—2018）中关于体内预应力钢筋的规定计算。

7.5.2　波形钢腹板剪应力计算

波形钢腹板剪应力应符合 $\tau_{mk}+\tau_{tk} \leqslant 0.625f_{yv}$，$\tau_{mk}=(V_k-V_p)/(h_w t_w)$、$\tau_{tk}=T_k/[2A_m t_w(1+\alpha)]$ 的规定，其中，τ_{mk} 为剪力与预应力的竖向分力产生的剪应力设计值；τ_{tk} 为扭矩产生的剪应力设计值；f_{yv} 为波形钢腹板剪切屈服强度标准值，取屈服强度的 $1/\sqrt{3}$；V_k 为计算截面单块波形钢腹板的剪力设计值；T_k 为计算截面的扭矩设计值；h_w 为波形钢腹板竖直方向的高度，对于高强度螺栓连接应考虑螺栓孔的削弱；α 为修正系数，$\alpha=0.4h/b-0.06$，当 $h/b \leqslant 0.2$ 时 $\alpha=0$。

对于单箱单室或多箱单室截面，波形钢腹板与顶、底板连接处的单位长度水平剪力按式 $Q_k^e=(V_k-V_p)S/(2I)$ 计算，其中，Q_k^e 为波形钢腹板与组合梁顶、底板连接处的单位长度水平剪力设计值；V_k 为一个箱的截面竖向剪力设计值；V_p 为预应力的竖向分力标准值；S 为混凝土顶板或底板对截面中性轴的面积矩；I 为截面的惯性矩。

7.5.3　连接件抗滑移与应力计算

波形钢腹板与顶、底板连接处单位长度水平剪力 Q_k^c 应按前述相关规定计算，但应采用作用的标准组合。

双 PBL 连接件抗滑移应符合 $Q_k^c \leqslant 2V_{sa}/s$ 和 $V_{sa}=0.154\times10^{-3}\pi\left[0.677f_{cu,k}\left(d_p^2-d_s^2\right)+d_s^2f_{stk}\right]-35.367$ 的规定，其中，V_{sa} 为单个 PBL 混凝土剪力销的抗滑移水平剪力限值（kN）；s 为连接件顺桥向间距（mm）；$f_{cu,k}$ 为边长为 150mm 的混凝土立方体抗压强度标准值（MPa）；f_{stk} 为贯穿钢筋极限强度标准值（MPa）。

单 PBL＋栓钉连接件抗滑移应符合相关规范要求，即 $Q_k^c \leqslant \left(V_{sa}+nV_{sa}^c\right)/s$，$H/d \geqslant 5.5$ 时 $V_{sa}^c=8.4\times10^{-3}\sqrt{f_{cu,k}}\,d^2$，$H/d<5.5$ 时 $V_{sa}^c=1.538\times10^{-3}\sqrt{f_{cu,k}}\,dH$，其中，$Q_{sa}^c$ 为单个栓钉的抗滑移水平剪力限值（kN）；$f_{cu,k}$ 为边长为 150mm 的混凝土立方体抗压强度标准值（MPa）；n 为栓钉的排数，$n\leqslant4$；d 为栓钉直径（mm）；H 为栓钉长度（mm）。

埋入式连接波形钢腹板斜幅段处的混凝土应力应符合 $\left(Q_k^c s-0.5f_{sk}A_s\right)/\left(0.25A_1+0.05A\right)\leqslant0.8f_{cu,k}$ 的规定，其中，s 为连接件纵桥向间距，取波形钢腹板波长的 1/2；A 为板腋有效承压面积（图 7-5-1）；A_1 为波形钢腹板斜幅段的投影面积，$A_1/A\geqslant1/5$（图 7-5-1）；f_{sk} 为接合钢筋的抗拉强度标准值；A_s 为接合钢筋的面积。

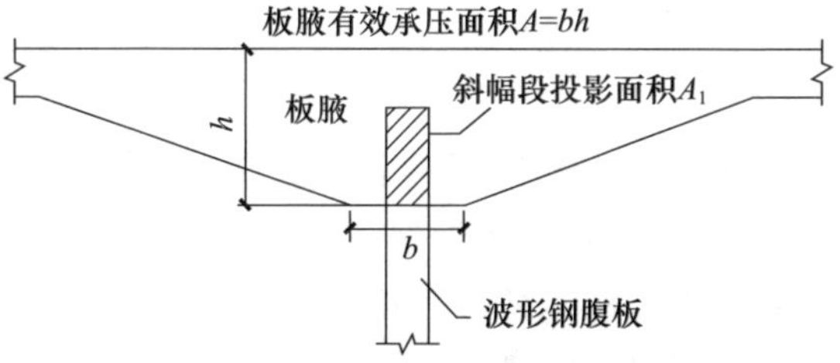

图 7-5-1　埋入式连接斜幅段投影面积示意图

埋入式连接混凝土剪力销应按下列要求对混凝土、钢板和钢筋的应力进行验算。混凝土剪应力应满足 $Q_k^c s\leqslant V_{sa1}=1.824\pi d_p^2 f_{cu,k}/4$ 的要求，其中，s 为销孔的纵桥向间距；其余符号含义同前。混凝土挤压应力应满足 $V_{sa1}\leqslant V_{sa2}=6d_p t_w f_{cu,k}$ 的要求，其中，t_w 为开孔钢板厚度；其余符号含义同前。开孔钢板剪应力应满足 $V_{sa1}\leqslant V_{sa2}=5d_j t_w f_y/\left(3\sqrt{3}\right)$ 的要求，其中，d_j 为孔间钢板净距；其余符号含义同前。贯穿钢筋应力应满足 $V_{sa1}\leqslant V_{sa3}=1.25f_{sk}A_s$ 的要求，各个符号含义同前。

栓钉连接件的抗滑移应符合 $Q_k^c\leqslant nV_{sa}^c/s$ 的规定，各个符号含义同前。双 PBL 连接件在角隅弯矩作用下，应按式 $M_k\leqslant nbV_{sa}$ 进行抗滑移计算，其中，M_k 为作用标准组合下连接件承受的角隅弯矩；n 为与 M_k 对应板宽内的单排 PBL 孔数量；b 为开孔板的间距（图 7-4-2）；V_{sa} 为单个 PBL 混凝土剪力销的抗滑移水平剪力限值，按上文介绍过的单个 PBL 连接件计算。

7.5.4　挠度计算

波形钢腹板组合梁的挠度应考虑剪切变形与荷载长期效应的影响。波形钢腹板组合梁挠度限值及预拱度的设置应符合现行行业标准《公路钢筋混凝土及预应力混凝土桥涵设计规范》(JTG 3362)的规定。全预应力混凝土及A类预应力混凝土受弯构件的短期弯曲刚度 B 可按式 $B=0.95E_cI_0$ 计算，其中，E_c 为混凝土弹性模量；I_0 为换算截面惯性矩。

受弯构件考虑荷载长期效应影响的弯曲变形为按荷载频遇组合和短期弯曲刚度计算的挠度值乘以挠度长期增长系数。挠度长期增长系数 η_θ 可根据组合梁混凝土强度等级取用：采用C40以下混凝土时 $\eta_\theta=1.60$，采用C40～C80混凝土时 $\eta_\theta=1.35\sim1.45$，中间强度等级可按直线内插取用。

波形钢腹板剪切变形对挠度的影响按式 $\delta=\int_L[k_vV(x)\beta_i\overline{V}(x)/(GA_w)]\mathrm{d}x$ 和 $\beta_i=h_w/h$ 计算，其中，δ 为波形钢腹板剪切变形产生的附加挠度；k_v 为剪切修正系数，可取1.0；V 为剪力设计值；β_i 为波形钢腹板与组合梁截面的高度比值；$\overline{V}$ 为由单位荷载产生的剪力；G 为波形钢腹板板材的剪变模量；A_w 为波形钢腹板的有效剪切面积，按相关规范规定计算；L 为组合梁长度；h_w 为波形钢腹板竖直方向的高度；h 为梁高；x 为纵桥向坐标。

7.6 构造要求

7.6.1 截面设计

波形钢腹板组合梁桥梁高宜比同等跨径的常规混凝土梁桥梁高略高；对于连续梁桥，中支点梁高可取为跨径的1/19～1/15，跨中梁高可取为跨径的1/50～1/32。波形钢腹板组合梁桥可采用图7-6-1所示的单箱单室、单箱双室、单箱多室、多箱单室，亦可采用斜腹板或采取外(内)撑加强顶板和悬挑板。

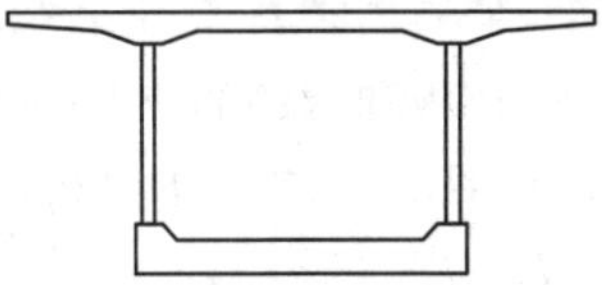

(a) 单箱单室

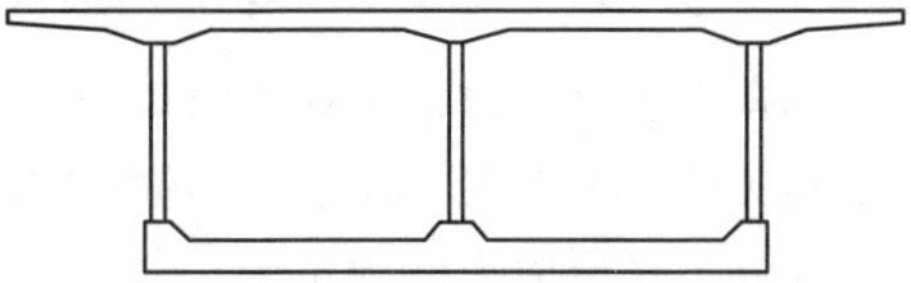

(b) 单箱双室

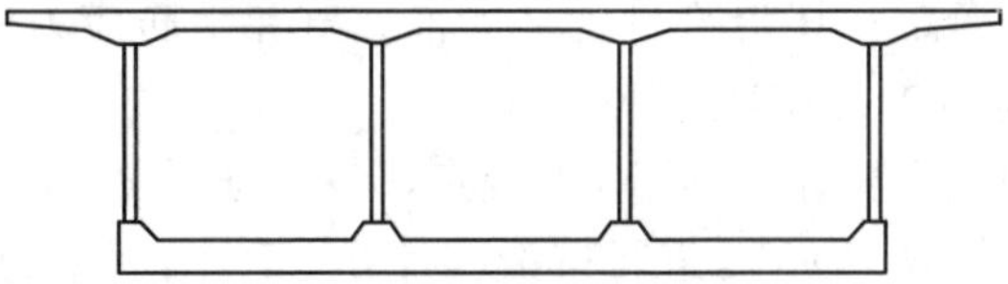

(c) 单箱多室

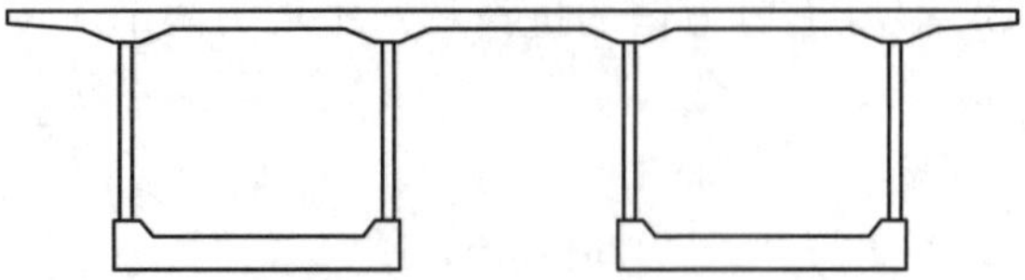

(d) 多箱单室

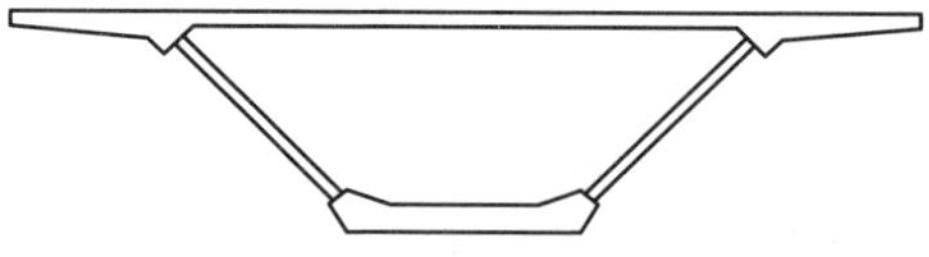

(e) 斜腹箱

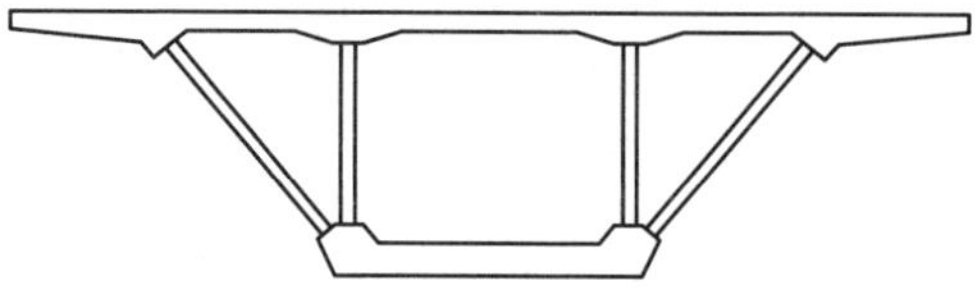

(f) 外撑箱

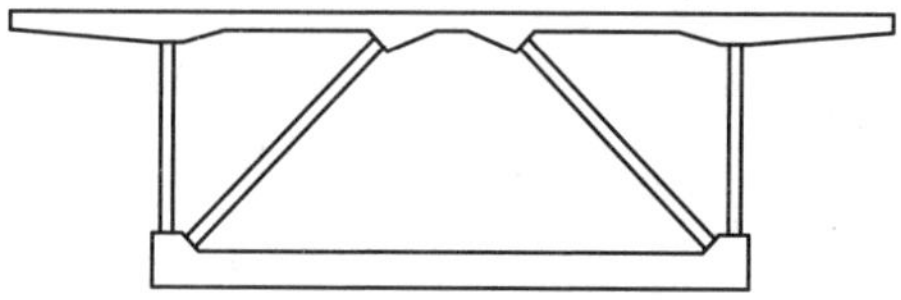

(g) 内撑箱

图 7-6-1　波形钢腹板组合梁桥典型断面图

7.6.2　组合腹板段及墩顶节段

临近支点处的波形腹板高度超过 5m 时，应设置里衬混凝土，里衬混凝土厚度应根据其抗剪承载力和斜截面抗裂计算确定，但最薄处不宜小于 20cm。里衬混凝土宜用栓钉与波形钢腹板连接。

波形钢腹板组合梁桥支点处应设置混凝土腹板及横隔板。当不设里衬混凝土时，支点横隔板应设置大尺寸梗腋（图 7-6-2），梗腋的长度应不小于墩顶梁高和 $5/\alpha$，α 按式 $\alpha=\sqrt{\beta^2 GA_{w}B/(B_{f}B_{g})}$，$B_{f}=E_{c}(b_{u}t_{u}^3/12+b_{l}t_{l}^3/12)$，$B_{g}=E_{c}(A_{u}e_{u}^2+A_{l}e_{l}^2)$ 计算，其中，β 为顶、底板形心轴间距与腹板高度的比值；G 为波形钢腹板剪变模量；A_{w} 为波形钢腹板等效面积，计算方法同前；B_{f} 为顶、底板绕各自形心轴局部抗弯刚度之和；B_{g} 为假设顶、底板不发生绕各自形心轴局部弯曲情况下，顶、底板绕整个梁截面形心轴的抗弯刚度；B 为截面总抗弯刚度，$B=B_{f}+B_{g}$；b_{u}、b_{l} 为顶、底板的宽度；t_{u}、t_{l} 为顶、底板的厚度；A_{u}、A_{l} 为顶、底板的面积；e_{u}、e_{l} 为顶、底板形心轴到梁截面形心轴的距离。

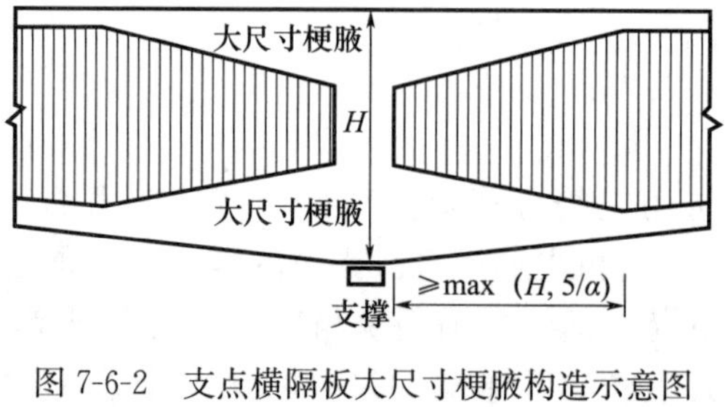

图 7-6-2　支点横隔板大尺寸梗腋构造示意图

组合腹板段里衬混凝土应根据抗裂计算结果确定是否设置竖向预应力筋。竖向预应力筋可采用精轧螺纹钢筋或钢绞线。

7.6.3 跨间横隔板

跨间横隔板可作为转向构件设置于体外预应力钢筋的纵向折线转角处，但构造上应满足体外预应力钢筋的张拉、锚固与换索要求。波形钢腹板组合梁桥跨间应设置一定数量的横隔以保证其整体抗扭刚度。横隔板可采用混凝土板墙式与钢-混凝土横撑式；混凝土板墙式横隔板可与体外索的锚固块、转向块设为一体。混凝土板墙式横隔板与波形钢腹板可不连接或在波形钢腹板平幅段采用栓钉等连接（图 7-6-3）。

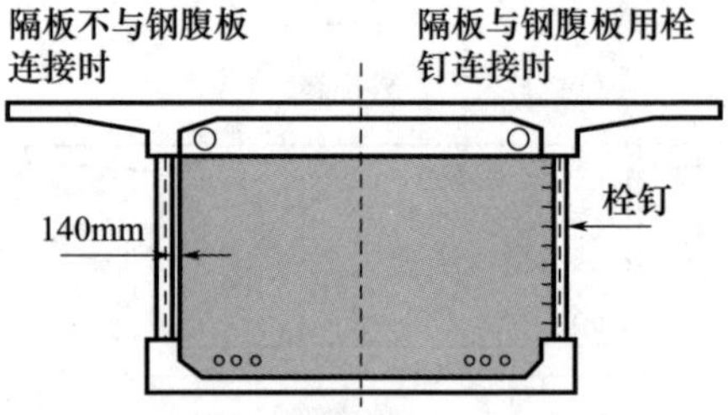

图 7-6-3　横隔板与栓钉连接示例

波形钢腹板组合梁桥采用顶推施工或者波形钢腹板工字梁作为施工承重构件的工法施工时，波形钢腹板工字钢梁横隔宜为钢-混凝土横撑式。混凝土板墙式横隔板应设置梗腋，梗腋长度应不小于 $5/\alpha$（图 7-6-4），α 按相关规范规定计算。

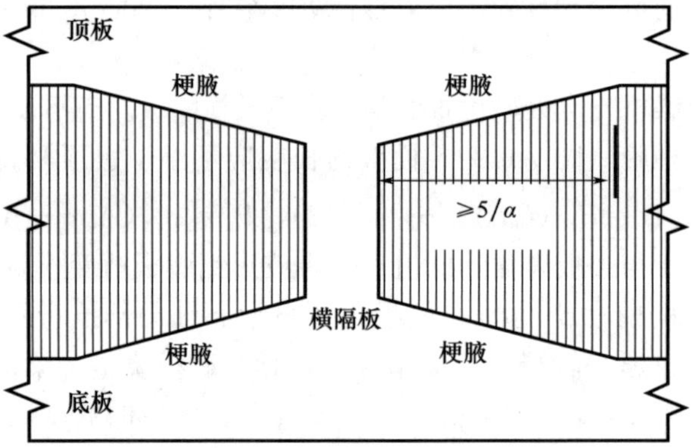

图 7-6-4　跨间混凝土板墙式横隔板梗腋设置

7.6.4 预应力钢筋

体外预应力锚具的选用应符合现行国家标准《预应力筋用锚具、夹具和连接器》（GB/T 14370）的要求；使用可更换或多次张拉的锚具时，预应力钢筋应预留能够再次张拉的工作长度。体外预应力钢筋的锚固块与转向块之间或者两个转向块之间的自由段长度应避免体外预应力钢筋与梁体发生共振，为此可适当增加体外束与梁体的固定装置。体外预应力钢筋在转向块处的弯折转角不宜大于 15°，转向块鞍座处最小曲率应符合现行行业标准《无粘结预应力混凝土结构技术规程》（JGJ 92）的相关规定。

7.6.5 波形钢腹板

波形钢腹板按波长宜采用图 7-6-5 所示的 1000 型、1200 型、1600 型三种类型。小跨径桥宜用小型号波形钢腹板，大跨径桥宜用大型号波形钢腹板。40～150m 跨径连续梁，宜用 1600 型波形钢腹板。当使用图 7-6-5 所示形状以外的波形钢腹板时，应对波高、幅段长度、幅段倾角等进行合适的选择，波形钢腹板的其他构造细节应符合《组合结构桥梁用波形钢腹板》（JT/T 784—2022）的相关规定。

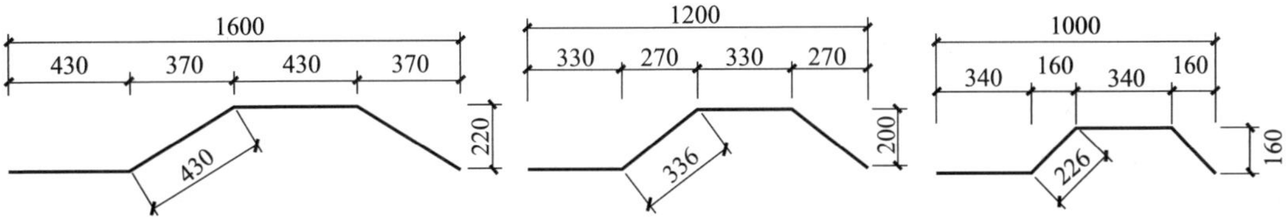

(a) 1600型　(b) 1200型　(c) 1000型

图 7-6-5　波形钢腹板型号示意图（单位：mm）

波形钢腹板厚度的选择范围宜为 9～40mm。波形钢腹板之间的连接接头可采用图 7-6-6所示的高强度螺栓连接、对接焊缝连接和角焊缝搭接连接，构造上应满足相关规范的要求。

(a) 高强度螺栓连接　(b) 对接焊缝连接　(c) 角焊缝搭接连接

图 7-6-6　波形钢腹板之间的连接方式

7.6.6 连接件

波形钢腹板与桥面板的连接宜采用双 PBL 连接件、角钢连接件、埋入式连接件以及栓钉连接件；波形钢腹板与组合梁底板的连接宜采用单 PBL＋栓钉连接、角钢剪力键连接、埋入式连接以及栓钉连接；如采用其他连接方式，应经试验验证其可靠性和抗疲劳性能。

波形钢腹板与里衬混凝土的连接宜采用栓钉连接件。波形钢腹板与组合梁顶、底板的连接区域应采取密封、防腐措施，并设置排水横坡。埋入式连接中波形钢腹板斜幅段的投影面积应不小于板腋有效承压面积的 1/5（图 7-5-1）。

连接件的翼缘板与开孔钢板应符合以下七条规定：①翼缘板的厚度不宜小于 16mm，宽度可取波形钢腹板波高加 100mm；②开孔钢板厚度不宜小于 12mm，双 PBL 连接件开孔钢板间距应大于高度的 1.5 倍；③贯穿钢筋应位于开孔钢板孔的中心；④开孔钢板孔径应大于贯穿钢筋直径与集料最大颗粒直径的 2 倍之和，可取 60～80mm；⑤孔与孔的中心间距不宜大于 500mm，可取 150～250mm；⑥孔距钢板边缘的净距不宜小于孔中心距的一半；⑦贯穿钢筋应采用 HRB400 及以上强度级别的钢筋，直径不宜小于 12mm。

栓钉连接件应符合以下四方面规定：①栓钉的长度不应小于栓钉直径的 4 倍，有拉拔作用时不宜小于栓钉直径的 10 倍。②栓钉纵桥向的中心间距不应小于 5 倍的栓钉直径，且不小于 100mm；横桥向的中心间距不应小于 4 倍的栓钉直径且不小于 50mm。③栓钉连接件沿主要受力方向中心间距不应超过 300mm。④栓钉连接件的外侧边缘距翼缘板边缘的距离不应小于 25mm。

当波形钢腹板与组合梁底板采用翼缘型连接件时，可在连接件的翼缘板上设置出气孔以确保翼缘板下的混凝土浇筑密实。角钢连接件宜采用 U 形钢筋不与角钢焊接的方式。

7.6.7 转向块与转向器

转向块在结构上应满足体外预应力钢筋向主梁的传力要求以及承受周边构件传来的荷载的要求。转向块设计时宜考虑增加体外预应力钢筋的可能性并预留备用孔。转向块内应设置两种钢筋，即围住单个转向器的内环筋和沿转向块周边围住所有转向器的外封闭箍筋；内环筋离转向器上缘的距离不小于 25mm，直径不大于 20mm；外封闭箍筋在竖直方向高于内环筋的净距不小于 50mm；内环筋和外封闭箍筋沿转向器纵向布置的间距不小于 100mm。集束式转向器可用于成品和非成品体外索，散束式转向器可用于非成品体外索。

7.7 施 工

7.7.1 基本要求

波形钢腹板组合梁的施工质量应符合现行行业标准《公路桥涵施工技术规范》(JTG/T 3650) 中关于钢筋混凝土和预应力混凝土梁式桥的相关规定以及表 7-7-1 中的规定。

表 7-7-1 波形钢腹板组合梁施工质量标准

项次	检查项目	规定值或允许偏差/mm	检查方法和频率
1	波形钢腹板中心距	±3	尺量：检查两波形钢腹板中心距
2	横断面对角线差	±4	尺量：检查两端断面
3	扭曲	每米≤1	安装前置于平台，四角中有三角接触平台，用尺量另一角与平台间隙

吊装设备应根据施工场地情况、起吊能力、施工周期等要求配备。安装前应验算临时支撑、支撑、挂篮等临时结构在不同受力状态下的强度、刚度、稳定性。安装前应核对波形钢腹板设计编号并查验产品出厂合格证及材料的质量证明书。安装前应对桥梁的墩台顶面高程、中线及各孔跨径进行复测，误差在允许偏差内方可安装。挂篮悬臂施工时，应考虑锚固件对混凝土和波形钢腹板产生的不利影响。波形钢腹板安装过程中，未经批准不得进行临时性的焊接和切割作业。钢腹板涂装材料应具有良好的附着性、耐蚀性，具有出厂合格证和检验资料，并符合耐久性要求。波形钢腹板现场焊接区域修复涂装应在焊接检验合格后一周内完成。波形钢腹板的二次涂装应在桥梁主体施工完成后及时进行。城市与公路波形钢腹板组合梁桥施工应分别符合现行行业标准《城市桥梁工程施工与质量验收规

范》(CJJ 2)及《公路桥涵施工技术规范》(JTG/T F50)相关规定。跨径为 80m 及以上的波形钢腹板组合梁桥在悬臂施工过程中应进行施工监控。

7.7.2 波形钢腹板施工

波形钢腹板安装应制定详细的工艺并宜进行施工过程控制，保证其内力、变形符合设计要求。波形钢腹板施工单位应具备相应的钢结构工程施工资质，施工现场质量管理应有相应的施工技术标准、质量管理体系、质量控制及检验制度，施工现场应有经项目技术负责人审批的施工组织设计、施工方案等技术文件。波形钢腹板外观质量应符合表 7-7-2 的规定。波形钢腹板加工质量应符合表 7-7-3 的规定，其中，L 为波形钢腹板波长(mm)，b 为翼缘板宽(mm)，h 为波形钢腹板高度(mm)。

表 7-7-2 波形钢腹板外观质量要求

项次	项目	要求
1	转角处	转角处圆弧平滑，无裂纹，无纤维状暗筋
2	切口	平直、无明显锯齿
3	颜色	表面色泽均匀，无明显缺陷和色泽灰暗现象
4	锈蚀、麻点和划痕	深度不得大于钢材厚度允许偏差值的 1/2
5	其他外观质量	表面顺滑平整

表 7-7-3 波形钢腹板加工质量标准

项次	项目	允许偏差
1	翼缘板宽/mm	±2
2	翼缘板平整度	$\pm L/1000$
3	翼缘板垂直度	$\pm b/200$
4	波形钢腹板高度/mm	±2
5	波形钢腹板节段长和节段对角线长/mm	±3
6	波形钢腹板高度方向平整度	$\pm h/750$
7	波形钢腹板波高/mm	±3
8	波形钢腹板波长/mm	±5
9	单个节段波形钢腹板平面挠曲量/mm	±3

波形钢腹板运输过程中应对焊钉采取保护措施避免其因触碰而脱落。波形钢腹板运输过程中应加强支撑、固定牢固，防止变形或倾覆。波形钢腹板运输、安装过程中不得损伤、表面不得有锈蚀。波形钢腹板安装可采用支架上分段安装、整孔安装、分段顶推以及杆件悬臂拼装等。

波形钢腹板吊装应注意如下四方面事项，即吊装施工人员应持证上岗；装前应检查吊绳、吊钩等起吊系统的安全性；吊装前应检查波形钢腹板编号是否与设计编号相对应、单元件是否变形，如有变形，矫正后方可吊装；吊装前应做好波形钢腹板定形加固。

波形钢腹板吊装、定位、焊接各环节应满足下列三方面要求，即吊具的刚度应满足吊装需要，吊点应均匀布置，避免波形钢腹板发生较大变形；应轻吊轻放，平稳支垫，并对连接件进行防护；拼装过程中应减少相邻钢腹板接缝偏差，避免钢腹板连接发生转角错位且贴合错口不宜超过 2mm。

波形钢腹板的定位质量应符合表 7-7-4 中所列的规定，此标准参考斜拉桥结合梁工字梁悬臂拼装制定。

表 7-7-4　波形钢腹板定位标准

项次	项目	规定值或允许偏差	备注
1	波形钢腹板轴线偏位/mm	±10	内外侧波形钢腹板分别测量
2	内外侧波形钢腹板间距偏差/mm	±5	间隔 2m 量 3 处
3	内外侧波形钢腹板高差/mm	±10	间隔 2m 量 3 处
4	波形钢腹板横桥向垂直度	1/500	间隔 2m 量 3 处
5	波形钢腹板纵桥向坡度	1/500	间隔 2m 量 3 处

波形钢腹板的悬臂安装可参照以下四个步骤执行：①复测前一节段的波形钢腹板的相关线形和坐标；②吊装下一节段的波形钢腹板并临时定位；③设置临时支撑固定内外侧波形钢腹板并精调；④经检查符合设计要求后进行固定定位，拆除临时支撑和联结，进入下一道工序。

波形钢腹板在合龙段的安装可参照以下五个步骤进行：①根据设计尺寸留有余量制造合龙段波形钢腹板单元件；②选择合适温度环境反复观测合龙段实际尺寸，确定合龙段长度和标高；③调整合龙段两端的标高至符合设计要求；④锁定合龙段；⑤合龙段波形钢腹板吊装就位，检测满足要求后联结。

波形钢腹板现场焊接前应根据工程情况进行焊接工艺评定试验以确定焊接焊材、方法和参数等。波形钢腹板节段之间的连接焊缝施焊应在其就位、固定并经检查合格后进行；检查内容应包括接头坡口、焊缝间隙和焊接板面高低差、锈蚀情况等，如存在锈蚀，应对焊接区域进行除锈并在之后 24h 内施焊。

波形钢腹板现场焊接接口的无损检测应满足以下三方面要求：①应对接口线的全长进行肉眼观测；②在顶板和底板附近部分，表面检查应采用磁粉探伤方法，内部缺陷检测应采用射线探伤方法，射线探伤比例为 100%，探伤部位为焊缝梁端各 250～300mm；③对于对接接头，应通过超声探伤试验或射线透视试验进行内部缺陷检查。

波形钢腹板施工质量检验应满足以下两方面要求：①波形钢腹板的内外表面不得有凹陷、划痕、焊疤、电弧擦伤等缺陷，边缘应无毛刺；②焊缝均应平滑，无裂纹、未溶合、夹渣、未填满弧坑、焊瘤等外观缺陷。

波形钢腹板施工时不宜开孔，如因设置排水管等的需要而开孔时，应叠焊钢板进行补强。工地焊接时应设立防风、防雨设施，遮盖全部焊接处；工地焊接的环境要求为：风力小于 5 级，温度应高于 5℃，相对湿度应小于 85%，在组合箱梁内焊接时应有通风防护安全措施。波形钢腹板板制造之前除按规定进行涂装预处理外，其外侧与下翼缘板相接的 10cm 高度范围内还应在底漆上再增涂一层底漆。波形钢腹板涂装面可采用喷雾、刷涂或粘贴薄膜等方法进行保护，混凝土浇筑时不得将水泥浆及混凝土黏附到涂层上。波形钢腹板喷铝摩擦面现场修复可涂刷有机富锌底漆替代，其余按原设计执行；各层修复厚度按原设计厚度的 1.2 倍执行，修复范围为焊接施工的影响范围。波形钢腹板涂装质量尚应符合现行行业标准《公路桥梁钢结构防腐涂装技术条件》(JT/T 722)相关规定。

7.7.3 连接件施工

连接件安装前，应满足外观检查要求：平整，无裂缝、毛刺、凹坑、变形等缺陷。连接件固定前，应对连接件安装精度进行检查验收，固定后尚应检查连接件焊接质量及临时固定措施，保证混凝土浇筑振捣时不发生偏移。浇筑混凝土时，宜通过工艺试验确定施工参数，验证混凝土性能及浇筑振捣工艺，以确保连接件与混凝土接合质量满足设计要求。在浇筑上翼缘板混凝土之前，应清除钢翼缘板上的铁锈、焊渣、泥土和其他杂物。栓钉连接件表面可不进行处理，但应无锈蚀、氧化皮、油脂和毛刺等缺陷且杆部表面不允许有影响使用的裂缝。连接件施工前应进行焊接工艺试验与评定，评定规则应符合现行行业标准《钢结构焊接规范》(GB 50661)的规定。

开孔钢板成型及翼缘板与开孔钢板焊接应在专业钢结构加工厂进行，加工后孔径偏差不得大于1mm，空位偏差不得大于2mm，外形尺寸偏差不得大于2mm。贯穿钢筋形状上应顺直，至孔边的距离不应小于混凝土骨料最大粒径。贯穿钢筋材料进场后，应按钢筋材料进行进场检验验收，合格后方可使用。

贯穿钢筋可通过下述措施来保证安装定位符合设计要求：对于不设承托的混凝土板贯穿钢筋，可在模板安装完成后穿入贯穿钢筋，并利用普通钢筋进行精确定位；对于设置承托的混凝土板贯穿钢筋安装，可以先穿入贯穿钢筋，后安装模板，并利用普通钢筋进行精确定位；贯穿钢筋宜居中于预留孔，安装偏差不应超过5mm且垂直于开孔板，并定位牢固。

采用PBL连接件的组合梁顶、底板混凝土应具有良好的工作性、和易性、流动性，必要时可采用自密实混凝土；混凝土振捣应选择较小功率和直径的插入式振动棒，振捣时应避免触碰连接件。浇筑混凝土应保证孔内及连接件周边混凝土浇筑密实。组合梁顶、底板与钢腹板之间采用PBL连接件时，混凝土粗骨料宜采用5～20mm连续级配碎石，最大粒径不得超过25mm。埋入式连接的接合钢筋与波形钢腹板的焊接连接应在工厂内完成，焊缝等级为二级。在波形钢腹板与混凝土底板交接界面上应采取密封措施防水、防结露（如埋设止水带或嵌缝密封胶），并设置排水横坡。

7.7.4 其他

波形钢腹板的屈曲特征如图7-7-1和图7-7-2所示。波形钢腹板的相关要求如图7-7-3～图7-7-5所示。波形钢腹板组合梁桥中的连接件的典型构造如图7-7-6和图7-7-7所示。

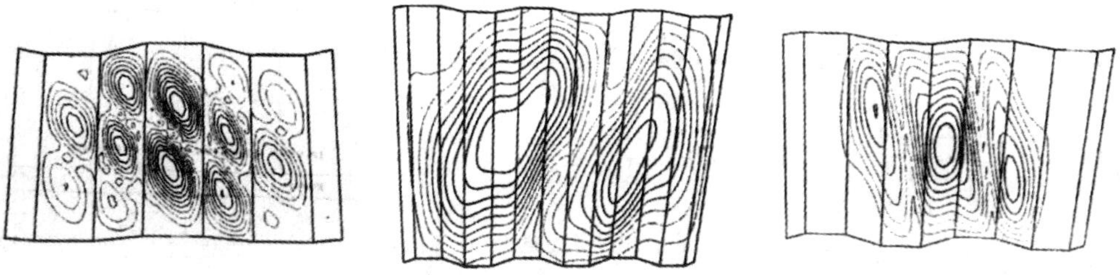

(a) 局部屈曲　(b) 整体屈曲　(c) 组合屈曲

图7-7-1　波形钢腹板的屈曲示意图

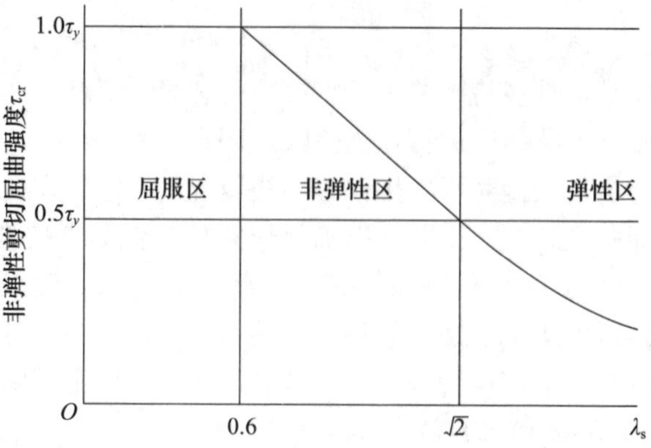

图 7-7-2　考虑了非弹性的剪切屈曲强度线

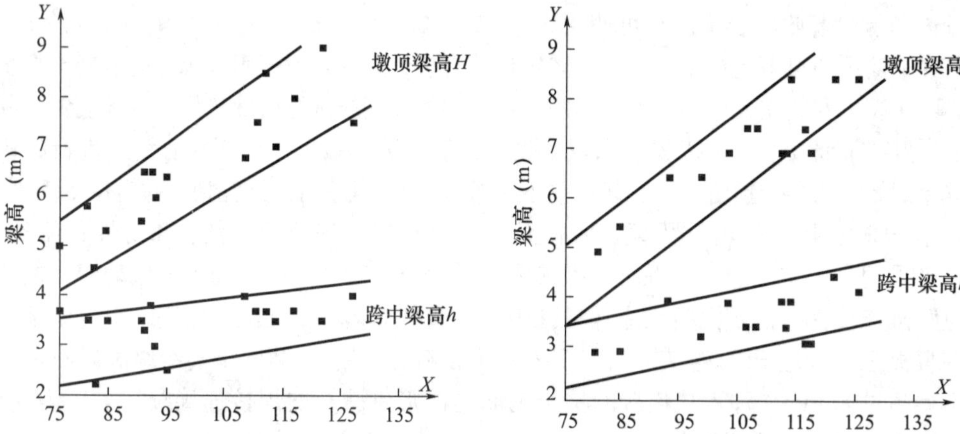

(a) 连续钢构　　(b) 连续梁

图 7-7-3　波形钢腹板组合梁桥梁高与最大跨径的关系

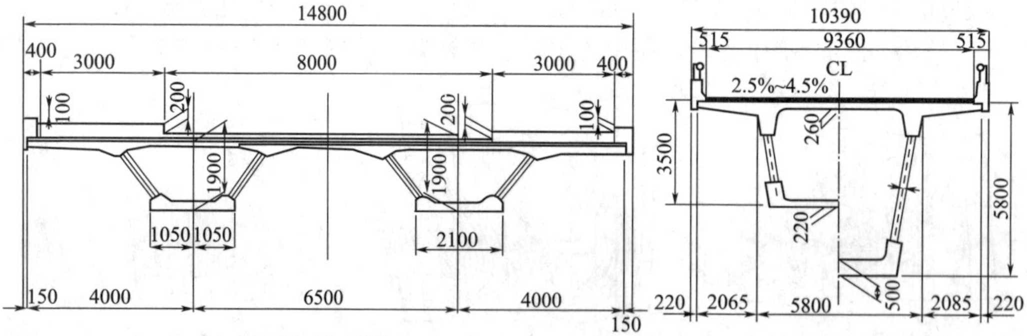

(a) 新开桥（单室多箱）　　(b) 小犬丸川桥（斜腹板）

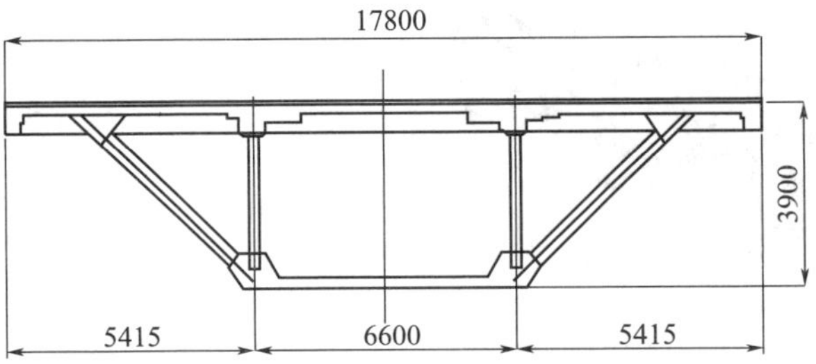

(c) 桂岛高架桥（带斜撑）

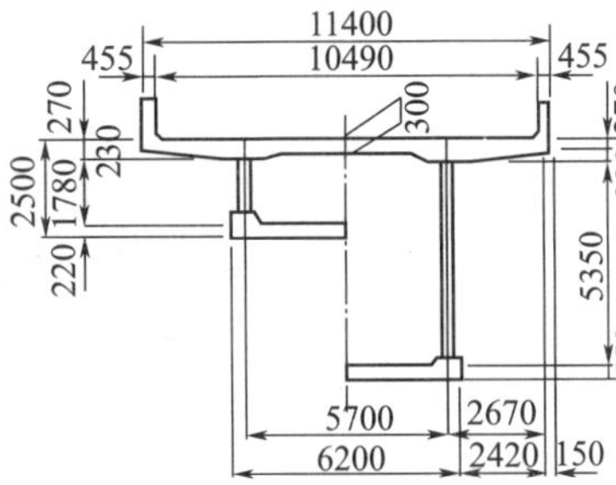

(d) 本谷桥（直腹板）

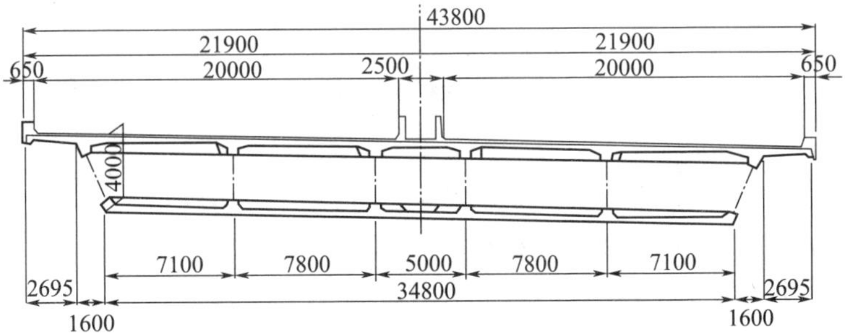

(e) 矢作川桥（单箱多室）

图 7-7-4　波形钢腹板组合梁桥典型截面形式

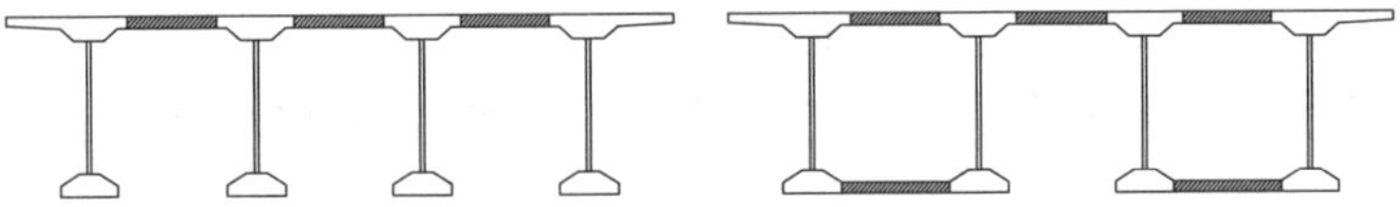

图 7-7-5　装配式截面形式

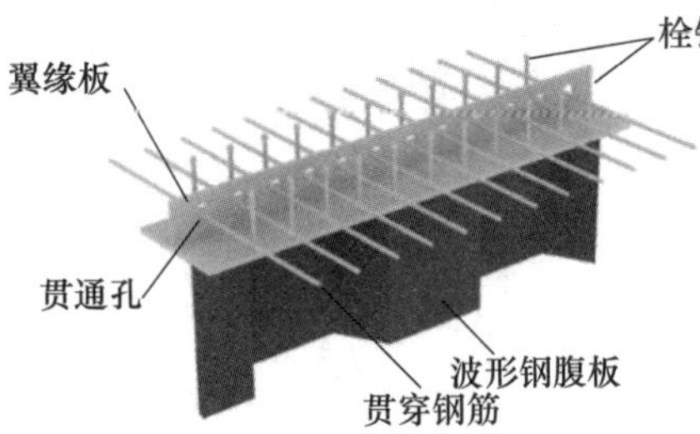

(a) 单PBL+栓钉连接

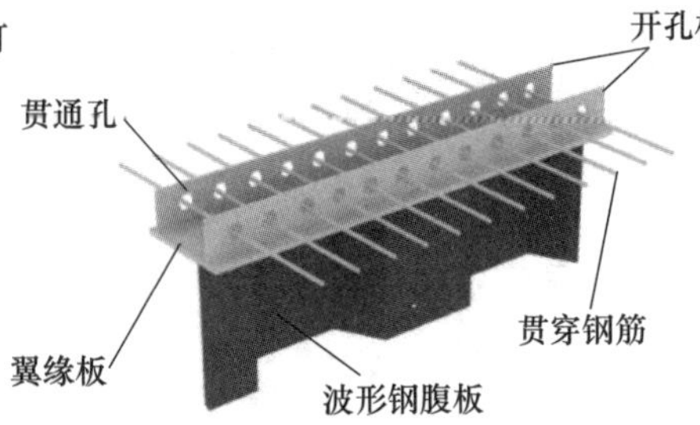

(b) 双PBL连接

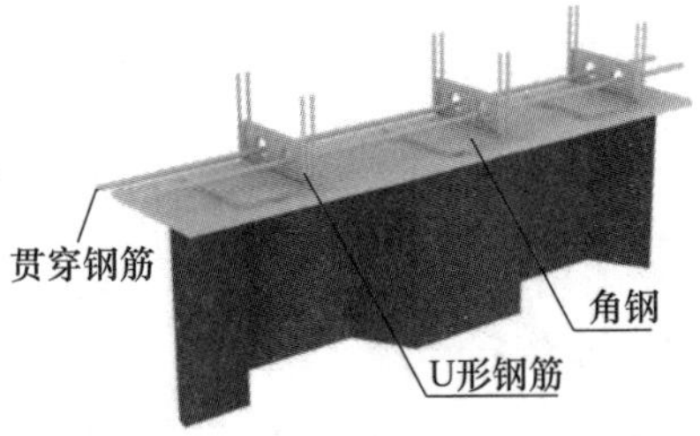

(c) 角钢剪力键连接

图 7-7-6　有翼缘板的剪力键

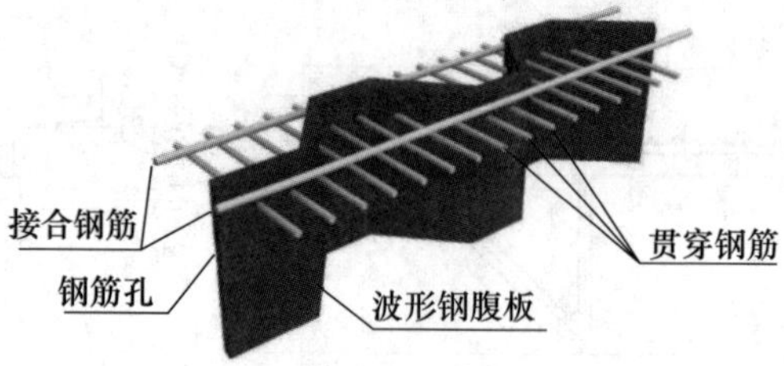

图 7-7-7　腹板埋入式剪力键

思考题

1. 简述波形钢腹板组合梁桥的宏观要求。
2. 简述波形钢腹板组合梁桥对材料的要求。
3. 简述波形钢腹板组合梁桥的设计原则。
4. 如何进行波形钢腹板组合梁桥承载能力极限状态计算?
5. 如何进行波形钢腹板组合梁桥正常使用极限状态计算?
6. 波形钢腹板组合梁桥有哪些构造要求?
7. 如何进行波形钢腹板组合梁桥施工?
8. 试述近年来我国在波形钢腹板组合梁桥设计领域的创新和突破。

第 8 章　城市桥梁抗震设计

8.1　宏观要求

城市桥梁设计应贯彻《中华人民共和国防震减灾法》，贯彻预防为主的方针，使城市桥梁经设防后减轻结构的地震破坏，避免人员伤亡，减少工程直接经济损失和因交通运输中断或阻滞导致的间接经济损失。抗震设防烈度为 6 度及以上地区的城市桥梁，应进行抗震设计。本章内容适用于抗震设防烈度 6 度、7 度、8 度和 9 度地区的梁式桥，双向主干道立交工程和城市轨道交通高架桥，斜拉桥、悬索桥、拱桥等可参照执行。抗震设防烈度大于 9 度的地区和有特殊要求的重大和复杂的桥梁抗震设计，应进行专门研究，并按有关专门规定执行。限于篇幅，本章“设防烈度为 6 度、7 度、8 度、9 度”简称为“6 度、7 度、8 度、9 度”。桥梁设计采用两级抗震设防，E1 和 E2 两级地震作用下，根据桥梁的重要性分类，各类桥梁抗震设防目标见表 8-1-1。抗震设防烈度应按国家规定的权限审批、颁发的文件（图件）确定；一般情况下，抗震设防烈度可采用现行《中国地震动参数区划图》（GB 18306）规定的地震基本烈度。抗震设计应符合现行国家其他有关勘察、设计规范的要求。设计理念有冲突时，应经专家论证，报上级主管部门经批准才能执行。

表 8-1-1　城市桥梁抗震设防目标

桥梁类别		E1 地震		E2 地震	
		震后使用要求	损伤状态	震后使用要求	损伤状态
甲	A	立即使用	最小损伤，结构总体反应在弹性范围	不需修复或经简单修复可继续使用	不损坏或轻微损坏
	B	立即使用	最小损伤，结构总体反应在弹性范围	经临时加固，可供继续使用	有限损坏，经抢修可恢复使用，永久性修复后恢复正常运营功能
乙		立即使用	最小损伤，结构总体反应在弹性范围	经临时加固，可供紧急救援车辆使用	不致倒塌或产生严重结构损伤
丙		立即使用	最小损伤，结构总体反应在弹性范围	—	不致倒塌或产生严重结构损伤

抗震设防烈度是指按国家规定权限批准的作为一个地区抗震设防依据的地震烈度。抗震设防标准是指衡量抗震设防要求的尺度，由抗震设防烈度和城市桥梁使用功能的重要性确定。

地震作用是指作用在结构上的地震动，包括水平地震作用和竖向地震作用。

E1 地震作用是指工程场地重现期较短的地震作用，对应于第一级设防水准；E2 地震作用是指工程场地重现期较长的地震作用，对应于第二级设防水准。

地震效应是指由地震作用引起的桥梁结构内力与变形等效应的总称。

设计基本地震动加速度是指重现期为 475 年的地震动加速度的设计取值。

地震动参数包括地震波加速度峰值、反应谱曲线特征周期、地震动持续时间和拟合的人工地震时程。

地震安全评价是指建设工程场地及其地震环境，按照工程的重要性和相应的设防风险水准，给出确定设计工程抗震参数以及相关资料。

特征周期是指抗震设计用的加速度反应谱曲线下降段起始点对应的周期值，取决于地震环境和场地类别。非一致地震动输入是指特大跨径桥梁抗震分析，尤其是时程分析中各个桥墩的地震动输入有所不同，反映了地震动场的空间变异性和空间相关性。

抗震设计中的场地土分类是指根据地震时场地土层的振动特性对场地所划分的类型，同类场地具有相似的反应谱特征。

液化是指地震中覆盖土层内孔隙水压急剧上升，一时难以消散，导致土体抗剪强度大大降低的现象；多发生在饱和粉细砂中，常伴生喷水、冒砂以及构筑物沉陷、倾倒等现象。

抗震概念设计是指根据地震灾害和工程经验等归纳的基本设计原则和设计思想，进行桥梁结构总体布置、确定细部构造的过程。

延性抗震设计是指允许桥梁结构墩柱发生塑性变形，要求利用结构延性抗震。

延性构件是指延性抗震设计时，允许发生塑性变形的构件。

能力保护设计是指为使桥梁结构在预期地震作用下，保证桥梁非塑性铰区构件在弹性范围工作，其抗震性能高于塑性铰区的设计方法。

能力保护构件是指采用能力保护原则设计的构件。

减隔震设计是指在桥梁上部结构和下部结构或基础之间设置减隔震系统，以增大原结构体系阻尼和（或）周期，降低结构的地震反应和（或）减小输入到上部结构的能量，达到预期的防震要求。

防止落梁系统是指为防止在地震中发生桥梁上部结构落下而设置的构造系统；它由加长桥梁支承部分的长度、防止落梁装置、限制位移装置和防止桥面出现梯状竖向大错位装置组成。

桥梁支承部分长度是指从梁的端部到墩台的内侧边缘的长度。防止落梁装置设在相邻边梁或内梁端部，它是防止在发生意想不到的相对大位移时，由于桥梁支承部分的长度不够发生落梁而设计的。

限制位移装置是指为防止桥梁支座损伤所引起的梁墩间的相对大位移而设计的构造装置。

防止竖向梯状大错位的装置是指大型铸钢支座桥梁，因支承体系的破坏，使桥面高低错位出现阶梯状落差，影响车辆通行，为防止这种现象而设计的构造。

缓冲橡胶挡块是指地震时，梁与梁、梁与墩、梁与防止落梁的挡块可能发生冲击而增大地震影响，为防止这种现象而设计的缓冲装置。

8.2　抗震设计的基本原则

8.2.1　抗震设防分类和设防水准

城市桥梁应按其在城市交通网络中位置的重要性以及承担交通量的多寡，分为甲A、甲B、乙、丙四类，见表8-2-1。

表8-2-1　桥梁抗震设防分类

桥梁分类		具体类型
甲	A	大跨度悬索桥、斜拉桥、拱桥
	B	交通网络中位于枢纽位置的桥梁、城市中桥面六车道以上的桥梁，高速公路桥梁
乙		城市快速干道、高架桥
丙		除甲A、甲B、乙三类桥梁以外的其他桥梁

各类桥梁的抗震设防水准应符合以下五方面要求：①甲A类桥梁，地震作用应高于本地区抗震设防烈度的要求，其值应按批准的地震安全性评价结果确定；抗震措施，当抗震设防烈度为6～8度时，应符合本地区抗震设防烈度提高一度的要求，当为9度时，应符合比9度抗震设防水准更高的要求。②甲B和乙类桥梁，地震作用应符合本地区抗震设防烈度的要求；抗震措施，一般情况下，当抗震设防烈度为6～8度时，应符合本地区抗震设防烈度提高一度的要求，当为9度时，应符合比9度抗震设防水准更高的要求。③丙类桥梁，地震作用和抗震措施均应符合本地区抗震设防烈度的要求。④根据桥梁使用功能重要性和投资条件，重大桥梁工程应专门确定更高的抗震设防水准。⑤立交跨线桥梁的抗震设防水准不应低于下线桥梁。

8.2.2　地震影响

桥梁所在地区遭受的E1和E2地震影响，应采用所在地区设防烈度相应的设计基本地震加速度和反应谱特征周期以及E1和E2地震调整系数来表征。

各类桥梁的地震影响应符合以下三方面要求：①甲A类桥梁E1和E2地震加速度峰值应按地震安全评价结果取值，相应的E1和E2地震重现期分别为950年和2500年。②其他各类桥梁E1和E2地震加速度峰值取值，应根据设防烈度的设计地震加速度峰值，乘以表8-2-2中的E1和E2地震调整系数得到。③对应设防烈度的设计地震加速度取值，应根据地震烈度区划图、地震动参数区划图按表8-2-3采用，其中，g为重力加速度；表8-2-2中括号内数值为对应表8-2-3中括号内数值的调整系数。

表 8-2-2　各类桥梁 E1 和 E2 地震调整系数

桥梁分类	E1 地震作用				E2 地震作用			
	6 度	7 度	8 度	9 度	6 度	7 度	8 度	9 度
甲 B 类	0.5	0.5	0.5	0.5	—	2.2（2.05）	2.0（1.7）	1.55
乙类	0.39	0.39	0.39	0.39	—	2.2（2.05）	2.0（1.7）	1.55
丙类	0.35	0.35	0.35	0.35	—	—	—	—

表 8-2-3　设计加速度 a_0

设防烈度	6 度	7 度	8 度	9 度
设计加速度值	$0.05g$	$0.10\ (0.15)\ g$	$0.20\ (0.30)\ g$	$0.40g$

8.2.3　抗震设计方法分类

根据桥梁场地抗震设防烈度和桥梁结构的重要性，甲 B、乙和丙类桥梁的抗震设计方法分为 A，B 和 C 三类，A 类应满足相关构造和抗震措施要求，不需进行抗震分析；B 类应进行 E1 地震下的抗震分析和抗震验算，并满足相关构造和抗震措施要求；C 类应进行 E1 地震和 E2 地震的抗震分析和验算，并满足本章后续结构抗震体系以及相关构造和抗震措施要求。

甲 A 桥梁的抗震设计参见本书 8.2.4～8.2.6 节。根据桥梁结构的重要性和场地的抗震设防烈度，甲 B、乙和丙类桥梁的抗震设计方法应按表 8-2-4 选用。

表 8-2-4　桥梁抗震设计方法选用

抗震设防烈度	甲 B	乙	丙
6 度地区	B	A	A
7 度、8 度和 9 度地区	C	C	B

8.2.4　桥梁抗震体系

采用 C 类抗震设计方法的桥梁，结构抗震体系应满足以下四项要求，即有可靠和稳定传递地震荷载到地基的途径，避免因局部削弱或突变形成薄弱部位和连锁式破坏；有有效的约束，能可靠地控制结构地震位移，避免发生落梁破坏；有明确、可靠的地震能量耗散部位；桥梁结构构件发生塑性变形后，部分结构构件损伤不会导致整个体系丧失抗震能力或对重力荷载的承载能力。

采用 C 类抗震设计方法的桥梁可采用的抗震体系有以下两种类型。其中的类型Ⅰ的特点是，在地震作用下，桥梁的弹塑性变形、耗能部位位于桥墩，如图 8-2-1 所示（图中“▩”代表塑铰区域）；上部结构，上、下部结构连接构件（支座）以及桥梁基础不受损伤，基本在弹性范围内工作。类型Ⅱ的特点是，在地震作用下，桥梁的耗能部位位于桥梁上、下部连接构件（支座、耗能装置）；上部结构、桥墩和基础不受损伤，基本在弹性范围内工作。

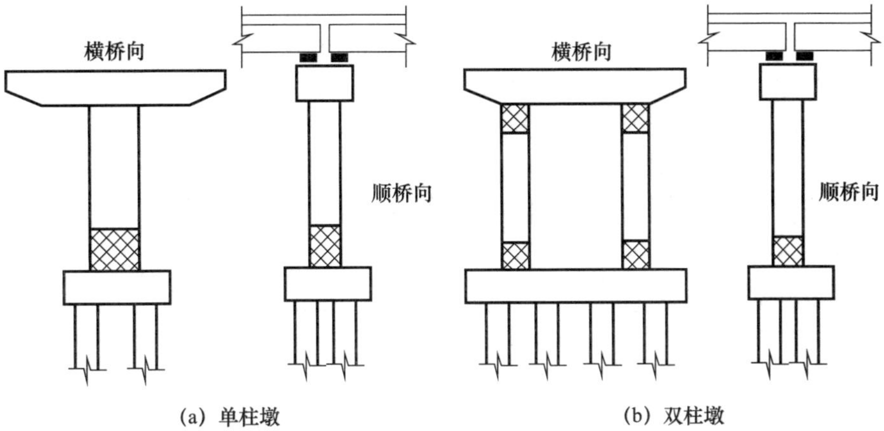

图 8-2-1　墩柱塑性铰区域

采用类型Ⅰ抗震体系的桥梁，其横梁（盖梁）、基础、支座和墩柱抗剪的设计内力值应按能力设计方法根据墩柱塑性铰区域截面的超强弯矩确定。在预期的 E2 地震作用下，若桥梁结构所有构件均在弹性范围内工作，也应满足相关构造和抗震措施要求。采用板式橡胶支座的桥梁结构，如在地震作用下，支座抗滑性能不能满足相关规范要求，在采用墩梁位移约束装置后，应按要求进行桥梁减隔震设计。地震作用下，如桥梁固定支座水平抗震能力不满足相关规范要求，可采用以下两种方法之一进行抗震设计，即通过计算设置抗震挡块（剪力键），由抗震挡块（剪力键）承受支座所受地震水平力；按相关规范要求进行桥梁减隔震设计。纵桥向桥台处宜采用滑动支座，桥台不作为抵抗梁体纵向地震惯性力的构件；横桥向桥台上的横向抗震挡块（或剪力件）宜设计为在 E2 地震作用下可以破坏，桥台不宜作为抵抗梁体横向地震惯性力的构件。如采用 C 类抗震设计方法的桥梁抗震体系不能满足相关规范对结构抗震体系的要求，应通过深入的研究，使结构在地震作用下性能满足表 8-1-1 要求，经专家论证、业主同意后可采用。

8.2.5　抗震概念设计

对于梁式桥，一联内桥墩的刚度比宜满足相关规范要求：①任意两桥墩刚度比应合规，桥面等宽时$\frac{k_i^e}{k_j^e}\geqslant 0.5$，桥面变宽时$\frac{k_i^e m_j}{k_j^e m_i}\geqslant 0.5$；②相邻桥墩刚度比应合规，桥面等宽时$\frac{k_i^e}{k_j^e}\geqslant 0.75$，桥面变宽时$\frac{k_i^e m_j}{k_j^e m_i}\geqslant 0.75$。其中，$k_i^e$，$k_j^e$ 分别为考虑支座、挡块（剪力键）后采用截面有效刚度计算出的第 i 和第 j 个桥墩的等效刚度（含纵、横向），$k_i^e\geqslant k_j^e$；m_i、m_j 分别为第 i 和第 j 个桥墩顶等效的梁体质量。

梁式桥（多联桥）相邻联的基本周期比宜满足式$\frac{T_i}{T_j}\geqslant 0.7$ 的要求，其中，T_i，T_j 分别为第 i 和第 j 联的基本周期（含纵桥和横桥向），$T_i\geqslant T_j$。框架墩柱在横向地震作用下，应考虑在横梁节点处可能会出现的正负弯矩。

对于梁式桥，一联内各桥墩刚度相差较大和相邻联基本周期相差较大的情况，宜采用以下三种方法调整一联内各墩刚度比和相邻联周期比：①纵桥向，各桥墩刚度相差较大时，宜在各墩顶设置合理剪切刚度的弹性支座（橡胶支座），来调整各墩的等效刚度；②横桥向，宜在各墩顶设置横向弹塑性挡块（剪力键），来调整各桥墩刚度；③改变墩柱尺寸或纵向配筋率。

8.2.6 抗震设计流程图

桥梁抗震设计应采用图 8-2-2 和图 8-2-3 所示的抗震设计流程进行。

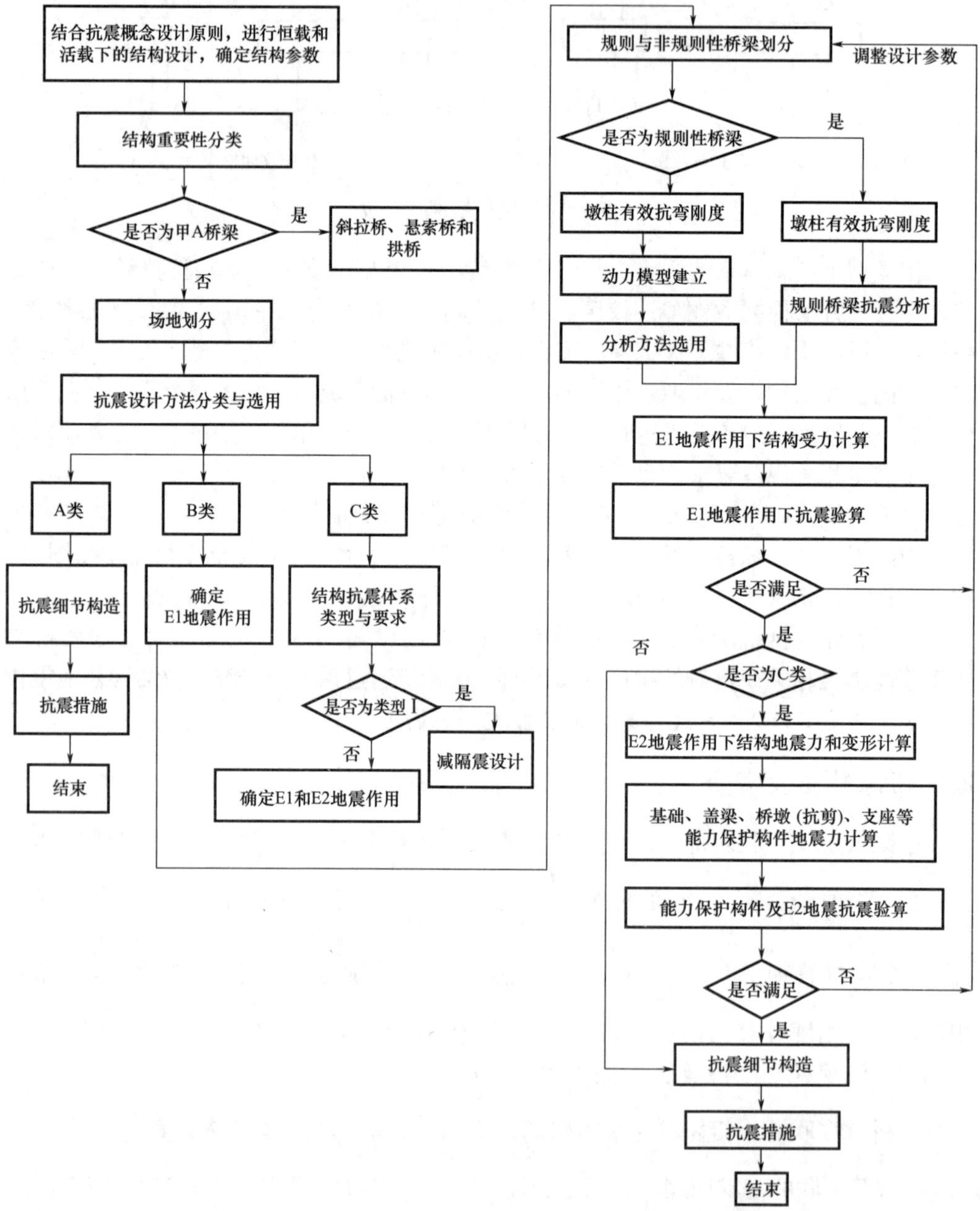

图 8-2-2　抗震设防烈度 6 度及以上地区桥梁总体设计流程

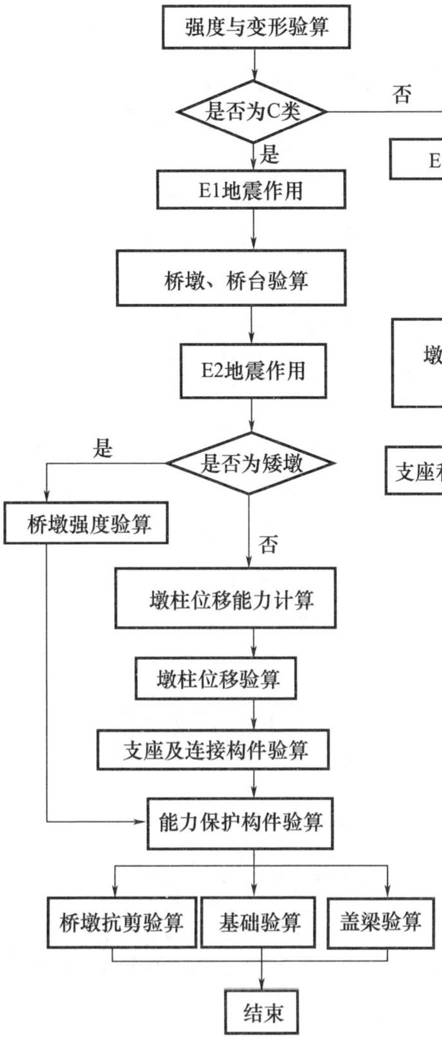

图 8-2-3　抗震设防烈度 6 度及以上地区桥梁结构构件强度与变形验算

8.3　场地及地基与基础

8.3.1　场地

桥位选择应在工程地质勘察和专门工程地质、水文地质调查的基础上，按地质构造的活动性、边坡稳定性和场地的地质条件等进行综合评价，应查明对城市桥梁抗震有利、不利和危险的地段，宜充分利用对抗震有利地段。对于地震区的城市桥梁场地，应按表 8-3-1划分为对抗震有利、不利和危险地段。

表 8-3-1 对抗震有利、不利和危险地段的划分

地段类别	地质、地形
有利地段	稳定岩土、坚硬、中硬土地基及稳定的河岸地段
不利地段	软弱土、液化土、非岩质的陡坡、严重的断层破碎带、不稳定河岸地段
危险地段	地震时可能发生滑坡、地陷、泥石流以及发震断裂带上可能发生地表错位的地段

选择桥梁场地时应符合以下三方面要求：①应根据工程需要，掌握地震活动情况、工程地质和地震地质的有关资料，做出综合评价，使墩、台位置避开不利地段，当无法避开时，不宜在危险地段建造甲 A、甲 B 和乙类桥梁。②应避免或减轻在地震作用下因地基变形或地基失效对桥梁工程造成的破坏。③城市桥梁纵向轴线较长，如无法避免桥梁墩基设置在性质截然不同的地基上，应在变化带上设置过渡桥墩。

桥梁工程场地土层剪切波速按以下三条要求确定：①甲 A 类桥梁，由工程场地地震安全性评价工作确定。②甲 B 和乙类桥梁可通过现场实测确定，现场实测时钻孔数量应满足如下要求，即中桥不少于 1 个，大桥不少于 2 个，特大桥宜适当增加。③丙类桥梁，当无实测剪切波速时，可根据岩土名称和性状按表 8-3-2 划分土的类型，并结合当地的经验，在表 8-3-2 规定的范围内估计各土层的剪切波速。表 8-3-2 中，f_k 为地基土静承载力标准值（kPa），v_s 为岩土剪切波速。

表 8-3-2 土的类型划分和剪切波速范围

土的类型	岩石名称和性状	土的剪切波速范围 v_s/（m/s）
坚硬土或岩土	稳定岩石、密实的碎石土	$v_s>500$
中硬土	中密、稍密的碎石土，密实、中密的砾、粗砂、中砂，$f_k>200$kPa 的黏性土和粉土，坚硬黄土	$500\geqslant v_s>250$
中软土	稍密的砾、粗砂、中砂，除松散砂外的细砂和粉砂，$f_k\leqslant200$kPa的黏性土和粉土，$f_k\geqslant130$kPa 的填土和可塑黄土	$250\geqslant v_s>140$
软弱土	淤泥和淤泥质土，松散的砂，新近沉积的黏性土和粉土，$f_k<130$kPa 的填土和新近堆积黄土和流塑黄土	$v_s\leqslant140$

工程场地土分类应遵守相关规范规定，即工程场地为单一场地土时，场地类别应与场地土类别一致；工程场地内为多层场地土时，应以土层等效剪切波速和场地覆盖层厚度为定量标准。

工程场地覆盖层厚度的确定应符合以下四方面要求：①一般情况下，应按地面至剪切波速大于 500m/s 的坚硬土层或岩层顶面的距离确定。②当地面 5m 以下存在剪切波速大于相邻的上层土剪切波速的 2.5 倍的下卧土层且下卧土层的剪切波速不小于 400m/s 时，可取地面至该下卧土层顶面的距离和地面至剪切波速大于 500m/s 的坚硬土层或岩层顶面的距离二者中的较小值。③剪切波速大于 500m/s 的孤石、透镜体，应视同周围土层。④在场地评价时，应将厚度不大于 5m、剪切波速大于 500m/s 的硬夹层视为刚体，并从该场地的土层柱状中扣除。

土层等效剪切波速应按式 $v_{SE}=d_0/t$ 和 $t=\sum_{i=1}^{n}(d_i/v_{si})$ 计算，其中，v_{SE}为土层等效剪

切波速（m/s）；d_0 为场地评定用的计算深度（m），取覆盖层厚度和 20m 两者的较小值；t 为剪切波在地表与计算深度之间传播的时间（s）；d_i 为计算深度范围内第 i 层土层的厚度（m）；n 为计算深度范围内土层的分层数；v_{si} 为计算深度内第 i 层土层的剪切波速（m/s），宜采用现场实测方法确定。

工程场地类别，应根据土层等效剪切波速和场地覆盖层厚度划分为四类，并应符合表 8-3-3的规定；当场地范围内有可靠的剪切波速和覆盖层厚度值且处于表 8-3-3 所列类别的分界线附近时，允许按插值方法确定地震作用计算所用的设计特征周期。

表 8-3-3　各类工程场地的覆盖层厚度

等效剪切波速 v_{SE}	场地类别			
	Ⅰ类	Ⅱ类	Ⅲ类	Ⅳ类
$v_{SE}>500$	0m	—	—	—
$500>v_{SE}>250$	<5m	>5m	—	—
$250>v_{SE}>140$	<3m	3～50m	>50m	—
$v_{SE}<140$	<3m	3～15m	15～80m	>80m

工程场地范围内分布有发震断裂时，应对断裂的工程影响进行评价，当符合以下四个条件之一时可不考虑发震断裂对桥梁的错动影响：①抗震设防烈度小于 8 度；②非全新世活动断裂；③抗震设防烈度为 8 度、9 度地区的隐伏断裂，前第四纪基岩以上的土层覆盖层厚度分别大于 60m、90m；④当不能满足上述条件时，宜避开主断裂带，其避让距离宜按表 8-3-4采用，避让距离指至主断裂带外缘的水平距离，次生及分枝断裂可不考虑。

表 8-3-4　避让距离表

抗震设防烈度	抗震设防类别			
	甲 A	甲 B	乙	丙
8 度	专门研究	300m	200m	—
9 度	专门研究	500m	300m	—

8.3.2　液化土

饱和的砂土或粉土，当符合以下三个条件之一时，可初步判别为不液化或不考虑液化影响：①地质年代为第四纪晚更新世（Q3）及其以前时，冲洪积形成的密实饱和砂土或粉土（不含黄土），7～9 度时可判为不液化。②粉土的黏粒（粒径小于 0.005mm 的颗粒）含量百分率，7 度、8 度和 9 度分别不小于 10%、13%和 16%时，可判为不液化土；用于液化判别的黏粒含量系采用六偏磷酸钠做分散剂测定，采用其他方法时应按有关规定换算。③采用埋深小于 2m 的天然地基的桥梁，当上覆非液化土层厚度和地下水位深度符合 $d_u>d_0+d_b-2$，$d_w>d_0+d_b-3$，$d_u+d_w>1.5d_0+2d_b-4.5$ 条件之一时，可不考虑液化影响，其中，d_w 为地下水位深度（m），宜按桥梁使用期内年平均最高水位采用，也可按近期内年最高水位采用；d_u 为上覆盖非液化土层厚度（m），计算时宜将淤泥和淤泥质土层扣除；d_b 为基础埋置深度（m），不超过 2m 应采用 2m；d_0 为液化土特征深度（m），可按表 8-3-5 采用。

表 8-3-5　液化土特征深度

饱和土类别	抗震设防烈度		
	7 度	8 度	9 度
粉土	6m	7m	8m
砂土	7m	8m	9m

含水量超过塑限的黄土宜通过试验确定其液化可能性。当初步判别认为需进一步进行液化判别时，应采用标准贯入试验判别法；当有成熟经验时，尚可采用其他判别方法。

在地面下 20m 深度范围内，当饱和土标准贯入锤击数（未经杆长修正）小于液化判别标准贯入锤击数临界值时，应判为液化土。液化判别标准贯入锤击数临界值可按相关规范计算，即 $d_s \leqslant 15$ 时 $N_{cr}=N_0\,[0.9+0.1\,(d_s-d_w)]\,\sqrt{3/\rho_c}$，$15\leqslant d_s\leqslant 20$ 时 $N_{cr}=N_0\,(2.4-0.1d_w)\,\sqrt{3/\rho_c}$，其中，$N_{cr}$为液化判别标准贯入锤击数临界值；$N_0$ 为液化判别标准贯入锤击数基准值，应按表 8-3-6 采用；d_s 为饱和土标准贯入点深度（m）；ρ_c 为黏粒含量百分率，当小于 3 时，应采用 3；表 8-3-6 中，括号内数值用于地震动参数区划图和相关规范规定的地区。

表 8-3-6　标准贯入锤击数基准值

地震环境分区或Ⅱ类场地 T_g 值	抗震设防烈度		
	7 度	8 度	9 度
一区或Ⅱ类场地 $T_g=0.3$s	6（8）	10（13）	16
其他区或Ⅱ类场地 $T_g>0.3$s	8（10）	12（15）	18

对存在液化土层的地基，应探明各液化土层的深度和厚度，按式 $I_{le}=\sum_{i=1}^{n}\left(1-\frac{N_i}{N_{cri}}\right)d_i w_i$ 计算液化指数，并按表 8-3-7 划分液化等级，其中，I_{le}为液化指数；n 为每一个钻孔 20m 深度范围内液化土中标准贯入试验点的总数；N_i、N_{cri}分别为 i 点标准贯入锤击数的实测值和临界值，当实测值大于临界值时应取临界值的数值；d_i 为 i 点所代表的土层厚度（m），可采用与该标准贯入试验点相邻的上、下两标准贯入试验点深度差的一半，但上界不高于地下水位深度，下界不深于液化深度；w_i 为 i 土层考虑单位土层厚度的层位影响权函数值（单位为 m^{-1}），当该层中点深度不大于 5m 时应采用 10，等于 20m 时应采用零值，5～10m 时应按线性内插法取值。

表 8-3-7　液化等级

液化指数	$0<I_{le}\leqslant 6$	$6<I_{le}\leqslant 18$	$I_{le}>18$
液化等级	轻微	中等	严重

地基抗液化措施应根据桥梁的抗震设防类别、地基的液化等级，结合具体情况综合确定；当液化土层较平坦且均匀时可按表 8-3-8 选用抗液化措施，还可考虑上部结构重力荷载对液化危害的影响，根据液化震陷量的估计适当调整抗液化措施。

表 8-3-8　抗液化措施

抗震设防类别	地基的液化等级		
	轻微	中等	严重
甲 A、甲 B	部分消除液化沉陷，或对基础和上部结构进行处理	全部消除液化沉陷，或部分消除液化沉陷且对基础和上部结构进行处理	全部消除液化沉陷
乙类	对基础和上部结构进行处理，亦可不采取措施	对基础和上部结构进行处理，或采取更高要求的措施	全部消除液化沉陷，或部分消除液化沉陷且对基础和上部结构进行处理
丙类	不采取措施	不采取措施	对基础和上部结构进行处理，或采取其他经济的措施

全部消除地基液化的措施应符合以下五方面要求：①采用长桩基时，桩端伸入液化深度以下稳定土层中的长度（不包括桩尖部分），应按计算确定。②采用深基础时，基础底面应埋入液化深度以下的稳定土层中，其深度不应小于 1～3m。③采用加密法（如振冲、振动加密、砂桩挤密、强夯等）加固时，应处理至液化土层下界，且处理后土层的标准贯入锤击数的实测值，应大于相应的临界值；加固后的复合地基的标准贯入锤击数可按式 $N_{com}=N_s\left[1+\lambda(\rho+1)\right]$ 计算，并不应小于液化标准贯入锤击数的临界值，其中，N_{com} 为加固后复合地基的标准贯入锤击数；N_s 为桩间土加固后的标准贯入锤击数（未经杆长修正）；λ 为桩土应力比，取 2～4；ρ 为面积置换率。④用非液化土置换全部液化土层。⑤采用加密法或换土法处理时，在基础边缘以外的处理宽度，应超过基础底面下处理深度的 1/2 且不小于基础宽度的 1/5。

部分消除地基液化沉陷的措施，应符合以下三方面要求：①处理深度应使处理后的地基液化指数不大于 5，对独立基础与条形基础，尚不应小于基础底面下液化土特征深度值和基础宽度的较大值。②加固后符合地基的标准贯入锤击数应符合相关规范的要求。③基础边缘以外的处理宽度，应符合相关规范的要求。

减轻液化影响的基础和上部结构处理，可综合考虑采用以下四项措施：①选择合适的基础埋置深度；②调整基础底面积，减少基础偏心；③加强基础的整体性和刚性；④减轻荷载，增强上部结构的整体刚度和均匀对称性，避免采用对不均匀沉降敏感的结构形式等。

8.3.3　地基的承载力

地基抗震验算时，应采用地震作用效应与永久作用效应组合。地基抗震承载力容许值应按式 $[f_{aE}]=K[f_a]$ 计算，其中，$[f_{aE}]$ 为调整后的地基抗震承载力容许值；K 为地基抗震容许承载力调整系数，应按表 8-3-9 取值，其中，f_{a0} 为由荷载试验等方法得到的地基承载力基本容许值（kPa）；$[f_a]$ 为深宽修正后的地基承载力容许值，应按现行标准《公路桥涵地基与基础设计规范》（JTG 3363—2019）采用。E2 地震作用下，单桩的抗压承载能力可以提高 2 倍。

表 8-3-9 地基抗震容许承载力调整系数

岩土名称和性状	K
岩石，密实的碎石土，密实的砾、粗（中）砂，$f_{a0} \geqslant 300$kPa 的黏性土和粉土	1.5
中密、稍密的碎石土，中密和稍密的砾、粗（中）砂，密实和中密的细、粉砂，$150\text{kPa} \leqslant f_{a0} < 300\text{kPa}$ 的黏性土和粉土，坚硬黄土	1.3
稍密的细、粉砂，$100\text{kPa} \leqslant f_{a0} < 150\text{kPa}$ 的黏性土和粉土，可塑黄土	1.1
淤泥、淤泥质土、松散的砂、杂填土、新近堆积黄土及流塑黄土	1.0

8.4 地震作用

8.4.1 基本规则

各类桥梁结构的地震作用应按以下四方面原则考虑：①一般情况下，城市桥梁可只考虑水平向地震作用，直线桥可分别考虑顺桥向 X 和横桥向 Y 的地震作用。②设防烈度为 8 度和 9 度时的拱式结构、长悬臂桥梁结构和大跨度结构，以及竖向作用引起的地震效应很重要时，应同时考虑顺桥向 X、横桥向 Y 和竖向 Z 的地震作用。③地震作用分量组合应合理，采用反应谱法，考虑三个正交方向（水平向 X，Y 和竖向 Z）的地震作用时，可分别单独计算 X 向地震作用在计算方向产生的最大效应 E_X、Y 向地震作用在计算方向产生的最大效应 E_Y 与 Z 向地震作用在计算方向产生的最大效应 E_Z，计算方向总的设计最大地震作用效应 E 按式 $E=\sqrt{E_X^2+E_Y^2+E_Z^2}$ 求取，各个符号含义同前。④当采用时程分析法时，应同时输入所考虑方向分量的一组地震动时程计算地震作用效应。

地震作用采用设计加速度反应谱和设计地震动时程表征。甲 A 类桥梁、桥址应根据专门的工程场地地震安全性评价确定地震作用。

8.4.2 设计加速度反应谱

水平设计加速度反应谱应遵守相关规范规定。阻尼比为 0.05 的水平设计加速度反应谱值 S（图 8-4-1）按相关规范规定确定，即 $T<0.1$s 时 $S=S_{max}(5.5T+0.45)$，$0.1\text{s} \leqslant T \leqslant T_g$ 时 $S=\eta_2 S_{max}$，$T_g<T<5T_g$ 时 $S=\eta_2 S_{max}(T_g/T)^\gamma$，$5T_g \leqslant T \leqslant 6s$ 且 $S_{max}=2.25A$ 时 $S=[\eta_2 0.2^\gamma-\eta_1(T-5T_g)]S_{max}$。其中，$T_g$ 为特征周期，根据场地类别和地震动参数区划的特征周期分区按表 8-4-1 采用，计算 8 度、9 度 E2 地震作用时，特征周期宜增加 0.05s；η_2 为结构的阻尼调整系数，按相关规范规定计算；A 为 E1 或 E2 地震作用下水平向地震动加速度峰值，按相关规范规定取值；γ 为衰减指数，取 0.9；η_1 为下降斜率，取 0.02；T 为结构自振周期（s）。

当桥梁结构的阻尼比按有关规定不等于 0.05 时，地震加速度谱曲线的阻尼调整系数和形状参数应符合下列三方面规定：①下降段的衰减指数按式 $\gamma=0.9+\frac{0.05-\zeta}{0.5+5\zeta}$ 确定，其中，γ 为下降段的衰减指数；ζ 为结构实际阻尼比。②倾斜段的斜率按式 $\eta_1=0.02+(0.05-\zeta)/8$

确定，其中，η_1 为倾斜段的斜率，小于 0 时取 0。③阻尼调整系数应按式 $\eta_2=1+\frac{0.05-\zeta}{0.06+1.4\zeta}$确定，各个符号意义同前。

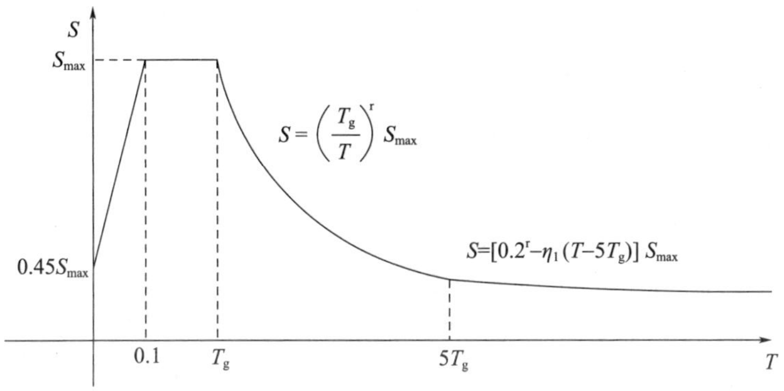

图 8-4-1　水平加速度反应谱

表 8-4-1　特征周期值　　（单位：s）

设计地震分组	场地类别			
	Ⅰ类	Ⅱ类	Ⅲ类	Ⅳ类
第一组	0.25	0.35	0.45	0.65
第二组	0.30	0.40	0.55	0.75
第三组	0.35	0.45	0.65	0.90

8.4.3　设计地震动时程

已做地震安全性评价的桥址，设计地震动时程应根据地震安全性评价的结果确定。未做地震安全性评价的桥址，应以相关规范规定的设计加速度反应谱为目标拟合设计加速度时程；也可选用与设定地震震级、距离大体相近的实际地震动加速度记录，通过时域方法调整，使其反应谱与本章设计加速度反应谱匹配。为考虑地震动的随机性，设计加速度时程不得少于三组，且应保证任意两组间同方向时程由式 $|\rho|=\left|\frac{\sum_j a_{1j}\cdot a_{2j}}{\sqrt{\sum_j a_{1j}^2}\cdot\sqrt{\sum_j a_{2j}^2}}\right|$ 定义的相关系数 ρ 的绝对值小于 0.1。

8.4.4　地震主动土压力和动水压力

地震时作用于桥台台背的主动土压力可按式 $E_{ea}=\frac{1}{2}\gamma H^2K_A\left(1+\frac{3A}{g}\tan\phi\right)$计算，其中，$E_{ea}$为地震时作用于台背每延米长度上的主动土压力（kN/m），其作用点距台底 0.4H 处；γ 为土的重力密度（kN/m^3）；H 为台身高度（m）；K_A 为非地震条件下作用于台背的主动土压力系数，按式 $K_A=\frac{\cos^2\phi}{(1+\sin\phi)^2}$计算；$\phi$ 为台背土的内摩擦角（°）。当判定桥台地表以下 10m 内，有液化土层或软土层时，桥台基础应穿过液化土层或软土层；当液化土层或软土层厚度超过 10m 时，桥台基础应埋深至地表以下 10m 处，其作用于桥台台背的主动土压力应按式 $E_{ea}=\frac{1}{2}\gamma H^2$（$K_A+2A/g$）计算，各个符号意义同前。设防烈度为 9 度地区的液化区，桥台宜采用桩基，其作用于台背的主动土压力可按式 $E_{ea}=\frac{1}{2}\gamma H^2$（$K_A+2A/g$）计算，各个符号意义同前。

地震时作用于桥墩上的地震动水压力应按相关规范规定进行计算，即 $\frac{b}{h}\leqslant 2.0$ 时，$E_W=0.15\times\left(1-\frac{b}{4h}\right)A\xi_h\gamma_w b^2 h/g$；$2.0<\frac{b}{h}\leqslant 3.1$ 时，$E_W=0.075A\xi_h\gamma_w b^2 h/g$；$\frac{b}{h}>3.1$ 时，$E_W=0.24A\xi_h\gamma_w b^2 h/g$。其中，$E_W$ 为地震时在 $h/2$ 处作用于桥墩的总动水压力（kN）；ξ_h 为断面形状系数，矩形墩取 $\xi_h=1$，圆形墩取 $\xi_h=0.8$，圆端形墩顺桥向取 $\xi_h=0.9\sim1.0$，横桥向取 $\xi_h=0.8$；γ_w 为水的重力密度（kN/m³）；h 为从一般冲刷线算起的水深（m）；b 为桥墩宽度（m），可取 $h/2$ 处的截面宽度，矩形墩取长边边长，圆形墩取直径。

8.4.5 荷载组合

在抗震设计中，应考虑以下四方面荷载，即永久荷载，包括结构重力、土的重力及土侧压力，混凝土收缩及徐变影响，基础变位影响力和水的浮力；水压力；温度；对于轨道交通桥梁，横桥向应考虑 1/2 的轨道交通荷载。荷载组合按表 8-4-2 规定执行。

表 8-4-2　荷载组合

类型	城市普通桥梁	轨道交通桥梁
甲 A、甲 B、乙	地震影响+1+2+3	地震影响+1+2+3+4
丙	地震影响+1	—

注：1 为永久荷载，2 为水压力，3 为温度影响，4 为交通荷载。

8.5 抗震分析

8.5.1 基本原则

本部分介绍适用于梁式桥、轨道列车高架桥和立交工程的抗震分析。复杂的立交工程需进行专门抗震研究；墩高超过 40m，墩身第一阶振型有效质量低于 60%，且结构进入塑性的高墩桥梁应做专门研究。抗震分析时可将桥梁划分为规则桥梁和非规则桥梁两类；表 8-5-1 限定范围内的梁桥属于规则桥梁，不在此表限定范围内的梁桥属于非规则桥梁。

表 8-5-1　规则桥梁的定义

参数	参数值
单跨最大跨径	≤90m
墩高	≤30m

续表

参数	参数值				
单墩高度与直径、或宽度比	大于2.5且小于10				
跨数	2	3	4	5	6
曲线桥梁圆心角 ϕ 及半径 R	单跨 $\phi<30°$ 且一联累计 $\phi<90°$，同时曲梁半径 $R\geqslant 20b$（b 为桥宽）				
跨与跨间最大跨长比	3	2	2	1.5	1.5
轴压比	小于0.3				
跨与跨间桥墩最大刚度比	—	4	4	3	2
支座类型	普通板式橡胶支座、盆式支座属于规则桥梁；减隔震支座等属于非规则桥梁				
下部结构类型	桥墩为单柱墩、双柱框架墩、多柱排架墩。桥台不作为抵抗梁体惯性力单元				
地基条件	不易液化、侧向滑移或易冲刷的场地，远离断层				

根据前述规则桥梁和非规则桥梁分类，桥梁的抗震分析计算方法可参考表8-5-2，其中，TH为线性或非线性时程计算方法；SM为单振型反应谱或功率谱方法；MM为多振型反应谱或功率谱方法。

表8-5-2 桥梁抗震分析可采用的计算方法

方法	B类抗震设计方法		C类抗震设计方法	
桥型	规则	非规则	规则	非规则
E1	SM/MM	SM/MM	SM/MM	MM/TH
E2	—	—	SM/MM	MM/TH

E2地震作用下，若大跨度连续梁或连续刚构桥（主跨超过90m）墩柱已进入塑性工作范围，而桥梁承台质量较大，地震下承台对桩基础地震反应效应不能忽略，应采用非线性时程分析方法进行抗震分析。对6跨及6跨以上一联的大跨度连续梁桥（主跨超过90m），应采用非线性时程方法考虑滑动支座摩擦效应，进行抗震分析。对于复杂立交工程、曲桥和斜桥，宜采用非线性时程方法进行抗震分析。地震作用下，桥台台身地震惯性力可按静力法计算。

在进行桥梁抗震分析时，E1地震作用下，桥梁的所有构件抗弯刚度均按毛截面计算；E2地震作用下，延性构件的有效截面抗弯刚度应按式 $E_c\times I_{eff}=\dfrac{M_y}{\phi_y}$ 计算，但其他构件抗弯刚度仍按毛截面计算，对于圆形和矩形桥墩，可参见相关规范规定，其中，E_c 为桥墩的弹性模量（kN/m^2）；I_{eff} 为桥墩有效截面抗弯惯性矩（m^4）；M_y 为屈服弯矩（kN·m）；ϕ_y 为等效屈服曲率（m^{-1}），可参见相关规范。

8.5.2 建模方式

在E1和E2地震作用下，一般情况下应首先建立桥梁结构的空间动力计算模型，计算模型应反映实际桥梁结构的动力特性；规则桥梁可按相关规范的要求选用简化计算模型。

桥梁结构空间动力计算模型应能正确反映桥梁上部结构、下部结构、支座和地基的刚度、质量分布及阻尼特性，一般情况下应满足下列五方面要求：①计算模型中的梁体和墩柱可采用空间杆系单元模拟，单元质量可采用集中质量代表；墩柱和梁体的单元划分应反映结构的实际动力特性。②支座单元应反映支座的力学特性。③混凝土结构的阻尼比可取0.05；进行时程分析时，可采用瑞利阻尼。④计算模型应考虑相邻结构和边界条件的影响。⑤在对桥梁结构进行抗震分析时，应考虑相邻结构边界条件的影响，一般情况应取计算模型左右一联桥梁结构作为边界条件。

进行直线桥梁地震反应分析时，可分别考虑沿顺桥向和横桥向两个水平方向地震输入；进行曲线桥梁地震反应分析时，可分别沿相邻两桥墩连线方向和垂直于连线水平方向进行多方向地震输入，以确定最不利地震水平输入方向。进行非线性时程分析时，墩柱可采用钢筋混凝土弹塑性空间梁柱单元。

抗震分析时应考虑支座的影响；板式橡胶支座可用线性弹簧单元模拟，板式橡胶支座的剪切刚度按式 $k=\frac{G_d A_r}{\sum t}$ 计算，其中，G_d 为板式橡胶支座的动剪切模量（kN/m^2），一般取 $1200kN/m^2$；A_r 为橡胶支座的剪切面积（m^2）；$\sum t$ 为橡胶层的总厚度（m）。

活动支座的摩擦效应可用双线性理想弹塑性弹簧单元模拟，其恢复力模型如图 8-5-1 所示。活动支座临界滑动摩擦力 F_{max}（kN）为 $F_{max}=\mu_d R$，初始刚度为 $k=\frac{F_{max}}{x_y}$，其中，μ_d 为滑动摩擦系数，一般取 0.02；R 为支座所承担的上部结构重力（kN）；x_y 为活动盆式支座屈服位移（m），一般取 0.002～0.005m。

对于轨道列车高架桥，分析时应考虑钢轨和钢轨扣件的影响，扣件可沿钢轨长度方向合并，其合并长度一般不超过10m，钢轨和扣件的影响可按下述三种方法考虑：①钢轨为理想弹性空间梁单元。②扣件横向和竖向刚度可用线性弹簧连接单元代表。③进行非线性时程分析时，扣件纵向刚度可用双线性理想弹塑性弹簧连接单元代表，其恢复力模型如图 8-5-2所示；其中屈服力取为钢轨临界滑动力，临界滑动力和初始刚度可按式 $F_y=P_c(f_1+f_2)$ 和 $K_0=\frac{F_y}{d_y}$ 简化计算，其中，F_y 为钢轨临界滑动力（kN）；K_0 为初始刚度（kN/m）；f_1，f_2 分别为钢轨与扣件，钢轨与弹性垫层的摩擦系数；P_c 为扣件的压力（kN）；d_y 为临界滑动位移（m）。

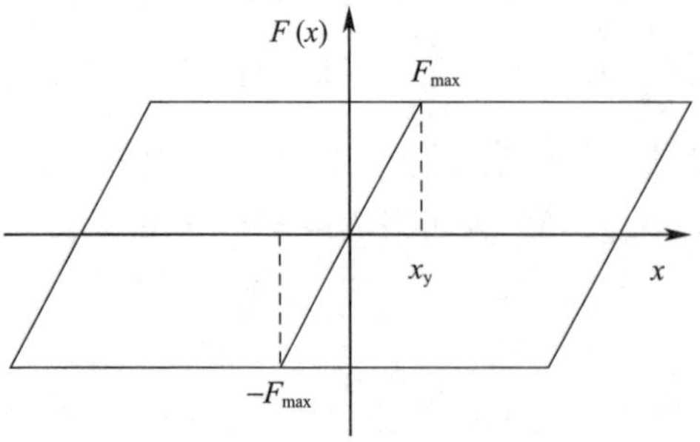

图 8-5-1　活动盆式支座恢复力模型

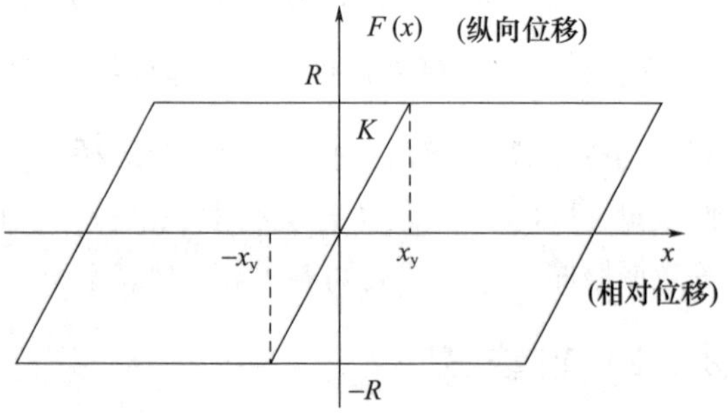

图 8-5-2　扣件纵向恢复力模型

采用桩基础的桥梁，分析模型应考虑桩土的共同作用，桩土的共同作用可用等代土弹簧模拟，等代土弹簧的刚度可采用表征土介质弹性值的 m 参数来计算。墩柱的计算长度与矩形截面短边尺寸之比大于 8 时，或墩柱的计算长度与圆形截面直径之比大于 6 时，应考虑 P-Δ 效应。

8.5.3　反应谱法

采用反应谱法计算时，加速度反应谱应按相关规范的规定确定。采用多振型反应谱法计算时，所考虑的振型阶数应在计算方向获得 90%以上的有效质量；振型组合方法按下列两条规定采用，即一般可采用 SRSS 方法，按式 $F=\sqrt{\sum S_i^2}$ 确定，其中，F 为结构的地震作用效应；S_i 为结构第 i 阶振型地震作用效应。当结构相邻两阶振型的自振周期 T_i 和 T_j 接近时，即 T_i 和 T_j 之比 ρ_T 满足式 $\rho_T=\dfrac{T_j}{T_i}\geqslant\dfrac{0.1}{0.1+\xi}$时，应采用 CQC 方法，按式 $F=\sqrt{\sum\sum S_i r_{ij} S_j}$ 计算地震作用效应，其中，ξ 为阻尼比；ρ_T 为周期比；r_{ij} 为相关系数，按式 $r_{ij}=\dfrac{8\xi^2(1+\rho_T)\rho_T^{\frac{3}{2}}}{(1-\rho_T^2)^2+4\xi^2\rho_T(1+\rho_T)^2}$确定，其余符号含义同前。

8.5.4　时程分析方法

地震加速度时程应按相关规范的规定选取。时程分析的最终结果应合规，当采用 3 组地震加速度时程进行计算时，应取 3 组计算结果的最大值；当采用 7 组及以上地震加速度时程进行计算时，可取结果的平均值。地震作用下，线性时程法的计算结果不应小于反应谱法计算结果的 80%。

8.5.5　规则桥梁抗震分析

对于满足相关规范要求的规则桥梁，可按本节分析方法等效为单自由度体系，按单振型反应谱方法进行 E1 和 E2 地震作用下结构的内力和变形计算。

对于简支梁，其顺桥向和横桥向水平地震力可采用下列简化方法计算，其计算简图如图 8-5-3 所示。顺桥向和横桥向水平地震力可按式 $E_{ktp}=SM_t$ 计算，其中，E_{htp} 为顺桥向作用于固定支座顶面或横桥向作用于上部结构质心处的水平力(kN)；S 为根据结构基本周期，按相关规范规定计算出的反应谱值；M_t 为换算质点质量（t），$M_t=M_{sp}+M_{cp}+\eta M_p$，其中，$M_{sp}$ 为桥梁上部结构的质量（t），一孔梁的质量；M_{cp} 为盖梁的质量（t）；M_p 为墩身质量（t），对于扩大基础，为基础顶面以上墩身的质量；η 为墩身质量换算系数，$\eta=0.16\ (X_f^2+2X_{f\frac{1}{2}}^2+X_f X_{f\frac{1}{2}}+X_{f\frac{1}{2}}+1)$；$X_{f\frac{1}{2}}$ 为考虑地基变形时，顺桥向作用于支座顶面上的单位水平力在墩身计算高度 $H/2$ 处引起的水平位移与支座顶面处的水平位移之比值。一般情况可按式 $T_1=2\pi\left(\dfrac{M_t}{k}\right)^{\frac{1}{2}}$ 和 $k=\dfrac{1}{\delta}$ 计算各简支梁桥的基本周期，其中，T_1 为简支梁桥的基本周期（s）；δ 为在顺桥向或横桥向作用于支座顶面或上部结构质量重心上单位

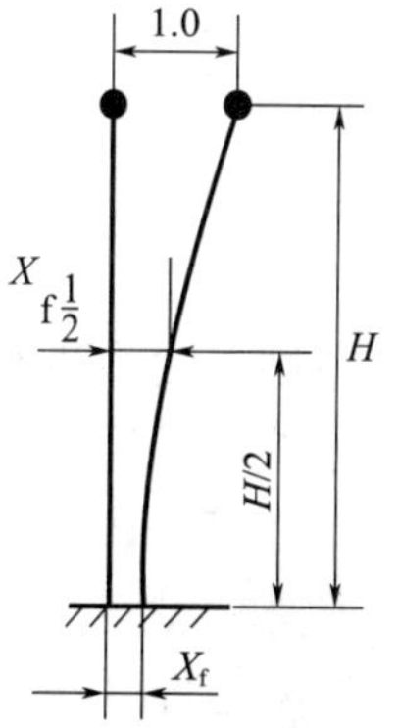

图 8-5-3　简支梁水平地震力计算简图

水平力在该点引起的水平位移（m/kN），顺桥和横桥方向应分别计算，对于扩桩基础，当考虑地基变形时，可按现行的《公路桥涵地基与基础设计规范》（JTG 3363）的有关规定计算支座顶面或上部结构质量重心的水平位移；其余符号含义同前。

连续梁中一联中一个墩采用纵桥向固定支座，其余均为纵向滑动支座，其纵桥向地震反应可按以下两方面规则计算，即纵桥向作用于固定支座顶面地震力可按式 $E_{ktp}=SM_t-\sum_{i=1}^{N}\mu_i R_i$ 计算；纵桥向作用于活动支座顶面地震力可按式 $E_{kti}=\mu_i R_i$ 计算，其中，M_t 为支座顶面处的换算质点质量（t），$M_t=M_{sp}+M_{cp}+\eta M_p$；$M_{sp}$ 为一联桥梁上部结构的质量（t）；M_{cp} 为固定墩盖梁的质量（t）；M_p 为固定墩墩身质量（t），对于扩大基础，为基础顶面以上墩身的质量；其他符号含义同前。

采用板式橡胶支座的规则连续梁和连续刚构桥梁在纵桥向 E1 和 E2 地震作用下的地震反应可按以下 5 种简化方法计算：建立结构计算模型，模型中应考虑上部结构、支座、桥墩及基础等刚度的影响，计算均布荷载 p_0 沿一联梁体轴线作用下结构的位移 $v_s(x)$，如图 8-5-4 所示。根据式 $K=\frac{p_0 L}{v_{s,\max}}$ 计算桥梁的纵桥向刚度 K，其中，p_0 为均布荷载（kN/m）；L 为一联桥梁总长（m）；$v_{s,\max}$ 为 p_0 作用下的最大水平位移（m）；K 为桥梁的顺、横桥向刚度（kN/m）。根据式 $T=2\pi\sqrt{\frac{M_t}{K}}$ 计算结构周期 T，其中，M_t 为联桥梁总质量，应包含梁体和各墩盖梁质量之和，以及按墩身质量换算系数 η 等效的各墩身质量之和（t）。根据式 $p_e=\frac{SM_t}{L}$ 计算地震等效均布荷载 p_e，其中，p_e 为地震等效静力荷载（kN/m）；其余符号含义同前。按静力法计算均布荷载 p_e 作用下的结构内力、位移反应。

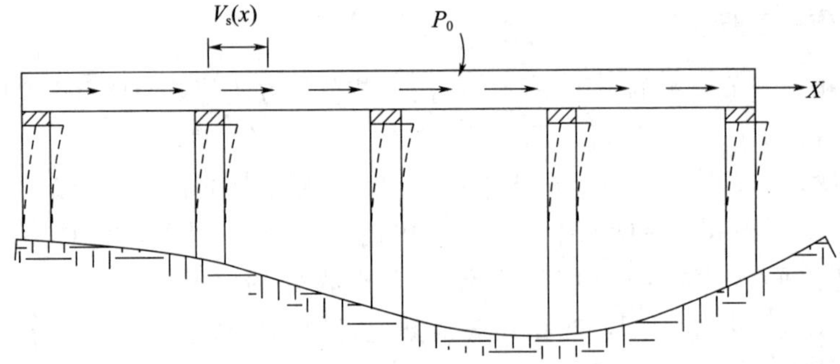

图 8-5-4　纵桥向计算模型

规则连续梁和连续刚架桥，当墩梁间横桥向为刚性约束时，在横桥向 E1 和 E2 地震作用下的地震反应，可按下列六种方法计算：①建立结构计算模型，应在模型中应考虑上部结构、支座、桥墩及基础等刚度的影响，并应考虑相邻结构边界条件的影响，一般情况应取计算模型左右一联桥梁结构（边界联）作为边界条件。②计算均布荷载 p_0 沿计算模型（包含边界联长度）垂直梁体轴线作用下，所计算联横桥向最大结构的位移 $v_s(x)$，如图 8-5-5 所示。③根据式 $K=\frac{p_0 L}{v_{s,\max}}$ 计算桥梁的横桥向等效刚度 K，其中，p_0 为均布荷载（kN/m）；L 为计算模型总长（包含左右边界联的长度）（m）；$v_{s,\max}$ 为 p_0 作用下计算联横向的最大水平位移（m）；K 为横桥向等效刚度（kN/m）。④根据式 $T=2\pi\sqrt{\frac{M_t}{K}}$ 计算结构周期 T，各个符号含义同前。⑤根据式 $p_e=\frac{SM_t}{L}$ 计算地震等效静力荷载 p_e，其中，p_e 为地震等效静力荷载（kN/m）；其余符号含义同前。⑥按静力法计算均布荷载 p_e 作用下的结构内力、位移反应。

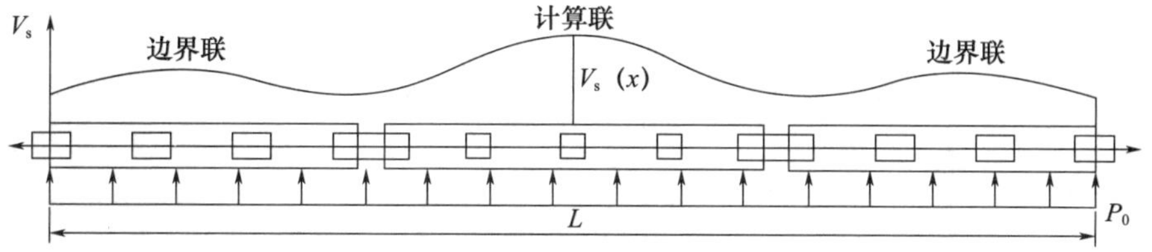

图 8-5-5　横桥向计算模型

8.5.6　能力保护构件计算

E2 地震作用下，如结构未进入塑性，桥梁墩柱的剪力设计值，桥梁盖梁、基础和支座的内力设计值可用 E2 地震作用的计算结果。桥梁盖梁、基础、支座和墩柱抗剪作为能力保护构件设计时，其弯矩和剪力设计值，应取与墩柱塑性铰区域截面超强弯矩所对应的弯矩和剪力值。单柱墩塑性铰区域截面超强弯矩应按式 $M_{p0}=\phi^0 M_p$ 计算，其中，M_{p0} 为顺桥向和横桥向超强弯矩；M_p 为按截面实配钢筋，采用材料强度标准值，在恒载轴力作用下计算的截面顺桥向和横桥向抗弯承载力；ϕ^0 为桥墩正截面抗弯承载力超强系数，$\phi^0=1.2$。

双柱和多柱墩塑性铰区域截面纵桥向超强弯矩可按相关规范规定计算，横桥向超强弯矩可按以下六个步骤计算：①假设墩柱轴力为恒载轴力。②按截面实配钢筋，采用材料强度标准值，计算出截面的横桥向抗弯承载力及超强弯矩。③计算各墩柱相应于其超强弯矩的剪力，并按式 $P=\sum_i^N Q_i$ 计算各墩柱剪力之和 P（kN），其中，Q_i 为各墩柱相应于塑性铰区域截面的超强弯矩的剪力值（kN）。④将 P 按正、负方向分别施加于盖梁质心处，如图 8-5-6 所示，计算各墩柱所产生的轴力。⑤将 P 产生的轴力与恒载轴力组合后，采用组合的轴力，重复步骤②和④进行迭代计算，直到相邻两次计算各墩柱剪力之和相差在 10% 以内。⑥采用轴力最大压力组合，按步骤②计算各墩柱塑性区域截面超强弯矩。

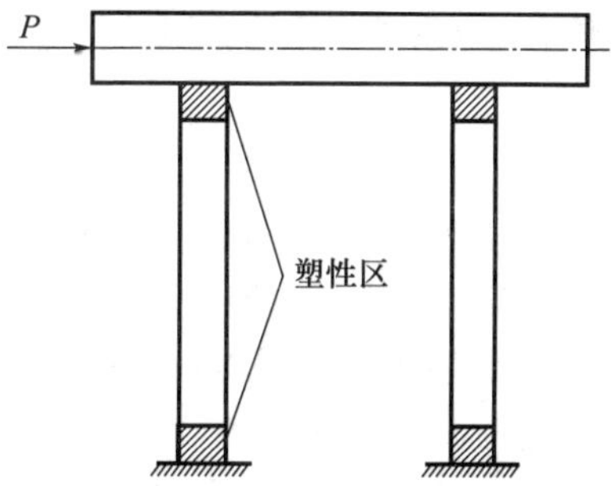

图 8-5-6　相应于墩柱达到超强弯矩时的轴力计算模式

延性墩柱沿顺桥向和横桥向剪力设计值 V_{c0} 可按下列两条规定计算：①延性墩柱沿顺桥向剪力设计值 V_{c0} 应合理，延性墩柱的底部区域为潜在塑性铰区域时，$V_{c0}=\frac{M_{zc}^x}{H_n}$，延性墩柱的顶、底部区域均为潜在塑性铰区域时，$V_{c0}=\frac{M_{zc}^{x}+M_{zc}^{s}}{H_{n}}$；②延性墩柱沿横桥向剪力设计值应合理，延性墩柱的底部区域为潜在塑性铰区域时，$V_{c0}=\frac{M_{hc}^{x}}{H_{n}}$，延性墩柱的顶、底部区域均为潜在塑性铰区域时，$V_{c0}=\frac{M_{hc}^{x}+M_{hc}^{s}}{H_{n}}$。其中，$M_{zc}^{s}$，$M_{zc}^{x}$分别为墩柱上、下端截面沿顺桥向超强弯矩（kN・m）；M_{hc}^{s}，M_{hc}^{x}分别为墩柱上、下端截面沿横桥向超强弯矩（kN・m）；H_{n} 一般取为墩柱的净长度（m）。

固定支座和板式橡胶支座所受地震水平力可按能力保护方法计算；按能力保护方法计算时，支座在顺桥向和横桥向所受地震水平力可分别直接取前述墩柱沿顺桥向和横桥向剪力设计值之和。

延性桥墩的盖梁的弯矩设计值 M_{p0} 应按式 $M_{p0}=M_{hc}^{s}+M_{G}$ 计算，其中，M_{hc}^{s}为墩柱顶端截面超强弯矩（kN・m）；M_{G} 为由结构恒载产生的弯矩（kN・m）；其他符号意义同前。

延性桥墩盖梁的剪力设计值可按式 $V_{c0}=\frac{M_{pc}^{R}+M_{pc}^{L}}{L_{0}}$计算，其中，$M_{pc}^{L}$，$M_{pc}^{R}$分别为盖梁左右端截面按实配钢筋，采用材料强度标准值计算的正截面抗弯承载力所对应的弯矩值（kN・m）；L_{0} 为盖梁的净跨度（m）。

梁桥基础的弯矩、剪力和轴力的设计值应根据墩柱底部可能出现塑性铰处截面的超强弯矩、剪力设计值和墩柱恒载轴力，并考虑承台的贡献来计算。对于双柱墩、多柱墩横桥向，还应考虑由相关规则计算出的各墩柱剪力之和 P 作用在盖梁质心处在承台顶产生的弯矩。

对于低桩承台基础，作用在承台的水平地震力可用静力法按式 $F_{t}=M_{t}A$ 计算，其中，F_{t} 为作用在承台中心处的水平地震力；M_{t} 为承台的质量（kN）；A 为水平向地震动加速度峰值，按相关规范规定取值。

8.5.7 桥台

桥台台身的水平地震力可按式 $E_{hau}=AG_{au}/g$ 计算，其中，A 为水平向地震动加速度峰值，按相关规范规定取值；E_{hau}为作用于台身重心处的水平地震力（kN）；G_{au}为基础顶面以上台身的重力（kN）；对于修建在基岩上的桥台，其水平地震力可按式 $E_{hau}=AG_{au}/g$ 计算值的 80%采用；桥台与梁体在计算方向上为固定约束时，验算设有固定支座的梁桥桥台时，应计入由上部结构所产生的水平地震力，其值按式 $E_{hau}=AG_{au}/g$ 计算，但 G_{au}取一孔梁的重力。作用在桥台上的主动土压力和动水压力按相关规范规定计算。

8.6 抗震验算

8.6.1 基本规则

梁式桥、高架桥、轨道列车高架桥和双层高架桥、立交工程的抗震验算重点是桥墩、桥台、基础及支座等。地震作用下，如桥梁固定支座水平抗震能力不满足相关规范要求，应通过计算设置抗震挡块（剪力键）。

8.6.2　E1 地震作用下抗震验算

采用 B 类抗震设计方法设计的桥梁，顺桥向和横桥向 E1 地震作用效应，按相关规范规定组合后，应按现行公路桥涵设计规范相关规定验算桥墩、桥台盖梁和基础的强度。

采用 B 类抗震设计方法设计的桥梁，支座抗震能力可按以下两种方法验算，即板式橡胶支座的抗震验算应合规，支座厚度验算应满足 $\sum t \geqslant \frac{X_E}{\tan\gamma}=X_E$ 和 $X_E=\alpha_d X_D+X_H$ 的要求，其中，$\sum t$ 为橡胶层的总厚度（m），$\tan\gamma$ 为橡胶片剪切角正切值，取 $\tan\gamma=1.0$，X_D 为地震 E1 作用下橡胶支座的水平位移（m），X_H 为永久作用下橡胶支座产生的水平位移（m），α_d 为支座调整系数，一般取 2.3；支座抗滑稳定性验算应满足 $\mu_d R_b \geqslant E_{hzz}$ 和 $E_{hzh}=\alpha_d E_{hze}+E_{hzd}$ 的要求，其中，μ_d 为支座的动摩阻系数，橡胶支座与混凝土表面的动摩阻系数采用 0.15，与钢板的动摩阻系数采用 0.10，E_{hzh} 为支座水平组合地震力（kN），R_b 为上部结构重力在支座上产生的反力（kN），E_{hze} 为 E1 地震作用下橡胶支座的水平地震力（kN），E_{hzd} 为永久作用下产生的橡胶支座水平力（kN），α_d 为支座调整系数，一般取 2.3。盆式支座的抗震验算应合规，活动盆式支座应满足 $X_E \leqslant X_{max}$ 和 $X_E=\alpha_d X_D+X_H$ 的要求；固定盆式支座应满足 $E_{hzh} \leqslant E_{max}$ 和 $E_{hzh}=\alpha_d E_{hze}+E_{hzd}$ 的要求，其中，X_{max} 为活动盆式支座容许滑动的水平位移（m），E_{max} 为固定盆式支座容许承受的水平力（kN），其他符号意义同前。

C 类抗震设计方法设计的桥梁，顺桥向和横桥向 E1 地震作用效应，按相关规范规定组合后，应按现行公路桥涵设计规范相关规定验算桥墩、桥台的强度。

8.6.3　E2 地震作用下抗震验算

E2 地震作用下，一般情况可按相关规范规定验算桥墩墩顶的位移，对于高宽比小于 2.5 的矮墩，可不验算桥墩的变形，但应按相关规范规定验算强度；采用非线性时程进行地震反应分析的桥梁可按相关规范规定验算转角。对于矮墩，顺桥向和横桥向 E2 地震作用效应和永久作用效应组合后，应按现行的公路桥涵设计规范相关规定验算桥墩的强度。

在进行桥墩位移验算时，按弹性方法计算出的地震位移应乘以地震位移修正系数，地震位移修正系数可按相关规范规定计算，即 $\frac{T^*}{T}>1.0$ 时 $R_d=\left(1-\frac{1}{\mu_D}\right)\frac{T^*}{T}+\frac{1}{\mu_D}\geqslant 1.0$；$\frac{T^*}{T}\leqslant 1.0$ 时 $R_d=1.0$，其中，$T^*=1.25T_g$；T_g 为反应谱特征周期；u_d 为桥墩构件延性系数，一般情况可按取 3。

E2 地震作用下，可按式 $\Delta_d \leqslant \Delta_u$ 或 $\theta_p \leqslant \theta_u$ 验算桥墩墩顶的位移或桥墩塑性铰区域塑性转角，其中，Δ_d 为 E2 地震作用下墩顶的位移（cm），若 E2 地震作用墩顶的位移采用弹性方法计算，则应乘相关规范规定的地震位移修正系数；Δ_u 为桥墩容许位移（cm），按相关规范规定计算；θ_p 为在 E2 地震作用下，潜在塑性铰区域的塑性转角（1/cm）；θ_u 为塑性铰区域的最大容许转角，按相关规范规定计算。

单柱墩容许位移按式 $\Delta_u=\frac{1}{3}H^2\phi_y+\left(H-\frac{L_p}{2}\right)\theta_u$ 计算，其中，H 为悬臂墩的高度或塑性铰截面到反弯点的距离（cm）；ϕ_y 为截面的等效屈服曲率（1/cm），一般情况下，可按相关规范规定计算，但对于矩形截面和圆形截面桥墩可按专门的规则计算；θ_u 为塑性铰区域的最大容许转角（1/cm），可按相关规范规定计算。

塑性铰区域的最大容许转角应根据极限破坏状态的曲率能力按式 $\theta_u=L_p(\phi_u-\phi_y)/K$ 计算，其中，ϕ_u 为极限破坏状态的曲率能力（1/cm），一般情况下可按相关规范规定计算，但对于矩形截面和圆形截面桥墩可按专门规则计算；K 为延性安全系数，取 2.0；L_p 为等效塑性铰长度（cm），$L_p=0.08H+0.022f_yd_s\geqslant0.044f_yd_s$；$f_y$ 为纵向钢筋抗拉强度标准值（MPa）；d_s 为纵向钢筋的直径（cm）。

对于双柱墩、排架墩，其顺桥向的容许位移可按相关规范规定计算，横桥向的容许位移可在盖梁处施加水平力 F，进行非线性静力分析，当墩柱的任一塑性铰达到其最大容许转角或极限曲率时，盖梁处的横向水平位移即为容许位移，如图 8-6-1 所示。

ϕ_y 为理想弹塑性轴力-弯矩-曲率（P-M-ϕ）曲线的等效屈服曲率，如图 8-6-2 所示，可根据图中两个阴影面积相等求得，计算中应考虑最不利轴力组合。

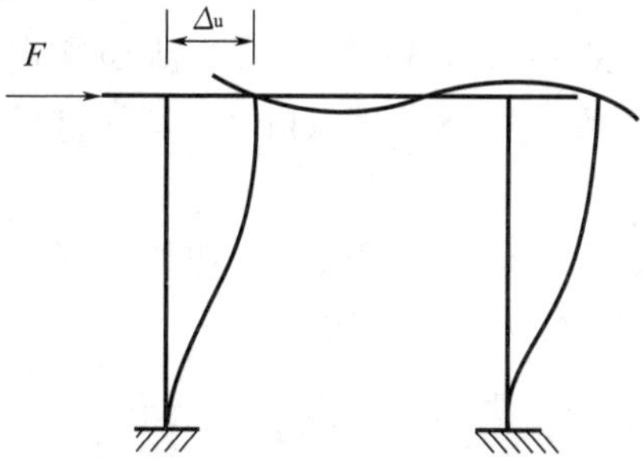

图 8-6-1　双柱墩的容许位移

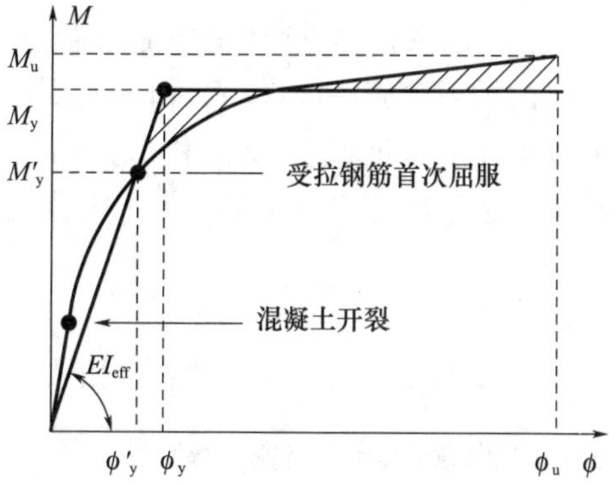

图 8-6-2　等效屈服曲率

极限破坏状态的曲率能力 ϕ_u 应通过考虑最不利轴力组合的 P-M-ϕ 曲线确定，为混凝土应变达到极限压应变 ε_{cu}，或约束钢筋达到折减极限应变 ε_{su}^R，或纵向钢筋达到折减极限应变 ε_{lu} 时相应的曲率。混凝土的极限压应变 ε_{cu} 可按式 $\varepsilon_{cu}=0.004+\frac{1.4\rho_s f_{kh}\varepsilon_{su}^R}{f'_{cc}}$ 计算，其中，ρ_s 为约束钢筋的体积含筋率，对于矩形箍筋 $\rho_s=\rho_x+\rho_y$；ρ_x，ρ_y 分别为顺桥向与横桥向箍筋体积含筋率；f_{kh} 为箍筋抗拉强度标准值（MPa）；f'_{cc} 为约束混凝土的峰值应力（MPa），一般情况下可取 1.25 倍的混凝土抗压强度标准值；ε_{su}^R 为约束钢筋的折减极限应变，$\varepsilon_{su}^R=0.09$；ε_{lu} 为纵向钢筋的折减极限应变，$\varepsilon_{lu}=0.1$。

根据相关规范规定计算出桥台的地震作用效应和永久作用效应组合后，应按现行公路桥涵设计规范相关规定验算桥台的承载能力。

8.6.4　支座验算

应按下列两方面要求进行板式橡胶支座的抗震验算。支座厚度验算应满足 $\sum t\geqslant\frac{X_0}{\tan\gamma}=$

X_0 的要求，其中，$\sum t$ 为橡胶层的总厚度（m）；$\tan\gamma$ 为橡胶片剪切角正切值，取 $\tan\gamma=1.0$；X_0 为按照相关规范规定计算的支座水平地震设计力产生的支座水平位移和永久荷载作用效应之和，$X_0=X_D+X_H$；X_D 为按照相关规范规定计算的支座水平地震设计力下产生的支座水平位移（m）；X_H 为永久作用下产生的橡胶支座的水平位移（m）。支座抗滑稳定性验算应满足 $\mu_d R_b \geqslant E_{hzh}$ 的要求，其中，μ_d 为支座的动摩阻系数，橡胶支座与混凝土表面的动摩阻系数采用 0.15，与钢板的动摩阻系数采用 0.10；E_{hzh} 为按照相关规范规定计算的支座水平地震设计力和永久作用效应组合后橡胶支座所受水平力。

应按下列两方面要求进行盆式支座的抗震验算，即活动盆式支座应满足 $X_0 \leqslant X_{max}$ 的要求；固定盆式支座应满足 $E_{hzb} \leqslant E_{max}$ 的要求。其中，X_0 为 E2 地震作用效应和永久作用效应组合后得到的活动盆式支座滑动水平位移，若 E2 地震作用下墩顶的位移采用弹性方法计算，则应乘相关规范规定的地震位移修正系数（m）；X_{max} 为活动盆式支座容许滑动水平位移（m）；E_{hzb} 为按照相关规范规定计算的支座水平地震设计力和永久作用效应组合后得到的固定盆式支座水平力设计值（kN）；E_{max} 为固定盆式支座容许承受的水平力（kN）。

8.6.5　能力保护构件验算

墩柱塑性铰区域沿顺桥向和横桥向的斜截面抗剪强度应按式 $V_{c0} \leqslant \phi(0.0023\sqrt{f'_c} \cdot A_e + V_s)$ 验算，其中，V_{c0} 为剪力设计值（kN），按照相关规范规定计算；f'_c 为混凝土抗压强度标准值（MPa）；V_s 为箍筋提供的抗剪能力（kN），$V_s = 0.1\dfrac{A_k b}{S_k} f_{yh} \leqslant 0.067 \times \sqrt{f'_c} A_e$；$A_e$ 为核芯混凝土面积（cm^2）；A_k 为同一截面上箍筋的总面积（cm^2）；S_k 为箍筋的间距（cm）；f_{yh} 为箍筋抗拉强度设计值（MPa）；b 为沿计算方向墩柱的宽度（cm）；ϕ 为抗剪强度折减系数，$\phi=0.85$。

应根据相关规范规定计算的基础弯矩、剪力和轴力设计值和永久作用效应组合后，按现行公路桥涵相关规范进行基础强度验算。根据相关规范规定计算的盖梁弯矩设计值、剪力设计值和永久作用效应组合后，应按现行《公路钢筋混凝土及预应力混凝土桥涵设计规范》（JTG 3362）验算盖梁的正截面抗弯强度和斜截面抗剪强度。

8.7　抗震构造细节设计

8.7.1　墩柱结构构造措施

对于设防烈度 7 度及以上地区，墩柱潜在塑性铰区域内加密箍筋的配置，应符合下列六方面要求：①加密区的长度不应小于墩柱弯曲方向截面宽度的 1.0 倍或墩柱上弯矩超过最大弯矩 80%的范围；当墩柱的高度与横截面高度之比小于 2.5 时，墩柱加密区的长度应取全高。②加密箍筋的最大间距不应大于 10cm 或 $6d_s$ 或 $b/4$；其中 d_s 为纵向钢筋的直径，b 为墩柱弯曲方向的截面宽度。③箍筋的直径不应小于 10mm。④螺旋式箍筋的接头必须采用对接，矩形箍筋应有 135°弯勾，并伸入核心混凝土之内 $6d_s$ 以上。⑤加密区箍筋肢距不宜大于 25cm。⑥加密区外箍筋量应逐渐减少。

对于设防烈度7度、8度地区，圆形、矩形墩柱潜在塑性铰区域内加密箍筋的最小体积含箍率ρ_{smin}，按以下各式计算；对于设防烈度9度及以上地区，圆形、矩形墩柱潜在塑性铰区域内加密箍筋的最小体积含箍率ρ_{smin}应比设防烈度7度、8度地区适当增加，以提升其延性能力。圆形截面$\rho_{smin}=[0.14\eta_k+5.84(\eta_k-0.1)(\rho_t-0.01)+0.028]\frac{f'_c}{f_{yh}}\geqslant 0.004$；矩形截面$\rho_{smin}=[0.1\eta_k+4.17(\eta_k-0.1)(\rho_t-0.01)+0.02]\frac{f'_c}{f_{yh}}\geqslant 0.004$，其中，$\eta_k$为轴压比，指结构的最不利组合轴向压力与柱的全截面面积和混凝土轴心抗压强度设计值乘积之比值；ρ_t为纵向配筋率；其他符号意义同前。

墩柱潜在塑性铰区域以外箍筋的体积配箍率不应小于塑性铰区域加密箍筋体积配箍率的50%。墩柱的纵向配筋宜对称配筋，纵向钢筋的面积不宜小于$0.006A_h$；不应超过$0.04A_h$，其中A_h为墩柱截面面积。

空心截面墩柱潜在塑性铰区域内加密箍筋的配置，应符合下列两条要求，即应配置内外两层环形箍筋，在内外两层环形箍筋之间应配置足够的拉筋，如图8-7-1所示；加密箍筋的配置应满足相关规范的规定。

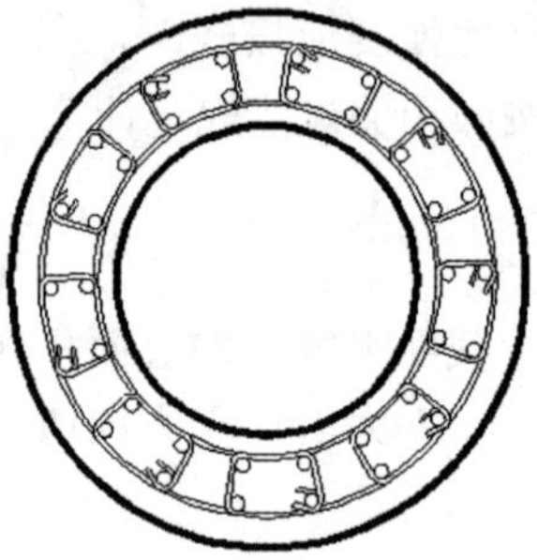
(a) 圆形

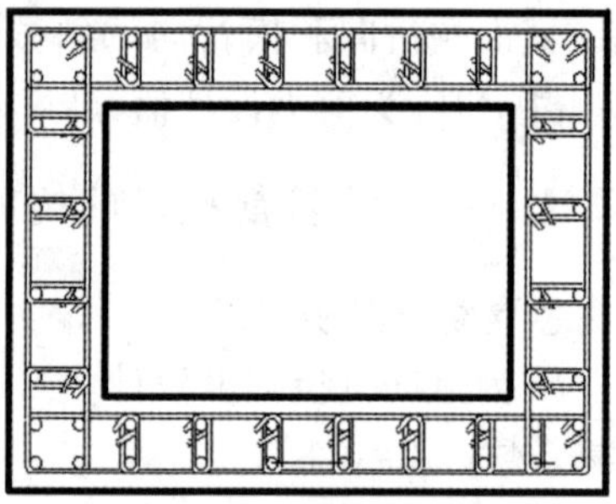
(b) 矩形

图8-7-1　常用空心截面类型

墩柱的纵向钢筋应尽可能地延伸至盖梁和承台的另一侧面，纵向钢筋的锚固和搭接长度应在现行《公路钢筋混凝土及预应力混凝土桥涵设计规范》（JTG 3362）要求的基础上增加$10d_s$，d_s为纵向钢筋的直径，不应在塑性铰区域进行纵向钢筋的连接。塑性铰加密区域配置的箍筋应延续到盖梁和承台内，延伸到盖梁和承台的距离不应小于墩柱长边尺寸的1/2，并不小于50cm。柱式桥墩和排架桩墩的柱（桩）与盖梁、承台连接处的配筋不应少于柱（桩）身最大配筋；柱式桥墩和排架桩墩的截面变化部位，宜做成坡度为2∶1～3∶1的喇叭形渐变截面或在截面变化处适当增加配筋。

排架桩墩加密区段箍筋布设应符合以下两方面要求：扩大基础的柱式桥墩和排架桩墩应布置在柱（桩）的顶部和底部，其布置高度取柱（桩）的最大横截面尺寸或1/6柱（桩）高，并不小于50cm。桩基础的排架桩墩应布置在柱（桩）的顶部（布置高度同上）和柱（桩）在地面或一般冲刷线以上1倍柱（桩）径处延伸到最大弯矩以下3倍柱（桩）径处，并不小于50cm。排架桩墩加密区段箍筋配置及箍筋接头应符合相关规范规定的要求。

8.7.2　结点构造措施

结点的主拉应力和主压应力可按式 σ_c，$\sigma_t=\frac{f_v+f_h}{2}\pm\sqrt{\left(\frac{f_v-f_h}{2}\right)^2+v_{jh}^2}$ 计算，其中，σ_c，σ_t 分别为结点的名义主压应力和名义主拉应力（MPa）；v_{jh} 为结点的名义剪应力（MPa）；$v_{jh}=v_{jv}=\frac{V_{jh}}{b_{je}h_b}\times10$；$V_{jh}=T_c^t+C_c^b$；$V_{jh}$ 为结点的名义剪力（kN），如图 8-7-2 所示；T_c^t 为考虑超强系数 ϕ^o（$\phi^o=1.2$）的混凝土墩柱纵向钢筋拉力（kN），如图 8-7-2 所示；C_c^b 为考虑超强系数 ϕ^o（$\phi^o=1.2$）的混凝土墩柱受压区压应力合力，如图 8-7-2 所示；f_v，f_h 分别为结点沿垂直方向和水平方向的正应力（MPa）；$f_v=\frac{P_c^b+P_c^t}{2b_bh_c}\times10$；$f_h=\frac{P_b}{b_{je}h_b}\times10$；$b_{je}$，$h_b$ 分别为横梁横截面的宽度和高度（cm）；b_b，h_c 分别为上立柱横截面的宽度和高度（cm）；P_c^b，P_c^t 分别为上、下立柱的轴力（kN）；P_b 为横梁的轴力（kN）（包括预应力产生的轴力）。

如主拉应力 $\sigma_t\leqslant0.275\sqrt{f'_c}$（MPa），则结点的水平和竖向箍筋配置可按式 $\rho_{smin}=\rho_x+\rho_y=\frac{0.275\sqrt{f'_c}}{f_{yh}}$ 计算，式中符号意义同前。

如主拉应力 $\sigma_t>0.275\sqrt{f'_c}$（MPa），则应按以下三条要求进行结点的水平和竖向箍筋配置：①结点中的横向含箍率不应小于相关规范规定对于塑性铰加密区域含箍率的要求，横向箍筋的配置如图 8-7-3 所示。②在距柱侧面 $h_b/2$ 的盖梁范围内配置竖向箍筋，h_b 为盖梁的高度，竖向箍筋如图 8-7-3 所示，按式 $A_v=0.174A_s$ 计算竖向箍筋面积 A_v，其中，A_s 为立柱纵向钢筋面积。③结点中的竖向箍筋可取 $A_v/2$。

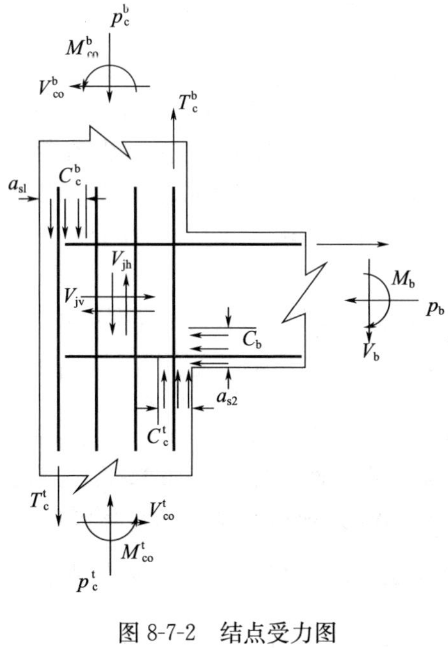

图 8-7-2　结点受力图

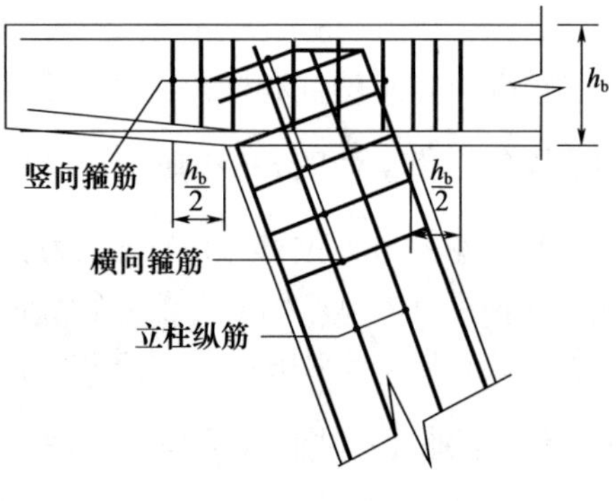

图 8-7-3　结点配筋示意图

8.8 桥梁减隔震设计

8.8.1 基本规则

本部分介绍适用于采用减隔震技术进行设计的桥梁。下列四种条件下不宜采用减隔震技术进行设计：①基础土层不稳定；②原有结构的固有周期比较长；③位于软弱场地，延长周期可能引起共振；④支座中出现负反力。采用减隔震设计的桥梁可只进行 E2 地震作用下的抗震设计和校核。桥梁减隔震设计应满足以下两方面要求：①具有足够的刚度和屈服强度以避免在正常使用条件下出现因风荷载、制动力等引起的有害振动；②应在桥台、桥墩等处相邻上部结构之间设置足够的间隙，以保证所允许的位移。

8.8.2 减隔震装置

减隔震装置的构造宜尽可能简单、性能可靠，宜对环境温度变化不敏感；应考虑隔震装置的可替换性，并进行定期的维护和检查。应通过试验对减隔震装置的变形、阻尼比值等力学参数值进行验证；试验值与设计值的差别应在±10%以内。应依据相关的检测规程，对减隔震装置的性能和特性进行严格的检测试验。减隔震装置分为整体型和分离型两类，两类减隔震装置水平位移从 1/2 的设计位移增加到设计位移时，其恢复力增量不宜低于其上部结构重量的 2.5%。推荐的适宜的整体型减隔震装置有铅芯橡胶支座、高阻尼橡胶支座、摩擦摆式减隔震支座。推荐的适宜的分离型减隔震装置有橡胶支座+金属阻尼器、橡胶支座+摩擦阻尼器、橡胶支座+黏性材料阻尼器。

8.8.3 减隔震桥梁地震反应分析

减隔震桥梁水平地震力的计算，可采用反应谱分析方法和非线性动力时程分析方法。同时满足以下四个条件的减隔震桥梁可采用单自由度反应谱分析方法进行抗震分析：①桥梁几何形状满足表 8-5-1 对规则桥梁的要求；②距离最近的活动断层大于 15km；③场地类型为Ⅰ、Ⅱ、Ⅲ类，且场地条件比较稳定；④减隔震装置等效有效阻尼比不超过 30%。不满足上述条件的减隔震桥梁应采用非线性动力时程分析方法进行抗震分析。

一般情况下，弹塑性和摩擦类减隔震支座的恢复力模型可用双线性模型代表。铅芯橡胶支座的恢复力模型如图 8-8-1 所示，其等效阻尼比为 $\beta_{eff}=\frac{2Q_d(\Delta_{max}-\Delta_y)}{\pi\Delta_{max}K_{eff,i}}$，其中，$\Delta_{max}$ 为铅芯橡胶支座的最大位移（m）；Δ_y 为铅芯橡胶支座的屈服位移（m）；Q_d 为铅芯橡胶支座的特征强度（kN）；$K_{eff,i}$ 为第 i 个铅芯橡胶支座的有效刚度（kN/m）；β_{eff} 为铅芯橡胶支座的阻尼比；图 8-8-1 中，K_u 为初始弹性刚度，K_d 为屈后刚度，K_{eff} 为有效刚度。摆式支座的恢复力模型如图 8-8-2 所示，屈后刚度与初始刚度比为 $\alpha=\frac{W}{R}$，等效刚度为 $K_{eff}=\frac{W}{R}+\mu\frac{W}{\Delta_{max}}$（kN/m），等效阻尼比为 $\beta_{eff}=\frac{2}{\pi}\cdot\frac{\mu}{\Delta_{max}/R+\mu}$，其中，$W$ 为恒载作用下支座竖向反力（kN）；R 为滑动曲面的曲率半径（m）；Δ_{max} 为支座最大水平位移（m）；μ 为动摩擦系数。

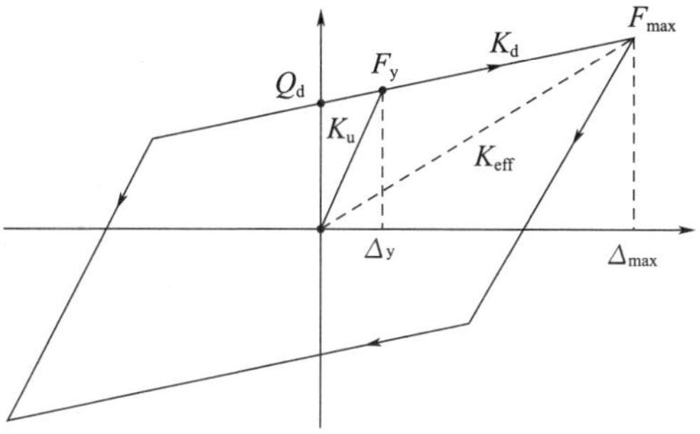

图 8-8-1　铅芯橡胶支座的恢复力模型

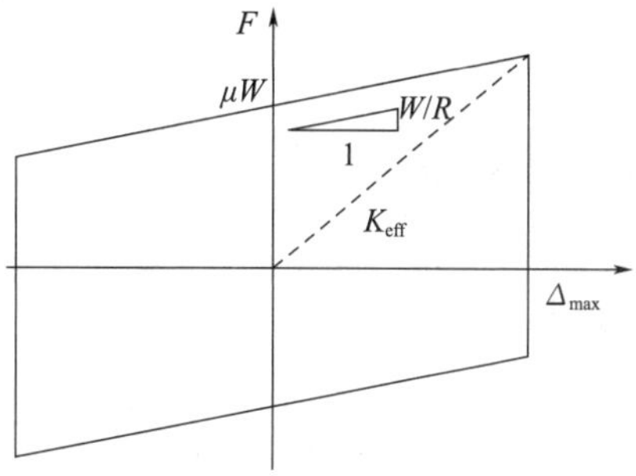

图 8-8-2　摆式支座的恢复力模型

单自由度反应谱分析方法应合理。减隔震桥梁顺桥向、横桥向的水平地震力，可按式 $E_{hp}=SM_t$ 计算。上部结构的位移可按式 $D_d=\frac{T_{eq}^2}{4\pi^2}M_tSg^2$ 计算，其中，S 为相应于减隔震桥等效周期，采用等效阻尼比修正的反应谱值；M_t 为联桥梁总质量，应包含梁体和各墩盖梁质量之和，以及按相关规范规定计算的墩身质量换算系数 η 等效的各墩身质量之和（t）；其余符号含义同前。T_{eq} 减隔震桥梁等效周期（s）可按式 $T_{eq}=2\pi\sqrt{\frac{M_t}{\sum K_{eq,i}}}$ 计算，其中，g 为重力加速度系数；$K_{eq,i}$ 为第 i 桥墩或桥台与其上部的减隔震装置等效刚度串联的刚度值（kN/m），$K_{eq,i}=\frac{n\cdot k_{eff,i}\cdot k_p}{n\cdot k_{eff,i}+k_p}$；$n$ 为第 i 桥墩或桥台上的支座数量；k_p 为桥墩或桥台的剪切刚度（kN/m）；其余符号含义同前。隔震桥梁等效阻尼比 ξ_{eq} 可根据减隔震装置的等效阻尼比 $\xi_{eff,i}$ 与桥墩等的阻尼比 $\xi_{p,i}$ 按式 $\xi_{eq}=\sum k_{eff,i}\ (D_d)_i^2\ (\xi_{eff,i}+\xi_{p,i}k_{eff,i}/k_{p,i})\ /\left[\sum k_{eff,i}\ (D_d)_i^2\ (1+k_{eff,i}/k_{p,i})\right]$ 计算，其中，D_d 为减隔震装置水平设计位移（m）；其余符号含义同前。

反应谱方法计算地震作用效应（内力，位移），可根据相关规范的有关规定确定。作用在减隔震桥梁第 i 个墩台顶的水平地震力可按式 $E_{Id,i}=K_{eff,i}\Delta_i$ 计算，其中，$E_{Id,i}$ 为作用在第 i 个墩台顶的水平地震力（kN）；$K_{eff,i}$ 为第 i 个桥墩上减隔震支座的有效刚度（kN/m）；Δ_i 为 i 个桥墩上减隔震支座的地震水平位移（m）。

8.8.4　减隔震桥梁抗震验算

E2 地震作用下，按相关规范规定计算的作用在减隔震桥梁墩台地震水平力，考虑折减系数 1.5 后，应按现行桥涵相关设计规范要求验算桥墩、基础等。减隔震装置的验算应合规，对于橡胶型隔震支承，E2 地震作用下产生的剪切应变必须在 250% 以下，并校核其稳定性；非橡胶型减隔震装置，应根据具体的产品性能指标进行验算；应对减隔震装置在正常使用条件下的性能进行验算。

8.9 大跨度桥梁抗震设计

8.9.1 基本规则

本部分介绍适用于斜拉桥、悬索桥和拱桥。大跨度桥梁的引桥桥墩、拱桥的桥墩和拱上立柱可按第 7 章的有关规定进行延性设计。进行大跨度桥梁，特别是拱桥的地震反应分析时，应考虑地面运动的空间变化特征，包括多点激振和行波效应。采用桩基时，应考虑桩-土-结构相互作用对桥梁地震效应的影响。

8.9.2 抗震概念设计

应尽量采用对称的结构形式，上、下部结构之间的连接构造应尽量均匀对称。建在设防烈度 8 度、9 度地区的斜拉桥宜优先考虑飘浮体系方案；如飘浮体系导致梁端位移过大，宜采用塔、梁弹性约束或阻尼约束体系。建在设防烈度 8 度、9 度地区的大跨径拱桥，主拱券宜采用抗扭刚度较大、整体性较好的断面形式。当采用钢筋混凝土肋拱时，须加强横向联系。建在设防烈度 8 度、9 度地区的下承式拱桥和中承式拱桥应设置风撑，应加强端横梁刚度。主要承重结构（塔、墩及拱桥主拱）宜选择有利于提升延性变形能力的结构形式及材料，避免发生脆性破坏。

8.9.3 建模与分析原则

大跨度桥梁的地震反应分析可采用时程分析法、多振型反应谱法；时程分析结果应与多振型反应谱法相互校核，线性时程分析结果不应小于反应谱法结果的 80%。地震反应分析所采用的地震加速度时程、反应谱的频谱含量应包括结构第一阶自振周期在内的长周期成分。

地震反应分析时，采用的计算模型须真实模拟桥梁结构的刚度和质量分布及边界连接条件，并应满足以下四方面要求：①计算模型应考虑相邻引桥对主桥地震反应的影响。②墩、塔、拱肋及拱上立柱可采用空间梁单元模拟；桥面系应视截面形式选用合理计算模型；斜拉桥拉索、悬索桥主缆和吊杆、拱桥吊杆和系杆可采用空间桁架单元。③应考虑恒载作用下结构几何刚度，拉索垂度效应等几何非线性影响。④进行非线性时程分析时，支承连接条件应采用能反应支座力学特性的单元模拟；如墩柱已进入非线性工作状态，则应选用适当的弹塑性单元来模拟。

反应谱分析应满足以下两条要求，即当墩、塔、锚碇基础建在不同土质条件的地基上时，可采用包络反应谱法计算；进行多振型反应谱法分析时，应根据结构特点，考虑足够的振型，振型组合应采用 CQC 法。

时程分析应满足以下三条要求：①时程分析最终结果应合理，当采用三组时程波进行计算时，应取三组计算结果的最大值；当采用七组时程波进行计算时，可取七组结果的平均值。②对每组地面运动时程积分时，应同时输入该组所有方向的地面运动时程分量。③采用减震耗能装置时，应进行非线性时程分析。

一般情况下阻尼比可按以下三条规定确定：①混凝土拱桥的阻尼比取为 0.05；②斜拉桥的阻尼比取为 0.03；③悬索桥的阻尼比取为 0.02。

8.9.4　性能要求与抗震验算

E1 地震作用下，结构不发生损伤，保持在弹性范围内。E2 地震作用下，主缆不发生损伤，主塔、基础、主梁等重要结构受力构件局部可发生可修复的损伤；边墩等桥梁结构中比较容易修复的构件可按延性构件设计，震后可以修复。拱桥桥墩和拱上立柱、斜拉桥引桥桥墩和悬索桥引桥桥墩可按相关规范的有关规定进行抗震验算；桥梁支座等连接构件可按相关规范的相关要求进行抗震验算。

8.10　抗震措施

8.10.1　基本规则

桥梁的抗震措施不应影响桥梁的正常使用功能，对于按减隔震设计的桥梁，抗震措施不应妨碍隔震、耗能装置发挥作用所需的运动量。为防止桥梁结构发生落梁破坏，应采用有效的防落梁措施。桥梁抗震措施的使用不宜导致桥梁主要构件地震反应发生较大的改变，若抗震措施导致桥梁主要构件地震反应发生较大的改变，在进行抗震分析时，应考虑抗震措施的影响，抗震措施应根据其受到的地震力进行设计。

8.10.2　抗震设防 6 度区

梁桥梁体与台帽或盖梁的最小搭接长度（图 8-10-1）应满足式 $N \geqslant (20+0.002L+0.007H)(1+0.000125S^2)$ 要求，其中，N 为搭接长度（cm）；L 为联梁体总长，对于简支梁取梁体全长（cm）；H 对于桥台处搭接长度取这一联桥墩的平均高度，对于桥墩取支承处桥墩高度（cm），简支梁 $H=0$；S 为斜桥斜交角（°）。

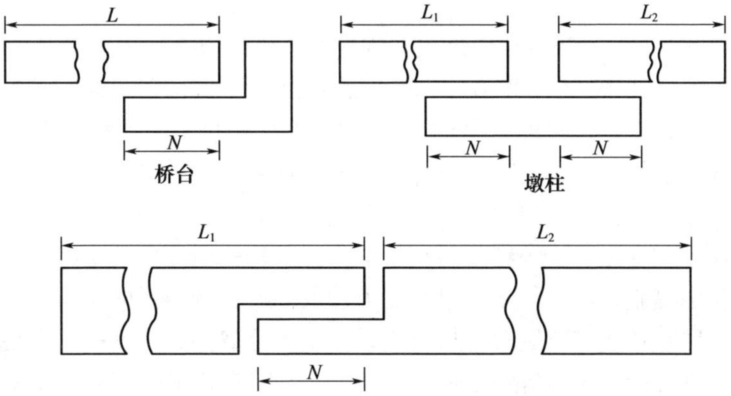

图 8-10-1　搭接长度示意图

8.10.3 抗震设防7度区

7度区的抗震措施，除应符合6度区的规定外，尚应符合以下五条规定：①梁桥梁体与台帽或盖梁的最小搭接长度应满足式 $N=1.5(20+0.002L+0.007H)(1+0.000125S^2)$ 的要求；式中符号意义同前。②拱桥基础宜置于地质条件一致，两岸地形相似的坚硬土层或岩石上；实腹式拱桥宜减小拱上填料厚度，并宜采用轻质填料，填料须逐层夯实。③在梁与梁之间，梁与桥台胸墙之间加装橡胶垫或其他弹性衬垫，以缓和冲击作用和限制梁的位移；其构造示意图如图8-10-2、图8-10-3所示。④桥面不连续的简支梁（板）桥，宜采用挡块、螺栓连接和钢夹板连接等防止纵、横向落梁的措施；连续梁和桥面连续简支梁（板）桥，应采取防止横向产生较大位移的措施。⑤在软弱黏性土层、液化土层和不稳定的河岸处建桥时，对于大、中桥，可适当增加桥长，合理布置桥孔，使墩、台避开地震时可能发生滑动的岸坡或地形突变的不稳定地段；否则，应采取措施增强基础抗侧移的刚度和加大基础埋置深度。

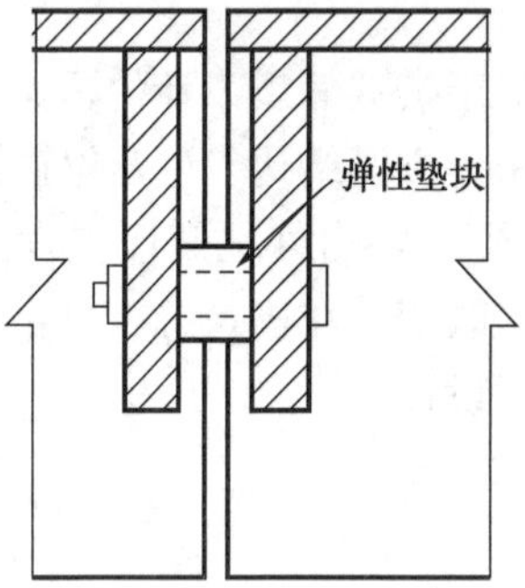

图8-10-2 梁与梁之间的缓冲设施示意图

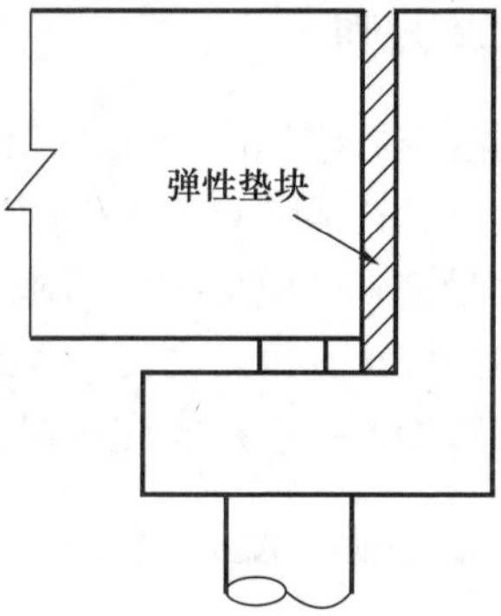

图8-10-3 梁与桥台之间的缓冲设施示意图

8.10.4 抗震设防8度区

8度区的抗震措施，除应符合7度区的规定外，尚应符合以下八条规定：①梁桥梁体与台帽或盖梁的最小搭接长度应满足式 $N=1.5(20+0.002L+0.007H)(1+0.000125S^2)$ 的要求，式中符号意义同前。②应设置限位装置以控制梁墩位移，常用的限位装置如图8-10-4所示。③大跨径拱桥的主拱券宜采用抗扭刚度较大、整体性较好的断面形式，如箱形拱、板拱等；当采用钢筋混凝土肋拱时，必须加强横向联系。④梁桥活动支座，不应采用摆柱支座。⑤连续梁桥宜采取使上部构造所产生的水平地震荷载能由各个墩、台共同承担的措施，以免固定支座墩受力过大。⑥连续曲梁的边墩和上部构造之间宜采用锚栓连接，防止边墩与梁脱离。桥台宜采用整体性强的结构型式。⑦桥梁下部为钢筋混凝土结构时，其混凝土强度等级不低于C25。⑧基础宜置于基岩或坚硬土层上；基础底面一般采用平面形式；当基础置于基岩上时，方可采用阶梯形式。

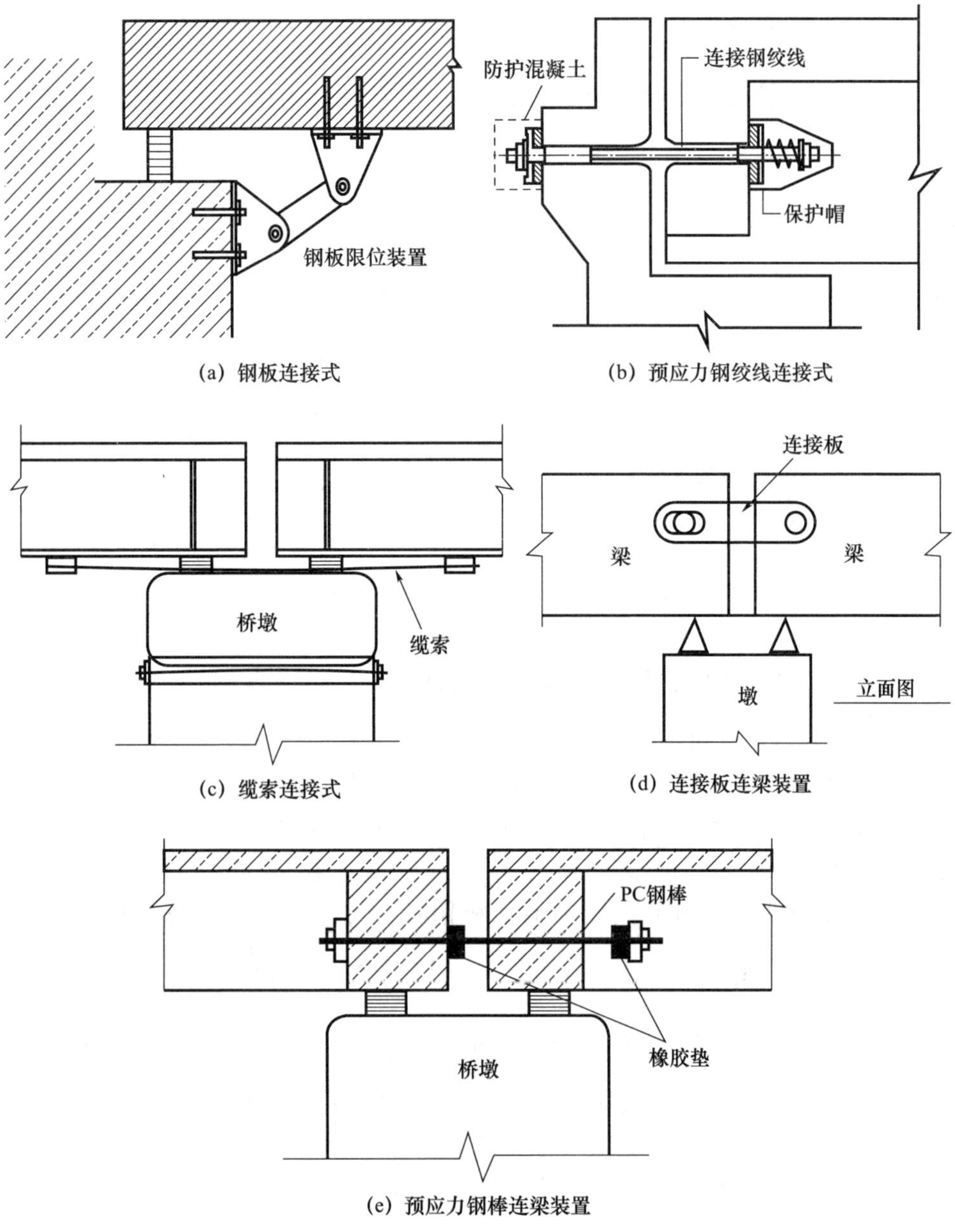

(a) 钢板连接式　(b) 预应力钢绞线连接式

(c) 缆索连接式　(d) 连接板连梁装置

(e) 预应力钢棒连梁装置

图 8-10-4　常用限位装置

8.10.5　抗震设防 9 度区

9 度区的抗震措施，除应符合 8 度区的规定外，尚应符合以下三条规定：①梁桥梁体与台帽或盖梁的最小搭接长度应满足 $N=(10+1.65\Delta_{eq})(1+0.00025S^2)\geqslant 60$ 的要求，其中，Δ_{eq}为 E2 地震作用下，伸缩缝处相邻联长周期联的水平地震位移，若 E2 地震作用下墩顶的位移采用弹性方法计算，则应乘以本书 7.3.3 节中规定的地震位移修正系数（cm）；其余符号意义同前。②梁桥各片梁间应加强横向连接，以提升上部结构的整体性；当采用桁架体系时，须加强横向稳定性。③梁桥活动支座应采取限制其竖向位移的措施。

8.10.6 开裂钢筋混凝土截面的有效刚度

开裂钢筋混凝土截面的有效刚度如图 8-10-5 所示。

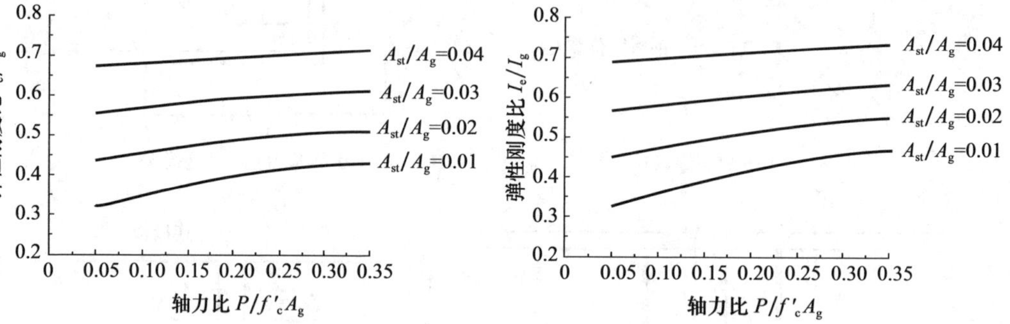

(a) 圆形截面　　(b) 矩形截面

图 8-10-5　开裂钢筋混凝土截面的有效刚度

8.10.7 圆形和矩形截面的屈服曲率和极限曲率

（1）截面屈服曲率。对于圆形截面和矩形截面，其截面屈服曲率可按相关规范规定计算，即圆形截面 $\phi_y D=2.213\varepsilon_y$，矩形截面 $\phi_y H=1.957\varepsilon_y$，其中，$\phi_y$ 为截面屈服曲率（m^{-1}）；ε_y 为相应于钢筋屈服时的应变；D 为圆形截面的直径（m）；H 为矩形截面计算方向的截面高度（m）。

（2）截面极限曲率。圆形截面的截面极限曲率 ϕ_u（m^{-1}）可分别根据式 $\phi_u D=(2.826\times10^{-3}+6.850\varepsilon_{cu})-(8.575\times10^{-3}+18.638\varepsilon_{cu})\left(\frac{P}{f'_cA_g}\right)$和 $\phi_u D=(1.635\times10^{-3}+1.179\varepsilon_s)+(28.739\varepsilon_s^2+0.656\varepsilon_s+0.010)\left(\frac{P}{f'_cA_g}\right)$计算，取小值，其中，$P$ 为截面所受到的轴力（kN）；f'_c 为混凝土抗压强度标准值（kN/m^2）；A_g 为混凝土截面面积（m^2）；ε_s 为钢筋极限拉应变，可取 $\varepsilon_s=0.09$；ε_{cu} 为约束混凝土的极限压应变，可按式 $\varepsilon_{cu}=0.004+\frac{1.4\rho_s\cdot f_{kh}\cdot\varepsilon_{su}^R}{f'_{cc}}$计算；$\rho_s$ 为约束钢筋的体积含筋率，对于矩形箍筋 $\rho_s=\rho_x+\rho_y$；f_{kh}为箍筋抗拉强度标准值（kN/m^2）；f'_{cc}为约束混凝土的峰值应力（kN/m^2），一般可取 1.25 倍的混凝土抗压强度标准值；ε_{su}^R为约束钢筋的折减极限应变，$\varepsilon_{su}^R=0.09$。矩形截面的截面极限曲率 ϕ_u（m^{-1}）可分别根据式 $\phi_u H=(4.999\times10^{-3}+11.825\varepsilon_{cu})-(7.004\times10^{-3}+44.486\varepsilon_{cu})\left(\frac{P}{f'_cA_g}\right)$和 $\phi_u H=(5.387\times10^{-4}+1.097\varepsilon_s)+(37.722\varepsilon_s^2+0.039\varepsilon_s+0.015)\left(\frac{P}{f'_cA_g}\right)$计算，取小值；式中符号意义同前。

延伸阅读

新工艺突破、新设备投入，让一座座大桥在建设中，变水上施工为陆地施工、变高空作业为平地作业、变现场拼装为工厂制造、变人工操作为机械作业，世界桥梁建设的速度纪录，由此也不断刷新。目前，我国公路、铁路桥梁总量已超过百万座。随着高铁建设时代的来临，一系列大跨度高铁桥梁建设也迈向新的高峰，不断地向大跨、重载、轻质的方向发展。

如今，我国桥梁设计能力越来越强，一系列新结构、新材料、新设备、新工艺应运而生，建造技术不断进步，实现了工厂化制造、机械化作业、标准化施工和信息化管理。国内桥梁建造产业链齐全、完整，桥梁建造所需要的关键材料、设备、结构件基本都可以从国内生产、制造，成本较低、工期可控，具有较强的国际竞争力。

同时，以承建世界一流桥梁为契机，我国自主研发了一大批国际先进的机械装备，打破了国外设备垄断，保证了我国的桥梁建设者具备在各种复杂环境下修建各类型桥梁的能力，大幅提升了中国企业的国际竞争力，让中国桥梁、中国基建更好地走出去。

思考题

1. 简述城市桥梁抗震设计的宏观要求。
2. 城市桥梁抗震设计的基本原则是什么?
3. 城市桥梁抗震设计对场地及地基与基础的要求是什么?
4. 城市桥梁抗震设计如何考虑地震作用?
5. 城市桥梁抗震设计如何进行抗震分析?
6. 城市桥梁抗震设计如何进行抗震验算?
7. 城市桥梁如何进行抗震构造细节设计?
8. 如何进行城市桥梁减隔震设计?
9. 如何进行大跨度城市桥梁抗震设计?
10. 城市桥梁抗震设计可采取哪些抗震措施?
11. 试述近年来我国在城市桥梁抗震设计领域的创新和突破。

第 9 章　基于 SolidWorks 软件的智能化桥梁设计

9.1　结构设计

结构是通常采用框架的铁路桥、公路桥和人行桥，结构的例子随处可见。结构设计意味着用简单的结构实现高效率，意味着易于建造且使用最少的材料完成目标。结构设计有许多种，差异基于结构需要承载的载荷以及必须跨接的跨度。可以将同一座桥分成若干跨度，在每个跨度内重复采用相同的结构设计。

桁架是通常用于铁路桥的特定结构类型。它们通常包括一个路面或轨面（桥面）、两个壁面，有时还包括顶面上的支撑。读者将分析一个桁架设计。可点击搜索桁架获取更多信息。

Brown 桁架专用于带顶棚桥梁的设计。这种桁架是一种“箱子”形桁架（因其外形像箱子而得名），其效率非常高，只需采用（对角）交叉支撑梁即可建造，如图 9-1-1 所示。

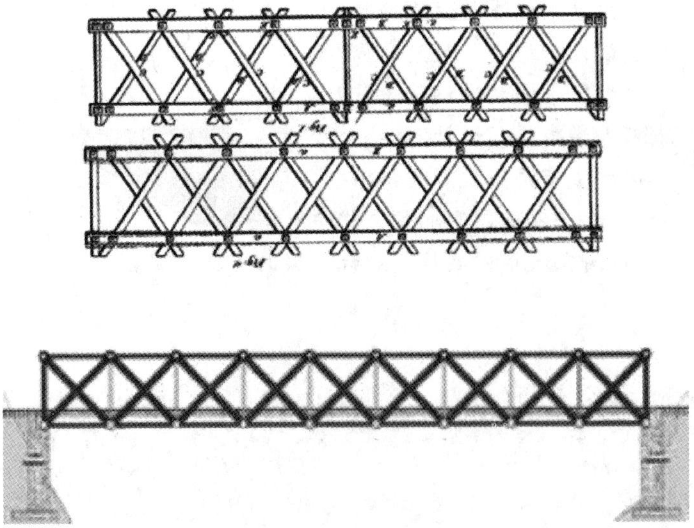

图 9-1-1　Brown 桁架

Warren 桁架是另一种简单且经济的类型，它可以倒转过来使用，垂直支撑取决于需要承载的载荷，如图 9-1-2 所示。

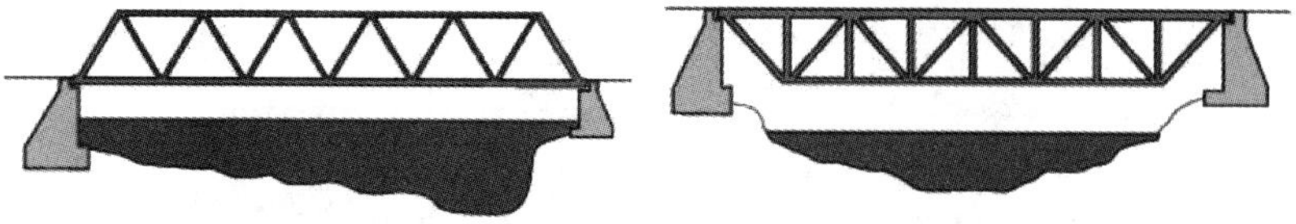

(a) 构造1　　(b) 构造2

图 9-1-2　Warren 桁架

Pratt Truss 和 Howe 桁架非常相似，与图 9-1-2 所示的反向 Warren 桁架相似的是，这两种桁架都有垂直和交叉支撑；其差异在于交叉支撑的方向，如图 9-1-3 所示。

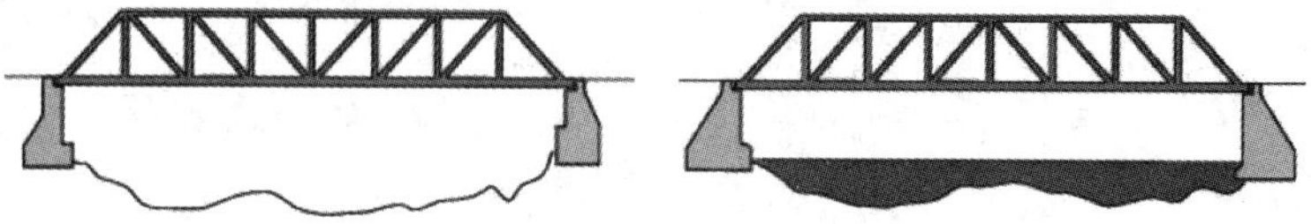

(a) 构造1　　(b) 构造2

图 9-1-3　Pratt 和 Howe 桁架

梁是在整个长度上横截面保持恒定的物体。桁架的结构由梁构成，如图 9-1-4 所示。在本例中，横截面为正方形。

钢梁采用水渠形（槽形）、工字形和管形的标准形状，如图 9-1-5 所示。

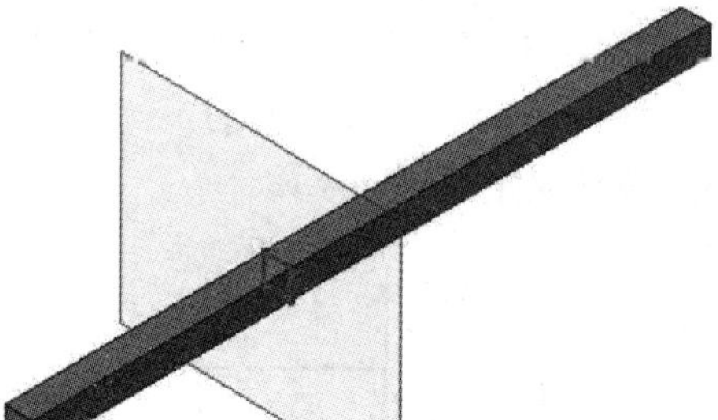

图 9-1-4　梁

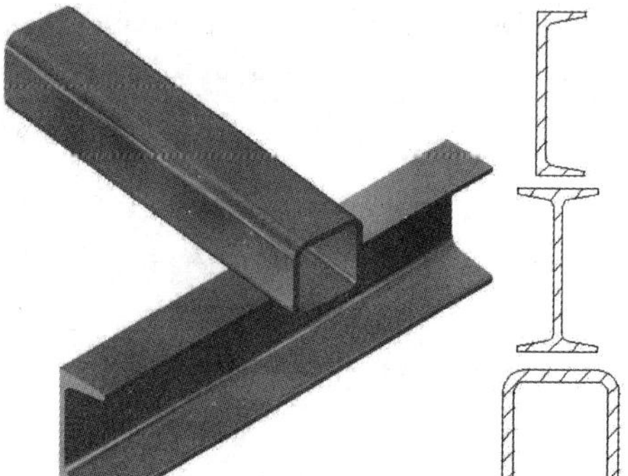

图 9-1-5　钢梁

梁的强度取决于两个因素，即横截面形状和材料。横断面形状至关重要。将两根方形梁叠放在一起可形成“更深”的截面。截面越深［图 9-1-6（a）］，梁越坚固。加大截面宽度［图 9-1-6（b）］也可提升梁的强度，但作用有限。读者可以做一个尝试，尝试按下一根轻木梁和三根叠放的轻木梁，体会其中的区别，可使用铅笔提供支撑并控制跨度，如图 9-1-7所示。

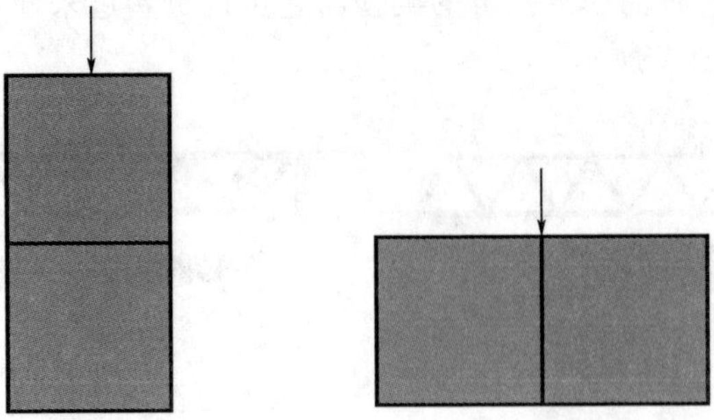

(a) 构造(1)　　(b) 构造(2)

图 9-1-6　梁的横断面形状

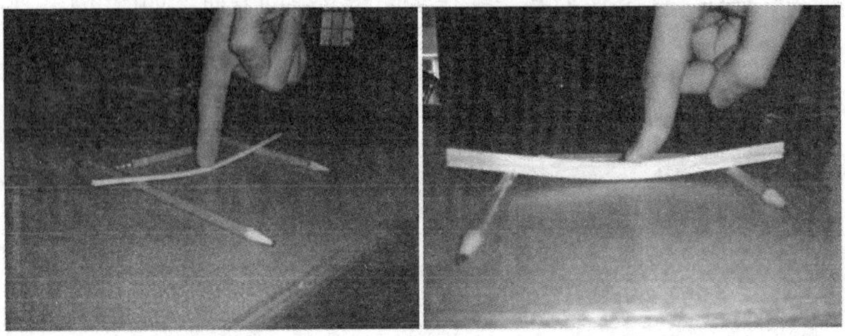

(a) 状态(1)　　(b) 状态(2)

图 9-1-7　叠放的轻木梁

结构分析的参数之一就是最大位移，它是梁在外力作用下从初始位置移动的距离，位移将帮助确定结构的性能，如图 9-1-8 所示。

梁越厚越坚固的理论根据在于梁厚度越大，其面积转动惯量也越大；其结果由截面的宽度（b）和高度（h）尺寸计算得来。该参数仅单独对梁的截面强度进行衡量，与梁的材料无关。面积转动惯量用于计算梁抗弯曲的能力，该值越高则梁抗弯曲的能力越强，如图 9-1-9所示。方形横截面在不同排列方式下的面积转动惯量$=b\times h^3/12$。

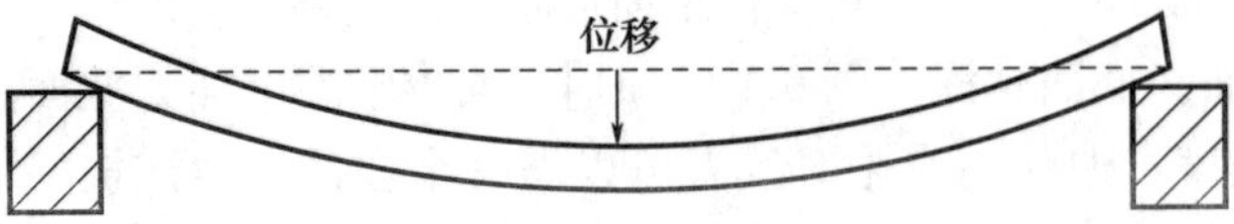

图 9-1-8　位移

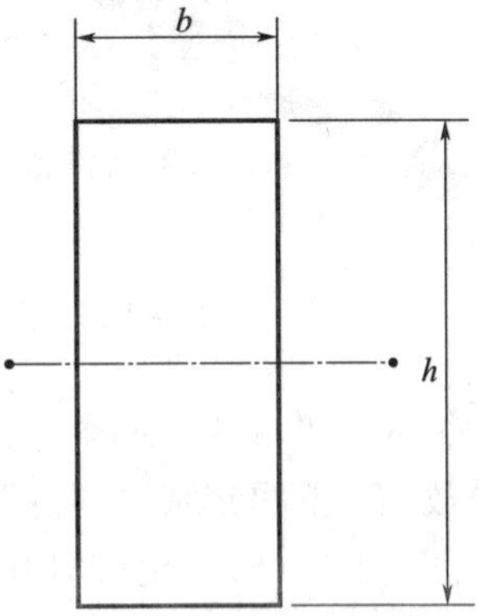

图 9-1-9　计算面积转动惯量

读者可以尝试进行相关的计算，尝试使用上面的公式和表 9-1-1 中的值进行计算并将结果填入表 9-1-1 中，这些值取决于轻木梁的正方形横截面，其边长为 3.175mm（1/8″）。

表 9-1-1　面积转动惯量

方形横截面的数量	方形横截面的排列方式	b/mm	h/mm	面积转动惯量
1		3.175	3.175	____
2 个叠放	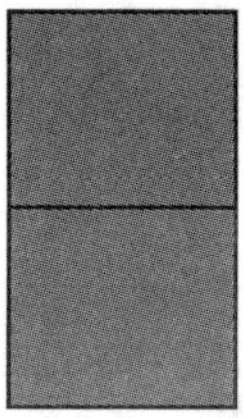	3.175	2×3.175	____
2 个并排放置		2×3.175	3.175	____
3 个叠放		3.175	3×3.175	____

制成梁的材料是影响梁强度的另一种关键因素。以下以木材、铜和钢三种材料为例进行阐述。每种材料的相对强度如图 9-1-10 所示。一般来说，钢比铜强，铜比木材强。每种材料类型的属性值范围非常广而且用于定义材料的材料属性有若干个（例如，杨氏模量和泊松比）。金属是人造产品，其制造方式使其在各个方向上的强度相等，此类材料称为各向同性材料。木材的强度难以预测，因为它具有颗粒构造，颗粒构造使其强度在每个方向上都不一样，所以木材实际上不是各向同性材料。轻木的多孔性使其极易吸潮，从而导致属性值大幅变化。

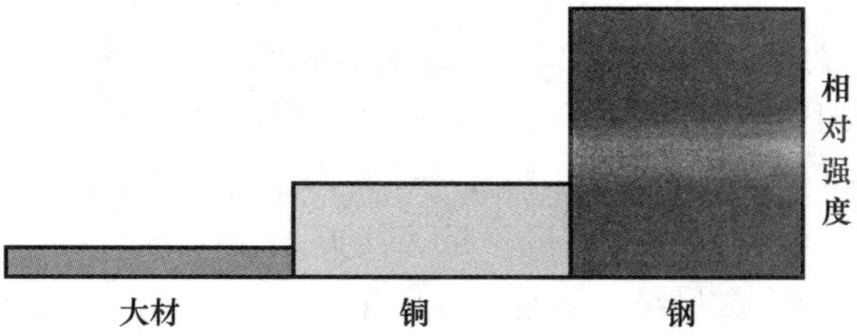

图 9-1-10　材料的影响

桁架壁面不容小觑，桁架的侧壁远非防止物体从桁架上跌落的围栏那么简单。侧壁通常包含垂直和对角方向的支撑，当桁架同时包含垂直和对角支撑时，通常更稳固。

三角形的作用不容低估；许多结构，特别是桁架设计，都包含三角形。为什么三角形如此重要？稳定性就是原因之一，桁架结构通过采用交叉支撑形成三角形来获得稳定性，三角形为桁架带来稳定性。可以设想，一组构件通过螺栓或销钉构成方形，保持其底部静止，外力推其顶部或侧面，它可形成方形，但也很容易被推成平行四边形，如图 9-1-11 所示。在对角线上添加第五根构件后就完全不同，添加的第五根构件将平行四边形分成了两个三角形，如图 9-1-12 所示。使用相同的构件和扣件制作一个三角形，这次用较少的构件就实现了稳定性，如图 9-1-13 所示。读者可以做一个尝试，只需采用吸管之类的简单物件即可模拟此过程，使用大头钉将其连接起来，如图 9-1-14 所示。

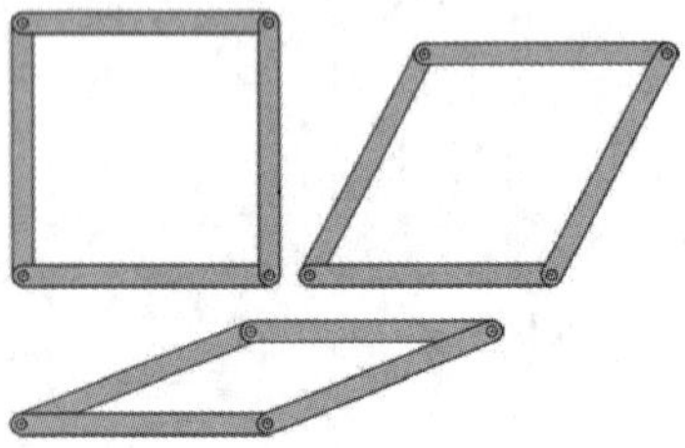

图 9-1-11　四边形的不稳定性

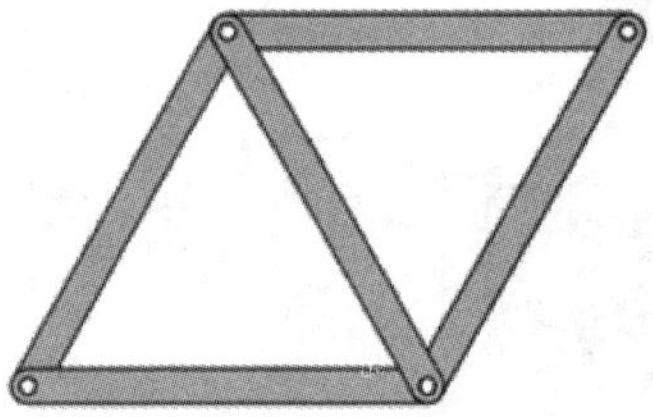

图 9-1-12　平行四边形分成了两个三角形

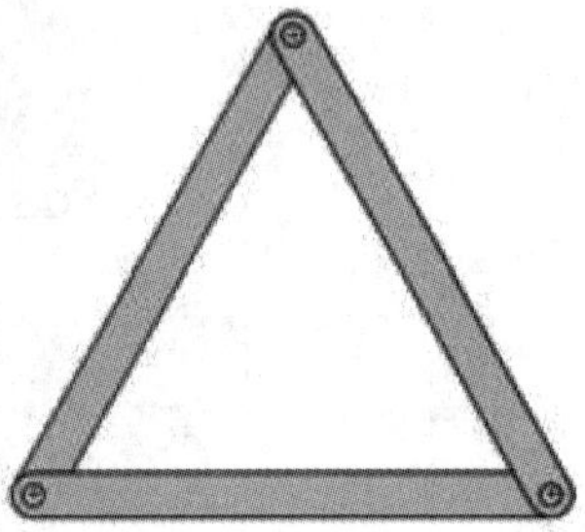

图 9-1-13　使用相同的构件和扣件制作一个三角形

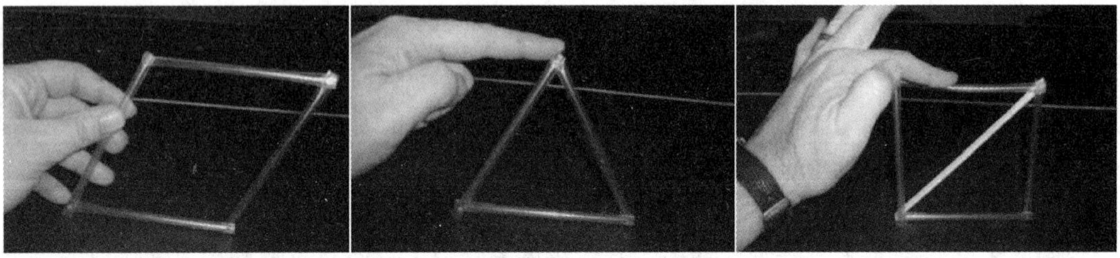

图 9-1-14　三角形的稳定性

9.2　使用梁计算器

使用梁计算器应遵守相关规范规定。在进行任何分析之前，最好事先对将要得到的结果有一定的了解。尽管设计时不会准确知道结构到底能承受多大的质量，但仍能有根据地推测出部分结果，这时可以使用简单的梁公式进行梁计算。下面是可用的一些梁计算模式，如图 9-2-1 所示；手工计算型梁计算方法通常需要使用公式，如图 9-2-2 所示。

设计时应重视数量级问题，比如位移是否接近 1mm，或者接近 10mm；二者前后相差 10 倍，就是说相差一个数量级。初始计算可用于了解结果的数量级，有助于确定分析

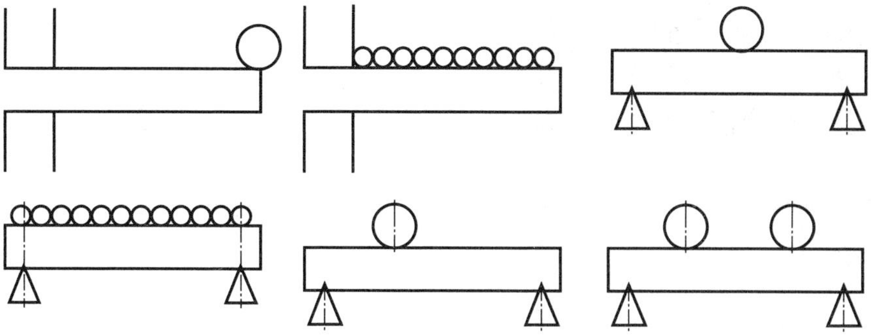

图 9-2-1　可用的一些梁计算模式

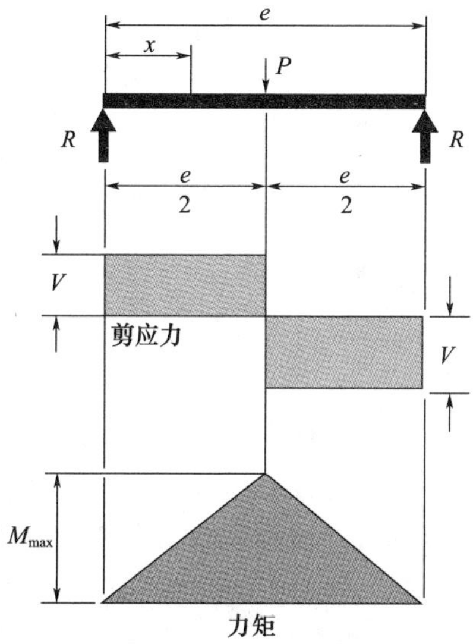

图 9-2-2　梁手工计算方法

是否能够正确完成。至此，读者应该明白按照数量级递增的顺序，1mm 和 10mm 之后是什么值，也应该明白 5mm、______、500mm 这组值中缺少什么值。

启动 SolidWorks 并打开零件的步骤如下：第一步是启动 SolidWorks 应用程序；在开始菜单中，依次单击程序、SolidWorks、SolidWorks；添加 SolidWorks Simulation 插件，SolidWorks Simulation 软件包含在 SolidWorks Education Edition 中，若要使用该软件必须通过工具、插件将其激活，单击“SolidWorks Simulation”及 SolidWorks Toolbox 的活动插件和“启动”，然后单击。第二步是插件选择。依次单击工具、插件并确保选中 SolidWorks Simulation 及 SolidWorks Toolbox 的活动插件和“启动”选项，单击，如图 9-2-3 所示；若未添加 SolidWorks Simulation 软件，则无法完成本案例项目。第三步是打开零件文件；单击打开；在打开窗口中，选择需要打开的文件并单击“打开”，如图 9-2-4所示。

图 9-2-3　插件选择

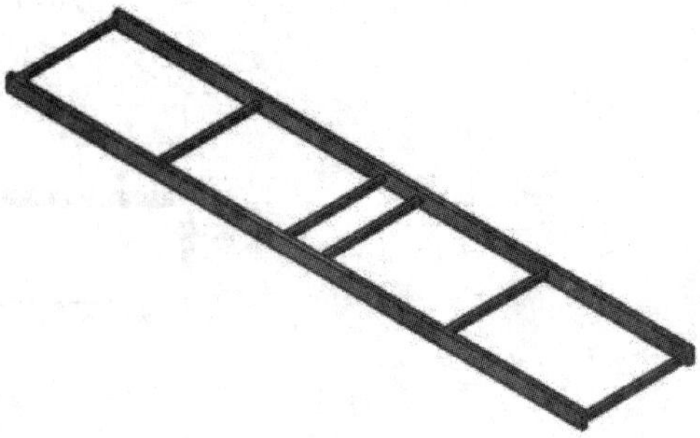

图 9-2-4　打开零件文件

此模型由一系列梁连接而成。本案例中梁代表轻木条。在读者的项目中，梁用胶水黏在一起；在真实的结构中，梁会采用焊接或用螺栓连接，如图 9-2-5 所示。

模型看起来是两根平行的梁通过几根短些的梁连接在一起，如果只取半边模型（只取一根大梁）并只施加 1/2 的载荷，则应该能大致获得真实分析将会产生的结果，如图 9-2-6所示。

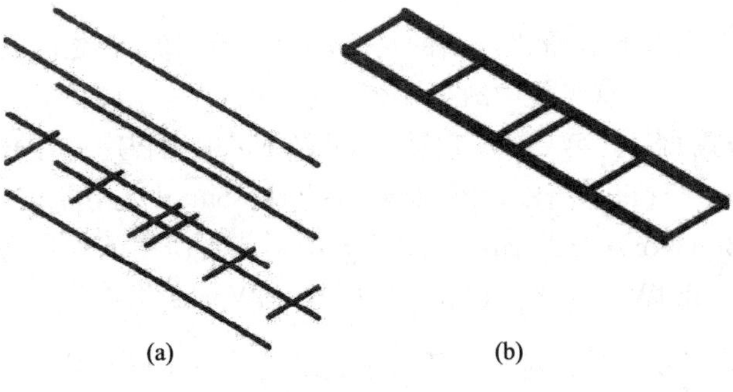

图 9-2-5　模型几何体

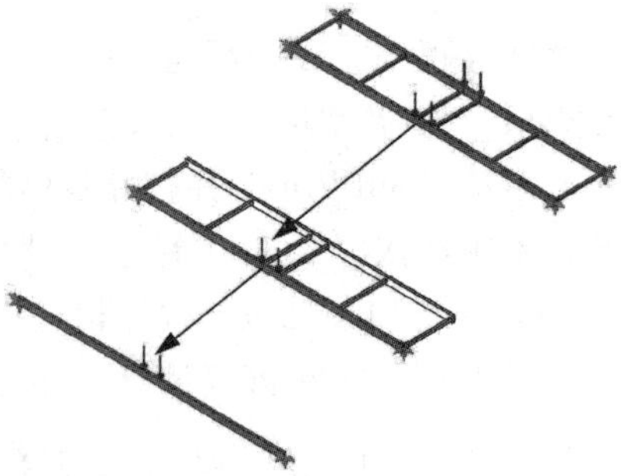

图 9-2-6　简化分析

这种梁计算通常称为“简支梁”，这种梁的接触点不完全固定，且承受载荷。夹具可用于限制模型中特定点的移动，这些点通常是接触点，也称为约束。外部载荷或外力可用于向结构添加力或重力载荷，添加力需要结构上的一个位置、一个值（单位为 N）和一个方向。图 9-2-7 是先前的介绍中由铅笔支撑的梁的理论模型。

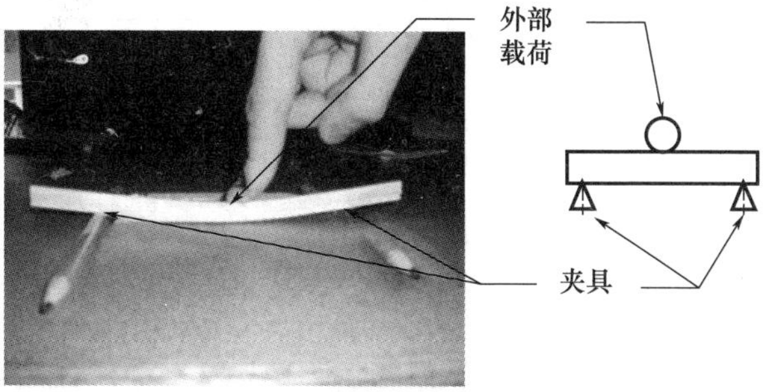

图 9-2-7　由铅笔支撑的梁的理论模型

为什么简支梁如此重要？因为它具有广泛的应用。房屋和建筑物的木架或钢架梁就采用简支梁设计（图 9-2-8），见由铅笔支撑的梁的理论模型。投石机也非常具有代表性，如图 9-2-9 所示。投石机的投臂绕框架之间的轴旋转，该轴就是简支梁。滑板也是简支梁典型模型，如图 9-2-10 所示。如果有人站在滑板中间，那么人就是外部载荷，轮子就是夹具，该结构可以近似为简支梁。本例是一种“简化分析”，它将三维问题简化为二维问题，但仍需要运行完整的模拟。

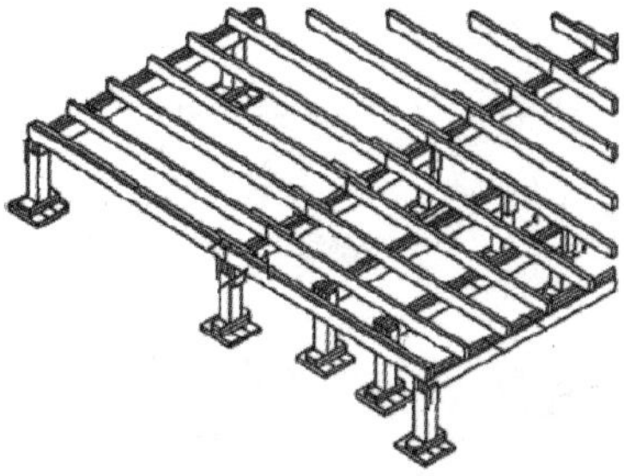

图 9-4-8　房屋和建筑物的木架或钢架梁

图 9-4-9　投石机

图 9-4-10　滑板

工程师经常使用保守假设来分析比真实结构情况更糟糕的状况，这样做可以提高设计的安全度，预留一定的强度裕度。图 9-2-11 中，使用结构的端点比使用实际接触点的情况更糟糕；使用位于中心的单个外部载荷比使用靠近中心的两个外部载荷的情况更糟糕。

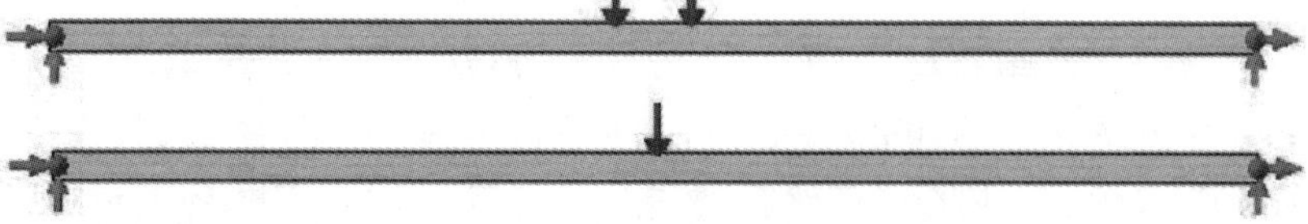

图 9-2-11　保守假设

使用此梁计算模型需要若干数据，见表 9-2-1。

表 9-2-1 梁计算所需的数据

物理量	来源	含义
弹性模量	材料属性	材料的刚度
转动惯量	截面属性	抗弯曲的能力
长度	几何体	要跨接的长度
载荷	（给定）	外部载荷

梁计算采用常用公制单位，部分常用的 SI 和 IPS（英寸、磅、秒）单位制单位见表 9-2-2。分析采用 SI 单位制，也称国际单位制，它采用 m、mm 和 N 等公制单位。

表 9-2-2 部分常用的 SI 和 IPS 单位制单位

数据	SI 单位符号	IPS 单位符号
弹性模量	Pa，MPa	psi
转动惯量	mm^4，cm^4，m^4	in^4
长度	mm，cm，m	in，ft
载荷	N，kN	lb

下面将采用若干种工具收集所需的数据，读者可按步骤计算表 9-2-3 中缺少的值。需要强调的是，作为初始推测，假设整个结构上的总质量荷载为 40N，在梁计算中取其一半，40N/2＝20N。

表 9-2-3 需要读者计算的表格中缺少的值

物理量	数值	单位
弹性模量（压力）	________	Pa
转动惯量（长度^4）	________	cm^4
长度	________	mm
载荷（力）	20	N

首先为模型中的梁指定材料。以轻木为例。右键单击“材料特征”并选择“编辑材料”；展开左侧的 SolidWorks 材料和 Woods 文件夹，然后单击“轻木”；在单位下选择“SI-N/m^2（Pa）”；单击“应用”，然后单击“关闭”，如图 9-2-12和图 9-2-13所示。选择材料轻木可使分析对将进行实际设计、建造并测试结构的人更具实用性。轻木是学生建造项目的常用材料，其弹性模量或弹性模数的值为 2999999232N/m^2。

图 9-2-12 指定材料界面（1）

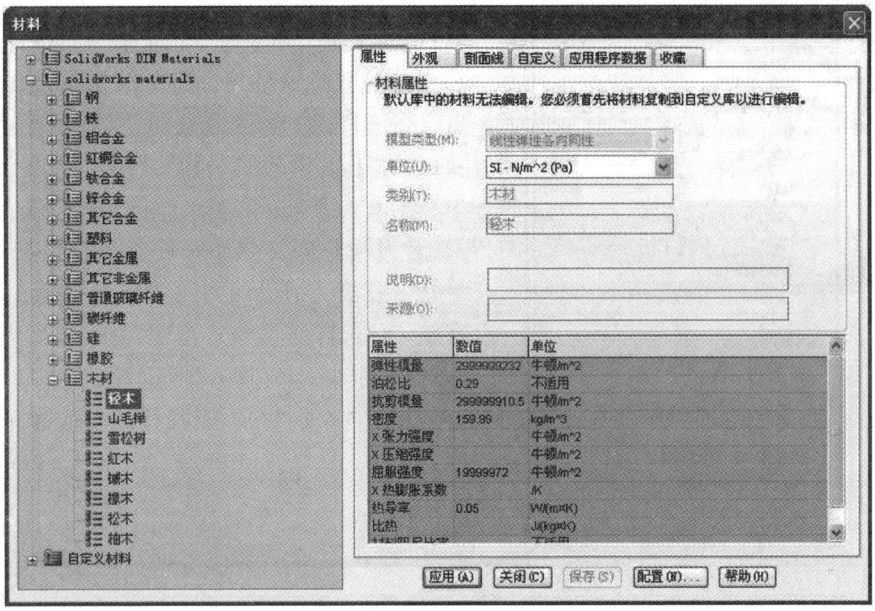

图 9-2-13　指定材料界面（2）

其次是调整截面属性。首先进行局部放大，依次单击“查看”“修改”“局部放大”，并从左上到右下拖动一个窗口覆盖结构的一角，如图 9-2-14 所示，需要强调的是，按“Esc”键可关闭缩放工具。其次进行面选择，选择如图 9-2-15 所示的面。之后，选择截面属性，依次单击“工具”“截面属性”“选项”和“使用自定义设定”；选择“厘米”和“6”位小数位；单击“确定”和“重算”；在中心的区域惯性极力矩＝0.025405cm^4；单击“关闭”，如图 9-2-16 所示。最后是缩放，依次单击“视图”“修改”“整屏显示全图”或单击“F”键以返回到全图屏幕。

可通过测量功能来测量模型几何体的距离或角度。第 ·步是测量，依次单击“工具”“测量”；选择梁的一条边，如图 9-2-17 和图 9-2-18 所示；梁的长度显示出来为 400mm。第二步是关闭，单击对话框右上角的“☒”将其关闭。

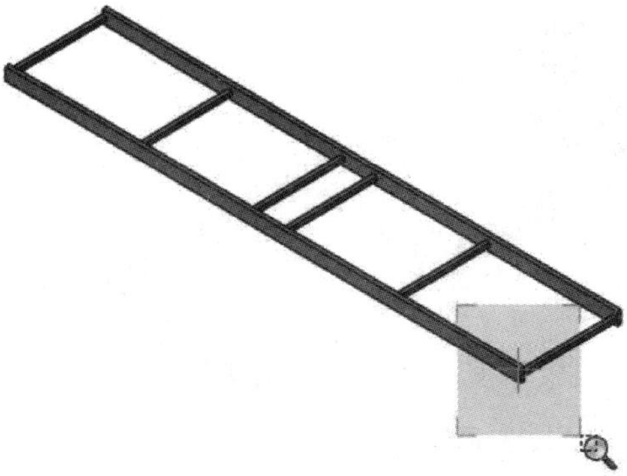

图 9-2-14　局部放大

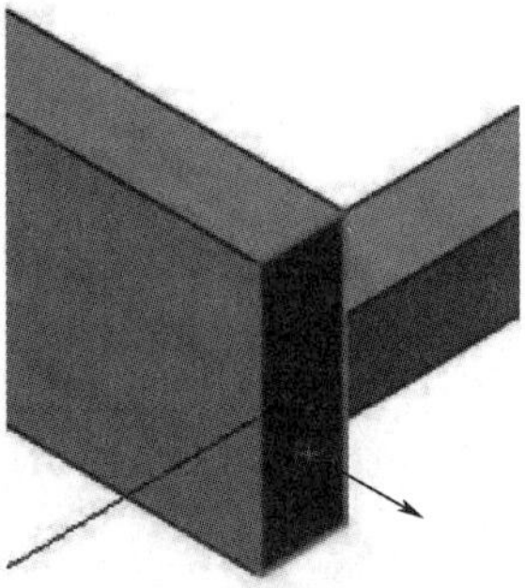

图 9-2-15　面选择

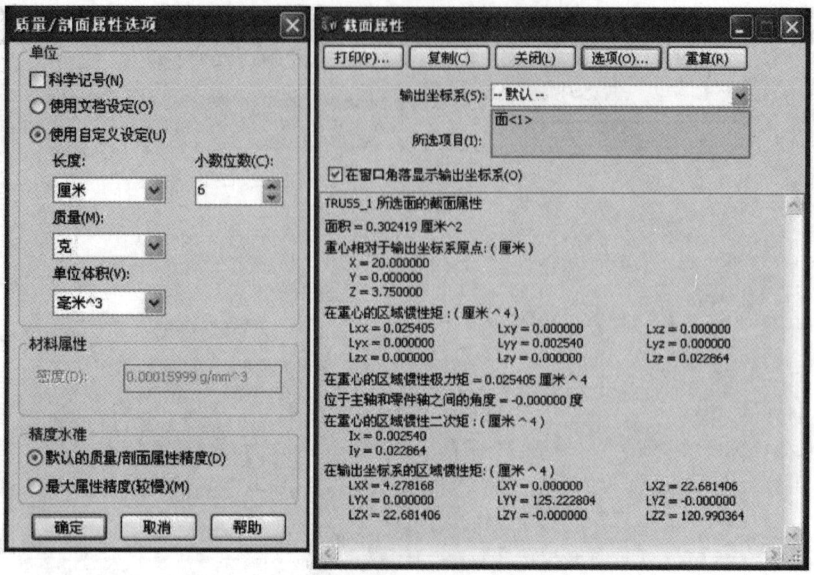

图 9-2-16 选择截面属性

图 9-2-17 梁的长度显示（1）

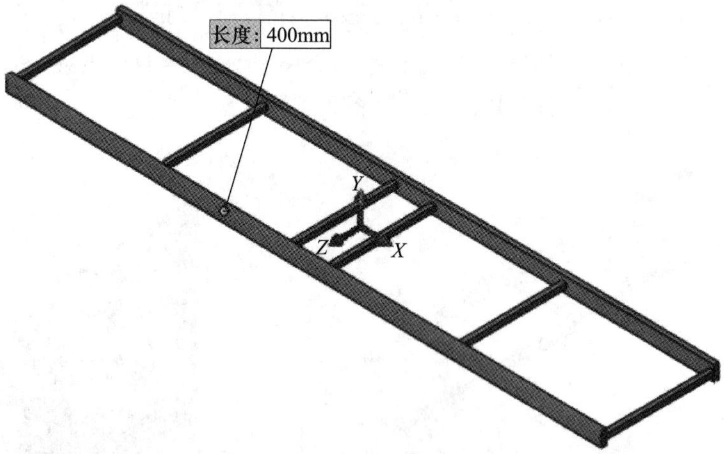

图 9-2-18 梁的长度显示（2）

然后，利用梁计算器，使用输入值来确定梁的最大位移，从“收集数据”检索数据。需要强调的是，此对话框采用“挠度”一词，但在 SolidWorks 软件用户手册中该词指位移。第一步是启动梁计算器，依次单击“Toolbox”“梁计算器”。第二步是设置，清除挠度字段中的任何值（清除该字段后求解按钮才可用）；使用滚动条找到“在两端支撑，在中间装入”；依次单击“Y 局部轴”“公制”和“挠度”。第三步是键入值，在对话框中键入或复制并粘贴表 9-2-4 中各个值；单击“求解”，在该载荷（梁中央）作用下，位移约为 35mm；单击“结束”，如图 9-2-19 所示。直到清除挠度字段中的内容后，求解按钮才可用。

表 9-2-4　需要粘贴的各个值

数据	数值	单位
弹性模量（压力）	2999999232	Pa
转动惯量（长度^4）	0.025405	cm^4
长度	400	mm
载荷（力）	20	N

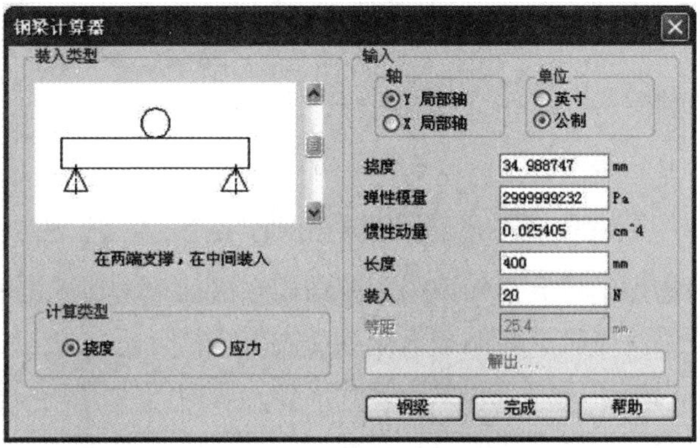

图 9-2-19　求解

根据计算结果，读者可尝试着回答一下以下两个问题，即位移比一英寸大还是小，转换位移英寸：35mm/25.4=________英寸。第四步是关闭零件，依次单击“文件”“关闭”以关闭零件；当出现“是否保存对 TRUSS _ 1 的更改?”消息时，单击“不保存”。

9.3　分析结构

在本节内容中，读者将学习使用 SolidWorks Simulation 来分析梁结构，如图 9-3-1 所示。SolidWorks Simulation 是供设计师使用的结构分析工具，作为插件添加到 SolidWorks 中。使用此软件可直接分析实体模型。用户还可以使用算例方便地设置单位、材料类型、外部载荷以及其他设定，可对实体模型进行更改并更新结构分析结果。

分析步骤依次为以下四步：①在 SolidWorks 中创建设计；SolidWorks Simulation 可以分析零件和装配体。②在 SolidWorks Simulation 中新建一个静态算例；SolidWorks Simulation 项目将包含问题的所有设置和结果，以及每个与模型相关联的项目；这包括添加夹具、添加外部载荷和将模型网格化。③运行分析，此过程有时称为求解。④查看包含图解、报告和 eDrawing 的 SolidWorks Simulation 结果。

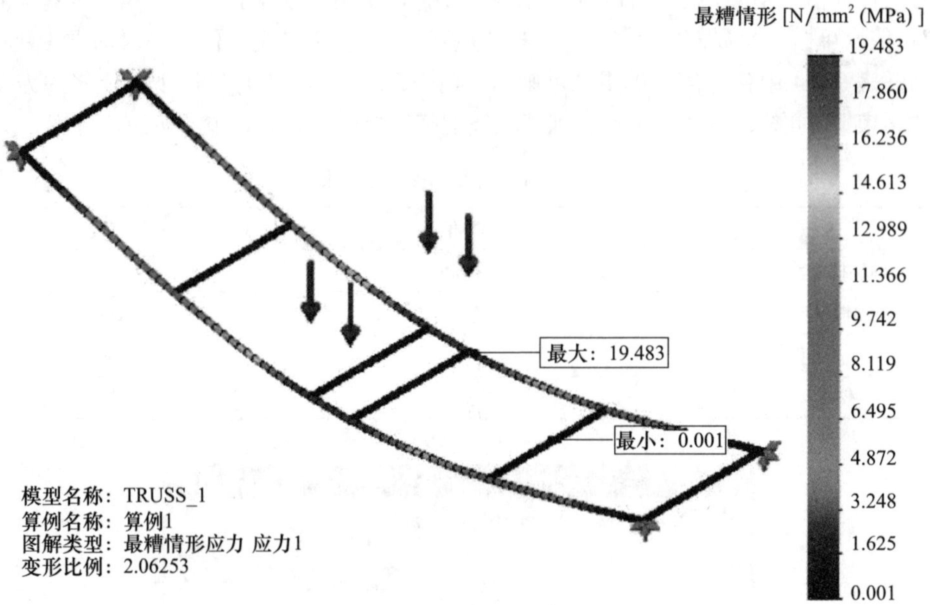

图 9-3-1　使用 SolidWorks Simulation 来分析梁结构

结构分析是使用物理学和数学知识来预测结构在诸如重力和压力等外部载荷下的行为的过程。建筑物、桥梁、飞机、船舶和汽车等都需要结构分析。

通过结构分析可以确定应力、安全系数和位移。应力的作用不容小觑，施加到结构上的外部载荷会在结构内产生内力和应力，进而导致结构失效或断裂。安全系数至关重要，安全系数（FOS）是材料可承受的最大应力与实际应力的比值。安全系数≥1 结构就安全，如果安全系数<1 则认为结构不安全。位移的作用亟须关注，在先前的介绍中已提到，施加到结构上的外部载荷会强迫结构从未承受载荷时的位置移动。位移是从原始位置移动到某点的距离。结构分析广泛应用于制造业的多个领域，比如建筑和桥梁行业的地板、墙壁和地基，飞机行业的飞机机身、机翼和起落架，船舶行业的船体、舱壁和上部构造，以及汽车行业的底盘、车身和碰撞测试等。

桁架是否能跨接所需的跨距？怎样才是最高效的桁架设计？桁架能承受的最大载荷是多少？如果没有分析工具，这些问题则必须进行代价高昂的原型测试设计循环以确保产品性能符合客户的期望。设计分析使快速经济地采用计算机模型进行设计循环成为可能。即使制造成本不是重要的考虑因素，设计分析也能在提高产品质量方面带来很多好处，它使工程师无须花费大量时间建造原型即可检测设计问题。设计分析还便于对许多设计方案进行研究，从而有助于开发出最优设计。快速经济的分析经常会揭示出不太明显的解决方法，并使工程师通过更好地理解产品行为从而获益。

SolidWorks Simulation 的结构分析分为若干阶段。第一步是预处理，在此阶段，用户添加与结构及其所在环境相关的必要信息，其中，包括材料、夹具以及施加到结构上的外部载荷。第二步是分析，通过网格化过程将模型划分为称为单元的小块。然后使用此信息来创建有限元模型并求解。第三步是后处理，采用图形形式向用户展示结果，以便用户识别问题。结果包括 SolidWorks Simulation 向导的优化和结果页面。完成所有阶段后，用户可以将所有的分析信息随模型保存起来，便于进行后续更改。

设计循环用于对模型或预处理信息进行更改。模型更改可能是更改诸如梁的长度等尺寸，对预处理信息的更改可能是更改材料、夹具或载荷。无论哪种更改都会强制模型进行重新分析，不断循环直到获得最佳方案为止，如图 9-3-2 所示。

尽管 SolidWorks 零件非常简单，但在随后添加侧壁和支撑的过程中，读者会体会到它们对结构所起的重要作用。下面，让我们打开模型看看它表示的物体。再次打开该零件文件，单击打开；在打开窗口中，选择 9.2 节设计的零件文件并单击“打开”，零件如图 9-3-3 所示。

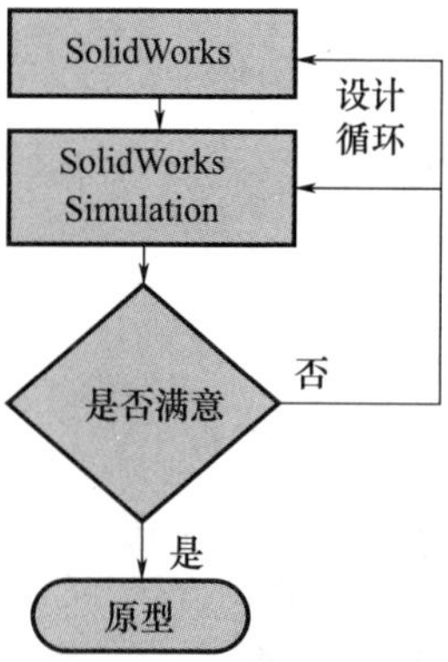

图 9-3-2　设计循环

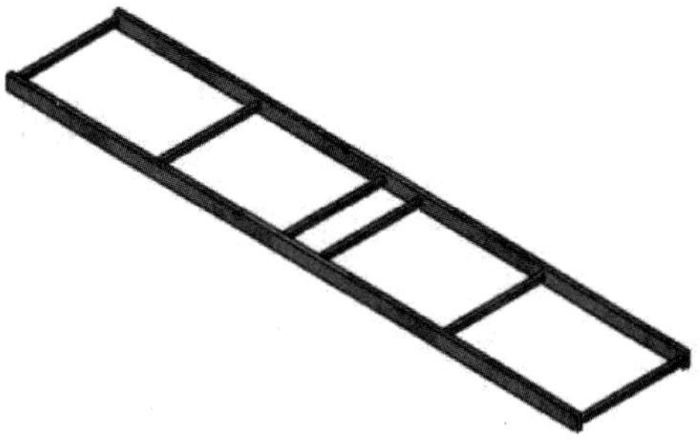

图 9-3-3　模型的更改

为了进行结构分析，必须创建一个新算例。SolidWorks Simulation 使用算例来存储并组织与结构分析相关的所有数据。算例还用于指定读者运行的分析的类型。SolidWorks 提供许多分析类型，它们包括静态、频率、扭曲、传热、掉落测试、疲劳、非线性、线性动态、压力容器设计等。本案例项目使用静态分析，这种算例用于预测结构中的何处会由于应力而失效。生成新算例如图 9-3-4 所示，从 Simulation 下拉菜单中选择算例的过程如下：单击“Simulation”“算例”，使用默认名称算例 1 并单击“静态”，单击 。

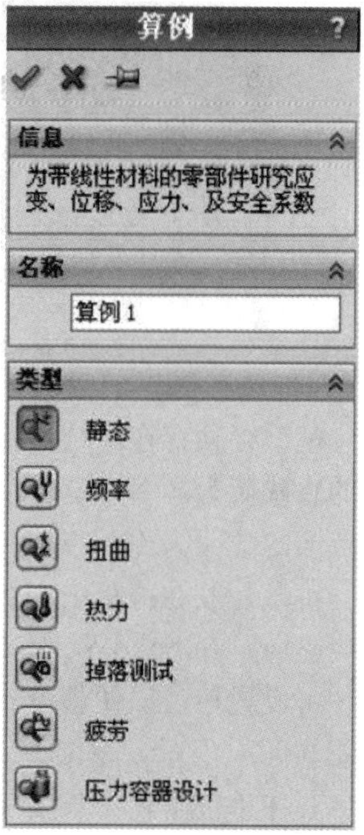

图 9-3-4　生成新算例

FeatureManager 设计树出现在屏幕左侧 Simulation 算例树的上方，上方的树列出模型几何体的特征，下方的树列出分析或模拟模型的特征，如图 9-3-5 所示。

环境用于描述结构的使用方式。通过了解结构的放置情况及其必须承受的载荷，可以确定 SolidWorks Simulation 所需的两个关键项：夹具和外部载荷，如图 9-3-6 所示。

夹具是结构上将被固定或限制移动的区域，即未受支撑的跨越距离，本例中跨距为 350mm。结构的每端与支撑结构的桥墩或堤岸重叠 25mm。跨距始终短于结构的全长。夹具定义在模型端部的四个位置，如图 9-3-7 所示。

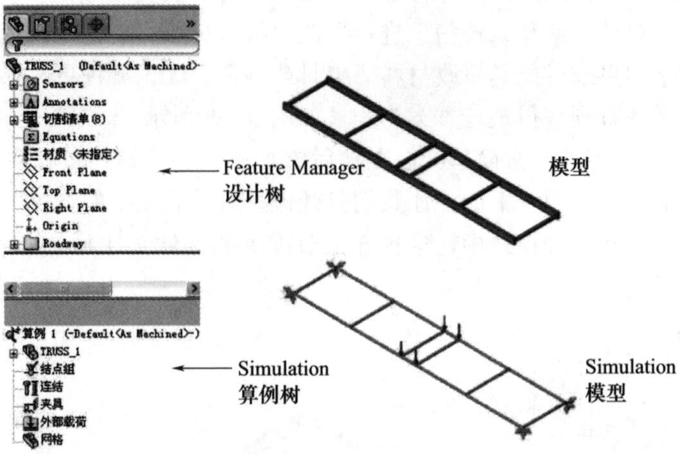

图 9-3-5　FeatureManager 设计树和 Simulation 算例树

图 9-3-6　环境因子

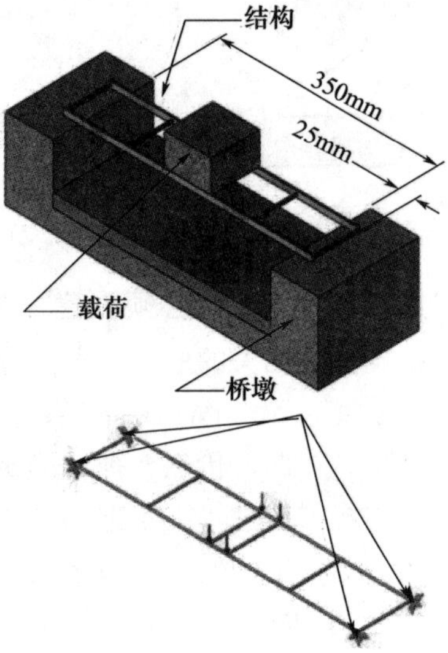

图 9-3-7　夹具

模型必须存在向结构施力的外部载荷。假设方形砖堆放在结构上的跨距正中位置，砖堆的总载荷为 40N，有 4 个负载点，分别是跨距中央附近的梁的 4 个连接点。这意味着每个点上的载荷为 40N/4＝10N（约 2.25 磅），如图 9-3-8 所示。

将载荷放在跨距中心是这类桁架结构的“最糟”情形。如图 9-3-9 所示，此结构现在相当脆弱，在 SolidWorks 软件用户手册的引导下，用户将让结构逐步加强。

可设置单位以便整个分析生成统一的结果。本示例选择使用 mm 和 MPa。设置单位如图 9-5-10 所示，单击“Simulation”“选项”，然后单击“确定”；单击“默认选项”选项卡；在单位下，为长度/位移选择“mm”，为压力/应力选择“N/mm^2（MPa)”；单击“确定”。

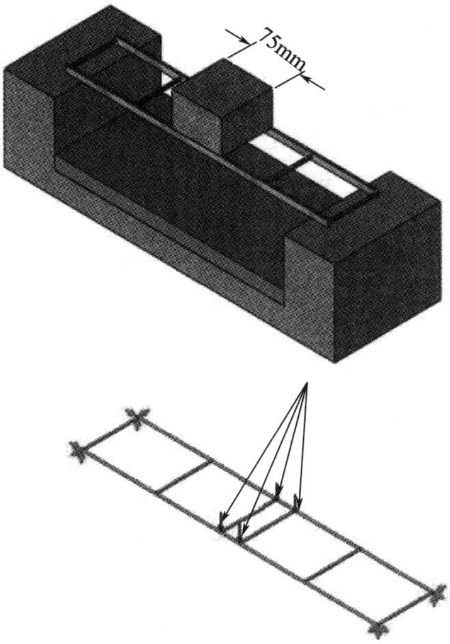

图 9-3-8　外部载荷

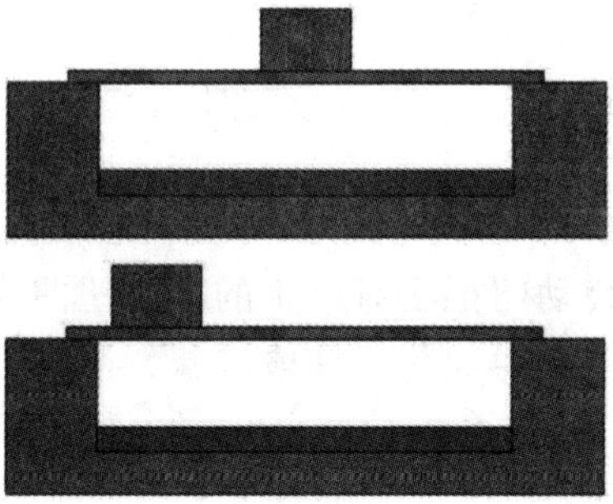

图 9-3-9　载荷为何位于中心

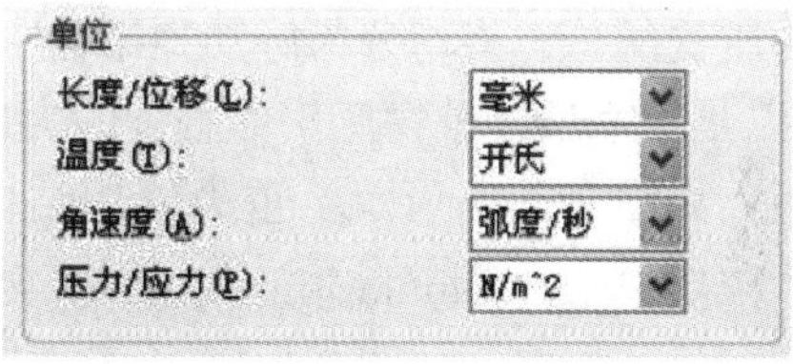

图 9-3-10　设置单位

结构分析的第一个阶段是预处理，收集所有必要信息并将其应用到模拟算例，包括材料（梁的材料）、夹具（不能自由移动的位置）、外部载荷（施加到模型上的力）、网格（基于模型生成的一种模拟模型，它将梁划分为称为单元的小块）。

材料是必须提供的值，它确定材料属性和模型几何体的外观。在本例中一次向所有梁应用相同的材料，依次单击“Simulation”“材料”“应用材料到所有”；展开 Woods（木材）文件夹并选择“Balsa（轻木）”；单击“应用”，然后单击“关闭”。

接榫在梁中心线的交点处自动生成。这些接榫将用于定位夹具以及外部载荷，如图 9-3-11所示。

夹具用于限制模型中特定点的移动。结构端部放在桥墩上的点指定为夹具，如图 9-3-12 所示。在此项目中，桥梁将放在桥墩上以跨越整个跨距，桥梁将与桥墩接触，但不会黏合或以任何方式固接。添加夹具如图 9-3-13 所示，依次单击“Simulation”“载荷/夹具”“夹具”；单击“不可移动（无平移）”并选择接榫；若要纠正错误，单击选择项所在的方框并选择“清除选择”，清空方框后重试再次选择。符号大小如图 9-3-14 所示，展开符号设定部分并将符号大小增大到 150，使符号更方便阅读；单击✔。

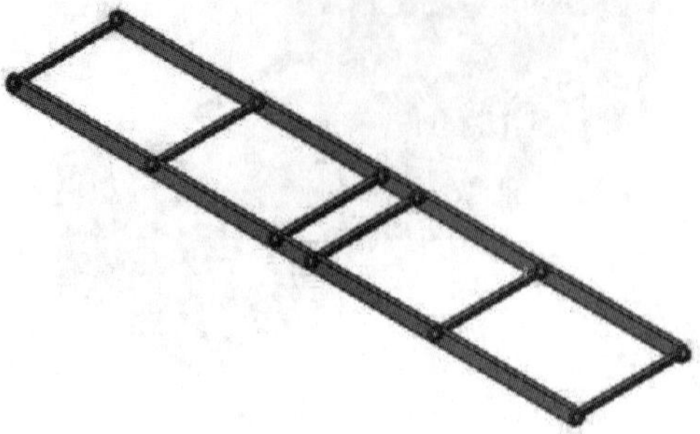

图 9-3-11　接榫

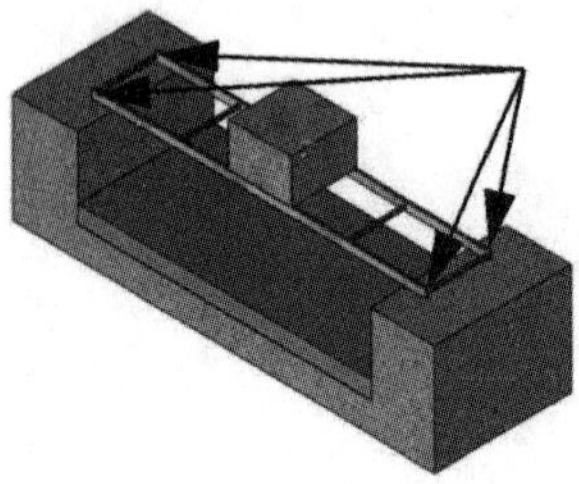

图 9-3-12　夹具

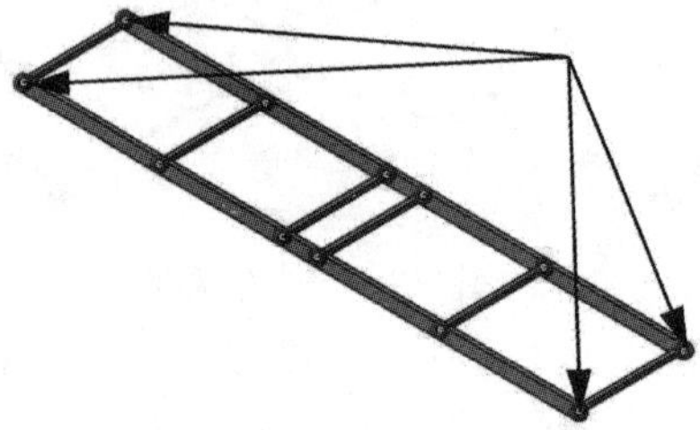

图 9-3-13　添加夹具

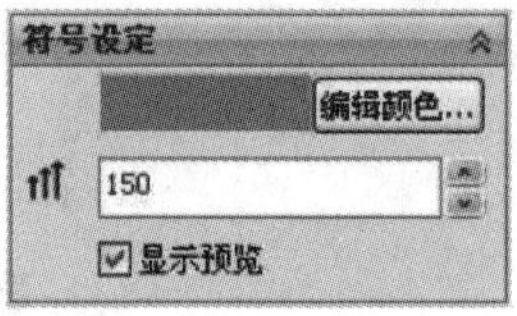

图 9-3-14　符号大小

结构所受的总力将均分为施加到结构中心附近的 4 个 5N 的力。力具有方向和值（大小），可以是类似悬挂重物产生的直接的力或类似转动门把手时产生的具有扭曲或弯曲作用的力矩，如图 9-3-15 所示。重力使用结构的质量作为载荷。具体步骤如下：第一步是加入力，依次单击“Simulation”“载荷/夹具”“力”，单击“接榫”，如图 9-3-16 所示，选择可见的接榫，如图 9-3-17 所示。第二步是设置方向，如图 9-3-18 所示，单击方向字段并展开弹出的 FeatureManager 设计树，单击特征上视基准面。第三步是设置单位，如图 9-3-19 所示，确保将单位设置为 SI。第四步是指定力，如图 9-3-20 所示，单击垂直于基准面并如图所示将值设置为 10N；单击“反向”使箭头指向下方；单击✔，结果如图 9-3-21 所示；可像在夹具部分中那样使用符号设定选项来增大或减小符号，这些已设置为 150。第五步是保存，单击“保存”以保存模型和模拟数据。

图 9-3-15　力与力矩

图 9-3-16　接榫界面

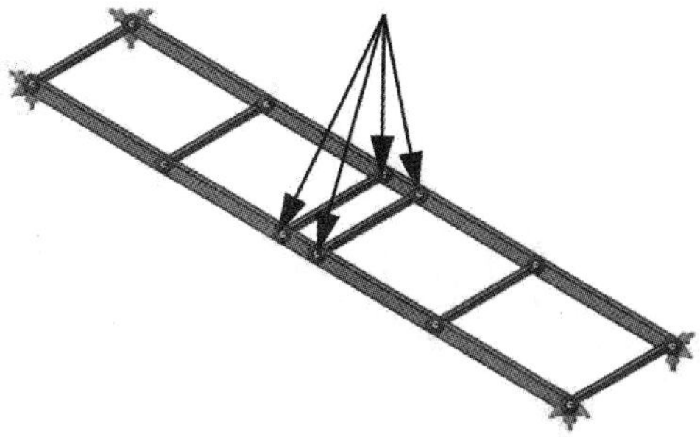

图 9-3-17　接榫图形

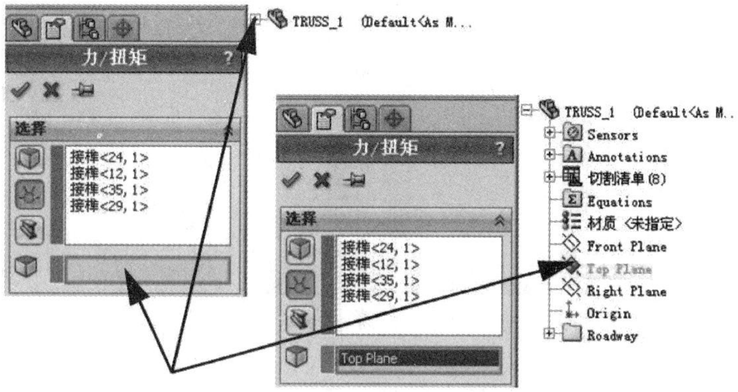

图 9-3-18　设置方向

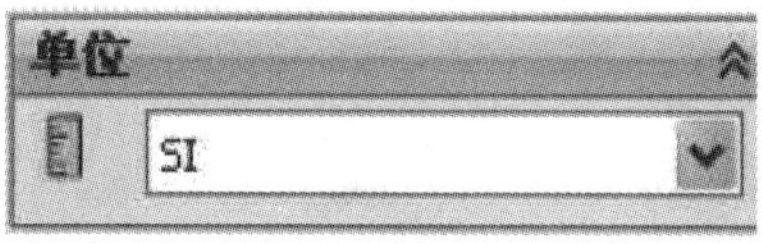

图 9-3-19　设置单位

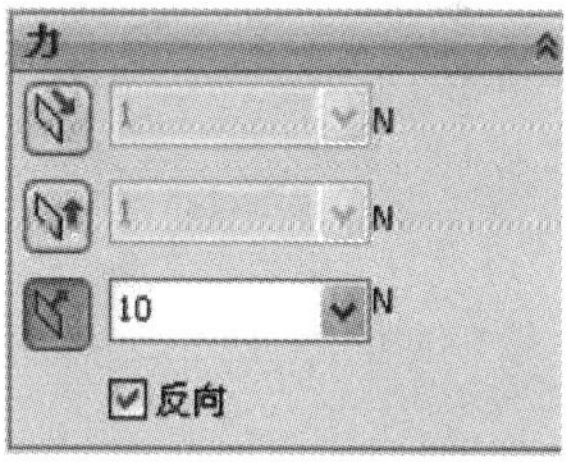

图 9-3-20　指定力界面

图 9-3-21　指定力图形

结构分析必须创建网格以生成分析所用的小块。分析模型由一系列相互连接的节点和单元构成，如图 9-3-22 所示。网格化如图 9-3-23 所示。单击“Simulation”“网格”“创建”，即可进行几何体创建网格。

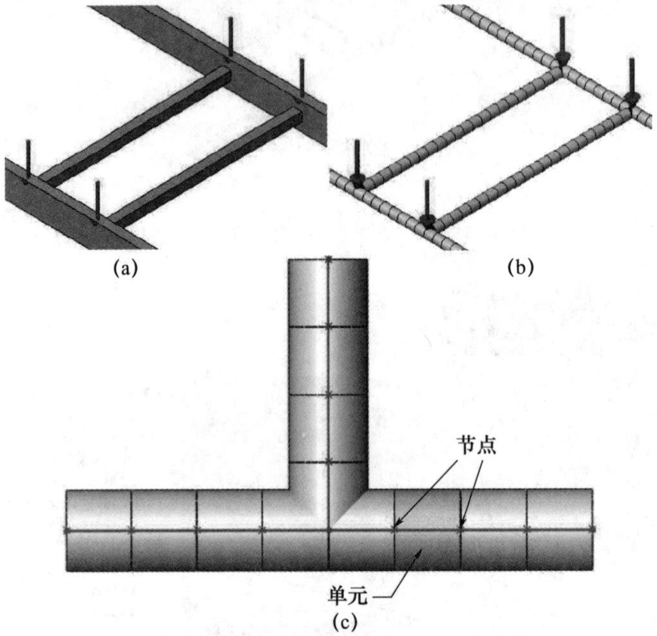

图 9-3-22　网格化模型

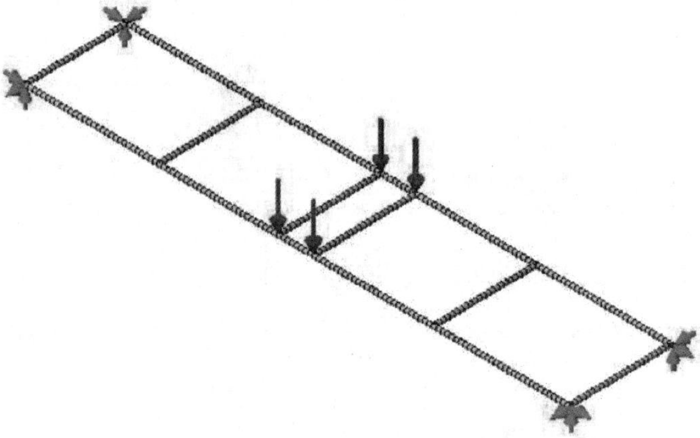

图 9-3-23　网格化

SolidWorks Simulation 根据用户的输入进行分析并得出结果，用户可使用默认设置以加快得出结果。

先前的介绍中，采用了梁计算通过对简支梁的简化分析确定了一个大致的位移，约为 35mm，下一步，用户的目标是从模拟分析得出位于相同的数量级内，即介于 3.5mm 和 350mm 之间，最好接近 35mm 的结果。运行如图 9-3-24 所示，依次单击“Simulation”“运行”；运行完成后，会在 Simulation 算例树的结果文件夹中看到两个特征。模拟分析现可用于后处理。

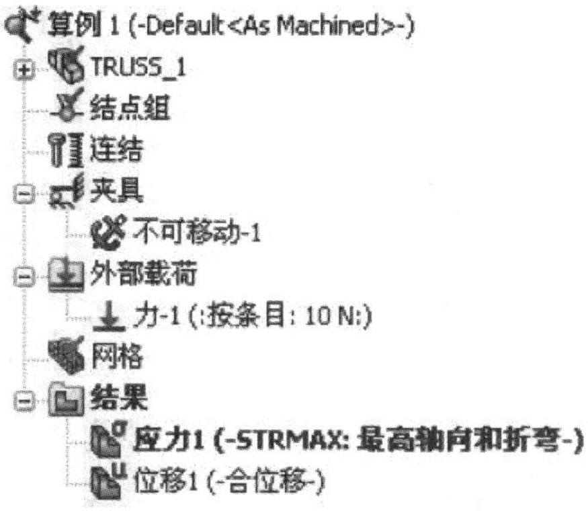

图 9-3-24　运行

在分析运行的过程中，读者必须掌握一些有助于解释结果的术语。第一个是弯曲和位移，如图 9-3-25 所示。弯曲由施加到梁上的载荷导致，载荷导致梁弯曲并沿载荷方向移动；位移是梁从原始位置发生的移动，“最糟情形”位移在当载荷位于梁中心时出现。第二个是拉伸和压缩，如图 9-3-26 所示。当梁弯曲时，梁的上半部分（载荷施加到的面）压缩，而相对的面则拉伸。第三个是应力，应力是用于表达结构受到外部载荷后在内部产生的单位面积上的力。SolidWorks Simulation 可显示结构上高应力和低应力的区域，如图 9-3-27 所示。第四个是屈服强度，表示梁抵抗应力的极限。对于金属来说，材料通常会在载荷下发生弯曲，但在载荷撤消后恢复其原始形状。屈服强度使材料弯曲并在载荷撤消后保持弯曲的点，这称为塑性变形。第五个是安全系数，安全系数是用于查看分析结果的快捷方式，指材料屈服强度与最大应力的比值，如果安全系数≥1 则认为设计成功，如果安全系数<1 则认为设计失败。工程师通常确保设计的安全系数大于 2，经常出于安全性和可靠性的原因对结构进行“过度设计”。

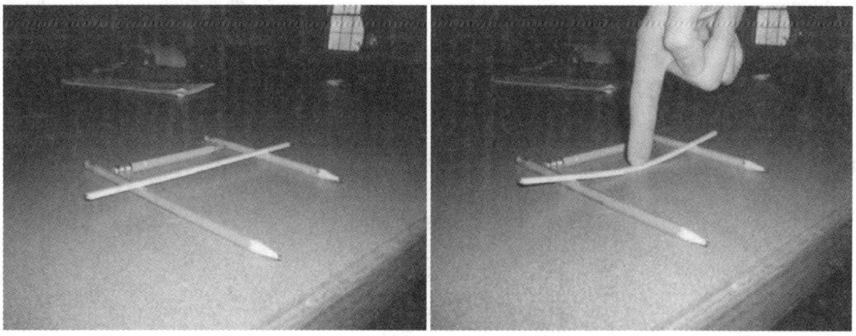

图 9-3-25　弯曲和位移

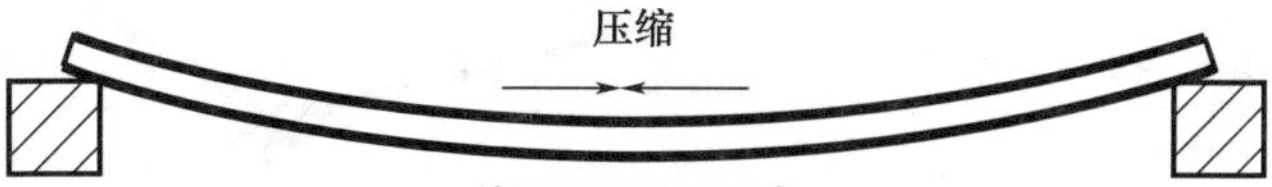

图 9-3-26　拉伸和压缩

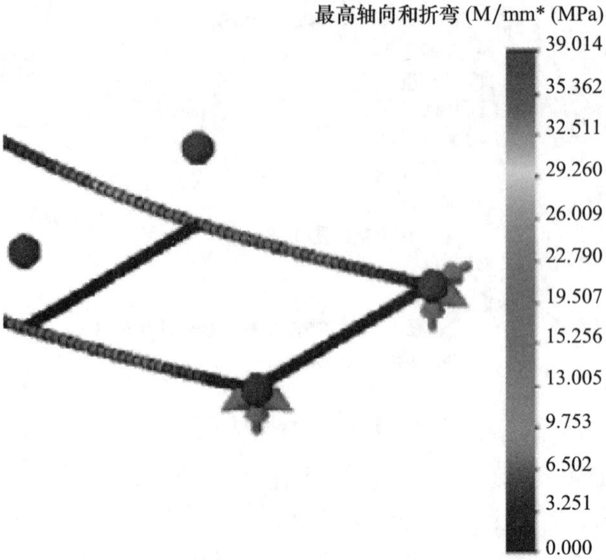

图 9-3-27　SolidWorks Simulation 显示的结构上高应力和低应力区域

分析完成后，后处理即开始。后处理会在 Simulation 算例树的结果文件夹中生成两幅图，这两幅图可供查看和修改。第一个是应力分布。暖色表示高应力，冷色表示低应力，如图 9-3-28 所示。用右键单击“接榫组”，可以选择“隐藏”或“显示”接榫。第二个是位移，双击“位移 1（-合位移-）图解”进行查看，如图 9-3-29 所示。得出的结果（读者的结果可能有差异）见表 9-3-1。位移采用科学计数法（读者的结果可能包含不同的格式）。读者可以尝试计算一下，“3.880e＋001”表示 3.880×10^1，即 $3.880\times10^1=3.880\times10=$＿＿＿＿＿ mm，换算成英寸是多少？将结果除以 25.4＝＿＿＿＿＿ in。

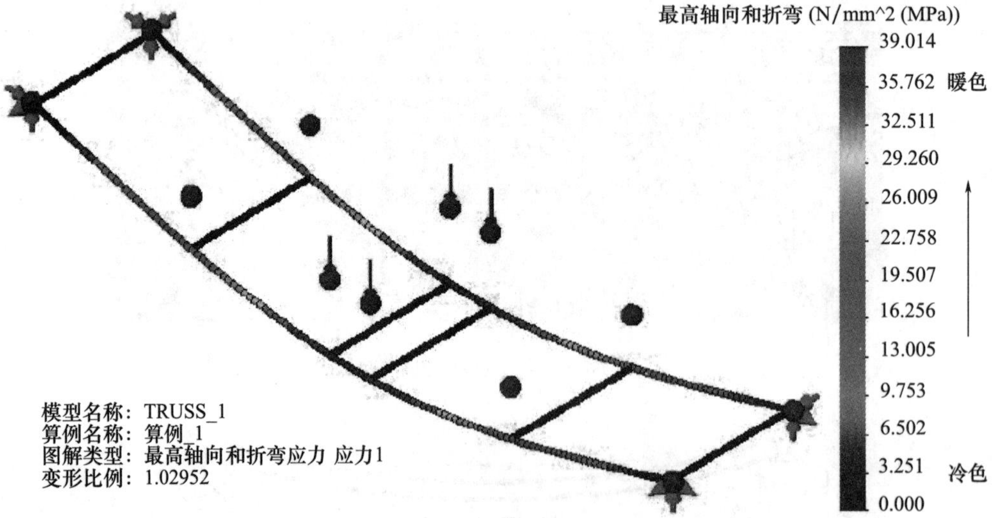

图 9-3-28　应力分布

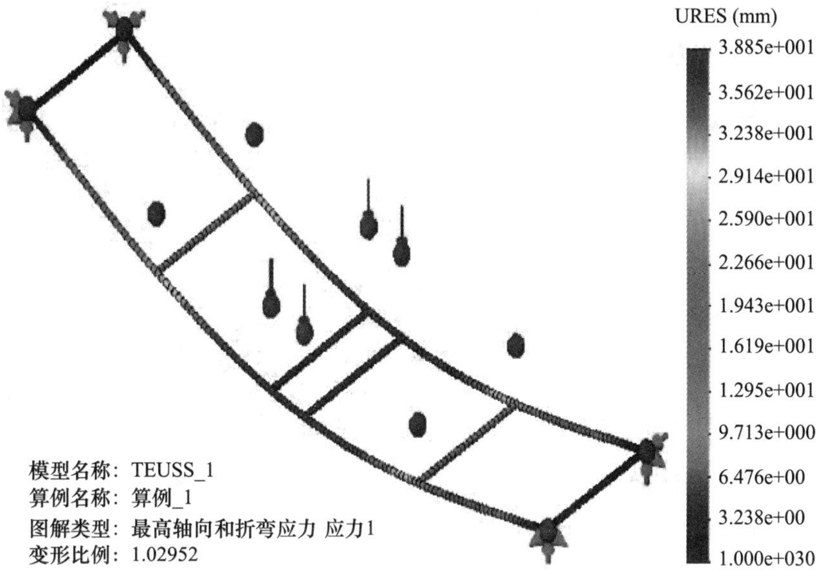

图 9-3-29　位移

表 9-3-1　解释结果

应力	位移
39.014MPa	3.885e+001mm

想要弄清结构能承受多大应力，最好的解决办法是创建安全系数图解。在 Simulation 算例树中右键单击结果文件夹并选择定义安全系数图解；保留默认值并单击“下一步”；将乘数保持为 1 并单击“下一步”；单击安全系数以下的区域并单击，如图 9-3-30 所示。当前的安全系数在对话框中列为 0.512642 或 0.5，小于最小值 1，如图 9-3-31 所示。安全系数以下的区域在图解中显示为红色，如果 1 是安全系数的底线，则说明载荷太重，结构无法承受，必须降低载荷。

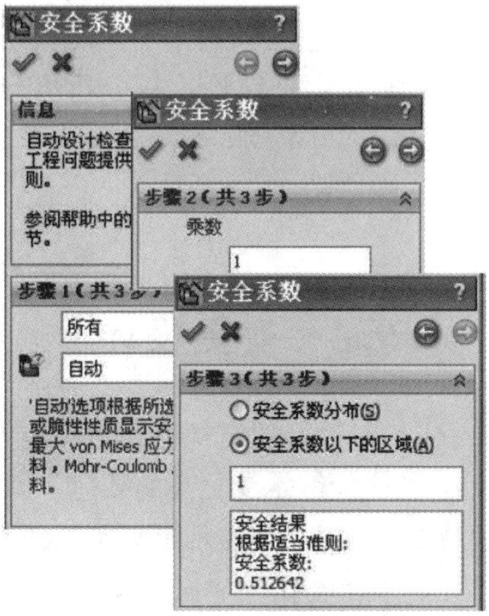

图 9-3-30　创建安全系数图解

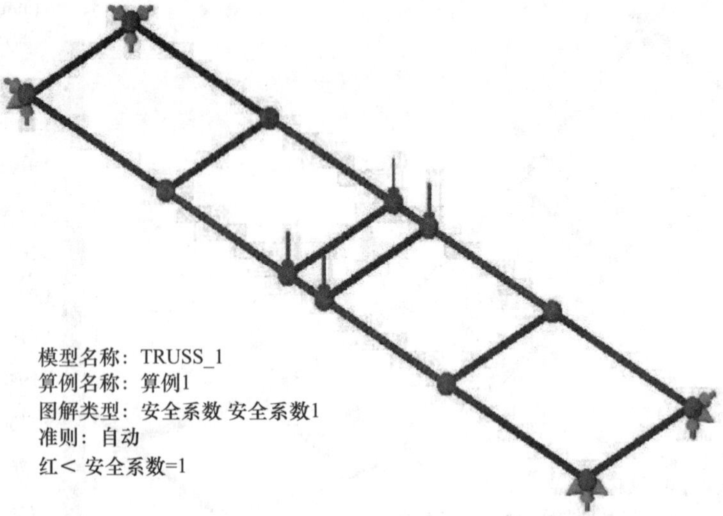

图 9-3-31　安全系数图形

因为结构无法承受该载荷，下一步是找出结构能承受多大载荷。为此需要修改载荷，重新分析结构，直到获得约为 1 的安全系数为止，此过程称为迭代。在迭代更改并减少载荷之前，需要确定减量为多大。当前信息告诉我们，当载荷为 4×10N＝40N 时安全系数约为 0.5，如果将总载荷乘以安全系数倍，结果应该能产生约为 1 的安全系数。安全系数×总载荷＝0.5×40N＝20N 或每个面 5N。

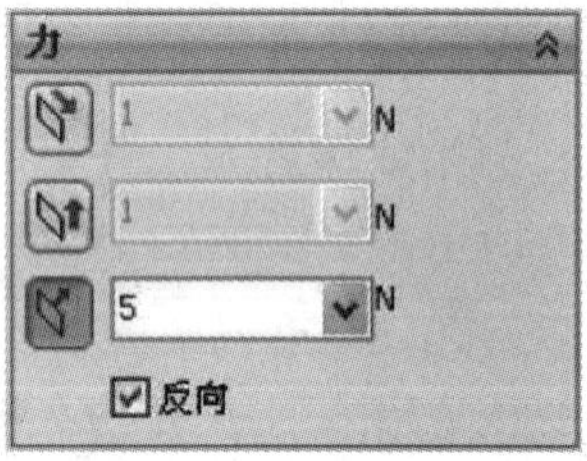

图 9-3-32　编辑外部载荷

下面，将使用迭代来分析模型看此公式能否得到验证。第一步是编辑外部载荷，右键单击“特征力 1（每项－10N:)”并选择“编辑定义”，将载荷设置为 5N 并单击 ，如图 9-3-32 所示。第二步是重新运行，依次单击“Simulation”“运行重新运行分析”。第三步是获取安全系数，双击“结果安全系数 1（-自动-)”；安全系数呈绿色表示大于 1。第四步是关闭零件，依次单击“文件”“关闭”，然后单击“保存”以保存更改。第五步是结论，从分析可知，结构无法承受初始载荷，使用 SolidWorks Simulation 可通过迭代找出结构能承受的最高载荷。

9.4　变更设计

根据使用 SolidWorks Simulation 进行的结构分析可以得出结论：结构需要加强。为此，增加侧壁，用于加强设计，使之能够承受更高的载荷，如图 9-4-1 所示。

打开模型应遵守相关规定。第一步是打开零件文件，单击打开 ；在打开窗口中选择相应文件并单击“打开”；此版本包含由水平构件和垂直构件构成的侧面，如图 9-4-2 所示；此零件与先前的零件相同，只是增添了侧壁，它也已经有了算例 1，此算例使用与先前的零件相同的值。第二步是访问现有算例，单击屏幕左下部的“算例 1”选项卡，Simulation 算例树出现，分析中有夹具、外部载荷和网格，如图 9-4-3所示。第三步是运行分析，依次单击“Simulation”“运行”，模拟现已可用于后处理。第四步是安全系数图解，在 Simulation 算例树中右键单击结果文件夹并选择定义安全系数图解，使用与“创建新图解”相同的程序。第五步是标签，右键单击结果“安全系数 1（-自动-）”并选择图表选项；单击显示最小注解，然后单击✔，如图 9-4-4 所示。结果显示，与前文类似的初始载荷相比，安全系数已经减小。

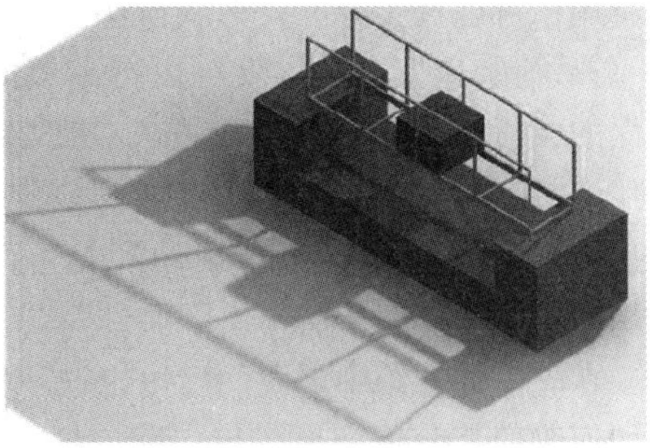

图 9-4-1　追加设计

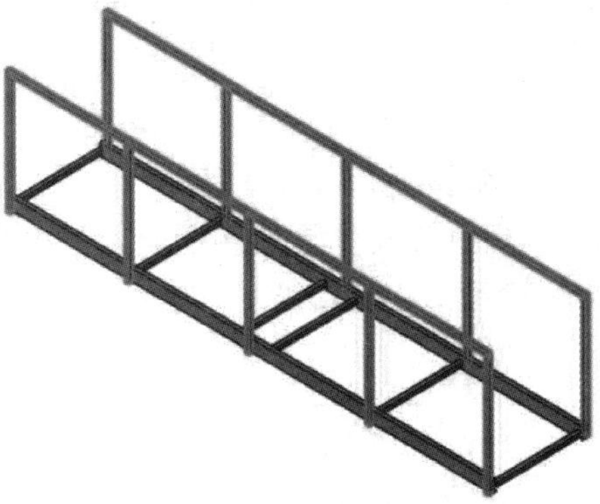

图 9-4-2　打开零件文件

图 9-4-3　访问现有算例

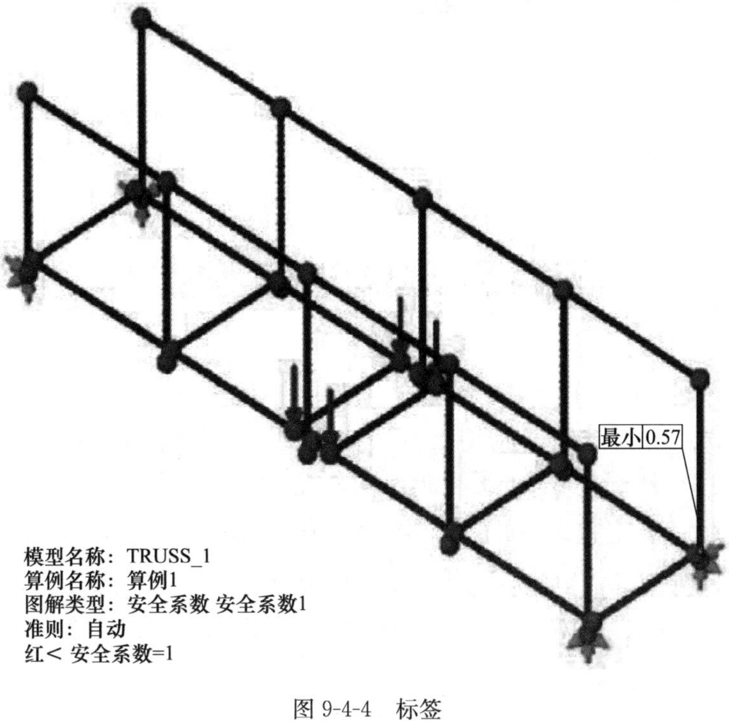

图 9-4-4　标签

用户可以逐步升高外部载荷，以了解此版本的结构承受多大载荷时安全系数能够达到1。总载荷乘以安全系数就可以得出最大允许载荷。在此例中，20N×0.57=11.4N，每一面的载荷为11.4N/4=2.85N。更改载荷的第一步是编辑外部载荷，右键单击“特征力-1（：每项：-10N：）”并选择编辑定义，将载荷设置为2.85N并单击。第二步是重新运行，依次单击“Simulation”“运行重新运行分析”，最小安全系数应再次接近1。第三步是关闭零件，依次单击“文件”“关闭”，然后单击“保存”以保存更改。

在先前的介绍中，我们已讨论过三角形和交叉支撑的值，下面来看使用交叉支撑的结构如何改变其分析结果。与之前一样，载荷仍为先前的设置（在4个位置均为3.45N），除增加了支撑外完全相同，如图9-4-5所示。第一步是打开模型，即打开零件文件；单击打开；在打开窗口中，选择对应文件并单击打开。此版本与先前版本相似，只是在中央部分增加了一些交叉支撑，如图9-4-6所示。此零件与先前的零件相同，只是增添了侧壁，它也已经有了算例1，此算例使用与先前的零件相同的值。第二步是访问现有算例，单击屏幕左下部的算例1选项卡，Simulation算例树出现，分析中有夹具、外部载荷和网格，如图9-6-7所示。第三步是运行分析，依次单击“Simulation”“运行”；模拟现已可用于后处理，可生成安全系数图解。第四步是编辑外部载荷，用右键单击“力1特征”，然后选择“编辑定义”，将载荷设置为4.5N并单击。第五步是重新运行，依次单击“Simulation”“运行重新运行分析”，结果应为最小安全系数再次接近1。

图9-4-5　交叉支撑

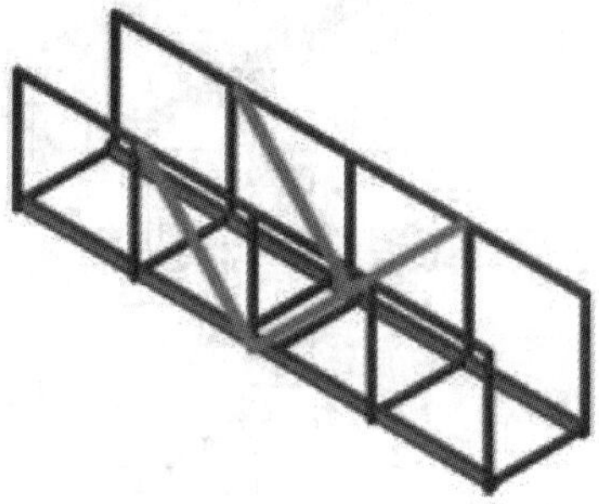

图9-4-6　增加了一些交叉支撑

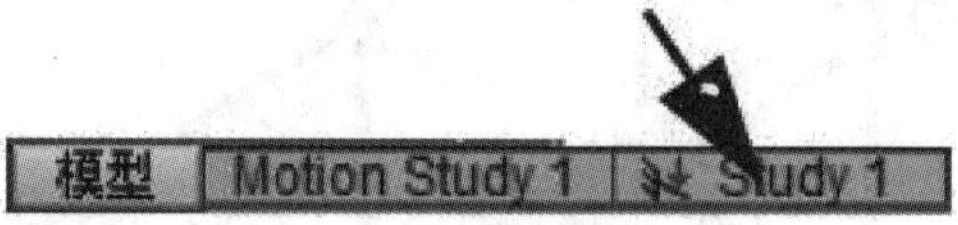

图9-4-7　访问现有算例

交叉支撑形成三角形，能够“强化”框架，帮助框架承受弯曲和扭曲力。增设交叉支撑的第一步是应力图解，双击“应力1（-STRMAX：最高轴向和折弯-）”图解以查看应力列表，如图9-4-8所示。第二步是变形形状，右键单击“应力1（-STRMAX：最高轴向和折弯-）”图解，然后选择编辑定义，确保选中“变形形状”和“自动”；单击，如图9-4-9所示。第三步是前视，从视图方向图标单击“前视”，从前面查看模型的应力分布。采用交叉支撑的模型中央部分由于增加了支撑力，其形状保持效果胜过边缘部分，如图 9-4-10 所示，通过设置选项，模型可以叠加变形形状，改变图外观以显示明显的颜色变化。第四步是设置，右键单击“应力 1（-STRMAX：最高轴向和折弯-）”图解，然后选择设置，如图 9-4-11 所示；在边缘选项下，选择“离散”；在变形图解选项下，单击“将模型叠加于变形形状上”，并将透明度设置为 0.7，单击✔，如图 9-4-12 所示，需要强调的是，标题和颜色图表可以通过拖放方式移动。

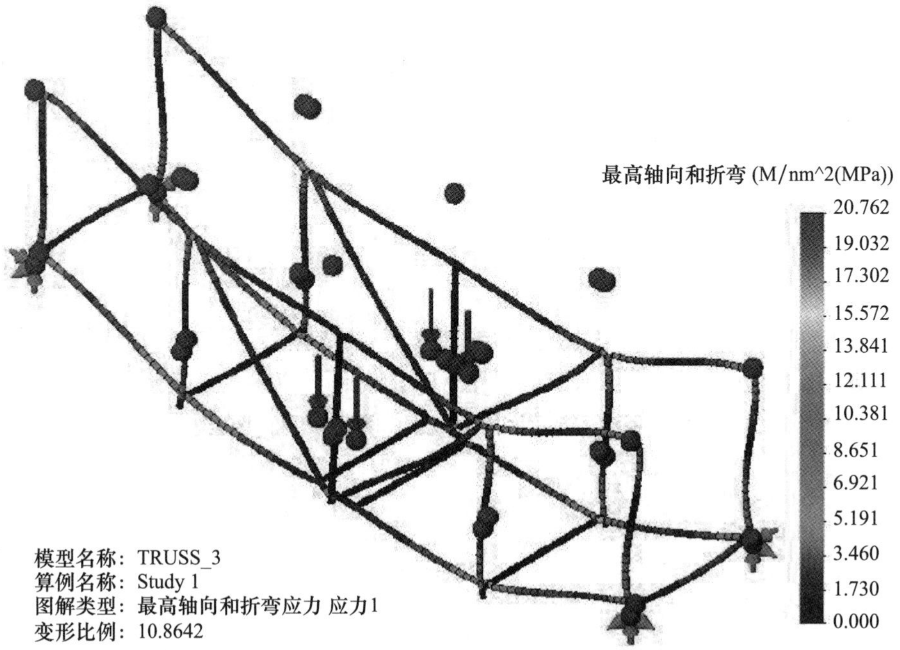

图 9-4-8　应力图解

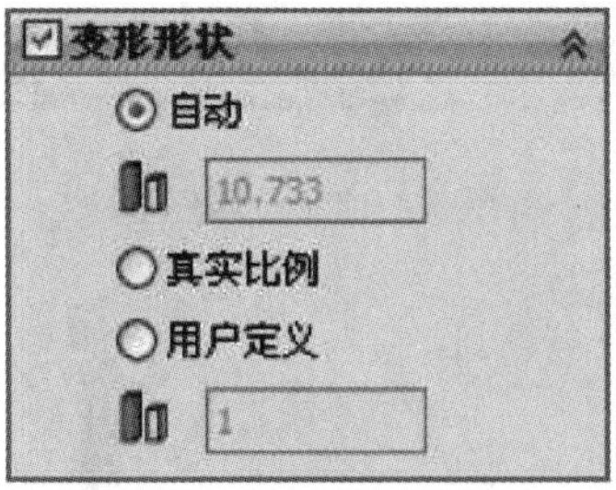

图 9-4-9　变形形状

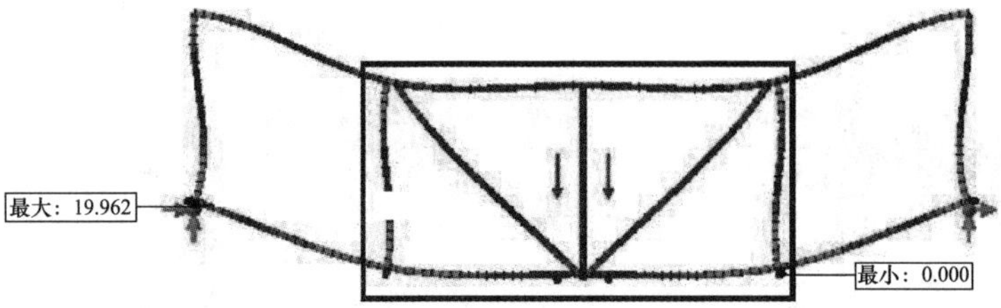

图 9-4-10　前视

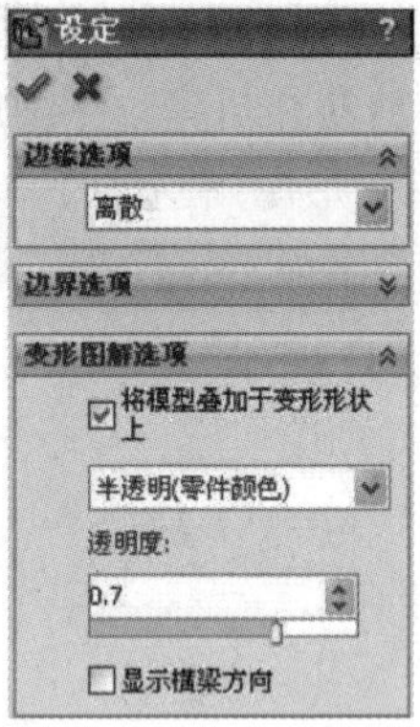

图 9-4-11　设置

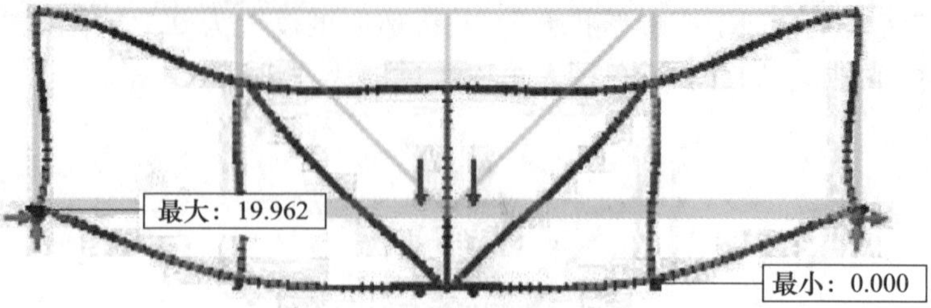

图 9-4-12　选择离散

“最弱环节”字面含义是链条中最脆弱的部分，最容易断裂的环节，如图 9-4-13 所示。如果仔细关注图像左下角部分，将会发现标签或最高应力值，这就是最弱环节，即高应力区。在右侧接近夹具的位置也应有相似的高应力区（红色），进行放大将其显示出来，如图 9-4-14 所示。

应力分布始终包括颜色图表，用户可以通过此图表匹配颜色与实际应力值。最高的应力显示为黄色/红色/橙色，最低的应力显示为蓝色。SolidWorks Simulation 可用于找出模型中的“最弱环节”以便将其修复，最高应力不应破坏结构。参考屈服力箭头表示破坏点，如图 9-4-15 所示。

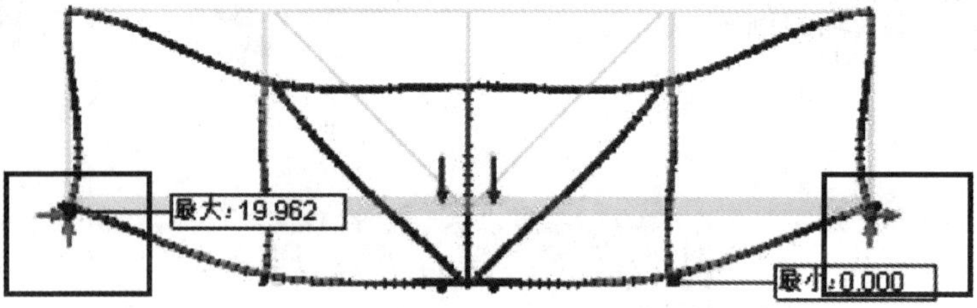

图 9-4-13　最弱环节

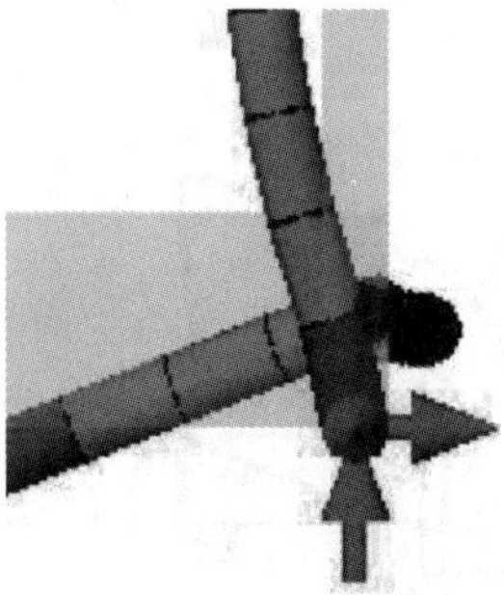

图 9-4-14　高应力区

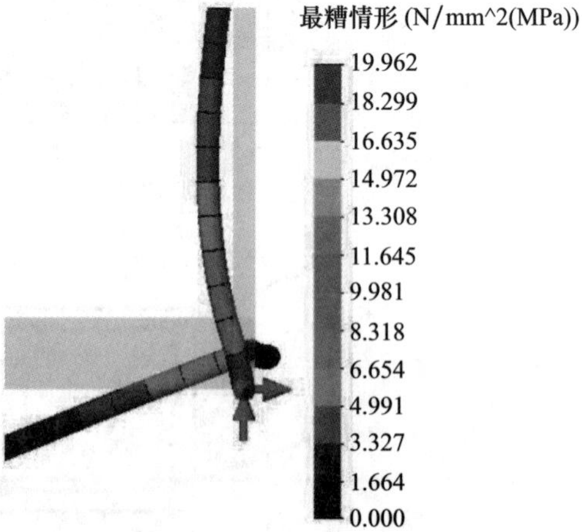

图 9-4-15　参考屈服力箭头

通过探测，可以直接选择单元以从图解中获得深层信息。该单元将会出现相应的标签，根据自身的类型显示单元的准确数值，也可以由探测数据生成图解。第一步是添加探测，依次单击“Simulation”“结果工具”“探测”，按顺序从上到下选择单元，如图 9-4-16 所示。这些数值显示，从所选的第一个单元至最后一个单元，应力值急剧升高，如图 9-4-17 所示。第二步是图解，单击图解创建探测结果，这些少量单元中的应力值变化在图解中显得非常大；单击“”关闭探测结果对话框，然后单击关闭探测结果 Property Manager，如图 9-4-18 所示。第三步是等轴测，从视图方向图标单击等轴测。第四步是变形形状，右键单击“应力 1（-STRMAX：最高轴向和折弯-）”图解，然后选择编辑定义；依次单击“变形形状”和“自动”，单击。第五步是动画，依次单击“Simulation”“结果工具”“动画”，将速度滑杆移到数值 10 处，如图 9-4-19 所示；单击。画面滑杆可用于增加帧数以创建流畅的动画。

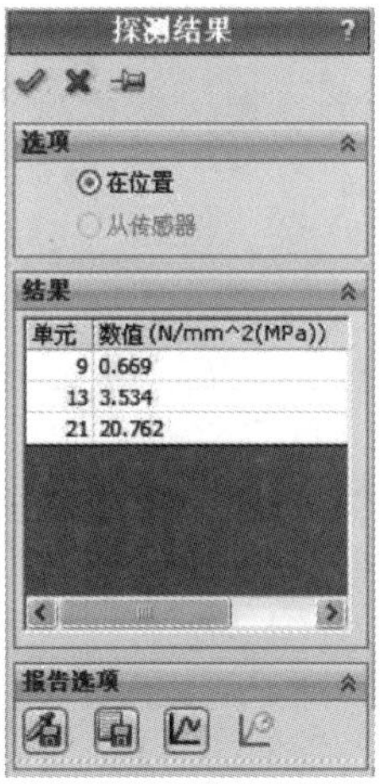

图 9-4-16　添加探测

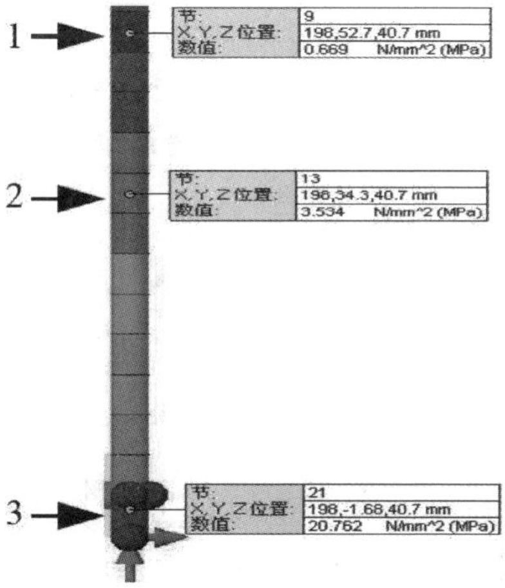

图 9-4-17　应力值急剧升高

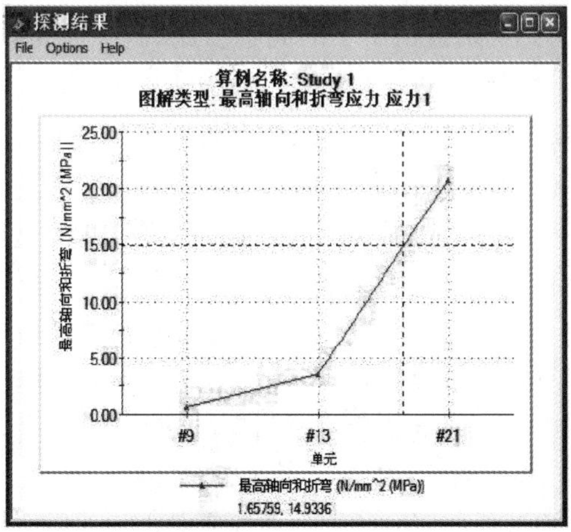

图 9-4-18　图解

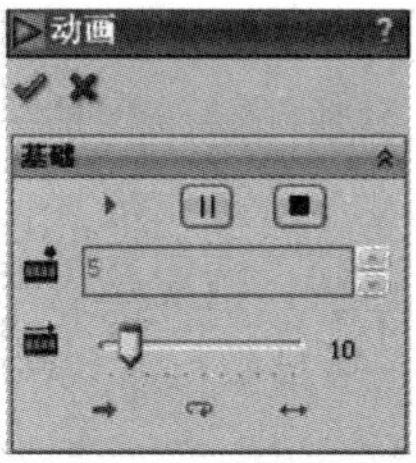

图 9-4-19　动画

图表中的数值会根据数值大小采用不同的数字格式。如果数值非常小或非常大，则使用科学记数法。用户可以更改数字格式，以便于阅读图表。表 9-4-1 列出了同一数字的三种不同数字格式。调整数字格式的第一步是位移，双击“位移 1（-合位移-）”图解；位移数字逐渐变小，在此图表上，这些数字介于 0 和大约 4mm 之间。位移数值以科学记数法表示，但小数格式更便于认读。第二步是图表选项，右键单击“位移 1（-合位移-）”图解，然后选择图表选项，在位置/格式下，选择浮点数字格式，如图 9-4-20 所示。数字显示为更容易阅读的浮点数字格式；单击✔。

表 9-4-1　同一数字的三种不同数字格式

科学	浮点	常规
3.727e+000	3.727	3.73

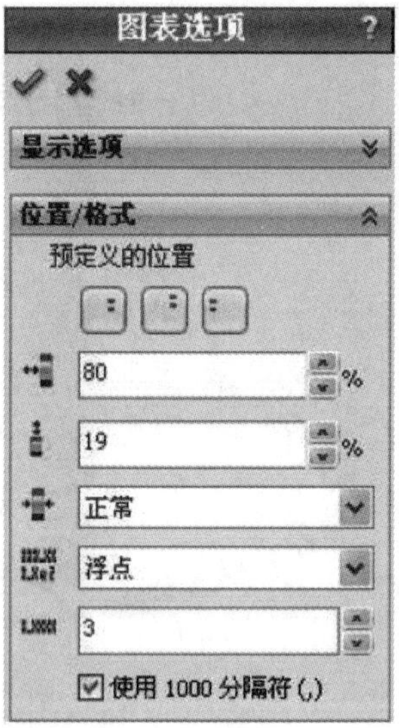

图 9-4-20　选择浮点数字格式

当找出薄弱区域，便可以着手解决安全系数小于 1 的问题。比如，升高载荷以使安全系数升高为大于 1 的值，或者在无支撑部分添加交叉支撑（图 9-4-21）。本节以第二种解决办法为例，使结构承受的载荷达到最大值。第一步是关闭零件，依次单击“文件”“关闭”，然后单击“保存”以保存更改。第二步是打开零件文件，单击打开；在打开窗口中，浏览到结构目录，选择对应文件并单击“打开”。此版本与先前使用完全交叉支撑的版本相似，如图 9-4-22 所示。第三步是重新运行，打开现有的算例算例 1，然后重新运行分析。第四步是安全系数图解，生成安全系数图解，并检查安全系数的值。第五步是最大化外部载荷，通过前文步骤再次最大化载荷，以使安全系数达到 1。将特征外部载荷设置为 22N。第六步是重新运行，依次单击“Simulation”“运行重新运行分析”，此时最小安全系数应再次接近 1。第七步是位移，双击“位移 1（-合位移-）”图解，动画显示图解，如图 9-4-23 所示。图中显示位移变小，但是模型呈现奇怪的形状，侧壁的上部向内弯曲，说明需要再添加一些支撑。第八步是关闭零件，依次单击“文件”“关闭”，然后单击“保存”以保存更改。

图 9-4-21　外部添加构件

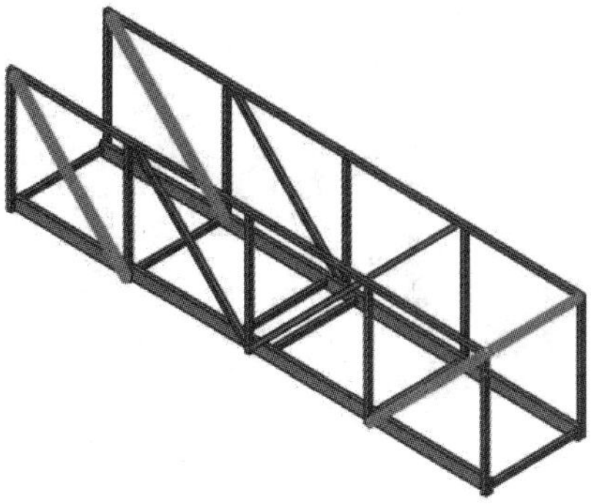
图 9-4-22　打开零件文件

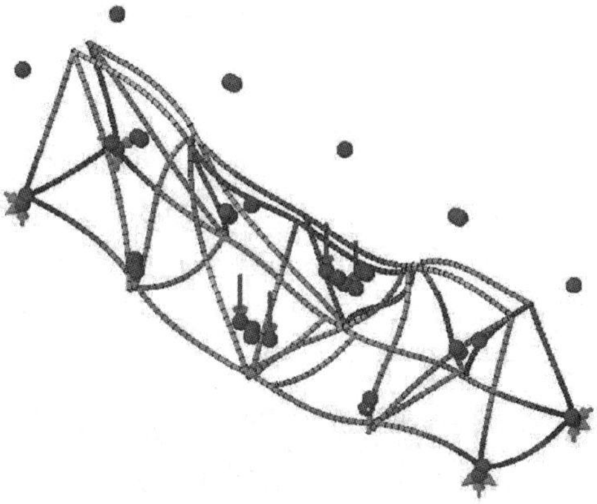
图 9-4-23　动画显示图解

如果要优化上述结构，需要在侧壁顶部添加构件，将其连接起来（图 9-4-24）。第一步是打开零件文件，单击打开；在打开窗口中，浏览到结构目录，选择对应文件并单击“打开”；此版本与先前添加了三个顶部支撑的版本相似，如图 9-4-25 所示。第二步是最大化载荷，打开现有的算例算例 1。第三步是分析并编辑。运行分析并生成安全系数图解，安全系数应显示小于 1。为使安全系数超过 1，要将载荷减至 20N，然后重新运行分析。第四步是位移，虽然添加的支撑对最大载荷的改变微乎其微，但是能减少最大位移。右键单击“位移结果”，然后选择编辑定义，将变形形状设置为真实比例后单击；另外，右键单击“图表”选项并将浮点选择为数字格式，如图 9-4-26 所示。

图 9-4-24　顶梁

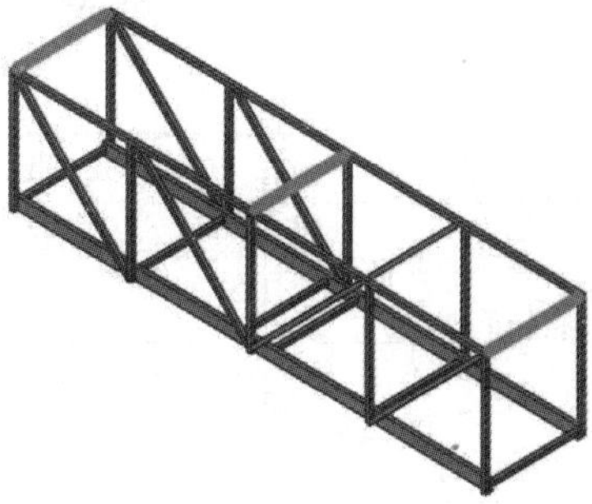
图 9-4-25　打开零件文件

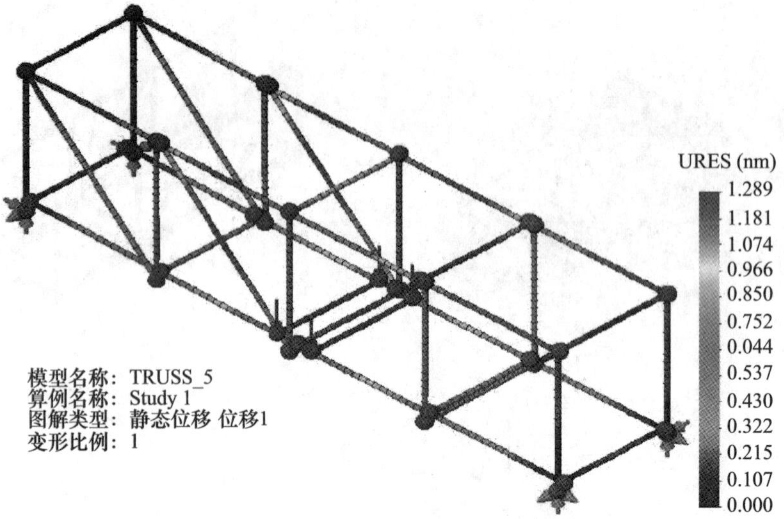

图 9-4-26 位移

如果有三种不同结构可以分别承受三种不同载荷，如何确定哪种设计最为有效？此时可以利用强度重量比（最大载荷/结构质量）比较。使用 SolidWorks 可以自动为模型计算其质量属性。依次单击“工具”“质量属性”列出零件的质量属性，如图 9-4-27 所示，其关键信息是质量行，此行显示结构的总质量，单位为克。然后单击“关闭”。克到牛顿的换算方法为 1 克（g）约为 0.01 牛顿（N）。

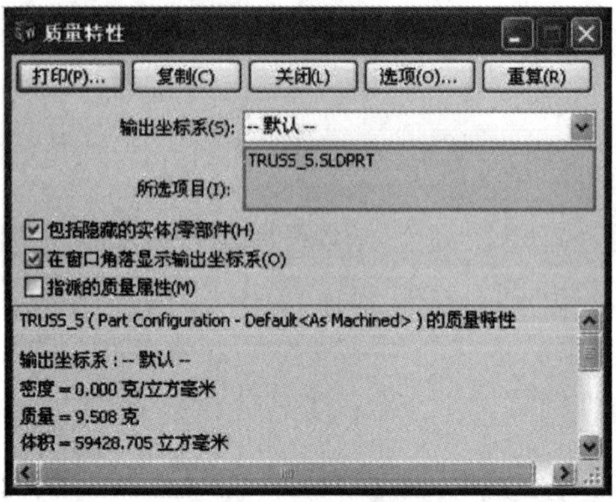

图 9-4-27 质量属性

读者可以尝试计算一下表 9-4-2 中的数据，通过验证，判断结构中的哪一次迭代最有效。上述工作完成后，关闭零件，依次单击“文件”“关闭”，然后单击“保存”以保存更改。

表 9-4-2 效率比较

结构	最大载荷	结构质量	效率（最大载荷/质量）
1	20N	4.566g=________N	________
2	11.4N	7.418g=________N	________
3	18N	8.266g=________N	________
4	88N	9.130g=________N	________
5	80N	9.508g=________N	________

每种模拟都可以使用多个图以不同方式显示，但梁分析只有一种类型，即梁图表，此图表可用于显示直接作用于梁的各种数量值。力和剪切力的单位为牛顿（N），力矩和扭矩的单位为牛顿·米（N·m），见表 9-4-3。在软件中可以右键单击“结果”文件夹并选择“定义梁图表”，将梁图表添加到结果中。

表 9-4-3　梁图表

梁受力类型	轴向力	剪切力（定向）	力矩（定向）	扭矩
力的方向				

本节以轴向力作为示例进行演示，如图 9-4-28 所示。成夹角的支撑构件受到的轴向力显示为红色，表示其值介于 47N 和 53N 之间。支撑处于拉伸状态，因为其轴向力为正值；离外部载荷最近的垂直构件受到的轴向力非常小，因为支撑承受了大部分载荷。

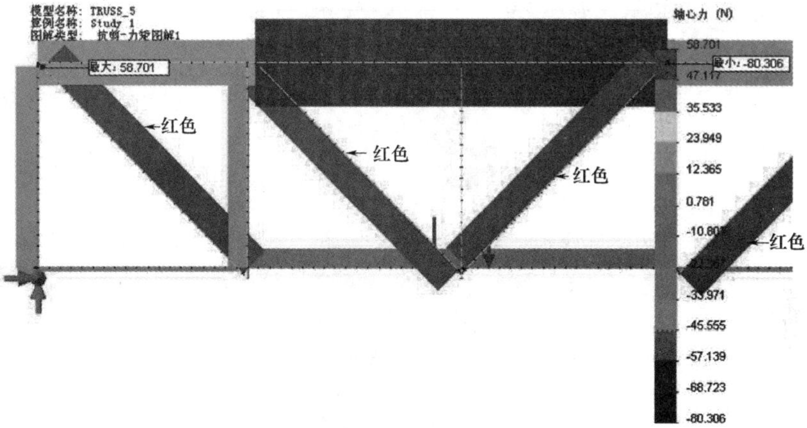

图 9-4-28　轴向力

9.5　装配体的使用

装配体是包含多个零件的 SolidWorks 文件，用户可以使用装配体来测试代表车辆的测试块是否可以通过结构。

如果读者要建造并测试此结构，则其必须满足一定的长度、宽度和高度条件，条件之一就是进行测试以查明一定尺寸和长度的木块是否可以穿过结构。具体操作的第一步是打开装配体文件。单击打开，选择对应文件单击“打开”，如图 9-5-1 所示，该装配体包含之前结构的副本以及代表木块的零部件。第二步是移动零部件，选择测试块零部件，然后从装配体工具栏依次单击“工具”“零部件”“移动”；在该对话框中，单击“碰撞检测”“所有零部件”“高亮显示面和声音”；选择测试块并拖动其穿过结构。它应该平滑穿过结构并可返回结构外的起始位置，如图 9-5-2 所示。第三步是套合。该测试块顺利穿过结构，但事实上，其空隙比需要的尺寸大，为了获得最高效的结构，要限制结构的宽度，以使结构和测试块之间的套合间隙很小。单击，结果如图 9-5-3 所示。需要强调的是，更改模型，对模型的更改会影响装配体和分析。第四步是展开特征。在 FeatureManager 中，双击桥梁结构零部件，然后双击“Roadway”文件夹将其展开；双击“Sketch1 特征”，如图 9-5-4 所示。第五步是更改尺寸。双击“75”尺寸并将其更改为“60”；单击重建模型和，结构零件的尺寸会变化，如图 9-5-5 所示。

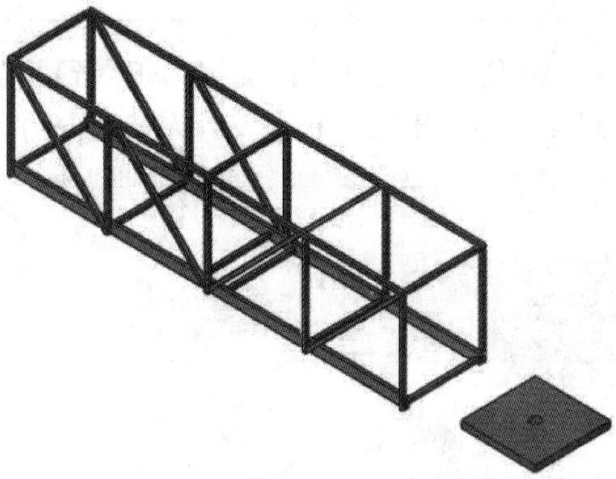

图 9-5-1　打开装配体文件

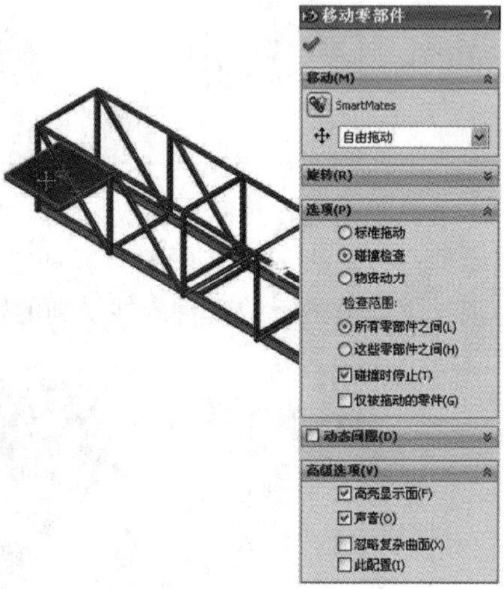

图 9-5-2　移动零部件

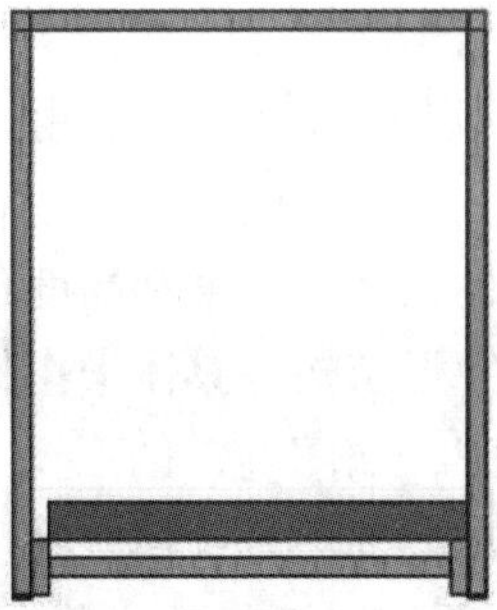

图 9-5-3　套合

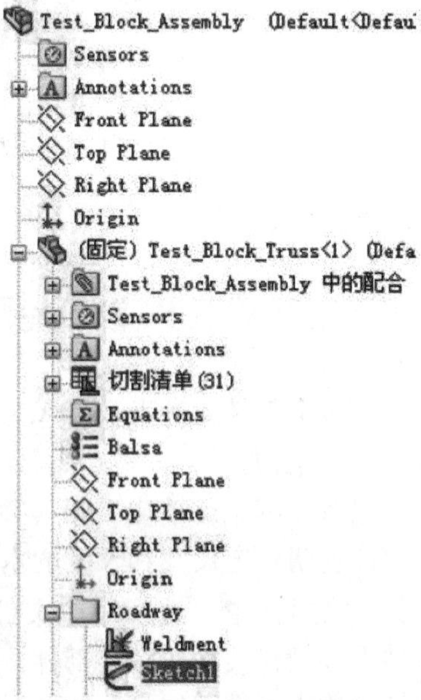

图 9-5-4　展开特征

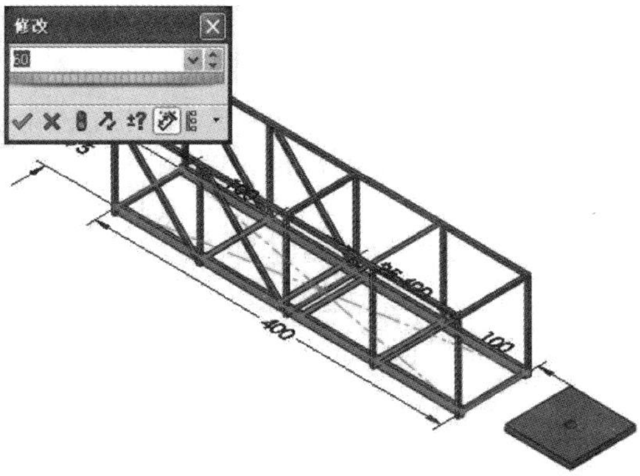

图 9-5-5　更改尺寸

空隙是为使零件妥善套合而在零件之间设计的小距离，如果任何零件太小或太大，装配体将无法妥善套合，如图 9-5-6 所示。因此，要进行碰撞检测，第一步是移动。使用与先前介绍的、一样的移动规程，尝试将测试块穿过结构。它和结构碰撞，如图 9-5-7 所示。第二步是增大宽度。使用与先前介绍的一样的尺寸更改规程，将尺寸改为 74mm，如图 9-5-8 所示。第三步是获取正确的尺寸。该尺寸提供较小的间隙并使测试块可以穿过，如图 9-5-9 所示。第四步是打开该零件，在 FeatureManager 中右键单击桥梁结构零部件，然后选择打开零件，该结构零件会在自己的窗口中打开。

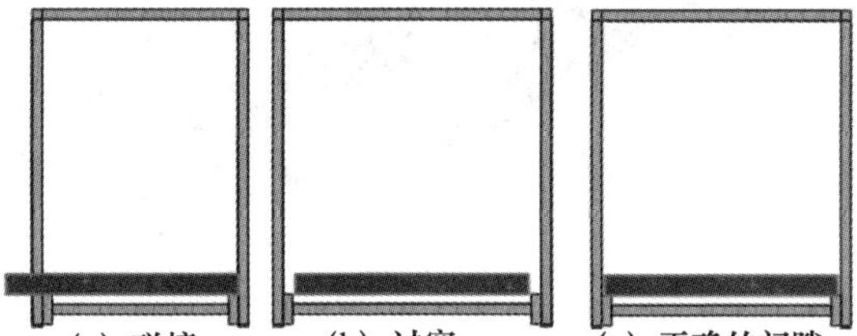

(a) 碰撞　(b) 过宽　(c) 正确的间隙

图 9-5-6　碰撞检测

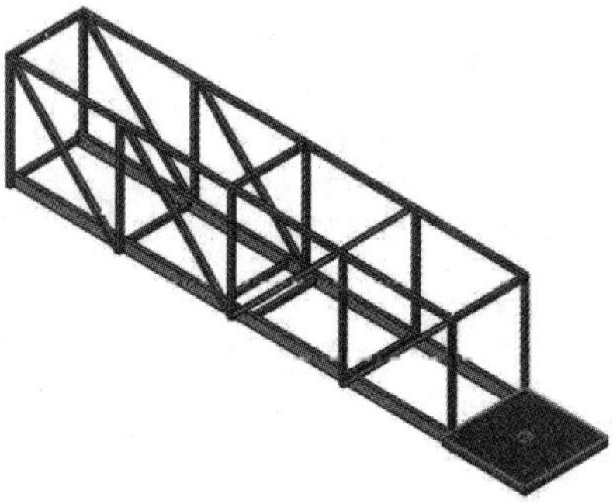

图 9-5-7　移动

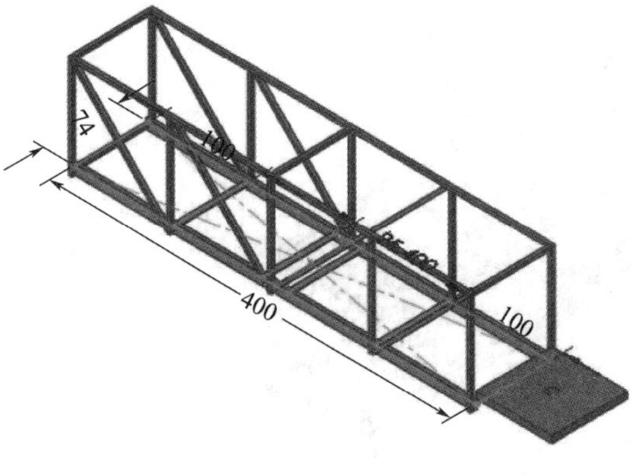

图 9-5-8　增大宽度

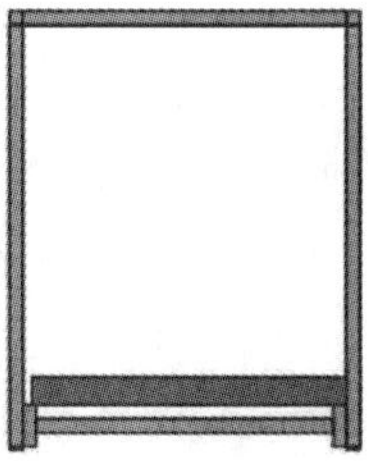

图 9-5-9　正确的尺寸

通过上述操作，可见模型有所变化，现在变窄了一些。模型更改将导致接榫出现若干错误，继而导致夹具、载荷和网格出错。因此需要更新分析。第一步是警告和错误。单击“算例 1”，若干特征上有警告和错误标记，如图 9-5-10 所示。第二步是接榫组。用右键单击“接榫组”，然后选择“编辑”；单击“计算”和✔，会出现消息表明会重新计算接榫。算出的接榫看起来可能一样，但顺序可能不同，可能需要重新定义夹具/载荷/连接，单击“确定”，如图 9-5-11 所示。第三步是夹具。右键单击夹具“Immovable-1”，然后选择“编辑定义”，检查确保选中了相同的四个（绿色）接榫并单击✔，如图 9-5-12所示。第四步是载荷。右键单击外部载荷“Force-1（：每项：－40N：)”并选择“编辑定义”；在选择字段内单击并选择如图 9-5-13 所示的四个相同的接榫，然后单击✔。第五步是网格化并运行。右键单击“网格特征”，然后选择网格化并运行，此时，变化很小；单击“文件”“关闭”并保存所有更改。

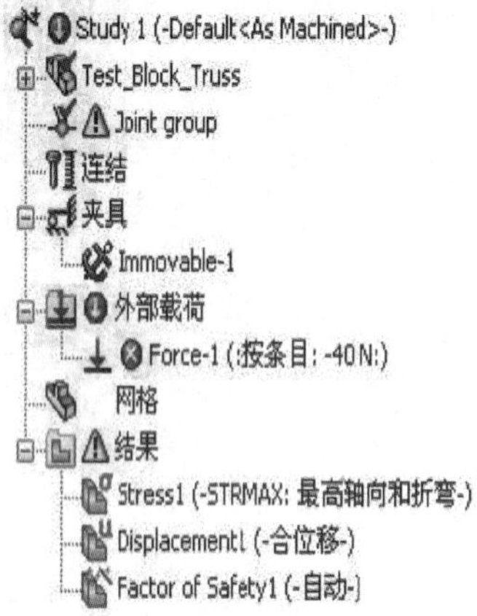

图 9-5-10　警告和错误

图 9-5-11　接榫组

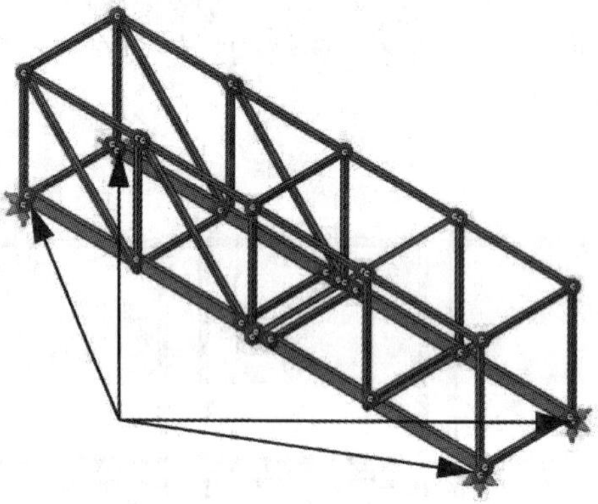

图 9-5-12　夹具

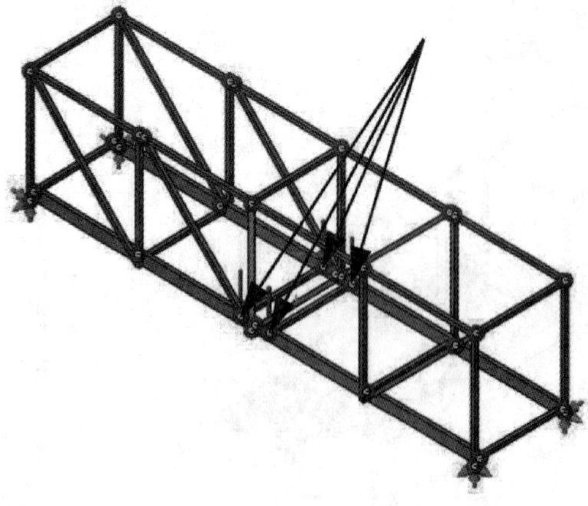

图 9-5-13　载荷

9.6　生成结构的工程图

SolidWorks 使读者可方便地创建零件和装配体的工程图。这些工程图与所引用的零件和装配体完全关联。如果读者在完成的工程图上更改某个尺寸，该更改会反向传递到模型。同理，改变模型时，工程图也会自动更新。工程图会传递所代表的物体的以下三类信息，即形状（视图传递物体的形状）、大小（尺寸传递物体的大小）和其他信息（注释传递关于制造过程的非图形信息，这些过程包括钻孔、铰孔、镗孔、涂刷、电镀、研磨、热处理、毛刺去除等）。

完成模型后，即可使用零件生成工程图。在本节中，将一张空白工程图纸关联到了该零件。第一步是打开“零件文件工程图”，在打开窗口中，可以看到零件是结构的完整模型，如图 9-6-1所示。第二步是打开“工程图文件”，此零件有一个与其关联的工程图文件，它没有工程图视图，但包含需要的设置信息。若要打开该文件，可在图形区域单击右键并选择“打开工程图”，如图 9-6-2 所示。第三步是展开查看调色板，单击“查看调色板”将其展开，查看调色板包含当前零件的视图；单击“刷新”并清除输入注解；从查看调色板中拖放 * 等轴测视图到图纸上，如图 9-6-3 所示。第四步是工程图视图属性，从显示样式中选择带边线上色；单击“使用图纸比例”；单击完成视图，如图 9-6-4所示。

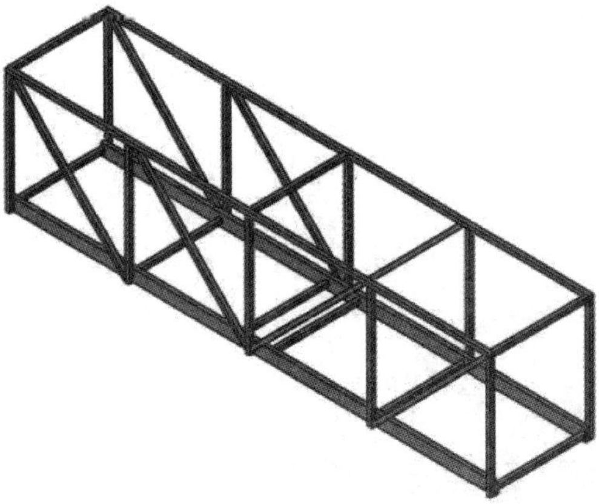

图 9-6-1　打开零件文件工程图

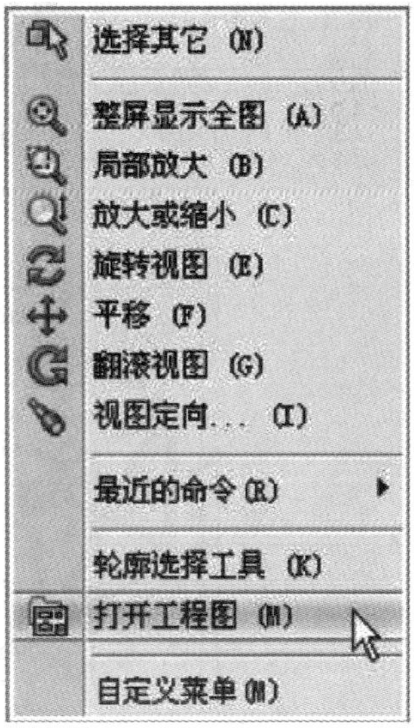

图 9-6-2　打开工程图文件

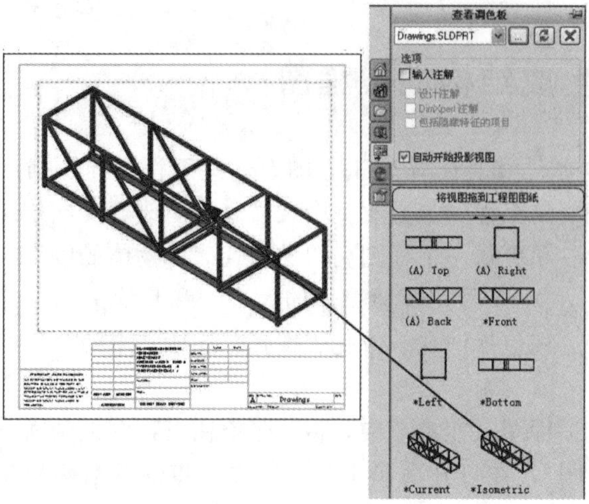

图 9-6-3　展开查看调色板

图 9-6-4　工程图视图属性

焊件切割清单表是零件中构件（梁）的列表。它们根据长度顺序分成组，并包含项号、数量、描述和长度。所有这些信息都从零件中提取。具体操作如下：第一步是获取焊件切割清单。依次单击“插入”“表格”“焊件切割清单”并选择工程图视图，将文件 Bridge _ Weldments. sldwldtbt 选择为表格模板。该文件与零件存储在同一文件夹中；单击并将光标移动到工程图上，如图 9-6-5 所示。第二步是放置表格。移动到工程图的左上角并单击以放置表格，如图 9-6-6 所示。第三步是调整各列的宽度。拖动表格中各列和行的分界线以调整尺寸。每个列分界线和行分界线都可调整，如图 9-6-7 所示。

图 9-6-5　焊件切割清单

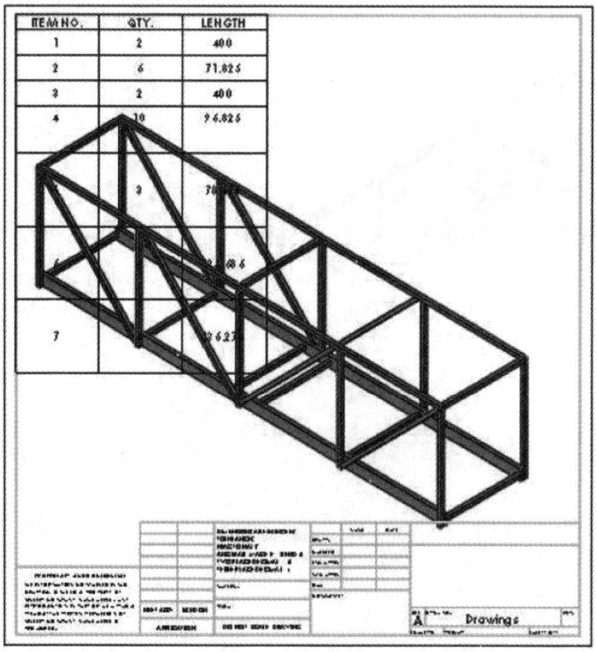

图 9-6-6　放置表格

从图 9-6-7 中可知，第一项和第三项有相同的长度“400”，但实际上，其中一根梁是三根叠放在一起的梁，来构成桥的底面，如图 9-6-8 所示。

ITEM NO.	QTY.	LENGTH
1	2	400
2	6	71.825
3	2	400
4	10	96.825
5	3	78.175
6	4	134.686
7	4	136.274

图 9-6-7　调整各列的宽度

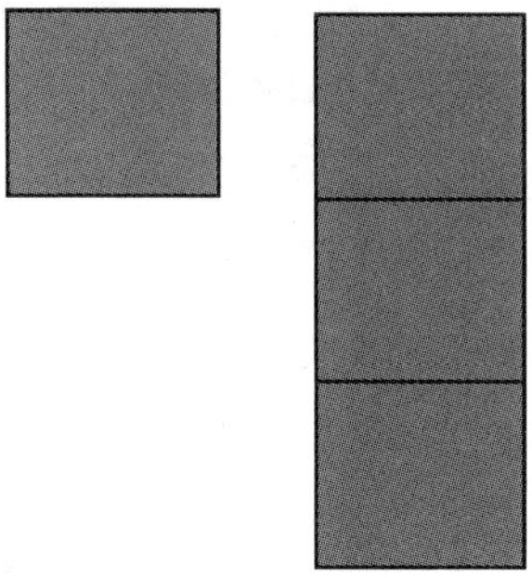

图 9-6-8　采用另一根梁来代表三根叠放在一起的梁

零件序号用于标记零件中的构件并将其与焊件切割清单中的构件相关联，显示零件序号的操作如下：第一步是添加零件序号。在注解工具栏上选择零件序号；单击“构件”，然后按提示放置文本；重复此过程以添加一些零件序号；单击，如图 9-6-9 所示。用户可通过拖动文本来移动零件序号。第二步是获取零件序号数量。单击某个零件序号，然后单击“数量”；选择“放置”并单击，如图 9-6-10 和图 9-6-11 所示。第三步是关闭工程图和零件。单击“文件”“关闭”并保存所有文件。

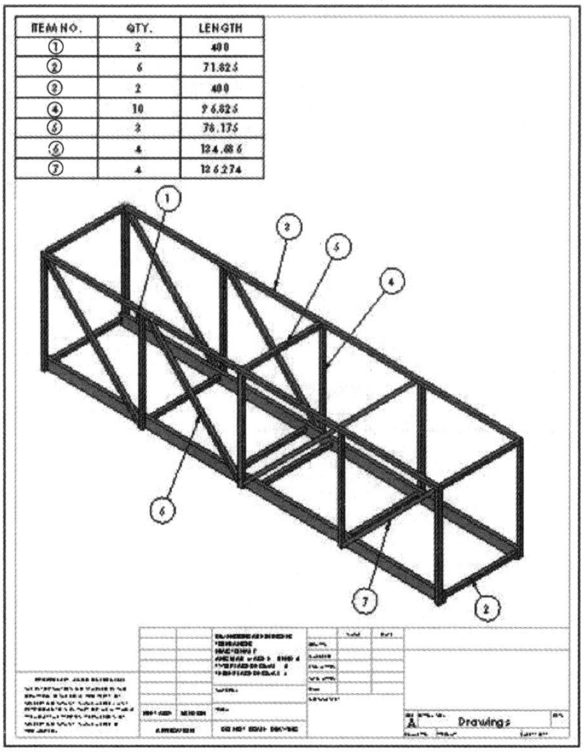

图 9-6-9　零件序号

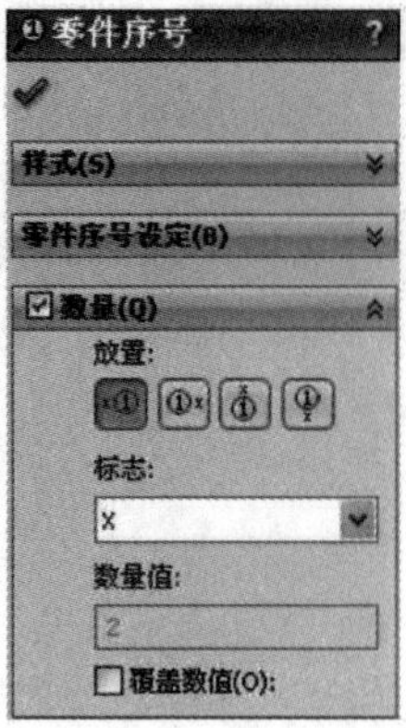

图 9-6-10　零件序号数量

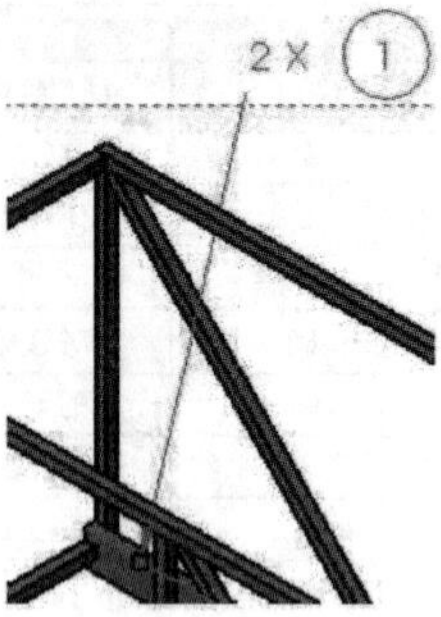

图 9-6-11　相应的图形

思考题

1. 如何利用 SolidWorks 软件进行桥梁结构设计?
2. 如何使用 SolidWorks 软件的梁计算器?
3. 如何利用 SolidWorks 软件分析桥梁结构?
4. 如何利用 SolidWorks 软件进行桥梁变更设计?
5. 如何使用 SolidWorks 软件的装配体?
6. 如何利用 SolidWorks 软件生成结构的工程图?
7. 试述近年来我国在智能化桥梁设计领域的创新和突破。

参考文献

[1] 范登贝尔赫，尼尚赫伊斯．荷兰桥景观：桥梁设计导则［M］．张振威，译．北京：中国建筑工业出版社，2012：37.

[2] 瓦西里科夫．俄罗斯时速400公里高速铁路桥梁设计［M］．郭建勋，陈列，胡京涛，等，译．北京：人民交通出版社，2022：123.

[3] 预应力混凝土技术协会．复合桥梁设计施工指南［M］．吴红军，译．北京：人民交通出版社，2014：27.

[4] 扬尼斯·瓦亚斯，阿里斯蒂迪斯·利奥普洛斯．钢-混组合桥梁设计（欧洲规范）［M］．冯海江，杨兆巍，刘红卫，等，译．北京：科学出版社，2023：229.

[5] 蔡勋文，任志平．装配式桥梁设计与建造［M］．北京：中国建筑工业出版社，2021：16.

[6] 陈传胜，李锐，张永刚．道路桥梁设计与施工管理［M］．长春：吉林科学技术出版社，2022：12.

[7] 程国柱．道路与桥梁设计概论［M］．北京：人民交通出版社，2013：33.

[8] 冯鹏程，余顺新，夏飞．公路装配式混凝土桥梁设计指南［M］．北京：人民交通出版社，2022：13.

[9] 高军，程宝辉，林晓．武广高铁桥梁设计施工及动力学检测关键技术［M］．武汉：长江出版社，2016：26.

[10] 葛胜锦，余培玉，刘士林．基于欧洲标准的钢-混凝土组合桥梁设计［M］．北京：人民交通出版社，2010：41.

[11] 郭士清，庄宇，运飞宏．Solid Works2020建模与仿真［M］．北京：机械工业出版社，2022：73.

[12] 何勇海．河北省组合结构桥梁设计研究与应用［M］．北京：人民交通出版社，2020：20.

[13] 胡仁喜，崔秀梅，万金环．SOLID WORKS2022有限元、虚拟样机与流场分析从入门到精通［M］.北京：机械工业出版社，2023：51.

[14] 金杰，李荣华，严海军．SOLID WORKS数字化智能设计［M］．北京：机械工业出版社，2023：42.

[15] 景春晖，支锦亦．车辆造型智能设计［M］．北京：机械工业出版社，2020：48.

[16] 李劼科，陈露，曾志文．SOLID WORKS工业机器人数字化建模教程［M］．北京：机械工业出版社，2023：62.

[17] 李振中，马秀娟，吴斐斐．公路桥梁设计与施工技术研究［M］．长春：吉林科学技术出版社，2022：15.

[18] 李作恒，戎贤．桥梁设计新技术及安全性能评价［M］．北京：人民交通出版社，2017：23.

[19] 林长川，林琳．桥梁设计美学［M］．北京：中国建筑工业出版社，2014：28.

[20] 刘红卫，冯海江．装配式梁桥设计［M］．北京：科学出版社，2012：39.

[21] 刘世明，陈震，陈贡联，等．景观桥梁设计与实践［M］．北京：中国水利水电出版社，2018：21.

[22] 罗万鑫，于继东，薛瑞臻．Solid works2022机械与钣金设计从新手到高手［M］．北京：清华大学出版社，2023：61.

[23] 罗晓峰，甘静艳．桥梁BIM建模与应用［M］．北京：机械工业出版社，2020：50.

[24] 吕佳欣，李晓煜．连续结合梁设计算例［M］．北京：中国铁道出版社，2013：31.

[25] 邵旭东，程翔云，李立峰．桥梁设计与计算［M］．2 版．北京：人民交通出版社，2012：35.
[26] 宋启宇，刘雁峰，王志凯．道路桥梁设计与施工［M］．北京：中国石化出版社，2020：18.
[27] 孙树礼，周四思．高速铁路桥梁设计与实践［M］．2 版．北京：中国铁道出版社，2021：17.
[28] 谭浩．机器行为学：以人为中心的智能设计［M］．北京：电子工业出版社，2023：43.
[29] 谭建荣，冯毅雄．智能设计：理论与方法［M］．北京：清华大学出版社，2020：47.
[30] 王德志，薛照钧．沿海铁路桥梁设计与实践［M］．北京：中国铁道出版社，2012：38.
[31] 王国锋，许振辉，秦涛．真三维道路智能设计理论与方法实践［M］．北京：人民交通出版社，2013：49.
[32] 王建平，余文明．渡河桥梁设计概论［M］．北京：人民交通出版社，2020：19.
[33] 王勇．数字设计：建筑结构智能设计的技术、方法及应用开发［M］．北京：中国建筑工业出版社，2022：44.
[34] 魏宏伟．京张高铁智能设计与技术［M］．北京：人民交通出版社，2021：46.
[35] 吴芬．Solid Works 设计与仿真一体化教程［M］．武汉：华中科技大学出版社，2022：67.
[36] 徐岳，朱红亮，陈万春，等．钢管混凝土系杆拱桥［M］．北京：人民交通出版社，2017：24.
[37] 闫思江．Solid Works 运动仿真教程［M］．西安：西安电子科技大学出版社，2023：56.
[38] 杨正．Solid Works2023 实用教程［M］．西安：西安电子科技大学出版社，2023：55.
[39] 张鸿．中美欧混凝土桥梁设计规范对比与分析［M］．北京：人民交通出版社，2023：11.
[40] 张书涛，苏建宁，周爱民．产品意象造型智能设计［M］．北京：清华大学出版社，2022：45.
[41] 张晔．SOLID WORKS Simulation 工程实例详解：静力、疲劳、优化［M］．北京：机械工业出版社，2023：64.
[42] 张忠磊，赵伟朝，石洪磊．道路与桥梁设计施工技术［M］．武汉：华中科技大学出版社，2022：14.